C'ÉTAIT LE XXe SIÈCLE

OUVRAGES DU MÊME AUTEUR

Louis XVII retrouvé (1947)
Letizia. Napoléon et sa mère (1949)
La Conspiration du général Malet (1952)
La Médaille militaire (1952)
La Castiglione (1953)
Les Grandes Heures de Versailles (1954)
De l'Atlandide à Mayerling (1954)
Cet autre Aiglon : le Prince impérial (1957)
Offenbach, roi du Second Empire (1958)
L'Empire, l'Amour et l'Argent (1958)
L'Enigme Anastasia (1960)
Les Heures brillantes de la Côte d'Azur (1964)
Grands Mystères du passé (1964)
Dossiers secrets de l'histoire (1966)
Grands Secrets, grandes Énigmes (1966)
Nouveaux Dossiers secrets (1967)
Les Rosenberg ne doivent pas mourir, pièce (1968)
Grandes Aventures de l'Histoire (1968)
Histoire des Françaises, 2 vol. (1972)
Histoire de la France et des Français, 13 vol. en coll. (1970-1974)
Blanqui l'Insurgé (1976)
Les Face-à-face de l'Histoire (1977)
Alain Decaux raconte, 4 vol. (1978-1981)
Danton et Robespierre, pièce en coll. (1979)
Discours de réception à l'Académie française (1980)
L'Histoire en question, 2 vol. (1982-1983)
Victor Hugo (1984)
Les Assassins (1986)
L'Affaire du courrier de Lyon, pièce (1987)
Destins fabuleux (1987)
L'Histoire de France racontée aux enfants (1987)
La Révolution française racontée aux enfants (1988)
La Liberté ou la Mort, pièce en coll. (1988)
Jésus raconté aux enfants (1991)
Le Tapis rouge (1992)
Histoires extraordinaires (1993)
Mil neuf cent quarante-quatre (1993)
Nouvelles Histoires extraordinaires (1994)
L'Abdication (1995)

ALAIN DECAUX
de l'Académie française

C'étais le XXe siècle

ISBN : 2-262-01177-X

A Madame Alexandre Sarment.

Je suis né quand le XXᵉ siècle, à peine majeur, traversait ses années folles. Je n'ai cessé d'être fasciné par sa démesure. Depuis que j'ai commencé à écrire, sans cesse je lui suis revenu. Je l'ai fait au hasard d'intérêts simultanés ou successifs, sans cohérence ni préméditation, mais aucun choix n'est innocent.

Pourquoi me suis-je attaché à des célébrités autant qu'à des obscurs ? Pourquoi des faits divers ont-ils retenu mon attention aussi bien que des événements politiques de première grandeur ? L'ouvrage que je propose aujourd'hui répondra peut-être à ces questions.

Certains de ces récits ont été publiés, d'autres ont été diffusés sur les ondes, d'autres restent inédits. Nombre d'entre eux ont fait l'objet d'enquêtes personnelles et m'ont permis de recueillir des témoignages devenus aujourd'hui des sources pour l'Histoire. On a bien voulu me dire que le public prendrait quelque intérêt à les trouver regroupés chronologiquement et c'est dans cette perspective que je leur donne ici une forme nouvelle.

Ce que, très modestement, je propose au lecteur ne saurait être pris pour une histoire de ce siècle. Trop d'épisodes feraient défaut. Ce n'est rien d'autre, et rien de plus, que le XXᵉ siècle comme je l'ai vu, appréhendé — senti.

A.D.

Note de l'éditeur : Sous le titre *C'était le XXe siècle*, l'ouvrage d'Alain Decaux comportera quatre volumes.

I

Le cuirassé « Potemkine »

27 juin 1905

Ce matin-là, 27 juin 1905, le docteur Smirnov aurait préféré se trouver à cent lieues du pont du cuirassé *Potemkine*. Très grand, mince, bien serré dans sa redingote, arborant sur ses épaulettes d'argent les trois étoiles noires de son grade, il se penche vers d'énormes carcasses de bœuf suspendues à des crochets sur le spardeck. Près de lui, l'air ennuyé, un officier marinier. Un peu plus loin, des marins, à la fois goguenards et furieux : ils savent parfaitement de quoi il s'agit.

La veille au soir, le torpilleur *N. 267* s'est rangé le long du *Potemkine*. Il apportait du ravitaillement que l'on a hissé sur le pont. Pour les officiers, de la farine, du vin, des sucreries. Pour l'équipage, des carcasses de bœuf dont il était prévisible que l'on ferait du *bortsch*. C'est au matin du 27 juin que l'un des marins, venu prendre son quart de 4 à 8 heures, a été frappé par l'odeur — pour dire vrai, la puanteur — qui émanait des carcasses. Il s'est approché : la viande grouillait d'asticots blancs frétillants. Quand l'équipe chargée de nettoyer le pont a paru, le marin l'a alertée. Bientôt, plus de cent hommes se sont rassemblés autour des carcasses, humant la viande avec colère et se penchant pour voir de plus près les vers. On se récriait, on ne pouvait y croire. Cette viande-là n'était bonne qu'à être jetée par-dessus bord ! Même des

Le cuirassé Potemkine *devant Odessa en flammes.*

cochons n'auraient pas voulu d'une saloperie pareille ! De toute façon, personne n'en mangerait.

Ces marins-là sont pour la plupart des moujiks requis de force pour servir sur les bateaux du tsar. Des illettrés. Donc, ils raisonnent simplement et s'expriment plus simplement encore. Soudain une voix, plus précise que les autres, a claqué comme une évidence :

— Faut demander au toubib de venir voir !

Le toubib ? La viande avariée, c'est bien connu, est mauvaise pour la santé. La santé, ça regardait le toubib. On est allé porter la revendication auprès du commandant, le capitaine de vaisseau Golikov. Celui-ci n'a pas trouvé la requête outrageante. Il n'est plus tout jeune, le commandant Golikov. Sa barbe et sa moustache sont grises. De ses longues années de service il a acquis une philosophie débonnaire qu'il met en pratique dans sa façon de commander. D'ailleurs, les réclamations sur la nourriture, il a toujours connu cela. L'équipage veut que le toubib aille inspecter la viande ? Eh bien, qu'il y aille !

Voilà pourquoi le docteur Smirnov considère sans joie les carcasses de bœuf devant lesquelles le quartier-maître l'a conduit. D'évidence, ce qui lui plaît le moins, ce sont ces groupes de marins dont le regard inquisiteur pèse sur lui. Les hommes le voient se pencher, comme s'il voulait vérifier si ces fameux vers ne sont pas un mythe. L'odeur devrait lui sauter au visage. Il n'en montre rien. Avec un naturel trop parfait pour n'être pas feint, il lance, à l'adresse du quartier-maître :

— Cette viande est excellente. J'estime qu'elle est parfaitement comestible. Il suffira de la laver au vinaigre.

Un mot, un seul a frappé les marins : comestible. On voudrait donc la leur faire manger, cette viande pourrie ? C'est le toubib qui a osé dire ça ? Si cette pensée est celle de chacun, nul ne songe encore à l'exprimer ouvertement. Le toubib est un officier. La discipline interdit à un simple marin de manifester ses sentiments devant un officier.

Smirnov se rend chez le commandant, lui confirme son verdict : il s'agit là d'œufs de mouches. Comme il fait très chaud, les œufs ont éclos plus vite qu'à l'accoutumée. Il réitère son conseil de laver la viande au vinaigre. Après quoi, on pourra la consommer sans inconvénient. Smirnov passe l'odeur sous silence. Il indique néanmoins au commandant qu'il juge l'équipage assez énervé. Il prend congé.

Enervé, l'équipage ? Ce n'est pas pour surprendre le commandant Golikov. Cette année-là, toute la Russie l'est. Golikov se borne à proférer un ordre qui, à son avis, devrait calmer les esprits. Près des carcasses, il fait placer un factionnaire. L'homme, ostensiblement muni d'un papier et d'un crayon, devra noter les noms de ceux qui se livreraient à des commentaires déplacés. Golikov connaît bien ses hommes : le simple appareil de la discipline terrorisera ces braves gens quelque peu bornés. Les heures suivantes semblent lui donner raison. Le calme règne à bord du *Potemkine*.

Le plus grand, le plus redoutable des navires de guerre russes en mer Noire, voilà ce qu'est le cuirassé *Potemkine*. Il a été mis sur cale en 1898. Entré en service en 1903, il déplace 12 600 tonnes. Sa longueur : 113 mètres. A bord, 48 canons et des tubes lance-torpilles. Récemment, on l'a repeint en noir. Avec ses armatures éblouissantes, ses superstructures jaune vif et ses cheminées striées de noir, le *Potemkine* donne l'image d'une force tranquille que rien ne peut ébranler. A lui seul, il incarne cette escadre russe de la mer Noire, construite pour faire face à l'éternelle menace turque et qui, en 1905, représente la plus forte concentration navale du monde. Au moment où tout semble vaciller dans l'empire de Nicolas II, si les mots *ordre* et *fidélité* veulent encore dire quelque chose, c'est bien sur les bateaux de l'escadre de la mer Noire.

Singulièrement, sur le *Potemkine*.

Il n'était pas encore midi, le 25 juin 1905, quand le *Potemkine* a quitté Sébastopol. Les grandes manœuvres étaient proches. On devait s'y préparer par des exercices de tir. A l'aube du 26 juin, le *Potemkine* a mouillé dans la baie de Tendra, non loin d'Odessa, à 150 milles de Sébastopol.

Dans toutes les marines du monde, on a toujours organisé des manœuvres. On a toujours procédé à des exercices de tir. Rien de plus traditionnel que ce qui attend l'équipage du *Potemkine* dans la baie de Tendra. Parfaitement encadré, il n'a jamais manqué à la discipline. J'ai sous les yeux une photographie prise, cette année-là, sur le pont du *Potemkine*. Les officiers et les sous-officiers posent, sagement rangés face à l'objectif. Au premier rang, assis, les principaux gradés se sont placés de part et d'autre du commandant Golikov. Celui-ci apparaît plus petit que les autres, plutôt tassé sous ses épaulettes. Une impressionnante rangée de décorations barre sa poitrine. Qui ne se sentirait frappé par l'air de majestueuse autorité qui émane de son regard, de sa physionomie, de toute sa personne ? A sa droite, voici le commandant en second, Giliarovsky. Il dépasse Golikov d'un demi-mètre. Barbu, lui aussi, mais sa barbe et sa moustache sont noires. Dans toute son attitude, on découvre quelque chose d'impérieux : un homme qui ne s'en laisse pas conter.

Sur ce premier rang, ils sont dix, dont six barbus. Ceux qui ne portent pas de barbe arborent de magnifiques moustaches. A l'extrême droite, se tient un homme en soutane dont l'opulente chevelure blanche se mêle à une non moins abondante barbe blanche. C'est le pope du bord : le père Parmen. Derrière, le menu fretin : officiers subalternes, officiers mécaniciens, maîtres, quartiers-maîtres. Au milieu, debout derrière le commandant, dominant les autres de sa grande taille et sûr de l'absolu de sa science, le docteur Smirnov. Au-delà, les canons. En apparence, rien ne pourra venir troubler, jamais, l'intangible image offerte par le *Potemkine*. En apparence seulement. S'ils exercent le même métier, s'ils se plient à des horaires identiques, à des rythmes et des tâches immuables, ces hommes-là ont changé. Le 27 juin 1905, les marins du *Potemkine* savent que leur pays a été vaincu.

Tout a commencé seize mois plus tôt, au sud de la Mandchourie, sur le mouillage de Port-Arthur, quand, sans déclaration de guerre, la flotte japonaise a coulé trois navires russes. Une longue série de défaites s'en est suivie. Port-Arthur a capitulé. Au secours des armées russes d'Extrême-Orient, le tsar a envoyé la flotte de la Baltique. Il a fallu huit mois à celle-ci pour parvenir jusqu'à Tsoushima où les Japonais l'ont coulée. Dès lors, la Russie a su qu'elle avait perdu la guerre contre le Japon.

Au moment où le cuirassé *Potemkine* mouille dans la baie de Tendra, comment ces marins n'auraient-ils pas présent à l'esprit — sans cesse — la catastrophe où, un mois plus tôt, tant de leurs camarades ont péri ? Comment n'accuseraient-ils pas de cette défaite ce haut commandement dont l'incapacité s'est révélée avec tant d'éclat ? Comment leur amertume ne se porterait-elle pas vers le gouvernement ? Et, au-delà même, vers celui dont tout émane en Russie : le tsar Nicolas II ?

En 1905, à travers l'immense empire, un peuple tout entier prend conscience que, dans le monde, la Russie reste l'un des rares grands États où l'absolutisme se déploie sans contrainte. Comment les marins du *Potemkine* échapperaient-ils — eux seuls — à cette interrogation tragique en forme de constat ? Chef de l'État, chef de l'Église, l'empereur de droit divin est tout-puissant. Par voie de conséquence, la responsabilité lui revient de la catastrophe, de la défaite, de l'humiliation. En 1905, pour la première fois, les Russes s'aperçoivent que l'empire du tsar repose sur des pieds d'argile. Que la plus grande partie des 129 millions de sujets de Nicolas II vivent encore comme au Moyen Age. Certes, l'industrialisation du pays présente des résultats de plus en plus positifs, mais 90 % des Russes, malgré l'abolition du servage en 1861, vivent encore comme des serfs. Les ouvriers, pour un salaire de famine, travaillent de treize à quatorze heures par jour. Leurs familles, pour la plupart, s'entassent dans une pièce unique. Beaucoup vivent dans des dortoirs. Pas de syndicat, pas de droit de grève. L'ouvrier russe est sous-alimenté et, l'instruction n'étant pas obligatoire, ignorant. Aux yeux de Nicolas II, il s'agit d'un état de fait qu'il serait dangereux de changer. Quand on lui a parlé de créer une chambre consultative, il a qualifié cette idée de « rêve insensé ». Pour parer à tout, ne dispose-t-il pas d'une police modèle, l'Okhrana ? La tâche principale de celle-ci n'est-elle pas de faire la chasse aux révolutionnaires ?

A l'aurore du XXe siècle, des Russes toujours plus nombreux refusent que l'intolérable se perpétue. Du refus, logiquement, on passe à la révolte. Deux mouvements prônent la révolution : le parti socialiste révolutionnaire, qui se veut spécifiquement russe et s'appuie sur les paysans, et le parti social-démocrate marxiste, affilié à la IIe Internationale. Depuis 1903, les sociaux-démocrates sont profondément divisés. Les majoritaires *(bolcheviks)*, conduits par Lénine, s'opposent aux minoritaires *(mencheviks)* animés par Plékhanov. Ces révolutionnaires, quelle que soit leur appartenance, l'Okhrana les dépiste, les traque, les arrête, les jette en prison, parfois les met à mort. En vain. En 1905, les partis révolutionnaires russes comptent des adhérents actifs et efficaces. Partout, on lit leurs brochures et leurs journaux clandestins. Parallèlement, les intellectuels, les membres des professions libérales et d'importantes fractions de la bourgeoisie regardent du côté de l'Occident et rêvent d'une monarchie constitutionnelle. Une force non négligeable, ces libéraux qui, eux aussi, commencent à s'organiser et à présenter un programme de réformes. A tel point que les socialistes révolutionnaires, tout en souhaitant la chute du tsarisme, ne sont pas loin d'accepter de s'allier à eux. Ce qui compte, c'est que cela change.

Quant aux sociaux-démocrates, ils ne sont disposés à transiger avec personne. Ce qu'ils exigent, c'est une république socialiste qui fera table rase du passé.

Le nouveau, en 1905, c'est que la colère du peuple et de l'intelligentsia dépasse le cadre des partis. Elle ressemble à celle de gens poussés à bout. Des millions d'ouvriers et de paysans ne veulent plus supporter le sort dont on les accable. Longtemps, on leur a dit qu'ils souffraient pour la plus grande gloire de la Russie. Après Port-Arthur, où en est la gloire de la Russie ?

Partout, dans le pays, des grèves ont éclaté : à Saint-Pétersbourg, à Riga, à Minsk, à Perm, à Tomsk, à Tiflis, à Batoum, à Kiev, à Kharkov, à Nijni-Novgorod. A Saint-Pétersbourg, un dimanche de janvier, une foule immense, porteuse de croix et d'icônes, a marché sur le Palais d'Hiver pour remettre une pétition au tsar. Les cosaques ont ouvert le feu. Le résultat : un carnage affreux, mille morts, trois mille blessés. Dans l'histoire, ce jour-là est resté le *dimanche rouge*. Du coup, le tsar Nicolas II, homme doux et faible, totalement dépassé par la situation, a pris, face à l'opinion, figure de tyran sanguinaire. Les grèves se sont étendues. Souvent elles se sont transformées en émeutes. Les diplomates en poste ont averti leurs gouvernements : le climat en train de naître à travers la Russie est révolutionnaire.

Autour du tsar, on en est à jauger les fidélités. Fidèle, la garde impériale ? Sûrement. Fidèle, la flotte russe de la mer Noire ? Sûrement.

Le 27 juin 1905, à la fin de la matinée, la cloche sonne sur le *Potemkine* pour appeler les hommes au réfectoire. Ceux qui ne sont pas de quart vont prendre place autour de longues tables chargées de gamelles vides. Déjà, dans d'énormes chaudrons, des cuisiniers apportent la nourriture du jour : du *bortsch*. Quoi ? Du *bortsch* ? On a donc fait cuire la viande pourrie ? Et les asticots, on les a fait cuire aussi ? Est-ce qu'on se fout du monde ? Personne ne veut plus se contenir. Les protestations montent. Les hommes mettent leurs gamelles à l'envers et refusent qu'on la leur remplisse.

Ils frappent sur la table avec leur cuiller. Sous les injures, les cuisiniers sont obligés de remporter leurs chaudrons. A leur tour, ils invectivent les marins. De l'entrepont monte un incroyable vacarme.

Parmi ces marins furieux, il en est un qui se tait. Il s'agit d'un quartier-maître torpilleur, un tout petit homme maigre, au visage marqué d'influences asiatiques : cheveux très noirs, méplats saillants, yeux enfoncés sous les arcades sourcilières, nez accusé, menton agressif. Il se nomme Afanasy Matushenko. Il promène sur ce spectacle inédit un regard froid et lucide. Si tout le monde le connaît à bord, la plupart ignorent son appartenance au mouvement social-démocrate. En fait, Matushenko n'est autre que l'un des responsables de ce parti à bord du *Potemkine.* Il y en a deux autres : Fyodor Mikishkin et Josef Dymtchenko. A Sébastopol, avant de s'embarquer, les trois hommes ont rencontré les responsables du parti. On a envisagé les conditions d'une rébellion générale des équipages de la flotte de la mer Noire. Chaque responsable, à bord de chaque navire, a reçu l'ordre de mettre ses camarades en condition. Il faudra les convaincre peu à peu de rejoindre la cause de la révolution. En aucun cas, un navire ne devra se mutiner isolément. On ne réussira que si tous les équipages s'insurgent le même jour, à la même heure.

Matushenko ne peut l'avoir oublié. N'importe, l'affaire du *bortsch* l'intéresse. Depuis qu'il navigue, c'est la première fois qu'il constate une telle colère — aussi unanime — dans les rangs d'un équipage. Quel sens peut-on lui donner ? Depuis les derniers événements, à plusieurs reprises, Matushenko a voulu parler à ses camarades. Il a évoqué le rêve socialiste, l'égalité espérée, la justice pour tous. On l'a écouté parce qu'on l'aimait bien mais cela n'est pas allé bien loin. Le quartier-maître a même distribué des tracts. On les à peine lus. Au fond, la ferveur de Matushenko agace plutôt ces marins apolitiques. Soulever le *Potemkine* ? Matushenko en rêve, bien sûr, mais il sait qu'il s'agit d'un entreprise démesurée.

A moins que...

Au matin, le vent s'est levé, la mer s'est enflée. A regret, le commandant a dû renoncer à faire poser les cibles par le torpilleur *N. 267.* Par chance, la mer est redevenue calme. Haut dans le ciel, le soleil blanc brûle le pont du cuirassé. C'est alors que le commandant en second, le capitaine de frégate Hippolyte Giliarovsky, a entendu le vacarme monter du réfectoire.

Giliarovsky est un homme dur. La discipline représente à ses yeux une entité avec laquelle il ne faut prendre aucun accommodement. C'est par la crainte que l'on doit « tenir » un équipage. Un officier qui redouterait de punir ne pourrait se faire respecter. Par voie de conséquence, Giliarovsky punit beaucoup. Aussi est-il respecté, mais il est haï.

Que signifie tout ce bruit ? Giliarovsky veut en avoir le cœur net. À la hâte, il s'entoure d'une escorte et descend dans l'entrepont. Quand il pénètre dans le réfectoire, le tumulte est à son comble. La présence de Giliarovsky n'y change rien. C'est tout juste si l'on fait attention à lui. Il presse les cuisiniers de questions. Ivan Daniluc lui répond :

— Ils refusent de toucher à leur *bortsch*, ils disent qu'on doit le jeter par-dessus bord !

Pointant un index vengeur vers les tables, il fait constater à Giliarovsky que les hommes trompent leur faim avec du pain et du sel. Certains ont eu l'audace de réclamer du thé et du beurre !

A grands pas, Giliarovsky arpente le réfectoire. Cette fois, on le remarque. Qu'est-ce qu'il veut, ce Giliarovsky de malheur ? Il ne se contient plus :

— Vous n'avez pas honte ? Vous *devez* mangez votre *bortsch* !

Une bordée d'injures lui répond : cette viande qui pue, il n'a qu'à y goûter lui-même !

C'est plus qu'un officier tel que Giliarovsky peut entendre. Furieux, il quitte le réfectoire, décidé à aller rendre compte au commandant Golikov d'un tel manquement aux règles. Délibérément, il fait un détour par le carré des officiers pour consulter une nouvelle fois le docteur Smirnov.

— Les hommes prétendent que la viande est mauvaise. Ils refusent de la manger. Qu'en pensez-vous ?

Smirnov se fâche. Il confirme qu'il a déjà examiné lui-même la viande et qu'il l'a trouvée parfaite. Il répète que, pour enlever les œufs et les vers fraîchement éclos, il suffit de laver la viande au vinaigre.

Très sec, très froid, Giliarovsky le remercie. D'un pas déterminé, il entre dans la cabine du commandant Golikov qu'il trouve en train de déjeuner. De sa voie coupante, il lance :

— Il faut agir, commandant. Sur-le-champ.

Agir ? Certes. Cependant Golikov n'est pas l'homme des impulsions incontrôlées. Il veut s'assurer si cette colère de l'équipage, malgré tout, n'est pas fondée. Il convoque le docteur Smirnov et son premier assistant, le docteur Golenko. Nouvelle question à Smirnov. Haut-le-corps exaspéré : quand va-t-on cesser de l'interroger à propos de cette viande ? Il a tout dit là-dessus. Il n'a aucune raison de modifier son verdict. Peut-être Golikov aurait-il préféré que Smirnov changeât d'opinion. Puisqu'il n'en est rien, il faut agir, en effet. Golikov ordonne à Giliarovsky de faire battre le rappel. Un instant plus tard, le clairon sonne.

A 1 heure de l'après-midi, tout l'équipage se trouve rangé sur la plage arrière, de part et d'autre du canon de douze pouces. Ces hommes, nous devons les voir dans leur uniforme d'été, « pantalon blanc et vareuse blanche sur le tricot rayé blanc et bleu, et le bonnet avec ses longs rubans qui leur tombent sur la nuque [1] ». Tout ce blanc, sous le soleil, donne une impression de netteté. Quand le commandant Golikov paraît, les marins restent figés, bien rangés en ligne. Au milieu du pont, Golikov se hisse sur le cabestan. Il regarde ces visages de paysans, pour la plupart barrés par une épaisse moustache. Il ne peut qu'admirer leur bonne tenue. Il sait pertinemment que très peu d'entre eux sont des marins de profession. Jamais on n'aurait arraché ces paysans à leur terre pour les faire naviguer si la guerre contre le Japon n'avait ouvert tant de brèches sanglantes dans les rôles d'équipage. Aux yeux de Golikov, ces marins sont toujours ses enfants. Il leur parle comme à des enfants.

— Nous l'avons dit et répété — Golikov s'exprime d'une voix forte afin qu'on l'entende jusqu'au dernier rang — de tels désordres sont formellement interdits sur un bâtiment de la marine impériale. Vous ne semblez pas comprendre que, pour une simple démonstration de ce genre, vous pouvez être attachés à la vergue.

Il n'y a guère de conviction dans cette menace mais il la montre, cette vergue, dans le silence. D'une voix toujours aussi forte, il poursuit :

— Le docteur Smirnov, notre médecin major, a examiné la viande dont vous vous plaignez et il m'assure qu'elle est d'excellente qualité. Et maintenant, mes amis, assez fait les idiots comme

1. Richard Hough : *La mutinerie du cuirassé « Potemkine »* (1960).

ça ! Que ceux qui veulent bien manger le *bortsch* avancent de deux pas !

Un silence. Un silence qui se prolonge beaucoup trop. Terrible épreuve, pour le commandant d'un navire, que d'attendre pour savoir s'il va être obéi. En un instant, c'est toute son autorité qui peut se trouver confirmée — ou non. Golikov regarde l'équipage. L'équipage regarde Golikov. Et personne ne bouge. Au bout d'un long moment — une éternité — quelques vieux marins se décident à sortir du rang. Eux, ils ont toujours navigué. Ils se sont toujours soumis. Leurs deux pas en avant sont comme un réflexe conditionné. Qu'ils ne soient que quelques-uns rend plus menaçante encore l'immobilité du reste de l'équipage.

Golikov mesure l'importance du moment. Comment va-t-il réagir ? Tout peut découler de la réplique qu'il trouvera. Or il ne profère que cette phrase :

— Très bien. Dans ce cas, si vous ne mangez pas le *bortsch*, on ne vous servira rien d'autre.

L'équipage n'en croit pas ses oreilles. Précipitamment, Golikov ajoute qu'il va faire procéder à des analyses de la viande et que, de toute façon, il va en référer au commandant en chef de l'escadre. C'est lui qui jugera.

Il se borne à ajouter :

— Vous êtes libres.

Il descend du cabestan et, suivi par le lieutenant Alexeïev, se dirige vers sa cabine. Le commandant Golikov vient de capituler.

Que s'est-il alors produit sur le *Potemkine* ? Il est très malaisé de le savoir d'une façon précise. Nous disposons du rapport rédigé par Matushenko mais nous sommes en droit de douter de son objectivité. Quant au long récit — précieux pour l'histoire — de Constantin Feldmann, il faut se souvenir que son auteur n'a pas assisté à la phase initiale de la mutinerie. Nous possédons aussi une relation due à un ancien officier de la marine impériale ainsi que des textes officiels soviétiques. Si on les confronte, on aboutit à de telles contradictions que la vérité se discerne à peine ou pas du tout. Parmi les livres qui ont pour thème la mutinerie du *Potemkine*, celui de l'historien britannique Richard Hough peut être considéré comme un ouvrage de référence. Néanmoins, la lecture de la plupart de ces auteurs nous laisse rêveurs : nous découvrons que presque tous ceux qui ont écrit sur le *Potemkine* ont été considérablement influencés par le film de S.M. Eisenstein.

Voilà le grand nom prononcé. Depuis le début de ce récit, le lecteur l'attend. Il y a quelques années, un jury international de critiques de cinéma, ayant à établir la liste des dix plus grands films du monde, a placé en tête *le Cuirassé « Potemkine »* . Un chef-d'œuvre indiscuté, inégalé. Il est important de préciser dans quelles conditions Eisenstein l'a réalisé. À l'origine, il voulait évoquer la révolution de 1905 dans sa totalité. C'est là ce que lui avait demandé le gouvernement soviétique. Dans la fresque envisagée, l'épisode du *Potemkine* ne devait durer que quelques minutes. Eisenstein lui-même a révélé que l'anecdote ne comportait qu'une demi-page dans l'immense scénario du film en projet. Pourquoi s'est-il rendu à Odessa plus tôt que prévu par le plan de travail ? Tout simplement parce qu'il faisait trop mauvais à Leningrad où avait commencé le tournage ! A Odessa, du moins, on était sûr de trouver le soleil.

Or, sur place, cherchant des informations, recueillant des témoignages, s'imprégnant des lieux, Eisenstein a tout à coup ressenti la grandeur du thème. Il a confié combien l'exaltation l'avait saisi. Le vrai sujet était là. Pour raconter la révolution de 1905, c'est le *Potemkine* seul qu'il fallait évoquer. Le film a été tourné en trois mois, vingt ans exactement après l'événement.

Certes, Eisenstein s'est scrupuleusement documenté. Après vingt années, il était possible de retrouver les survivants et de les interroger. C'est ainsi que le film retrace très exactement les origines de la mutinerie, l'histoire de la viande en putréfaction et de la prétendue expertise du docteur Smirnov. Les noms et les personnages des principaux protagonistes sont véridiques : Golikov, Giliarovsky, Smirnov, Matushenko, Vakulinchuk, l'étudiant social-démocrate Feldmann, le pope Parmen[1]. Pour le reste, Eisenstein a déclaré hautement qu'il avait surtout laissé aller son imagination. Il s'était en cela mis à l'école de Goethe qui préconisait « le contraire de la vérité au nom de la vraisemblance ». Dans ses *Réflexions d'un cinéaste*, Eisenstein raconte comment chaque séquence du *Potemkine* fut imaginée sur place. De sorte, commente Dominique Fernandez, qu'« il est extrêmement difficile

1. Voir sur la genèse du film la remarquable étude de Dominique Fernandez dans son ouvrage : *Eisenstein* (1975).

de reconnaître dans le travail d'Eisenstein ce qui relève de la réalité telle qu'il put en avoir connaissance et ce qui relève de son invention, de son imagination ». Ce qui demeure, c'est le film. Les images du chef-d'œuvre sont si fortes qu'elles balayent tous les doutes. Elles s'imprègnent dans notre mémoire et deviennent réalité. Ainsi en est-il de l'affaire de la bâche. Quel spectateur d'Eisenstein ne se souviendrait de la bâche ?

Reprenons le récit au moment où Golikov quitte le pont. Abasourdis, les marins se dispersent. Beaucoup viennent d'avoir peur, très peur. D'un seul coup, ils se voient libérés de leurs angoisses. Surtout, ils se sentent justifiés. Si nous consultons les ouvrages sur la mutinerie, nous voyons Giliarovsky horrifié par la faiblesse du commandant et décidé, avant que le pire soit consommé, de reprendre l'initiative. Il aurait sauté à son tour sur le cabestan et hurlé :

— Reformez les rangs ! Garde-à-vous ! Maître d'équipage, appelez la garde... et faites apporter une bâche !

Une bâche ! Seuls les plus vieux marins du *Potemkine* peuvent comprendre ce que cela signifie. Si des mutins doivent être fusillés sur le pont d'un navire, l'ancien code disciplinaire ordonne de jeter sur eux une bâche. C'est à travers celle-ci que le peloton d'exécution devra tirer. Donc, en ordonnant qu'on apporte une bâche, Giliarovsky tient à ce que l'on sache clairement qu'il a l'intention de faire fusiller les meneurs.

En quelques secondes, les vétérans se chargent d'informer les novices. Bientôt nul n'ignore le sens de la menace qui vient d'être formulée. Déjà, commandés par un second maître, les douze hommes du peloton pénètrent sur la plage arrière et s'avancent sur deux colonnes. Baïonnettes au canon, face à Giliarovsky, ils s'alignent.

Perdus parmi les marins, trois hommes, Matushenko, Mikishkin et Dymtchenko, ressentent avec une intensité qui ne cesse de s'accroître la minute qu'ils traversent. Un bon révolutionnaire sait qu'il faut saisir une occasion quand elle se présente. Elle est là, inespérée. Pour sauver leur vie, des hommes menacés sont capables de tout. A Matushenko et ses amis d'utiliser cette crainte au moment le plus propice.

Ivre de colère, Giliarovsky hurle :

— Nous allons essayer une fois encore ! Que tous ceux qui veulent bien manger du *bortsch* fassent un pas en avant !

Seule, une poignée d'hommes obéit. Giliarovsky n'a pas plus de succès que Golikov :

— Ainsi, c'est une mutinerie ? Capitaine d'armes, emparez-vous des meneurs !

L'officier marinier passe dans les rangs et choisit au hasard quelques marins. Au bout du compte, il en désigne une douzaine qu'on pousse près du bastingage.

— Jetez la bâche sur eux ! ordonne Giliarovsky au quartier-maître. Nous verrons bien ce que les autres ont à dire !

On jette la bâche. On n'aperçoit plus que les pieds de ceux qui vont mourir. Le peloton se range face à la bâche. A ce moment précis, comment Giliarovsky n'a-t-il pas perçu le flottement évident qui agitait les rangs des marins ? En fait, Matushenko s'est décidé à parler à l'équipage. Il le fait à voix basse mais ardente. Il les adjure de ne pas céder. Et on l'écoute. Giliarovsky se penche vers l'aspirant Liventrov. Va-t-il donner l'ordre d'ouvrir le feu ? L'équipage frémit sans le croire. Tout à coup, la voix de Matushenko tonne :

— Camarades ! Vous n'allez pas tirer sur les vôtres !

Un sourd grondement s'élève des rangs des marins rassemblés. Derechef, la voix de Matushenko se gonfle :

— Procurez-vous des armes et des munitions ! Emparons-nous du navire !

A l'instant même, les rangs se brisent. C'est comme un raz de marée qui balaye tout. L'ivresse et la folie s'emparent de six cent soixante-dix marins. Ainsi s'engage la mutinerie du *Potemkine.*

Tel est le récit traditionnel de l'affaire. Quitte à décevoir le lecteur, je dirai que ce récit ne fait que *raconter le film.* Avec beaucoup d'honnêteté, l'historien Richard Hough a reconnu lui-même : « Alors que les récits contemporains officiels ne font aucune mention de l'incident de la bâche, les officiers ayant toujours nié qu'on eût jamais menacé de fusiller les meneurs, tandis que tous les marins, aussi bien que les relations soviétiques officielles, insistent au contraire là-dessus, j'ai conclu pour ma part que le second, Giliarovsky, pris à son propre bluff destiné à impressionner ses hommes, s'est mis de lui-même dans une situation désespérée et, saisi de panique, a ordonné au peloton de faire feu. Cela me paraît être l'interprétation la plus logique. »

C'est, en tout cas, celle qu'a retenue Eisenstein. Il a totalement revendiqué l'idée de la bâche. Selon lui, ce fut une improvisation, une image spontanée éclose dans le cerveau d'un metteur en scène de génie. Selon les spécialistes de l'histoire maritime, jamais dans la marine russe, pas plus que dans aucune autre, on n'a fusillé sous une bâche. Dans les rares cas où l'on s'est servi d'une bâche, on l'a étalée sur le plancher d'un navire, sous les pieds des condamnés, afin d'éviter que le sang ne vînt tacher le bois. Les propres confidences d'Eisenstein confirment cette version. Il raconte dans ses souvenirs qu'après la sortie du film, un individu se présenta à lui et réclama des droits sur le film. Des droits ? Oui, puisque le plaignant affirmait s'être trouvé lui-même, lors de la mutinerie, sous la bâche. « Mais il n'y avait pas de bâche ! » répondit Eisenstein [1]. L'affaire alla jusqu'au tribunal car le prétendu mutin était entêté. Il avait tort, il perdit son procès. L'enquête avait établi que « l'invention de la bâche n'ayant aucun fondement historique, tout le mérite en revenait à Eisenstein ». Lui-même, plus tard, expliqua : « Nous étions tous imprégnés de l'atmosphère et des événements de 1905. Nos transpositions étaient justes mais les situations ne l'étaient pas. La bâche qui couvre les marins que l'on va fusiller fut, dans notre esprit, la projection du bâillon qui étouffait la Russie en 1905. »

Alors, la vérité ?

On peut la chercher dans le rapport de l'attaché naval français à Saint-Pétersbourg, le lieutenant de vaisseau de Belloy de Saint-Liénard, adressé, en date du 1er juillet 1905, au ministère de la Marine. L'auteur affirme tenir les détails qu'il relate d'un informateur qu'il nomme Wirénius : « Le cuirassé de premier rang *Kniaz-Potemkine* faisait des essais à la mer, après lesquels il devait revenir à Sébastopol. En cours de route, un matelot vint présenter à un officier, le second, je crois, une réclamation écrite conçue en termes violents et demandant l'amélioration de la nourriture. La violence des termes fit que l'officier la déchira en réprimandant

1. D.D. Sélesneff, *Une mutinerie dont on a beaucoup parlé* (*la Revue maritime*, décembre 1976).

vertement le porteur de la réclamation. Celui-ci menaça l'officier de le frapper. Devant le geste du matelot et les murmures de tous les hommes d'équipage groupés autour d'eux, l'officier prit son revolver et brûla la cervelle à l'homme. La révolte éclata aussitôt car elle était préparée. »

La version recueillie par le *Moniteur de la flotte* du 8 juillet 1905 présente avec la précédente des différences qui en modifient totalement l'aspect : « Le lieutenant ordonna aux marins de se ranger en ligne : ceux qui étaient satisfaits de la nourriture se mettraient à droite, et les autres à gauche. La majorité des marins se montra cependant satisfaite. Alors la minorité se précipita dans l'armurerie, s'empara des armes et commença à massacrer les officiers qui prenaient leur repas. Un officier arracha son arme à un homme et tira deux ou trois fois sur un matelot qu'il blessa mortellement. Sur quoi, les mutins déchargèrent plusieurs fois leurs armes sur les officiers. »

Pour ma part, je suis frappé par le récit que l'on doit à l'envoyé spécial de *l'Illustration*, Gustave Babin. Très près de l'événement, le journaliste a interrogé un grand nombre de membres de l'équipage. Il a entendu l'histoire de la viande avariée, celle de son inspection par le docteur Smirnov, celle de la convocation des marins sur le pont. Les paroles du commandant sont ici, à quelques mots près, celles que nous avons retenues :

— La viande est excellente et le docteur l'affirme. Mais, comme je veux connaître les mauvaises têtes, que ceux qui veulent bien manger passent ici (et *il désigne l'espace libre sur le pont derrière lui).* Que les autres restent là *(devant lui).*

Je cite Gustave Babin : « Tout l'équipage, à peu près, défila devant le comandant, sans murmure, et vint se ranger où il avait dit. Demeuré en face d'une trentaine qui hésitaient, il arrêta le défilé et fit sonner la garde : dix-huit marins en armes arrivèrent et entourèrent les mécontents. Le commandant avait perdu tout sang froid : il commanda de fusiller sur l'heure les mutins. La garde obéit au commandement de charger les armes, mais ne fit plus un mouvement au cri de : "Feu !"

« C'est alors qu'indigné de cette défection le second du bord, le capitaine Giliarovsky, arrachant à l'un des marins son fusil, mit en joue le sous-officier qui commandait le peloton. La balle partit, manqua le but, s'égara. Elle alla frapper Vakulinchuk perdu dans le tas des trente. »

En 1980, *les Nouvelles littéraires* ont publié l'interview du tout dernier survivant des mutins du *Potemkine*[1]. Il se nommait Ivan Bechoff. Né à Dublin, il avait quatre-vingt-seize ans. Que racontait-il sur l'origine de la mutinerie ? Ceci : « Un marin, mon cher ami Vakulinchuk, s'est approché de l'officier en second pour protester contre les conditions de vie de l'équipage et demander des rations plus fraîches. L'officier — je m'en souviens comme s'il était encore devant moi — était un vrai tyran, un aristocrate polonais nommé Giliarovsky. Il a écouté le marin puis, froidement, l'a abattu d'une balle dans la tête. Un autre marin, qui était près de l'officier, l'a désarmé et l'a tué après une lutte féroce. Il a ensuite jeté le corps à la mer. Ce fut le début de la révolte. »

Résumons : si nous ne savons pas en toute certitude comment la mutinerie s'est déclenchée, nous sommes sûrs que l'on n'a apporté aucune bâche sur le pont et que, très probablement, Giliarovsky n'a pas commandé le feu. A-t-il ordonné aux hommes de former les rangs ? Cela paraît fort invraisemblable. On voit mal un second, lui-même féru de discipline, aller délibérément à l'encontre d'un ordre donné par son supérieur.

Ce qui reste certain, c'est que les meneurs se sont précipités vers l'armurerie et se sont emparés d'armes. Giliarovsky se trouvait sur le pont et a tenté de rétablir l'ordre. Un coup de feu a été presque aussitôt tiré. Les armes se trouvant rangées dans la batterie, le matelot Vakulinchuk y a couru l'un des premiers. Il venait d'en remonter, un fusil à la main quand la balle l'a frappé. Grièvement blessé, Vakulinchuk s'est effondré. Matushenko, armé lui aussi, s'est élancé. Giliarovsky l'a vu, lui a crié de jeter son arme. La réponse de Matushenko :

— Faudra que tu me tues d'abord ! Débarrasse ce bateau, il est à nous maintenant !

Les deux hommes se sont affrontés. Matushenko s'est trouvé le plus rapide. Giliarovsky, frappé mortellement, s'est effondré sur le pont.

Dès lors, tout va très vite. Le coup de feu tiré sur Vakulinchuk met l'équipage hors de lui. La chasse aux officiers s'organise. On jette à la mer le cadavre de Giliarovsky, on s'empare du médecin major Smirnov. On l'assomme :

1. *Les Nouvelles littéraires*, 7 février 1980.

— Voilà pour toi, canaille, qui voulais nous empoisonner !

Lui aussi, on le jette à la mer. On massacre plusieurs autres officiers. D'autres, terrorisés, sautent à l'eau et rejoignent à la nage le torpilleur *N. 267* qui escorte toujours le *Potemkine*. Reste le commandant. Les marins se saisissent de lui. Il les supplie :

— Mes enfants, je suis votre père, je suis vieux, épargnez-moi !

On le tue à coups de sabre. Malgré tout, on commence à se lasser. Matushenko juge le moment propice pour reprendre l'équipage en main. A son tour, il grimpe sur le cabestan. Tous les témoins ont évoqué son réel talent d'orateur. Il sait qu'il joue une rude partie. Il s'adresse à des mutins d'occasion, dont l'immense majorité n'est pas politisée. Ils ont agi sur un coup de tête et il sent que, déjà, leur exaltation est retombée. Ce qu'il veut leur faire comprendre, c'est qu'ils tiennent leur propre bonheur entre leurs mains. Dans un silence absolu, l'équipage l'écoute :

— La Russie attendait l'instant de se dresser et d'arracher les chaînes de l'esclavage ! Le grand jour est proche. Et c'est de votre bâtiment qu'est partie la révolution ! Bientôt les autres unités de la flotte de la mer Noire se joindront à nous, bientôt nous opérerons la jonction avec nos frères de la côte, ouvriers et paysans ! Dans tout le pays, des révoltes éclatent déjà... Des soulèvements dans les champs de Bessarabie et d'Ukraine, des grèves dans les usines d'Odessa et de Sébastopol... Nous possédons la plus puissante unité de la flotte avec les canons les plus gros. Le *Potemkine* peut se battre contre des armées entières et avoir raison d'elles. Mais nous serons impuissants si nous ne sommes pas unis. C'est pourquoi il nous faut de la discipline !

On l'acclame. Sur cet élan on nomme commandant le lieutenant Alexeïev épargné parce que l'équipage l'aime bien. On élit un comité révolutionnaire de vingt membres. On proclame Matushenko président. On lui donne deux adjoints : Mikishkin et Dymtchenko. Logiquement le troisième aurait dû s'appeler Vakulinchuk. Il se meurt à l'infirmerie.

Ses amis l'entourent. Il murmure :

— Et le bateau ?

— On t'a vengé, camarade ! On a tué les officiers. Le bâtiment est à nous.

— Bon ça...

Ce sont ses derniers mots. Il expire.

Comme elle s'est déroulée vite, la mutinerie du *Potemkine* ! A 3 heures de l'après-midi, elle est terminée. Matushenko a ordonné de nettoyer les ponts : « C'est mauvais pour nous, tout ce sang, partout. » Maintenant on va devoir faire face à tant de périls ! Comment réagira l'amiral, là-bas, à Sébastopol, quand il saura ? Comment se procurera-t-on le charbon, l'eau douce, dont le *Potemkine* se montre dévoreur insatiable ? Et la nourriture de l'équipage ? Terrible problème pour ces marins hier encore sans responsabilité aucune.

C'est pour tenter de leur trouver une réponse que Matushenko donne l'ordre au nouveau commandant Alexeïev de diriger le *Potemkine* sur Odessa.

Or, à ce moment précis, ce même 27 juin au matin, le gouverneur militaire de la ville d'Odessa, le général Kokhanov, vient de décréter la loi martiale. La ville est en pleine révolte. La première grande grève a été déclenchée en avril, dans les docks. Les sociaux-démocrates et les hommes du *Bund* dirigent le mouvement. Aucune cargaison ne peut plus être débarquée ou embarquée. Les boulangers se sont mis en grève, suivis par les cordonniers, les tailleurs, les imprimeurs, les bouchers puis, en juin, les ouvriers du jute, ceux du fer et du coton, les cheminots. Etrangement, c'est la date du 27 juin que les chefs des différents partis révolutionnaires ont choisie pour déclencher, à Odessa, la grève générale.

Dès le lundi 26, plus de cinq cents travailleurs ont organisé une marche de protestation à travers la ville. La police et les cosaques leur ont barré la route. Par deux fois, on les a sommés de se disperser. Il n'y pas eu de troisième sommation. Un coup de feu a atteint un officier de cosaques qui, blessé, est tombé de son cheval. Fous de colère, les cosaques ont chargé. Deux ouvriers ont été tués, trois autres blessés. Du coup, la foule a renversé deux tramways et plusieurs voitures. Partout, du pavé d'Odessa, des barricades ont surgi. Des milliers de travailleurs ont convergé vers le quartier de Peresyp, là où le drame s'est produit. Le lendemain, la ville s'est réveillée sous l'empire de la loi martiale : mots terribles. Toute réunion publique est interdite.

A ce diktat, personne n'est disposé à obéir. Spontanément, une foule immense se met en route vers le centre. Aux points névralgiques, la police et les cosaques prennent position. Les pierres sont les seules armes dont disposent les manifestants. Cosaques et policiers ne se gênent pas pour tirer. Quel est le but de cette foule ? Elle ne le sait pas elle-même. Elle est là pour dire non et montrer qu'elle existe. L'étudiant social-démocrate Feldmann — qui va jouer un si grand rôle — a témoigné : « De tous les côtés, on réclamait des armes. Et nous sentions que, si les sociaux-démocrates ne pouvaient répondre à cet appel, les masses se détourneraient de nous et que c'en serait fini de la grève. »

Ces armes, où les sociaux-démocrates les prendraient-ils ? A la fin de cette journée du 27, plus de cent cosaques et agents de police ont été tués. Parmi les travailleurs, on dénombre plusieurs centaines de victimes. Trop inégal, le rapport des forces. A la fin de la journée, Feldmann constate que ces gens, qui ont affronté avec tant de courage la force armée, commencent à rentrer chez eux. Il ne leur reste que le désespoir.

C'est alors, peu avant 8 heures du soir, que les habitants les plus proches du port voient avec stupeur un cuirassé mouiller dans la baie. Ils reconnaissent le *Potemkine*. En tête de mât et au beaupré, le drapeau rouge.

A bord du *Potemkine*, dans les appartements de l'amiral, le comité du peuple a siégé sans désemparer pendant la plus grande partie de la nuit. Matushenko voulait des décisions. Il en a obtenu. On a résolu d'envoyer à terre des délégués mandatés pour acheter des vivres et du charbon. On a décidé de porter à terre le corps de Vakulinchuk afin que, non seulement l'équipage du *Potemkine*, mais la ville d'Odessa lui rendent hommage. Dans un communiqué, le comité expliquera les raisons de la mutinerie. Il adressera des appels au peuple d'Odessa, aux régiments de cosaques et au consul de France. Enfin, il prendra contact avec le parti social-démocrate local.

A bord, le coffre du *Potemkine* renferme 24 000 roubles. Matushenko tient essentiellement à ce que tout se passe dans les règles. Les hommes qu'il envoie à terre sont munis d'argent pour les achats de vivres et de combustibles. Une chaloupe débarque peu après l'aube. Une heure plus tard, la dépouille de Gregory Vakulinchuk est descendue dans un canot. On a épinglé sur sa vareuse une pancarte : « Devant vous repose le corps du marin Gregory Vakulinchuk, sauvagement abattu par le commandant en second du cuirassé *Potemkine* parce qu'il s'était plaint de la mauvaise qualité du *bortsch*. Signons-nous en disant : "Paix à ses cendres." Vengeons-nous sur ses oppresseurs. Mort aux tyrans ! Vive la liberté ! »

Dans le canot, une garde d'honneur en armes a pris soin d'emporter une voile et des espars. Dès après l'accostage à quai, cette garde va s'en servir pour monter une tente. On y dépose le cercueil ouvert où repose Vakulinchuk. Quatre marins, baïonnette au canon, se figent de part et d'autre de ce catafalque improvisé, qui devient le point de mire immédiat de la curiosité passionnée d'une foule vite rassemblée. Une heure plus tard, toute la population d'Odessa se dirige vers cette voile grisâtre et rectangulaire sous laquelle repose un martyr.

A 10 heures du matin, l'étudiant Feldmann descend vers le port par l'escalier Richelieu : deux cent quarante marches que l'on doit, comme la ville moderne d'Odessa, au duc de Richelieu, émigré français. Quand il se trouve mêlé à cette foule compacte, Feldmann ne comprend pas. La veille au soir, les manifestants désespérés rentraient chez eux. Maintenant, ils semblent tout joyeux, excités et courent vers les quais. Alors seulement, il aperçoit la silhouette du *Potemkine* : « Je restai là, stupide, frappé d'extase devant la merveilleuse apparition. Mais l'heure n'était plus à la contemplation... Il fallait se hâter, conclure ce qui avait été commencé... se jeter dans la bataille finale... Et, avec l'exaltation d'un soldat qui verrait surgir de puissants renforts à l'heure même de la retraite, je me précipitai vers le port. »

Quand il aperçoit la tente, quand il découvre le cadavre de Vakulinchuk, tout lui devient clair.

A côté de la tente, on a disposé une sébile. Des femmes et des hommes — pourtant si pauvres — y jettent leur obole. De temps en temps, le matelot Brzhezovsky monte sur une caisse :

— Marins, ouvriers, dockers, quittez vos bateaux, abandonnez vos établis et marchons ensemble sur la ville. L'arme à la main, sous la protection du *Potemkine*, nous pouvons gagner notre liberté !

Ceux qui l'écoutent se montrent bouleversés. Des femmes pleurent. Brzhezovsky le racontera : « Il était impossible de bouger. Tout le monde voulait voir le mort. Beaucoup s'approchaient, se découvraient, se signaient et s'inclinaient devant la victime de la cruauté et de la tyrannie. Des femmes pleuraient et baisaient la main du héros populaire. On entendait des sanglots et il y avait des larmes dans les yeux de bien des hommes. »

Peu à peu, des agitateurs représentant tous les mouvements politiques révolutionnaires ont rejoint la tente. Sur des estrades improvisées, ils haranguent la foule. A leurs appels enfiévrés, les hommes, les femmes répondent par des acclamations. On voit jaillir des drapeaux rouges, confectionnés en hâte.

Soudain, cette foule se met en marche. Elle veut gagner le centre de la ville. Elle possède ce qui lui faisait défaut la veille : la force. Derrière elle, les canons du *Potemkine* sont braqués sur Odessa. Les premiers groupes de manifestants s'engagent dans l'escalier Richelieu. Ils ne savent pas — comment le pourraient-ils ? — que vers midi un ordre du tsar est parvenu à l'adresse du général Kokhanov. Il faut à tout prix éviter la guerre civile. Le tsar estime que le général ne doit pas laisser la situation s'aggraver davantage. On lui laisse le choix des moyens.

Kokhanov n'est plus sûr de grand-chose à Odessa. Sauf des cosaques. Quand il apprend que des manifestants gravissent en foule l'escalier Richelieu et que l'on risque de nouveaux désordres dans la ville, il envoie les cosaques pour leur barrer la route.

Il faut savoir que les marches de l'escalier Richelieu mesurent à peu près vingt-cinq mètres de large. Toutes les vingt marches, un palier se présente, profond de six à sept mètres. Il existe douze de ces paliers. Il faut imaginer cette foule, enthousiaste, confiante, dont les rangs du bas poussent vers le haut ceux qui les précèdent et qui, soudainement, au sommet de l'escalier, vont se trouver en face d'une infranchissable muraille : les cosaques.

Comment, une fois de plus, ne pas se reporter à Eisenstein ? Le carnage du grand escalier d'Odessa n'est pas né de son imagination. Il s'agit d'un épisode parfaitement historique dont subsistent de multiples preuves orales et écrites.

Véridique, le mouvement de la foule qui gravit l'escalier. Véridiques, les cosaques qui attendent en haut. Véridiques, les premiers rangs qui refluent, cependant que ceux d'en bas montent toujours. Véridique, la lente descente des cosaques qui, régulièrement, s'arrêtent, épaulent et, comme à l'exercice, font feu. Véridiques, les cadavres.

Ce que n'a pas montré Eisenstein, c'est le double mouvement des cosaques. Pendant qu'un premier détachement refoule les manifestants sur l'escalier, un autre balaye à cheval les quais et vient prendre position au bas de l'escalier, alors même que la foule terrorisée y reflue. Les cosaques foncent, sabre levé, sur cette masse humaine. Leurs lames s'abattent, pénètrent les corps, coupent les membres, font éclater les têtes. Des malheureux se jettent à la mer pour échapper à cette tuerie. Le massacre se poursuivra jusqu'à ce qu'il n'y ait plus un seul manifestant.

Les quais sont vides. Sur les dalles jonchées de morts, seule se dresse la tente. Sous la voile rectangulaire, la dépouille de Vakulinchuk abandonnée semble attendre quelque improbable lendemain.

La révolte du *Potemkine* a-t-elle été vaine ? L'étudiant Feldmann ne l'a pas cru. Il s'est fait conduire sur le bateau, il a parlé à l'équipage, longuement, en expliquant tout ce que les insurgés d'Odessa pouvaient attendre d'eux. L'intervention des cosaques, affirme-t-il, ne signifie rien. Que représentent-ils à côté des canons du *Potemkine* ? Il faut pleurer les morts mais surtout les venger. Matushenko s'est déclaré en parfait accord avec lui. Afin de tester la volonté de résistance des autorités, on va exiger pour Vakulinchuk des obsèques officielles. Il est décidé que Feldmann descendra à terre pour négocier. Il emmènera avec lui le pope Parmen, épargné par la mutinerie. Cela fait toujours bien, un pope. Cette démarche hasardeuse, on l'accomplira le lendemain, 28 juin.

Ici, l'historien ne peut manquer de s'étonner. Pendant tout le massacre par les cosaques, le *Potemkine* n'est pas intervenu. Pas la moindre salve d'intimidation. Pas même un coup tiré à blanc. Et voici que maintenant, alors que l'on continue à tuer dans Odessa, on ne s'occupe que des obsèques de Vakulinchuk !

Les cosaques se sont retirés. Peu à peu, la foule est revenue sur le quai. On a relevé les morts, emporté les blessés. Tout près de là se trouvent des entrepôts. On a enfoncé les portes, on s'est mis à piller. A 5 heures de l'après-midi, Kokhanov a proclamé l'état de siège mais rien n'a arrêté les pillages. Le *Times* écrira que « la populace s'est emparée de toutes les marchandises et l'on estime le total des pertes à plusieurs millions de roubles ».

Chaque fois que l'on voit arriver les cosaques, chaque fois que le peuple est contraint de s'enfuir, il met le feu. Dépassé par cette insurrection qui renaît sans cesse de ses cendres, Kokhanov songe alors à utiliser la vieille arme du régime tsariste : l'antisémitisme.

Des agents secrets se répandent dans les quartiers pauvres, répétant que les Juifs sont responsables de la crise économique et que, pour protéger leurs biens, ils ont armé les cosaques. Dans l'heure qui suit, la manœuvre réussit admirablement. On se met à chercher des juifs, à piller leurs maisons, à les égorger. Ailleurs, cosaques et ouvriers continuent à se battre. Nuit effroyable. Nuit sans exemple. Lisons le récit du *Times* : « La cité est enveloppée d'un épais nuage de fumée. On peut presque dire que le port a été entièrement détruit. Les rues sont jonchées de morts et de blessés, les quais ne sont plus que murailles de flammes aveuglantes, il n'est pas un quartier qui ait échappé à la dévastation et ne soit noyé dans le sang. De tous côtés, l'incendie continue, et il ne restera rien de tout ce qui est inflammable... »

A l'aube du 28, la ville brûle toujours. On compte six mille morts.

L'état-major a consenti à ce que l'on enterre Vakulinchuk mais la nuit suivante, à 2 heures du matin. Considérant cette solution comme insultante, Feldmann a repoussé cette clandestinité. Il est venu rendre compte à Matushenko qui a décidé de se rendre à son tour à l'état-major. Ce qu'il fait. Seul.

Nul ne songe à l'arrêter, il rencontre l'un des membres de l'état-major de Kokhanov, plaide et gagne : les obsèques auront lieu l'après-midi même, à 3 heures. On autorise douze marins à porter le drap funéraire. Ils ne devront pas être armés.

Probablement n'a-t-on jamais vu spectacle aussi grandiose — mais aussi insolite — que ces obsèques. Soutenu par plusieurs hommes, le cercueil, recouvert par la croix de Saint-André et un tapis de fleurs, s'avance à travers la ville. Le père Parmen officie. Quatre marins, derrière le cercueil, rendent au mort un ultime hommage. Sur les trottoirs et aux fenêtres, toute la ville d'Odessa. Des fleurs qui pleuvent. Des cris :

— Vive le *Potemkine* !

Il est 5 heures et demie quand, dans une tombe du cimetière, on inhume Vakulinchuk. A peine le père Parmen a-t-il achevé de prononcer ses dernières prières que des coups de feu éclatent. Qui a tiré ? Il semble que la force armée ait estimé que l'armistice était rompu dès lors que le « martyr » était enterré. De nouveau, la terreur. De nouveau des cadavres. Le père Parmen et neuf marins regagnent le *Potemkine*. Trois des leurs sont portés manquants.

Il y a des heures qu'on discute sur le *Potemkine*. Dans l'après-midi, une nouvelle parvient à bord. L'état-major tsariste s'est transporté dans le théâtre de la ville. La réaction de Feldmann est immédiate : il faut que l'on tire sur ce théâtre. « Quand le gouverneur et son état-major auront été supprimés, tout sera possible ! » L'éloquence de l'étudiant reste sans effet. Pour ces marins, tirer sur Odessa, c'est tirer sur des Russes, sur des frères. Feldmann a beau jurer que sa famille elle-même se trouve dans Odessa, les autres se fâchent. Ils ne tireront pas.

La délégation envoyée aux obsèques de Vakulinchuk rentre à bord. Hors d'elle. On a perdu trois camarades ! On les a assassinés ! Un beau tumulte. Du coup, les plus hésitants, ceux qui critiquaient si fort Feldmann, se déclarent convaincus. Eh bien, on va tirer sur cette racaille ! On va anéantir Kokhanov et ses complices ! On va écraser le théâtre sous les obus !

Pas une minute à perdre. Matushenko donne l'ordre :

— Camarades, à vos postes !

D'abord, trois coups de semonce. Après quoi, sur le théâtre d'Odessa, sur l'état-major détesté, une pièce de 152 tire une première charge : cent cinquante kilos d'explosifs. Le cri de l'homme de guet : « Long ! » Le coup n'a pas atteint sa cible. Qu'est-ce donc que l'on a touché ? Quelles maisons d'habitation et quels pauvres gens ? Une nouvelle fois, la batterie de 152 tire. Le cri de l'homme du guet : « Long ! » Encore un échec. Commander un troisième coup, risquer un nouveau massacre inutile ? C'est plus que n'en peut supporter Matushenko. Il préfère interrompre le tir et envoyer un ultimatum au gouverneur, le sommant de se plier aux conditions que lui fixera le *Potemkine*. Sinon le bombardement recommencera.

Avec un mépris de fer, le gouverneur rejette l'ultimatum. Le *Potemkine* perd définitivement la partie.

Le lendemain, l'escadre paraît devant Odessa. Elle vient de Sébastopol pour anéantir le *Potemkine*. Quand un de ses navires, le *Georges le Victorieux*, se détache pour rejoindre le *Potemkine* et fraterniser avec lui, le reste de l'escadre, pris de panique, s'éloigne. A bord du *Potemkine*, que de joie, que d'espoir ! On se croit sauvé puisque l'on est deux. Cela ne dure guère. La mutinerie du *Georges* n'est le fait que d'une minorité. La majorité reprend le contrôle du navire qui, volontairement, va s'échouer.

Méthodiquement, grâce aux renforts qui arrivent sans cesse, la ville d'Odessa est reprise en main. On y installe des batteries qui, d'une heure à l'autre, seront prêtes à tirer sur le *Potemkine*. Avoir cru la révolution gagnée, penser que l'on allait s'emparer d'Odessa, soulever la province, marcher sur Moscou et, quelques heures après, découvrir qu'il n'existe plus d'issue !

Que peut entreprendre un bateau contre un pays entier, une armée, une police, une marine ? Matushenko a beau plaider — de toute son âme — il n'est plus entendu. L'équipage du *Potemkine* ne pense plus qu'à sauver sa peau. En se mutinant, ces hommes ont commis un crime. Ils risquent d'être pendus. Qui donc voudrait être pendu à bord du *Potemkine* ?

On ne saura jamais qui a proposé le départ pour un pays neutre. La Roumanie n'est pas loin. Allons à Constanza ! Sans attendre, l'idée est reprise par tous : en Roumanie !

Le reste de l'histoire se résume en une longue agonie : la recherche éperdue d'un havre en mer Noire, l'espoir d'être accueilli à Théodosia, port russe. L'échec. Nul ne veut plus du *Potemkine* en Russie. Les autorités roumaines vont accepter de recevoir le navire à condition que tous les hommes de l'équipage se rendent. Ils pourront alors bénéficier du droit d'asile et ne seront en aucun cas extradés. Ceux qui le désireront pourront recevoir la nationalité roumaine.

Adieu à la révolution ? Adieu, en tout cas, au *Potemkine* ! Après que le dernier homme eut quitté le bord, on a vu tout à coup le cuirassé s'enfoncer dans les eaux. Matushenko l'a voulu. Sur son ordre, on a ouvert les vannes. Perdu pour la révolution, le bateau le sera aussi pour le tsar.

Il est dit que toutes les batailles livrées par le *Potemkine* s'achèveront par une défaite : on réussira à renflouer le cuirassé, on le remorquera vers Sébastopol où, d'ordre de Nicolas II, on le débaptisera. Désormais, il s'appellera le *Panteleymon*, ce qui veut dire le péquenot.

En Roumanie, les marins du *Potemkine* ont cherché et trouvé du travail. On les a engagés dans les arsenaux, les usines, aux champs. Ils n'en vivent pas moins dans le souvenir de la Russie et ne prêtent d'intérêt qu'à ce qui se passe là-bas. Non seulement la tension intérieure subsiste, mais elle s'aggrave. En octobre, dans tout le pays, éclate la grève générale. A Saint-Pétersbourg naissent des conseils d'ouvriers qui s'intitulent « soviets ». En décembre,

Moscou se hérisse de barricades. Le sang coule. Pour réduire les insurgés, il faudra dix jours de combats violents. Dix jours ! Lénine, rentré en Russie, confiera : « Sans la révolution de 1905, notre victoire de 1917 eût été impossible. »

Le tsar doit se résoudre à signer un manifeste qui fait de la Russie une monarchie constitutionnelle. La révolution de 1905 aurait donc vaincu ? Beaucoup le croient mais d'autres pensent qu'il ne s'agit que d'une apparence. Ils ont raison.

1907. Pour confirmer son libéralisme tout neuf, le tsar Nicolas II annonce une amnistie pour tous ceux qui ont participé aux épisodes insurrectionnels de 1905. Elle concerne donc ceux du *Potemkine.*

Revoir la Russie ! Retrouver leurs familles, leurs villages ! Telle a été la première pensée des marins du *Potemkine*. Et si c'était un piège ? La majorité des mutins, méfiants, restent en Roumanie. Cinq seulement n'y tiennent plus : ils veulent rentrer. Parmi eux, Matushenko.

A la frontière, ils sont reconnus, arrêtés. Quatre d'entre eux sont envoyés en Sibérie. Matushenko, lui, sera pendu.

II

Le grand pari de Louis Blériot

25 juillet 1909

Dimanche 25 juillet 1909, 4 h 40 du matin. Là, à Sangatte, devant la mer, un champ immense et plat. À l'horizon un disque rouge qui, lentement, s'élève. 4 h 40, c'est le lever du soleil. Dans ce champ, le jour naissant éclaire un incroyable assemblage de bois, de fil de fer, de papier verni. Une sorte d'oiseau malhabile, comme esquissé, inachevé. Deux grandes ailes blanches, deux roues de bicyclette, une hélice. Et, hissé sur cette machine dont il semblerait qu'un coup de vent suffirait à la renverser, un homme. Il s'appelle Louis Blériot.

Il nourrit une incroyable prétention : voler au-dessus de la mer, des côtes de France à celles de l'Angleterre. Franchir la Manche.

Le jour où, les premiers hommes ont marché sur la lune, des reporters de la télévision américaine sont allés à Dayton (U.S.A.) pour interroger un vieux monsieur. Comme quelques centaines de millions d'êtres humains, ce téléspectateur octogénaire avait *vu* Neil Armstrong prendre pied sur notre satellite. Or, au début du siècle, il avait également assisté aux vols des frères Wright, constructeurs de la première machine qui ait vraiment volé. Ainsi, le vieil Américain avait à la fois *vu* les frères Wright décoller de notre terre et Neil Armstrong marcher sur la lune. Insistants, les reporters lui demandèrent ce qu'il ressentait. Simplement, le vieux monsieur répondit : « Tout ça dans une vie d'homme ! »

L'aéroplane de Blériot survole la Manche. (Roger-Viollet.)

Il n'aurait pu mieux dire. L'épopée de la conquête de l'espace s'est entièrement déroulée en moins de soixante-dix ans. Dans le même siècle, les aviateurs ont tenté leurs premiers sauts de puce — et l'on a lancé des fusées jusqu'à la planète Mars, jusqu'à Jupiter et Vénus.

Entre ces premiers essais qui représentent la préhistoire de l'aviation et la véritable conquête de l'air, une date nous apparaît comme essentielle : le 25 juillet 1909, jour où Louis Blériot a décidé que l'avion pouvait franchir une mer. Un pari qui, aujourd'hui, peut nous paraître dérisoire. Le Pas-de-Calais n'est large que de quarante kilomètres à peine ! Pourtant, la conquête de ce bras de mer a paru, en son temps, plus fabuleuse encore que, pour notre génération, la victoire sur la lune.

Je n'ai pas l'âge du vieux monsieur de Dayton. Mais j'ai connu les artisans de cette épopée. J'ai recueilli les confidences de Ferdinand Collin, de Robert Grandseigne, de Louis Paragot — « P'tit Louis », l'apprenti. Je les entends encore me parler de Monsieur Blériot, leur patron. C'est à travers eux, par leurs yeux, que j'ai fini par voir, moi aussi, Monsieur Blériot et ces fanatiques qui, au cours de l'année 1905, s'acharnaient à faire voler des « plus lourds que l'air ».

En général, ils étaient très jeunes. Leurs admirateurs se situaient surtout dans la génération des quinze à vingt-cinq ans. Parmi ces jeunots, Louis Blériot tranchait. Avec ses trente-trois ans, en 1905, il faisait figure d'ancêtre. D'ailleurs, il paraissait plus que son âge, avec des traits accusés, un curieux nez en bec d'aigle, et surtout cette grosse moustache noire qui lui barrait le visage. Cet homme du Nord — il venait de Cambrai — n'était pas du genre expansif. Plutôt bourru, parlant peu. Avec, comme on dit, les pieds sur terre.

Une carrière toute classique, sans histoire. Un exemple de jeunesse bourgeoise : l'École centrale ; le diplôme d'ingénieur ; le mariage avec la fille d'un colonel, Alice Vedène. Une affaire qu'il crée, phares pour fiacres, automobiles, vélos, etc. : les phares Blériot. Elle se développe et finit par rapporter 60 000 francs par an. Ce n'était pas rien à une époque où un employé de ministère gagnait 150 francs par mois. Dès lors les Blériot habitent un hôtel particulier, boulevard Maillot. Ils ont six enfants, circulent dans deux voitures, des Panhard-Levassor, conduites par le chauffeur Henri, dont les joues vermeilles font l'admiration du quartier.

Bref, une réussite. Qu'est-ce que Louis Blériot pourrait demander de plus à la vie ? Précisément, il en attend davantage.

Car ce fabricant de lanternes vit dans un rêve. Il le cache soigneusement. Pour la raison, en cette époque de la bourgeoisie absolue, que les rêveurs sont mal vus. La vérité est que M. Blériot, cet homme si convenable, *rêve de voler !*

A l'École centrale, il y songeait déjà. Il pensait à une machine volante qu'il construirait un jour. Il n'en parlait pas. Plus tard, il a dit : « Je ne voulais pas qu'on me prenne pour un fou. » La machine volante du jeune Louis Blériot devait être, dans son esprit, un « plus lourd que l'air ». Depuis le XVIIIe siècle, des hommes s'étaient élevés dans le ciel, mais à bord de ballons. Puis on avait appris à orienter ces édifices de toile et de gaz : les dirigeables étaient nés. Chacun savait pourtant que l'avenir n'était pas là. Le dirigeable offrait une trop grande surface — donc une trop grande résistance. C'est Nadar, l'homme des ballons, qui avait dit le premier en 1863 : « Pour lutter contre l'air, il faut être spécifiquement plus lourd que l'air. »

L'histoire des années 1890 à 1910 est celle, justement, de la recherche de ce plus lourd qui vaincrait l'air. Clément Ader avait le premier, en 1890, conçu une sorte de chauve-souris géante, tractée par une hélice et qui, lors de deux essais, s'était légèrement élevée au-dessus du sol. Au nom de la défense nationale, l'inventeur avait exigé le secret. Celui-ci avait été si bien gardé que, finalement, les pouvoirs publics s'étaient totalement désintéressés des travaux d'Ader. Écœuré, il avait brûlé ses plans et ses prototypes. Et puis, en Amérique, les frères Wright avaient imaginé un biplan que l'on projetait dans les airs à l'aide d'une sorte de catapulte. Les Wright avaient eux aussi travaillé dans le secret. En France, on ne savait rien de leurs travaux. Ce qu'il faut bien souligner, c'est l'isolement de ces novateurs parallèles. Tous, ils travaillent dans la même perspective. La plupart du temps, ils s'ignorent.

Un jour, M. Blériot n'y tient plus. A Henri, son chauffeur, il commande :

— A Levallois, rue de la Révolte.

Rue de la Révolte se trouve un garage, tenu par l'ancien champion cycliste Contenet qui a battu les records de 1898 à 1903. Contenet est un client des « phares Blériot ». Ce que Blériot est venu solliciter de lui, c'est le prêt d'un hangar. Contenet ne fait pas de manières pour accepter. Projetant en avant son torse nerveux, il aboie :

— C'est pour quoi faire ?

— Une machine volante...

Des mois de travail. Une perpétuelle navette entre le boulevard Maillot et la rue de la Révolte. Le chauffeur Henri promène ses joues rebondies dans les cafés de Levallois, en soupirant :

— Monsieur s'amuse à fabriquer un aéronaute !

De temps en temps, Contenet vient jeter un coup d'œil sur le travail de son protégé. Un coup d'œil effrayant, car chaque mouvement de l'excellent Contenet sue la férocité. Hirsute, la bouche tordue, il hurle :

— Alors, ça marche ?

Le résultat : un « ornithoptère ». Une machine à ailes battantes, dont le moteur est actionné à l'acide carbonique. On la pousse dans un terrain vague. Blériot met le moteur en marche. Cela grince, cela s'ébroue, puis les ailes battantes se replient vers le sol. Définitivement. L'ornithoptère réintègre le hangar de Contenet.

C'est là que Gabriel Voisin vient le voir. Le capitaine Ferber lui a dit, quelques jours plus tôt :

— Venez avec moi faire la connaissance d'un marchand de lanternes qui a construit un appareil à ailes battantes.

Ferber : l'un de ces chercheurs, comme il y en a alors six ou sept, acharnés à découvrir le secret du « plus lourd que l'air ». Il se tuera en tentant lui aussi de franchir la Manche. Gabriel Voisin, construit et essaye des planeurs pour le compte du mécène Archdeacon, président du Syndicat d'aviation. Il y gagne 190 francs par mois.

Nous sommes en avril 1905. Blériot montre à Ferber et Voisin ce qui reste de sa machine. On parle. Voisin évoque le planeur qu'il construit à Billancourt. De cette visite, une association va naître. Sur la façade d'un atelier de Billancourt, rue de la Ferme, on cloue cette enseigne : *Blériot-Voisin.*

Le premier enfant de ce mariage d'inclination est un « hydroaéroplane ». Voisin l'essaye lui-même sur la Seine. Superbement, l'appareil s'engloutit dans l'eau. Ce jour-là, la carrière d'aviateur de Voisin a bien failli s'arrêter définitivement. Enseveli sous le filet inextricable des « cordes à piano » brisées, un crochet douloureusement enfoncé dans le poignet droit, il ne parvient pas à regagner la surface. Plus il se débat, plus il s'enfonce. Quand on le tire de là, il suffoque. Il prend pied, grelottant, sur la berge où, plus sombre que jamais, l'attend Blériot. Entre ses dents serrées, il jette simplement à Voisin :

— Vous aviez raison. Les ailes sont trop creuses.

Puis, à grands pas, il s'éloigne.

Le lendemain, quand Voisin, le bras bandé, retrouve Blériot, on reparle de la courbure des ailes. D'une voix changée, Blériot dit tout à coup :

— Vous m'avez fait hier une peur que je n'oublierai jamais. Laissez-moi vous offrir un cadeau.

Voisin, interloqué, garde le silence.

— Choisissez, insiste Blériot.

— Ben... un vélo...

Il habite passage Dantzig. L'omnibus est cher, peu rapide.

On va recommencer. Cette fois, il s'agit d'un appareil à cellules elliptiques, monté sur des flotteurs et muni de deux moteurs Antoinette de 24 CV. On le lance sur les eaux vertes et herbeuses du lac d'Enghien. Sous les regards d'une foule désabusée, il se refuse obstinément à quitter l'élément liquide.

Blériot propose de substituer des roues aux flotteurs. Voisin accepte. On va essayer, sur la pelouse de Bagatelle, la machine modifiée.

Bagatelle, c'est le fief de Santos-Dumont. Sur une sorte de chauve-souris qu'il dirige avec un volant d'automobile, le Brésilien a tenté à plusieurs reprises de décoller. En vain. Le 3 septembre 1906, il a quitté le sol et parcouru 7 mètres. Le 23 octobre, il s'est élevé au-dessus des arbres et a parcouru 25 mètres, décrochant ainsi la coupe Archdeacon, tant convoitée. Le 12 novembre, toujours sur le terrain de Bagatelle, Santos parcourt 220 mètres en vingt et une secondes, remportant cette fois le Grand Prix de l'Aéro-Club de France.

Le même 12 novembre, Blériot et Voisin ont aussi conduit leur propre appareil à Bagatelle. Peyret, contremaître de l'atelier, a été promu sans hésiter au rang de pilote. L'appareil butte dans un caniveau et se brise.

Au retour, dans la Panhard, Blériot développe ses nouvelles idées. Voisin a aussi les siennes. Malheureusement, ce ne sont pas les mêmes.

— La collaboration avec Blériot, c'était une gigantesque engueulade, dira Voisin. Il fallait discuter à perte de vue pour la moindre chose.

Cette fois, Voisin ne veut plus discuter. Fixement, Blériot regarde les épaules du chauffeur. Sans tourner la tête, il lance :

— Séparons-nous.

— J'allais vous le proposer.

Voisin va trouver des capitaux, racheter sa part à Blériot. Quant à Blériot, il s'installe à Neuilly. Les fervents de la « petite reine » qui se rendent le samedi et le dimanche au vélodrome Buffalo, à la porte des Ternes, vont apprendre à connaître ce hangar peu reluisant qui, boulevard Victor-Hugo, porte l'inscription insolite :

L. BLÉRIOT, ING. E.C.P.
RECHERCHES AÉRONAUTIQUES

Blériot construira seul son nouvel avion. En même temps, il a pris la décision la plus importante de sa vie : il expérimentera lui-même ses appareils. A l'aviation, il a déjà sacrifié son temps, sa fortune. Ce qu'il met en jeu maintenant, c'est sa vie.

Quand il est prêt, cet avion, Blériot le conduit à Bagatelle. Il s'agit d'un monoplan. Car Blériot croit au monoplan. Sur la pelouse, un éclat de rire :

— On dirait un canard !

— Eh bien, je l'appellerai le *Canard*.

Au vrai, les ailes ressemblent à celles du ptérodactyle tel qu'il figure sur la couverture du *Monde perdu* de Conan Doyle : minces nervures recouvertes d'une peau parcheminée. En fait, du simple papier verni.

— Le papier est très léger, explique Blériot. Il permet à la voilure d'épouser exactement les formes compliquées de l'armature.

Entre ses dents, il ajoute :

— Surtout, on le répare très facilement.

Premier essai du *Canard* : les roues s'affaissent. Deuxième essai : les fourches des roues fléchissent. Troisième essai : l'hélice se fausse. Quatrième essai, le 5 avril 1907 : enfin il décolle ! Quelques jours plus tôt, l'aéroplane de Voisin, piloté par son frère Charles, a volé lui aussi.

Les 8 et 15 avril, nouveaux sauts du *Canard*. Le 19, l'appareil atterrit brutalement, capote. Blériot s'en tire indemne, mais le fuselage est brisé. Il faut envoyer le *Canard* au cimetière.

Son successeur, c'est la *Libellule*. Et la *Libellule* volera ! Le 11 juillet 1907 : 25 mètres. Le 25 : 50 metres. Le 6 août : 150 mètres à 12 mètres de haut. Faut-il prendre Blériot au sérieux ? Soulignons en passant que la *Libellule* ne comporte aucun dispositif stabilisateur. L'équilibre est donné uniquement par le corps du pilote. Il se penche en arrière au décollage, en avant pour atterrir.

Chaque jour, Henri véhicule Alice Blériot à Bagatelle. Avec un peu d'angoisse, elle voit le « monstre » cahoter sur l'herbe, décoller, s'élever, retomber... Le 17 septembre, la *Libellule* monte jusqu'à 25 mètres ! Jamais Blériot ne s'est élevé si haut. Prenons garde que 25 mètres représentent la hauteur d'une maison de six étages. Alice crispe les mains sur le manche de son ombrelle. Il y a là plusieurs centaines de personnes, nez au vent, bouche bée... Soudain, un cri : le moteur de la *Libellule* s'est arrêté. L'appareil glisse, amorce une descente, l'une de celles que l'on baptisera plus tard « en cheminée ». Le cœur d'Alice bat à grands coups. Terrifiée, elle voit son mari se soulever de son siège, ramper vers la queue de l'appareil. Le glissement se ralentit, la *Libellule* revient à plat, perd sa vitesse, et, avec une relative lenteur, s'écrase au sol.

C'est une ruée vers la machine en morceaux. Alice court aussi vite que le lui permet sa jupe entravée. Des débris de ce qui fut la *Libellule*, Blériot, couvert de poussière, est déjà sorti en souriant. Il recommencera.

Il recommence. De l'atelier, les modèles sortent, se succèdent. Voilà le BL VI, le VII, le VII *bis*, le VIII, le VIII *bis*. Tous ils volent. Mais tous ils tombent. On finit par appeler Blériot : l'homme qui tombe toujours. Un journal imprime méchamment : « Encore une chute de Blériot. La dernière, espérons-le ! »

Il faut être juste : chaque appareil marque un progrès sur le précédent. Malgré tout, Blériot reste encore loin derrière ses concurrents. Farman vole sur les biplans construits par Voisin. Finis les bonds, les sauts de puce. L'été de 1908, on accomplit de vrais vols. Le 30 octobre, Farman vole 27 kilomètres, du camp de Châlons au camp de cavalerie de Reims. La France entière acclame le premier vol *de ville à ville*. On n'en est plus au stade de l'exhibition : on découvre que l'avion est un moyen de transport.

Blériot s'affronte à son tour aux longues distances. Il vole 7 kilomètres. Il aurait tant voulu être le premier pour le *ville à ville !* Il enrage que ce Farman l'ait « doublé ». Le lendemain, 31 octobre, il va prendre sa revanche. Il part de Toury, en Beauce, à bord du VIII *ter*, se dirige vers Artenay, atterrit pour réparer une panne de magnéto, repart et revient à Toury. Il a accompli 28 kilomètres à 80 à l'heure. Il a fait mieux que Farman : il a voyagé comme lui de ville à ville, mais avec retour au point de départ.

Du coup, la presse embouche les trompettes de l'enthousiasme : *ce voyage restera dans l'histoire de l'Aviation.* Et un journal se demande déjà *où pourront atterrir, dans la traversée de la capitale, les aéroplanes qui bientôt sillonneront Paris.*

Ce qu'il faut bien savoir, c'est que tous ces appareils sont à la lettre improvisés. Dans l'atelier de Neuilly, Blériot pose les problèmes. Sa petite équipe d'ouvriers les résout à l'établi. Longtemps, Blériot n'a fait travailler que Peyret. Maintenant, Peyret est contremaître. Quand Blériot arrive à Neuilly, il traverse la cour d'un pas pressé. L'atelier s'ouvre au fond. Un hangar sommaire, aux murs en planches, au toit recouvert de toile goudronnée.

— Bonjour, patron.

C'est la voix aiguë de Lepelletier, le menuisier sourd, qui accueille Blériot. Il travaille à droite, près de l'entrée. Un cœur d'or et une adresse extraordinaire.

L'arrivée du patron n'interrompt pas le travail. Chacun est à sa place, précis, affairé. Au milieu de l'atelier, Robert Grandseigne, petit, râblé, grosse moustache à la gauloise, termine l'entoilage du fuselage. Ancien ouvrier d'art, commis faubourg Saint-Antoine, il a quitté l'ébénisterie pour la mécanique. Le moteur, c'est la spécialité de Collin. Quelques mois auparavant, Collin a, sans s'en douter, fait une invention considérable : ce qu'on appellera la « cloche Blériot », un autre manche à balai. La première fois que Blériot a manœuvré le manche, il a répété pendant plus d'une heure, sans se lasser, la manœuvre. Toute sa vie, Collin se souviendra de cette minute où Blériot, visiblement fou de joie, a joué avec un mécanisme dont l'invention marquait une étape de l'aviation.

Aux machines-outils, Bertrand, « l'ancêtre » — il a au moins trente-cinq ans — est d'une extraordinaire habileté. Allant de l'un à l'autre, l'apprenti, dégourdi, éveillé, cherche à tout comprendre. C'est P'tit Louis. Dans l'atelier, Julien Mamet entoile les ailes. Mamet est attaché au patron pour tous les essais extérieurs. Un beau garçon dont la moustache frisée a beaucoup de succès auprès des jeunes personnes du quartier.

Chaque jour, Blériot passe au moins une heure dans son atelier : son plaisir. Il s'en va ensuite gagner de l'argent. Cela coûte cher les « recherches aéronautiques ». Un ouvrier, boulevard Victor Hugo, est payé 2 francs l'heure. On travaille dix à onze heures. Parfois toute la nuit.

A la fin de 1908, Blériot fait ses comptes : 780 000 francs dépensés depuis 1905. On sait, boulevard Victor-Hugo, que la situation financière du patron n'est pas brillante. Neuilly coûte de plus en plus cher. Et les phares ne suffisent plus à fournir le nerf de la guerre.

Un matin, pendant que Blériot est monté voir l'ingénieur Saulnier — récemment recruté — Henri, le chauffeur, est entré en grand mystère dans l'atelier.

— Vous savez, le patron...

— Quoi, le patron ?

— Il vient de vendre l'autre Panhard.

Chez les Blériot, le train de vie a diminué. Il est évident que l'on ne pourra plus tenir longtemps. Malgré tout, pour Blériot, une certitude : il faut continuer. Plus tard il se comparera, à cette époque de sa vie, au « joueur qui cherche toujours à se rattraper ».

Le 23 janvier 1909, il essaie à Issy-les-Moulineaux un nouvel appareil, le BL XI. Blériot dira encore qu'il a mis à construire cet appareil « la ferveur des naufragés à lier ensemble les planches de leur radeau ».

Il est tout petit, le BL XI : 8 mètres de long et les ailes n'ont que 7,20 m d'envergure. Mais les essais ont été concluants. Un seul problème : le moteur. On a d'abord essayé le R.E.P. de 30 CV. Blériot constate qu'il n'y a que « deux chances sur cent pour qu'un moteur de ce genre tourne une heure sans avarie ». Blériot ne veut rien laisser au hasard. Donc il changera de moteur. C'est Collin qui a préconisé un moteur de moto de course qui, lui, tiendra sûrement l'heure. Le moteur Anzani, du nom de son constructeur, est très rudimentaire ; en fonte brute, il a un jeu formidable, il pisse l'huile, mais il ne casse pas. Anzani exécutera donc pour Blériot un moteur de 25 CV. On le monte sur le BL XI. Tout va bien. Le BL XI vole, il vole admirablement. Et Blériot sent qu'il possède l'appareil auquel il n'a cessé de rêver.

Parallèlement, il a sorti un BL XII, plus volumineux. Il vole tantôt avec l'un, tantôt avec l'autre. Il gagne des prix, triomphe à des meetings. Il n'est plus l'homme qui tombe toujours. Ceux qui l'applaudissent ignorent qu'il se bat contre la ruine. Certes, il a vendu — et bien vendu — un brevet de phare à l'Angleterre. Certes, l'Institut va lui décerner, conjointement avec Voisin, son prix Osiris, comme à l'un de ceux « qui ont fait le plus progresser l'aviation » : 50 000 francs pour chacun d'eux. Mais cela n'a pas suffi à combler le gouffre.

Alors ? Cette obstination sans faille, ce combat sans relâche, ce courage tranquille : pour rien ? Va-t-il falloir abandonner ? Reléguer le rêve — définitivement ?

Une solution, une seule : frapper l'opinion par un coup d'audace. Donner à l'aviation cet essor industriel à quoi elle n'est pas encore parvenue. Alors, Blériot récoltera enfin le prix de ses sacrifices. Quel exploit frapperait mieux trente-huit millions de Français que la traversée de la Manche ?

Un prix attend le vainqueur de la Manche : celui du *Daily Mail*, d'une valeur de 25 000 francs. Le règlement est simple mais strict :

1) le vol doit s'effectuer entre le lever et le coucher du soleil ;

2) aucune partie de l'appareil ne doit toucher la mer pendant la traversée ;

3) le vol doit être exécuté par un appareil qui n'est pas sustenté par un gaz plus léger que l'air ;

4) les concurrents doivent fournir la preuve des points de départ et d'atterrissage par des témoignages signés.

Au printemps de 1909, Blériot est décidé. Donc, il faut passer à l'action. Pas de temps à perdre ! Blériot sait qu'il n'est pas le seul à vouloir tenter la course à la Manche. Déjà, on parle de Latham, du comte de Lambert, d'autres.

Pour cette tentative de la dernière chance, il faut de l'argent, encore de l'argent. Cercle vicieux. En juillet, Blériot participe à plusieurs meetings, tente de gagner des prix. Le 13 juillet, il vole d'Étampes à Orléans, 41 kilomètres. Le lendemain, l'avion revient à Neuilly, ayant subi une pluie torrentielle. Le désastre est complet : le fuselage, les ailes — toujours du papier verni ! — tout est imbibé d'eau. La colle, à longues traînées jaunâtres, coule sur l'entoilage. Pour que cela sèche, il faudrait désentoiler. Désentoiler, réentoiler : avec les imprévus, trois semaines au moins de travail. Il n'en est pas question. Et la Manche ?

Ce jour-là et les trois jours suivants, Grandseigne se contentera donc de tendre à l'intérieur de chaque aile les quatre « cordes à piano ». Puis il recollera le bord avec un ruban de toile tout neuf. Et enduira de nouveau la toile extérieurement.

— Extérieurement, m'a dit Robert Grandseigne, les ailes donnaient un aspect très satisfaisant, mais l'intérieur était douteux.

C'est sur cet appareil, appuyé sur ces ailes « douteuses », que Blériot, quelques jours plus tard, va entreprendre le vol le plus téméraire de l'histoire de l'aviation.

Le 18 juillet, Blériot participe à un meeting à Douai. En 1909, un aviateur est un peu comme de nos jours une vedette de cinéma. Il lui faut soigner sa publicité, ne pas se faire oublier. Pour cela, voler le plus souvent possible. La présence à un meeting est payée cher par les organisateurs. A Douai, Blériot décolle sur son biplace à moteur E.N.V. Il vole avec un passager, Julien Mamet.

L'appareil s'est élevé sous les applaudissements du public. Le Nord est fier de Blériot. Le moteur tourne régulièrement. Tout va bien ! Trop vite dit. Le manchon d'amiante qui recouvre le tuyau d'échappement est arraché, emporté par le vent. La cheville du pilote est en contact direct avec le tuyau.

Au bout d'une demi-heure, le soulier est percé. Dans une fumée nauséabonde, les chairs commencent à rôtir. Quarante-deux minutes. L'appareil se pose. Mamet aide Blériot à descendre. Il est profondément brûlé.

Dans le train qui le ramène à Paris, il allonge tant bien que mal sa jambe bandée. Sur ses genoux, un numéro du *Matin* avec ce titre : « Hubert Latham est arrivé à Sangatte. »

Latham. Probablement l'aviateur le plus populaire du moment. La France de 1909 raffole de sa silhouette dégingandée, de son élégance, de son sourire toujours ironique, de son impertinence. C'est lui qu'interrogeait un jour le président Fallières :

— Et vous, mon garçon, que faites-vous à part l'aviation ?

— Homme du monde, monsieur le président !

A Wissant, le comte de Lambert attend près de son biplan Wright l'instant de s'envoler vers l'Angleterre. Latham, lui, a choisi Sangatte et l'*Antoinette*. Avec l'ingénieur Levasseur qui promène sa barbe rousse et son impatience dans les escaliers cirés de l'hôtel de la Plage, il se ronge les ongles. Si cet horizon pouvait se dégager !

Le lundi 19 juillet, pas un nuage ! On sort l'*Antoinette* de son appentis bâché, élevé contre le mur d'une petite usine. Un matelot grimpe sur le toit de zinc. Il hisse un signal pour alerter le torpilleur *Harpon* qui doit convoyer l'aéroplane.

A 6 h 45, on lance le moteur de l'*Antoinette*. Quand Latham pique vers le large, une immense acclamation l'accompagne. Plus d'un millier de curieux — d'enthousiastes plutôt — ont assisté à son départ. A 7 h 4, le point noir qu'est l'avion de Latham disparaît définitivement. Deux navires de guerre le suivent : le *Harpon* et le *Calaisien*.

8 heures. Le *Daily Mail* a installé un appareil de télégraphie sans fil entre Douvres et Sangatte. Une dépêche. Déception : on n'a rien vu à Douvres.

8 h 45. Un représentant de la Chambre de commerce de Calais accourt. Il vient de recevoir un message par pigeon voyageur : Latham est tombé en mer. C'est le torpilleur *Harpon* qui l'a aperçu au milieu du détroit, à quinze kilomètres des côtes anglaises, tranquillement assis sur les ailes de son avion qui s'enfonçait. Les pieds dans l'eau, il fumait une cigarette !

Boulevard Maillot, à Paris, un télégramme a annoncé à Blériot l'envol de Latham. Allongé sur une chaise longue, il soigne la brûlure de sa jambe. Le médecin a dit :

— Repos complet. Pas d'imprudence !

— Latham est parti... Il doit réussir, affirme Blériot.

L'*Antoinette* est une bonne machine. Peut-être meilleure que le BL XI, dont son constructeur doute lui-même quelquefois. N'a-t-il pas failli adopter le *Goupy* au moteur plus puissant ? Alice entre en courant :

— Latham...

— Eh bien, quoi ?

— Latham a échoué !

Puisque Latham est sain et sauf, il est humain que Blériot se réjouisse. Tout pâle, les yeux brillants de fièvre, il crie à sa femme :

— Je pars !

Bien sûr, il y a sa jambe. Tant pis. Elle ira mieux dans quelques jours. L'air marin hâtera la cicatrisation ! Alice soupire. Louis n'en fait jamais qu'à sa tête. Il y a des années qu'elle le sait.

Le timbre du téléphone. Alice décroche, passe le récepteur à son mari.

— Cher ami, vous l'avez !

— Quoi donc ?

— La croix, voyons !

C'est de bon augure.

Le 19 juillet, Blériot signe la lettre au *Daily Mail* par laquelle il se porte candidat au prix pour la Manche.

Le BL XI a déjà été expédié sur un wagon plate-forme avec Collin et Mamet. Le 21 juillet, à Calais, une jolie femme, souriante sous la voilette, descend, à 12 h 45, d'un compartiment de première classe. Elle aide un monsieur vêtu de gris à mettre pied sur le quai. Le monsieur paraît souffrir. Sa jambe est bandée. En pantoufles, il ne se déplace qu'appuyé sur des béquilles. Louis Blériot et son épouse viennent rejoindre le BL XI.

Une voiture les attend. Celle d'Alfred Leblanc, ami de la famille. Tous les trois partent pour l'hôtel Terminus. À peine arrivé, Blériot doit s'allonger. Dans son visage creusé, livide, la moustache et les épais sourcils paraissent plus noirs encore. De son ton toujours tranchant, il explique à Leblanc :

—... douleurs... intolérables.

Dehors, le vent souffle, la pluie fouette les vitres.

—... Jamais vu de mois de juillet comme ça !

Même s'il faisait beau, pourrait-il voler ? Sa jambe. Et il y a l'autre, Latham, qui est revenu à Sangatte. Son *Antoinette* réparée, il est déjà prêt à renouveler sa tentative.

A 15 heures, Leblanc emmène Blériot à la recherche d'un abri pour le monoplan et d'un endroit pour décoller. On prend la route de Wissant. Voici les Baraques, à trois kilomètres de Calais. Quelques maisons devant la mer, un petit hôtel pour pensionnaires au budget étroit : l'hôtel des Dunes. Une ferme : la ferme Grignon. Il y a là un grand hangar, un terrain suffisant pour pouvoir décoller. Aussitôt Blériot tranche : c'est ici.

Jusqu'aux Baraques, sur une charrette, on achemine les ailes pliées dans des caisses. Le monoplan lui-même est traîné par un cheval de trait : quel contraste ! Une tente est adossée au mur nord du hangar. Collin et Mamet vont commencer tout de suite le montage de l'avion.

23 juillet. Blériot a passé une mauvaise nuit. Dès qu'il ouvre l'œil, sa colère éclate : pourquoi ne l'a-t-on pas éveillé à l'aube ? On lui montre, au-delà des vitres, la pluie qui tombe en rafales.

Latham, lui, « homme du monde » jusqu'au bout, vient l'après-midi saluer Blériot. Un peu plus tard, pour ne pas être en reste, Blériot lui rend, à Sangatte, sa visite. Le soir, à 20 heures, deux journalistes, Charles Fontaine et Robert Guérin, du *Matin*, se font annoncer chez Blériot. Fontaine va partir pour Douvres. Si le temps devient meilleur, il enverra une carte postale. Ironie de Blériot : le temps que la carte postale arrive, il espère bien avoir pris l'air !

Le 23, l'Italien Anzani, le bouillant constructeur du moteur — que Blériot n'a pu encore payer — arrive aux Baraques. Une vraie charge de dynamite, cet Anzani qui emplit de ses vociférations éclatantes la cour de la ferme Grignon, les couloirs de l'hôtel des Dunes et invective le ciel, car le temps demeure bouché, implacablement.

Comme promis, le journaliste Fontaine a pris le bateau pour Douvres et là s'en mis en quête d'un terrain où Blériot puisse atterrir. Il s'est aperçu que les falaises étaient trop hautes, la plage trop encombrée. Mais, du côté du château, de l'autre côté de la ville, il a découvert une anfractuosité en forme de cuvette et... un terrain de golf ! Pas de doute : l'endroit idéal.

Aussitôt, Fontaine achète des cartes postales où se voit distinctement le terrain convoité, ainsi qu'un plan du port de Douvres. Il remet le tout à un contrôleur de bateaux qui part pour la France, avec une enveloppe sur laquelle il a écrit : « A remettre à M. Blériot à son réveil. »

Le 24, le temps est toujours exécrable. Incapable de rester à broyer du noir dans sa chambre de Calais, en dépit de sa plaie qui supure et l'empêche de fermer l'œil, Blériot se fait chaque jour transporter aux Baraques. Toujours appuyé sur des béquilles, il tourne autour du BL XI. Au camp, l'angoisse pèse sur tous les compagnons du « patron ».

25 juillet : 2 h 10 du matin. A l'hôtel Terminus, Alfred Leblanc ouvre un œil. On s'est couché à minuit. Pourquoi s'éveille-t-il si tôt ? Alors seulement Alfred Leblanc comprend. Dehors, il n'y a plus aucun bruit. La tempête s'est tue. C'est le *calme* qui l'a éveillé. Il se lève, court ouvrir la fenêtre. Ce qui l'enveloppe, c'est

l'air humide. Rien d'autre. Il n'a pas rêvé : plus un souffle de vent. Il s'habille, décide d'alerter Blériot.

A la même heure, à l'hôtel des Dunes, Anzani s'est réveillé, lui aussi. Pour la même raison. Il a ouvert sa fenêtre. Pas un nuage, pas de vent. Anzani hurle :

— Le *padrone*, il partira ce matin !

Il arrache à demi la porte de sa chambre, se rue dans l'escalier, tire quelques coups de revolver pour se calmer les nerfs. Mamet et Collin accourent.

— La *macchina*, hurle Anzani, préparez la *macchina*.

Il a sauté dans son automobile avec Leblanc, démarré en trombe. A toute allure, il roule vers l'hôtel Terminus. La voiture stoppée, Anzani pousse d'effroyables clameurs :

— Blériot, hé ! Blériot ! *Il tempo*, il est bon !

Il manque renverser le gardien de nuit, grimpe quatre à quatre chez Blériot. Tout l'hôtel est réveillé par le typhon Anzani. Les portes s'entrouvrent, les fenêtres battent.

Anzani pousse la porte de Blériot qui, de son lit, grogne :

—... jour !

Il vient de passer une très mauvaise nuit. Il se soulève sur ses oreillers, grimace de douleur, souffle à Anzani, qui trépigne, et à Leblanc :

— Je crois... pourrai pas partir aujourd'hui.

Alice renchérit :

— Regardez-le, monsieur Anzani. Ce serait de la folie. Demain, peut-être...

Un hurlement d'Anzani fait trembler les vitres de tout l'hôtel :

— *Domani !*

Il est heureux qu'Alice ignore les langues étrangères. La bordée d'injures qui jaillit de la bouche d'Anzani ne l'atteint pas, tout au moins directement. Pour finir, l'argument suprême :

— Mon *motor* ! Payez-moi mon *motor* !

Blériot hausse les épaules. Anzani sait bien qu'il n'a pas le premier sou pour le payer. Allons, il va falloir voler. Au moins, essayer. A grand-peine, il sort de son lit, s'habille.

Anzani a pris les devants. Il est parti préparer « son » moteur. Quelques instants plus tard, Blériot roule vers son camp, en compagnie de Leblanc. En route, les deux hommes n'échangent pas une parole.

Sur place, tout est prêt. Le BL XI n'attend plus que son maître. Tout le village, éveillé, forme cercle autour de l'appareil. Il est 4 heures. Le ciel est pur, il n'y a ni vent ni brume, pas encore de soleil.

Méticuleusement, amoureusement, Anzani inspecte une dernière fois les rouages du moteur. Mamet attache au fuselage un gros ballonnet d'air qui doit soutenir l'appareil sur l'eau, en cas de chute. Collin qui précédemment a monté sur le longeron une boussole, à droite du fuselage, s'assure que les deux accumulateurs peuvent être utilisés indifféremment par Blériot en cas de défaillance de l'un d'eux. Chacun est prévu pour durer neuf heures.

L'air vif paraît avoir rasséréné Blériot. Il souffre moins. Alors que, la veille encore, il avait fallu le porter vers son appareil, cette fois il y monte seul. Il va effectuer un petit vol d'entraînement. Moteur. Un incident pénible : un petit chien est happé par l'hélice. Blériot n'en décolle pas moins. Il reste une dizaine de minutes dans les airs, agréablement surpris de constater un petit vent frais qui vient de la terre, un vent de marée qui le poussera vers la Manche.

Le règlement veut que le départ ne soit donné qu'après le lever du soleil. Après avoir atterri, Blériot attend donc. Nerveusement, il tire de sa cigarette bouffée sur bouffée. Leblanc, au sommet d'une dune, guette l'apparition du disque rouge au-dessus de l'horizon. Mamet attache les béquilles sous le siège de l'avion.

— Patron, vous en aurez besoin quand vous serez en Angleterre !

On a fait le plein d'essence : dix-sept litres. Le moteur a reçu sa pleine dose d'huile de ricin.

— N'oubliez pas de pomper toutes les trois minutes pour maintenir la pression d'huile, dit Collin.

Blériot lance :

— Si je réussis, 1 000 francs pour vous, Mamet, 1 000 francs pour vous, Collin.

— Merci, m'sieur Blériot, vous réussirez !

Alors, une extraordinaire question de Blériot :

— Au fait, où est Douvres ?

— Par là, vous voyez.

Devant cette machine si fragile entrevue dans l'aube naissante, un spectateur s'exclame :

— Avec ça, traverser la Manche !

Alice, elle, a pris place sur le torpilleur *Escopette*, chargé d'escorter l'appareil. Elle a revêtu un gros manteau de voyage. Ses poches sont bourrées des papiers que lui a confiés son mari. Le navire, commandé par le lieutenant de vaisseau Plogier, a quitté déjà le port de Calais. A petite allure, il s'est porté au large des Baraques. Blériot regarde sa montre : 4 heures et demie. Les yeux clairs fixent le large.

Leblanc agite violemment un fanion. Le soleil s'est levé. On peut partir. Le représentant du *Daily Mail* donne son accord.

— N'oubliez pas l'huile, crie Anzani.

— Soyez tranquille, c'est ma peau que je risque.

— Je suis sûr de mon *motor !*

— Contact, ordonne Collin.

Une forte traction sur l'hélice. Le moteur part.

Les mécaniciens, agrippés aux ailes, aux empennages, retiennent l'appareil avec des gestes de déments, les cheveux fouettés par le vent de l'hélice. Nul n'avait encore eu l'idée simple de placer les cales devant les roues.

— Lâchez tout !

Blériot a levé le bras. L'appareil saute sur ses roues de vélo renforcées. Il se soulève, pique droit devant lui. Blériot franchit la dune d'où Leblanc lui crie des souhaits qu'il entend mal.

Il est 4 h 41.

A 4 h 5, on avait réveillé à Douvres les journalistes. Tous sont partis du même côté, vers les falaises. Charles Fontaine et son photographe Marmier ont sauté en voiture — et se sont dirigés vers le point opposé. Fontaine a emporté avec lui un grand drapeau tricolore.

Sur l'*Escopette*, Alice Blériot suit son mari à la jumelle. L'angoisse la fait trembler. Le bateau force sa vapeur. Mais il ne peut suivre. Bientôt, le BL XI n'est plus qu'un petit point à l'horizon. Qui disparaît. Au livre de bord, cette inscription laconique : « Perdu de vue à 4 h 58. »

Devant Blériot, le large. L'eau et le ciel. Une solitude totale, sans le moindre point de repère. Pendant les dix premières minutes, Blériot se dirige perpendiculairement à la côte. Puis il immobilise ses deux pieds pour que le gouvernail de direction ne bouge pas. *J'avais peur de dériver*, expliquera-t-il naïvement.

Dix nouvelles minutes. Un isolement qu'il dira « sinistre ». Enfin, à l'horizon une ligne grise. Son cœur bat plus vite. Raisonnablement, la victoire peut lui paraître proche. Il vole environ à 60 à l'heure. Où est Douvres ?

Au vrai, il a dérivé de dix kilomètres vers la droite. Au lieu de se trouver face à Douvres, il est devant Saint-Margaret.

Des falaises à pic qu'il ne parvient pas à escalader. A chaque tentative un remous le rabat de vingt mètres :

— Le sol britannique se défend !

Sa provision d'essence s'épuise. Va-t-il périr à un doigt de la victoire ? Il aperçoit des petits bateaux. Il a l'idée de voler dans le sens de leur route, se disant qu'ils rentrent probablement à Douvres. Il longe la côte du nord au sud. Dieu soit loué ! Les falaises diminuent de hauteur. Il passe ! Le vent s'est levé et souffle en rafales. Le BL XI tangue furieusement. Où atterrir ?

Tout à coup, il aperçoit un drapeau qu'on agite éperdument. Un drapeau tricolore. Il se souvient : le journaliste Charles Fontaine !

Depuis plusieurs minutes, Fontaine secoue son drapeau. Il pleure de joie. Il hurle : *Vive la France !* Blériot glisse vers la terre. A l'atterrissage, une roue se brise, une pale de l'hélice éclate. L'appareil s'immobilise.

Il est 5 h 12.

La Manche est vaincue.

Des soldats anglais, désœuvrés, se sont approchés. Simplement, Blériot leur dit :

— Passez-moi mes béquilles.

Puis c'est un douanier extrêmement sérieux :

— Qu'avez-vous à déclarer ?

— Ma joie !

Imperturbable, le douanier dressera un certificat attestant que M. Louis Blériot, « conducteur d'un navire appelé monoplan n'est atteint d'aucune maladie contagieuse et qu'il peut continuer son voyage ».

Charles Fontaine est allé chercher une voiture. Blériot y monte, roule vers Douvres. La nouvelle l'y a précédé. Une foule à peine éveillée mais délirante emplit les rues. A la mairie, on lui tend un télégramme : « Bien sincères félicitations. Espère vous suivre. » C'est signé : Latham.

A 5 h 30, l'*Escopette* a fait son entrée dans le port. Une vedette britannique accoste le torpilleur. Un officier monte à bord, salue Alice dont les lèvres tremblent.

— Je vous présente mes félicitations, madame.

Alors, elle pleure.

Par le télégraphe, la nouvelle court le monde. Les journaux l'annoncent sur huit colonnes. Dans l'atelier du boulevard Victor-Hugo, à Neuilly, l'équipe attendait, nerveuse, anxieuse. Un petit télégraphiste a sonné. On s'est rué sur l'enveloppe bleue. Peyret l'a ouverte.

— Il a réussi !

— Hurrah ! hurle P'tit Louis.

Les casquettes volent en l'air. Les mécanos vocifèrent en improvisant une danse de Papous. Au premier instant de calme, Grandseigne intervient :

— Faut le féliciter.

Peyret, sérieux, suggère :

— On offrira des fleurs à Mme Blériot.

Collin et Mamet, à cette heure, voguent vers Douvres, à bord d'un vieux bateau à roues, le *Pas-de-Calais*. Sur la jetée, un homme est là, vêtu de toile bleue, qui lève les bras au ciel : Blériot. « Il rayonnait littéralement, dira Collin. C'est la seule fois où je l'ai vu extérioriser des sentiments intimes et humains : enfin nous avions donc un patron qui riait. »

A peine débarqués, les deux mécaniciens courent vers Blériot. Éperdu, il les serre dans ses bras. « Il nous embrassa de façon déréglée et tumultueuse, l'un après l'autre, Mamet et moi. Il y mettait une fougue et une sincérité que je n'avais jamais éprouvées, ni soupçonnées. Pendant quelques instants, nous fûmes bouleversés et nous communiâmes dans une vibrante étreinte ! Trinité très émue et idéalement satisfaite... »

Le soir même, Blériot partira pour Londres où les journaux titrent : *L'Angleterre n'est plus une île*. Londres où le romancier H.G. Wells, interviewé, vitupère cette race d'Anglais retardataires qui consacrent leurs loisirs au cricket, quand les jeunes Français volent à la conquête de l'air. Londres qui acclame Blériot, comme jamais peut-être elle n'acclama un étranger. Londres où l'aviateur reçoit les 25 000 francs du *Daily Mail* et une coupe en argent ciselé.

Mais rien ne peut être comparé à l'ovation de Paris. La capitale — tout entière — s'est portée à la gare du Nord : une marée de canotiers. Un climat de victoire nationale.

— Le voilà !

Il s'avance, très pâle, appuyé sur ses béquilles, entre une Alice rayonnante et un Charles Fontaine qui brandit le drapeau de Douvres. Vers le ciel monte un cri gigantesque. Happé, arraché du sol, le héros est porté en triomphe jusque sur les grands boulevards.

Le soir, épuisé, heureux, Blériot trouvera boulevard Maillot le salon plein d'hommes vêtus de noir, le sourire aux dents, mais le front sérieux : des acheteurs. Les frères Borel, revendeurs d'automobiles, commandent à eux seuls six machines. Puis un officiel :

— Monsieur Blériot, j'ai voulu vous annoncer ce soir la bonne nouvelle : l'État passe commande de cent appareils type XI.

L'industrie aéronautique est née. Le jour de la traversée de la Manche, l'épopée des cages à poules s'est achevée.

Dix-huit ans plus tard, au Bourget, le *Spirit of Saint-Louis* déposera sur le sol français le premier homme ayant traversé l'Atlantique. Le maréchal Foch demandera au jeune Lindbergh s'il est un Français qu'il désire particulièrement rencontrer.

Et Lindbergh répondra simplement :

— Louis Blériot.

III

L'honneur de Madame Caillaux

16 mars 1914

Dans le vaste cabinet de travail de Gaston Calmette, directeur du *Figaro*, il fait sombre. Le 16 mars 1914, à 6 heures du soir, Gaston Calmette vient d'allumer les deux lampes qui éclairent — assez mal — une table de travail encombrée de papiers.

Il est là, Calmette, debout près du bureau, et regarde d'un air étonné la femme devant lui.

— Vous savez pourquoi je viens, dit cette femme.

Précisément, non, Gaston Calmette ne le sait pas. Grande a été sa stupeur, à son retour au journal quelques instants plus tôt, quand l'huissier lui a remis une enveloppe dans laquelle il a trouvé une carte de visite : *Madame Joseph Caillaux*. Une telle démarche, d'une telle femme ? Pourquoi ? Est-ce pour le savoir qu'il l'a fait introduire ? En tout cas, elle est devant lui. Et elle a dit :

— Vous savez pourquoi je viens.

Calmette n'a pas à prendre la peine de chercher une réponse. Tout va très vite. Brusquement, Mme Caillaux sort sa main droite de son manchon. Cette main tient un revolver. Elle tire.

Gaston Calmette va mourir dans la nuit.

Un fait divers ? Non. Beaucoup plus qu'un fait divers. L'histoire de Mme Caillaux met en scène des individus, des actes parfaitement contradictoires. Elle va dévoiler d'inexpiables passions,

Au procès, l'interrogatoire de Mme Caillaux. (L'Illustration.)

des antagonismes sans appel. Alors que se profile la menace qui aboutira à la Première Guerre mondiale, à l'arrière-plan des cinq coups de revolver tirés par Mme Caillaux sur un journaliste, de formidables haines politiques vont s'affronter. Au travers de ce drame, c'est peut-être la guerre et la paix qui hésitent.

Au centre de tout, un *personnage*. Il faut aimer les personnages. Il faut s'attacher à ces hommes qui tout à coup bousculent le train-train de l'Histoire.

Ici, le personnage s'appelle Joseph Caillaux. Le plus original, le plus fracassant des hommes politiques qui se soient illustrés sous la troisième République. L'un des plus admirés, sans doute. L'un des plus détestés, sûrement.

Un grand bourgeois de la Sarthe, fils d'un ministre de Mac Mahon. Reçu brillamment à l'inspection des Finances, ambitieux, entreprenant, impatient, il ne s'est guère attardé dans la fonction publique. A trente-cinq ans, il était élu député de Mamers. Un an plus tard, en 1899, il était déjà ministre des Finances sous l'autorité de Waldeck-Rousseau. Très vite, il a manifesté une intelligence hors de pair. Un technicien, certes, mais allant bien au-delà de la technique. Ce petit homme mince, cambré, d'une élégance raffinée était très jeune devenu chauve, presque intégralement. Excellente façon de ne plus vieillir. Sur la jaquette du bon faiseur, un œillet. A l'œil, un monocle. Sur tout cela, de l'insolence. Ce politique dont les options se situeront de plus en plus à gauche, reste un aristocrate. « Il a la classe, dit Charles-Maurice Chenu, témoin du procès de sa femme, il piaffe comme un cheval de pur sang et méprise en secret les lourdauds et les croquants, amis ou ennemis [1]. »

Depuis 1899, il a été cinq fois ministre. En juin 1911, il est devenu président du Conseil. Une promotion qui marquait la fin d'une évolution, car le ministère Caillaux de 1911 se situait franchement à gauche. Un contraste de plus. Ce talon rouge se réclamait désormais d'une politique de justice sociale et de paix. Une exigence traduite, à l'intérieur, par une campagne en faveur de l'impôt sur le revenu. A l'extérieur, par un combat au moment d'Agadir. En négociant avec l'Allemagne, en obtenant de garder les mains libres au Maroc, Caillaux a sauvé la paix pour trois ans,

1. Charles-Maurice Chenu, *Le procès de Mme Caillaux* (Fayard).

permettant à notre état-major de se réorganiser. Il n'a épargné aucun moyen, négociant publiquement et secrètement. L'affaire d'Agadir l'a consacré grand homme d'État mais elle a déchaîné contre lui des sentiments violents. Il se montrait si personnel, si cassant, qu'il irritait aussi bien ses adversaires que ses amis. Il ne supportait pas la contradiction, éclatant sans cesse en colères et foucades. Il se montrait vaniteux, orgueilleux « jusqu'à l'enfantillage », dit Jacques Chastenet.

Et puis sa vie privée était agitée. Il se voulait passionné en amour comme en politique. Il s'est marié en 1906 une première fois avec l'épouse divorcée d'un de ses collaborateurs, de son nom de jeune fille Mlle Gueydan, une très belle femme brune de beaucoup d'allure. Dès 1908, il a rencontré une jeune femme, Henriette Rainouard, épouse divorcée du journaliste Léo Claretie, plus discrète que l'épouse légitime, l'air doux, un peu effacé, aussi blonde que l'autre était brune. Aussitôt, de nouveau, la passion. Henriette est devenue sa maîtresse, sa « Riri » quand il lui écrivait, cependant qu'il signait : « Ton Jo. »

Cette vie double s'est poursuivie jusqu'au moment où une lettre compromettante est venue tout apprendre à l'épouse. Il s'est excusé, a tergiversé, menti, avoué, promis de ne plus revoir Riri. Bien sûr, il n'en a rien fait. Tumultueuse, la liaison a continué. Un beau jour, ouvrant un tiroir de secrétaire avec la clé d'un autre meuble, Mme Caillaux a découvert une correspondance, des lettres de Riri et deux lettres de son mari à Riri. Alors, elle a proposé d'elle-même le divorce à son mari. C'était en 1910, année d'élections. Caillaux a préféré laisser passer l'époque du vote. La Belle Epoque marquait l'apogée des conventions bourgeoises. Conjuguer une procédure de divorce et une campagne électorale était dangereux. Une fois élu, Caillaux a entamé lui-même le procès. Le divorce a été prononcé à ses torts. Il a dû verser 200 000 francs de capital et 18 000 francs par an de pension alimentaire à celle qui était devenue Mme Gueydan. Sans tarder, Caillaux a épousé Henriette Rainouard, devenue la seconde Mme Caillaux.

Épouse d'un président du Conseil, Henriette a assisté à la chute du cabinet présidé par son mari, à la constitution du ministère Poincaré, à l'élection, en janvier 1913, du même Poincaré à la présidence de la République, à un ministère Briand, à un ministère Barthou que Caillaux allait mettre en minorité sur la question fiscale. La règle du jeu eût été que Poincaré confiât le gouvernement à Caillaux. Mais le député de Mamers, partisan farouche de l'impôt sur le revenu, adversaire du service militaire de trois ans, effrayait les modérés. Le 9 décembre 1913, Poincaré a appelé au ministère Gaston Doumergue — futur président de la République — qui a confié les Finances à Caillaux.

Ce temps-là était celui de la menace allemande. Avec inquiétude, l'Europe voyait l'Allemagne augmenter ses effectifs militaires. Le roi des Belges, Albert Ier, adressait au gouvernement français un avertissement discret : le kaiser Guillaume II voulait la guerre. Pourrait-on l'éviter ? Fallait-il l'éviter à tout prix ? L'interrogation angoissante planait en toile de fond sur la politique française. Pas davantage. Ce qui dominait, au début de 1914, c'était la perspective des élections, le gouffre creusé chaque jour davantage entre la droite et la gauche. Pour le centre droit et pour la droite, l'homme à abattre, c'était Caillaux. Chacun savait qu'il incarnait le danger le plus évident. De l'autre côté, on a décidé de créer une Fédération des gauches qui ne rassemblait guère que des modérés. Ses moteurs n'étaient autres qu'Aristide Briand et Louis Barthou. Deux ennemis déclarés de Caillaux. Briand, en particulier, en voulait beaucoup à Caillaux qui l'avait traité d'*endormeur*. Briand, lui, avait dénoncé Caillaux comme un *ploutocrate démagogue*.

La volonté d'abattre Caillaux a redoublé quand le ministre des Finances a annoncé son intention d'équilibrer le budget de 1914 à l'aide d'un impôt progressif sur le capital. Un tollé ! Non seulement ce Caillaux était l'homme de l'impôt sur le revenu, dont il essayait d'arracher le vote au Sénat, mais il préconise maintenant l'impôt sur le capital ! L'abattre. L'abattre absolument.

Oui, mais comment ?

La décision a été prise par Briand et Barthou, cependant que, dans la coulisse, le nouveau président de la République, Raymond Poincaré — autre ennemi déterminé de Caillaux — approuvait. Ce qu'il fallait, c'est attaquer Caillaux, l'attaquer sans cesse. Produire contre lui des documents qui l'accableraient. Le déconsidérer. Le déshonorer. Le perdre, et avec lui la cause qu'il représentait. Pour cela, il fallait trouver un journal. On le trouva, ce fut *le Figaro*.

Le tirage du *Figaro* n'est pas comparable à celui du *Petit Parisien*, par exemple, qui, avec 1 600 000 exemplaires, peut à bon droit se réclamer du plus fort tirage du monde entier. Mais son influence est grande, car ceux qui le lisent appartiennent à la grande et la moyenne bourgeoisie.

Qui s'est chargé d'approcher Gaston Calmette, directeur du *Figaro ?* Probablement Louis Barthou. En 1914, Calmette a cinquante-cinq ans. Le visage un peu rond, le ventre également rond sous le gilet, une épaisse moustache, des lorgnons, il est entré au *Figaro* à l'âge de vingt-sept ans, est devenu le gendre du directeur — bonne façon de faire carrière — et un jour, en 1902, a succédé à son beau-père. Un homme courtois, doux, un peu timide. Le contraire d'un polémiste. Pourtant, cet homme discret va conduire en personne l'attaque contre Caillaux.

Il semble qu'à l'origine de cette position se situe la chute du cabinet Barthou, dont Calmette était l'ami chaleureux, dévoué, inconditionnel. Raymond Recouly en a témoigné. Calmette a ressenti la chute de Barthou comme la sienne propre. Or on avait attaqué Barthou sur deux points : Jaurès avait juré de venir à bout du service militaire de trois ans, Caillaux avait juré de faire triompher l'impôt sur le revenu. Deux positions qui, littéralement, faisaient horreur à Calmette. Il semble bien que Calmette, patriote sincère, ait été épouvanté par la menace allemande. Mais la campagne qu'il va conduire contre Caillaux n'aurait probablement pas été aussi virulente si l'impôt sur le revenu n'était pas en cause. Calmette, comme sa clientèle du *Figaro*, ne peut supporter le principe même de cet impôt.

Rarement a-t-on vu dans la presse une attaque d'aussi grande envergure et menée avec autant de méthode. Tout commence en janvier 1914. Calmette accuse Caillaux d'être le président de banques étrangères et de toucher d'énormes jetons de présence. Or Caillaux a démissionné de ces présidences dès son arrivée au pouvoir. Calmette dévoile une intervention de Caillaux qui aurait dû rapporter 6 millions à un M. Schneider, lequel en devait ristourner 80 % à la caisse électorale de Caillaux. Or M. Schneider a démenti catégoriquement et même a attaqué Calmette en diffamation. Ce ne sont que broutilles. *Le Figaro* continue de plus belle en dévoilant que le Comptoir d'escompte a versé 400 000 francs à la caisse de Caillaux. Or le Comptoir dément avec force.

Chaque jour, les lecteurs du *Figaro* découvrent une nouvelle affaire, une nouvelle attaque, un nouveau « scandale ». On accuse Caillaux de trafic d'influence, on dénonce ses coups de Bourse, sur la rente notamment. Rien de décisif, certes, mais ces banderilles quotidiennes seraient venues à bout de l'épiderme le plus coriace.

Chez les Caillaux, le climat est devenu très lourd. Chaque matin, Henriette ouvre *le Figaro* l'angoisse au cœur. Fiévreusement, elle court à la découverte de nouvelles infamies, puis pose le journal sans mot dire sur la table. Caillaux, furieux, le crâne empourpré, jette à terre la feuille. Henriette souffre, profondément. C'est elle, bien plus que son mari, que la campagne atteint. Elle admire, elle aime Joseph Caillaux. Contre Calmette lui viennent des accès de fureur : pourquoi ? pourquoi ?

Or le pire est à venir.

Le 10 mars, Calmette attaque derechef. Il accuse Joseph Caillaux d'avoir fait pression, en mars 1911, sur le président de la Chambre des appels correctionnelle, M. Bidault de l'Isle, pour obtenir une remise en faveur d'un certain Rochette. Qui est ce Rochette ? Un homme d'affaires aux larges ambitions, habile à drainer l'épargne au profit d'affaires d'envergure, parfois un peu légèrement lancées. Tantôt il réussit, tantôt il échoue. Le certain, c'est que ce Rochette était, en 1911, sous le coup d'une inculpation. C'est alors que Caillaux aurait exigé une remise qui aurait fait acquérir à Rochette le bénéfice de la prescription et lui aurait permis de soutirer 60 nouveaux millions à l'épargne. Calmette, en dévoilant toute l'affaire, demande que l'on interroge les témoins : M. Bidault de l'Isle, le procureur Fabre. Il conclut : « L'affaire Rochette, la commission d'enquête et M. Jaurès ne l'ont jamais connue. Ils l'ont devinée, pressentie... Eh bien ! la voilà ! » Voilà surtout la plus redoutable attaque à laquelle Caillaux ait eu à faire face.

Il se souvient très bien de l'affaire Rochette. Les avocats menaçaient de dévoiler au procès les noms des politiciens en rapport avec l'affairiste. Caillaux ne voulait pas d'un nouveau scandale de Panama. On lui affirmait qu'avec un peu de temps Rochette parviendrait à assainir ses affaires. Il a demandé la remise, par l'intermédiaire du président du Conseil d'alors, Monis. Seulement, Monis a sommé un peu trop brutalement le procureur Fabre d'obtenir cette remise. Fabre, ulcéré, considérant cette intrusion comme une atteinte à son honneur, a rédigé un rapport. Cette confession, il l'a copiée en deux exemplaires, l'un pour lui-même, l'autre qu'il a remis au garde des Sceaux, Aristide Briand. Pour Caillaux, une certitude : si Calmette connaît aussi bien l'affaire Rochette, c'est parce que le document Fabre lui a été communiqué, soit par Briand, soit par son successeur, Barthou. Va-t-il le publier ?

Calmette ira-t-il plus loin ? En 1911, au moment d'Agadir, nos services secrets ont déchiffré des dépêches échangées entre l'ambassadeur d'Allemagne à Paris et son gouvernement. On y parlait des négociations à mener avec M. Caillaux *seulement*. Caillaux ne rougit nullement de ces conversations qu'il avait jugées utiles. Mais comment réagirait l'opinion si, aujourd'hui, on dévoilait tout cela sur la place publique ? Dans un climat normal, Caillaux pourrait se justifier. Harcelé qu'il est par cette campagne qui dure depuis deux mois et demi, il se verrait assurément en position d'infériorité : logiquement, Calmette ne devrait pas publier ces rapports, dits « documents verts ». Ce serait signaler aux Allemands que notre espionnage connaît leur propre chiffre. Caillaux pense maintenant que Calmette ne reculera devant rien. Non seulement il doit faire face à l'affaire Rochette, mais il sent poindre la menace des « documents verts ».

Pourtant, à la Chambre, Jaurès prend sa défense. L'admirable orateur, index pointé en avant, s'écrie :

— Les attaques de Calmette, c'est contre M. Caillaux seul qu'elles sont dirigées, parce qu'il est l'homme qui incarne la justice fiscale !

Pour Henriette, l'existence quotidienne est devenue un cauchemar. Physiquement, il lui semble que l'étau se resserre. Elle plonge dans un état nerveux inquiétant. Caillaux s'en aperçoit peu. Toutes ses forces, il les tend pour se battre, pour répondre, se défendre, attaquer. Il n'imagine pas que la femme qui vit près de lui n'a peut-être pas reçu en partage la même force de caractère. Quand elle entre dans un salon, elle ressent l'impression que tout le monde parle de *l'affaire*. Dans la rue, elle croit qu'on la dévisage. Elle affirme qu'elle a entendu dans un magasin, au moment où elle payait, une vendeuse dire tout bas à une autre :

— Avec l'argent de l'Allemagne...

Le vendredi 13 mars, *le Figaro* paraît avec, en première page, ce titre : « La preuve des machinations secrètes de M. Caillaux. » Sur toute la page, on peut découvrir la reproduction d'une lettre autographe de Caillaux, adressée à sa première femme, en 1901, et qui contient cette phrase : « J'ai écrasé l'impôt sur le revenu en ayant l'air de le défendre... » Selon Calmette, cette lettre découvre le fond de la pensée de Caillaux. Elle montre à l'évidence que Caillaux ment à ses électeurs, à l'opinion, à la France.

Dans Paris, on s'arrache le journal. Un véritable coup de théâtre ! Aux yeux des ennemis de Caillaux, le document apparaît foudroyant. Il l'est moins qu'il n'y paraît. En 1901, Caillaux voulait faire voter une réforme fiscale limitée. Il estimait à cette époque que l'impôt sur le revenu était prématuré. D'où la tactique suivie, d'inspiration toute parlementaire : ne pas demander tout pour obtenir quelque chose.

Ce qui inquiète le plus Caillaux, c'est qu'une telle lettre ait pu être connue de Calmette. Ainsi donc, Mme Gueydan s'est rangée dans les rangs de ses adversaires ! Il avait tout imaginé, sauf cela. Quant à Henriette, elle tremble. Si Mme Gueydan a communiqué cette lettre-là, que fera-t-elle pour les autres ? On les a brûlées au moment du divorce, mais Mme Gueydan n'en a-t-elle pas gardé des photographies ? Henriette n'en doute pas :

— Il a publié celle-ci, il en publiera d'autres...

Ce matin-là, Caillaux se rend au ministère. Il rentre pour déjeuner. La sonnerie du téléphone. Henriette décroche, tend le combiné à son mari. C'est Mme Gueydan qui appelle, jurant qu'elle n'est pour rien dans la publication.

Cependant que Caillaux raccroche, Henriette ne désarme point. Cette Gueydan est capable de tout. Et Calmette donc !

L'après-midi, Caillaux se rend à la Chambre où l'on se passe de main en main *le Figaro*. Au moment où Caillaux s'assoit au banc du gouvernement, un député de droite, Delahaye, reprend justement à la tribune les attaques de Calmette. Doumergue, le président du Conseil, va lui répondre de sa place, avec son savoureux accent du Languedoc :

— C'est une campagne d'infamies. Elle s'explique, cette campagne, par le désir de se défendre contre notre œuvre de réformes démocratiques et fiscales.

A l'extrême gauche, Jaurès tonne à l'intention de la droite :

— Si vous avez les documents décisifs, produisez-les !

Maintenant, c'est le député de Marseille Frayssinet qui annonce que, le mardi 17, il présentera sur l'affaire Rochette une motion appuyée par quarante signatures. Mardi ? C'est dans trois jours. D'ici là, Caillaux escompte bien avoir exhumé lui-même le document Fabre et pulvérisé ces accusations.

En quittant la Chambre, il se rue chez Bienvenu-Martin, le garde des Sceaux, vieillard tout effaré par cette intrusion. Caillaux invite son collègue à retrouver le document Fabre.

Le lendemain matin, il faut se rendre à l'évidence : le document Fabre a disparu des archives du ministère de la Justice. Caillaux somme Bienvenu-Martin, qui vacille derrière ses lorgnons, de demander des explications à Fabre lui-même. Puis il vole chez Poincaré, à l'Élysée :

— Briand et Barthou ont pu seuls soustraire le document aux archives du ministère !

— Je les verrai lundi, assure Poincaré.

Le fidèle lieutenant de Caillaux, Ceccaldi, glisse à son patron :

— Briand jure qu'il a remis la pièce à Barthou.

A 17 heures, le procureur Fabre est chez Bienvenu-Martin. Il explique qu'il n'a gardé qu'un seul exemplaire, l'autre ayant été remis à Briand. On va assister à un savoureux ballet, le garde des Sceaux laissant partir Fabre sans rien lui demander, puis lui téléphonant chez lui pour lui réclamer son propre exemplaire, Fabre acceptant, puis se ravisant et retéléphonant pour refuser.

Au moment où Bienvenu-Martin doit avouer sa défaite, Caillaux apprend que Calmette publiera mardi le document Fabre. Fou de rage, il hurle à l'adresse d'Henriette :

— Tu entends, mardi !

Elle entend, oui, mais ne pense qu'aux lettres. A *ses* lettres. A celles que *l'autre* va donner en pâture au public. Et ces mots, ces phrases, où il est question d'instants enivrants, de baisers, de « ton corps tenu entre mes bras », ces phrases seront connues de tous et c'en sera fait d'elle-même, Henriette Caillaux. Son honneur sera mort. Car l'honneur, à la Belle Époque, ne s'attache pas tant aux actes que l'on commet qu'à ce que l'opinion peut en connaître. De son premier mariage, Henriette a une fille. Celle-ci va-t-elle découvrir qu'une liaison a précédé le mariage de sa mère avec Joseph Caillaux ? Cette seule idée, Riri ne peut la supporter.

Le dimanche 15, Caillaux part pour la Sarthe. Il préside une réunion publique. Il faut bien préparer les élections qui approchent ! Dans sa circonscription, on le regarde de près et on est sûr qu'il n'a pas peur. On a raison.

Henriette, restée à Paris, a rendu deux visites. A ses amies, elle a paru calme.

Dans *le Figaro* du lundi 16, rien d'important, des broutilles. On publie d'anciennes notes biographiques dans lesquelles Caillaux s'affirmait modéré. Cela s'appelle : « Intermède comique ». Pour Henriette, cela signifie que Calmette se repose avant d'oser un grand coup. C'est bien ce que cela veut dire, non, *intermède ?*

Derechef, Caillaux s'est précipité chez Poincaré :

— Calmette a entre les mains des lettres intimes !

— Je ne puis le croire...

— Je le tuerai !

Poincaré offre d'envoyer Me Maurice Bernard, un ami commun, à Calmette.

— Et je suis sûr que...

En fait, il s'agit là d'une manœuvre très habile de Caillaux. Il espère que Poincaré, prenant peur, va faire demander à Calmette de ne publier ni les lettres intimes ni le rapport Fabre.

A la même heure, Mme Caillaux reçoit M. Monnier, ami du ménage, président du tribunal civil de la Seine. Elle a souhaité le consulter sur les possibilités juridiques qui s'offrent d'arrêter la campagne. M. Monnier hoche la tête. Hélas ! il n'existe aucun moyen. Si Calmette commet une diffamation caractérisée, on pourra le poursuivre. Impossible de prendre les devants.

Ainsi, les honnêtes gens ne sont pas protégés ? Hors d'elle, Henriette fait appeler sa voiture, court aux Finances, entre dans le cabinet de Caillaux, pourfend Calmette avec fureur. Elle est à bout de nerfs. Elle parle, elle parle... Le chef de cabinet, Labeyrie, écoute cela avec inquiétude.

Poincaré, lui, reçoit Barthou et Briand. Du conciliabule, rien ne perce.

Henriette est rentrée chez elle. Il semble que la visite de M. Monnier ait cristallisé sa hantise. Il ne faut pas, il ne faut pas !

A midi, Caillaux rentre déjeuner. Ils sont là, à table, tous les deux. On apporte des côtelettes. Elles sont brûlées. Cette cuisinière, décidément... Caillaux s'empourpre :

— Fous-la dehors, tout de suite !

Henriette lui demande ce qu'il va faire.

— Casser la gueule à Calmette !

— Mais quand ?

— A son heure !

Il est reparti. Elle est seule. Elle médite. Casser la gueule à Calmette ? Est-ce que cela suffira pour l'intimider ? Et puis comment ? Jamais on ne laissera Caillaux entrer au *Figaro* !

Mais elle, peut-être...

Un psychiatre, plus tard, parlera d'elle en évoquant un dédoublement de la personnalité. C'est très exactement ce que suggère son emploi du temps dans les heures qui suivent. *D'une part*, elle continue à vivre comme a toujours vécu Mme Caillaux : elle se rend dans un bureau de placement engager une nouvelle cuisinière. Elle va commander chez Potel et Chabot le dîner qu'elle doit offrir dans quelques jours au ministère des Finances. Elle prépare sa robe pour le soir. Mais, *d'autre part*, en sortant de chez Potel et Chabot, elle passe, près du rond-point des Champs-Élysées, chez le célèbre armurier Gastine-Renette et demande à acquérir un revolver. On lui en montre un, il est trop lourd. Un autre lui convient parfaitement. Le vendeur suggère :

— Madame fera un carton ?

Elle accepte, descend dans le stand de tir. Il y a là une cible de 1,62 mètre, taille d'un homme moyen. Elle tire, amuse le vendeur parce qu'elle a tiré trop vite. Pourtant, elle a touché trois fois la silhouette.

Elle passe au Crédit Lyonnais, retire des dossiers. Elle rentre chez elle, s'assoit devant le petit bureau Louis-XV et écrit :

Mon mari bien-aimé,

Quand ce matin je t'ai rendu compte de mon entretien avec le président Monnier, qui m'avait appris que nous n'avions en France aucune loi pour nous protéger contre les calomnies de la presse, tu m'as dit que, ces jours-ci, tu casserais la gueule à l'ignoble Calmette. J'ai compris que ta décision était irrévocable. Mon parti à moi fut alors pris : c'est moi qui ferai justice. La France et la République ont besoin de toi. C'est moi qui commettrai l'acte.

Si cette lettre t'est remise, c'est que j'aurai fait ou tenté de faire justice.

Pardonne-moi, mais ma patience est finie.

Je t'aime et je t'embrasse du plus profond de mon cœur,

Ton Henriette.

Elle demande la voiture, y prend place, fait enlever la cocarde tricolore et ordonne :

— Au *Figaro*, rue Drouot.

Il est 5 heures quand elle entre dans le salon du journal. A l'huissier, elle demande M. Calmette. L'huissier l'informe que le directeur n'est pas arrivé et que, de toute façon, s'il vient...

Péremptoirement, Henriette rétorque :

— Il me recevra.

Elle tend une enveloppe. Dedans, il y a une carte.

Elle s'assoit, attend. Non loin de là, des journalistes parlent. Distinctement, elle entend le nom de Caillaux, on parle de publications nouvelles, d'accusations prochaines. Les journalistes déposeront plus tard : aucun n'avait prononcé le nom de Caillaux, ils n'ont parlé que de mode. Preuve nouvelle, chez Henriette, d'une hantise proche de la psychose. L'horloge sonne 5 heures et quart. Elle sonne 5 heures et demie. Puis 5 heures trois quarts. Puis 6 heures.

Et Calmette survient, avec sa tête forte, sa moustache, ses lorgnons. Il est accompagné par Paul Bourget, comme si la Belle Époque finissante voulait que son dernier scandale eût pour témoin son chantre. A Bourget, Calmette a annoncé qu'il ne ferait qu'entrer et sortir, car il doit voir Barthou à 6 heures. L'huissier l'informe : une dame est là. Calmette a un geste de dénégation, mais l'huissier lui tend l'enveloppe, qu'il déchire : cette dame est Mme Caillaux !

Bourget se montre peut-être plus étonné encore :

— Vous n'allez pas la recevoir.

— Mais si. Je ne peux pas fermer ma porte à une dame.

Bougon, l'écrivain annonce qu'il attendra Calmette dans l'escalier. L'huissier vient chercher Henriette. Dans son manchon, cependant qu'elle avance vers le bureau, elle tire le revolver de l'étui, elle l'arme.

Dans la pénombre, Calmette la regarde avancer.

— Vous savez pourquoi je viens.

Henriette ne cessera de tirer qu'une fois le chargeur vide. Calmette, touché par la première balle, s'est affaissé. La police retrouvera les impacts de deux balles dans la bibliothèque. Calmette en a reçu quatre en plein corps.

Au bruit, l'huissier est accouru. Il voit son patron à terre. Il court à Mme Caillaux, la désarme. Très digne, elle lance :

— Ne me touchez pas, je suis une dame !

Toujours la Belle Époque.

Les journalistes, les employés du journal accourent. On relève Calmette, on l'assied dans un fauteuil. Il esquisse un sourire, murmure :

— Je vous prie de m'excuser.

Puis :

— Je ne suis pas très bien.

Mme Caillaux lance :

— Puisqu'il n'y a pas de justice en France...

On lui impose silence. Déjà, voici les médecins, l'ambulance. On emporte Calmette sur un brancard. Il murmure encore :

— Dites bien que j'ai fait mon devoir.

On l'emmène à la clinique Hartmann à Neuilly, où l'on hésitera de longues heures avant de l'opérer. Cette hésitation lui sera fatale. Il mourra sur la table d'opération sans avoir repris connaissance.

Henriette a été conduite au commissariat. Un peu plus tard, Caillaux survient, passant à grands pas devant un agent médusé à qui, de son air souverain, il lance :

— Vous pourriez me saluer !

Il retrouve là Malvy, ministre de l'Intérieur, le procureur Lescouvé, le docteur Paul, Ceccaldi. Il doit fendre une foule compacte d'inspecteurs, de journalistes, de photographes. Il aborde sa femme, lance :

— Qu'as-tu fait ?

Elle répond :

— On m'a introduite dans un bureau obscur, j'ai perdu la tête et j'ai tiré.

Au commissaire de police, M. Carpin, Henriette a déclaré :

— Je regrette profondément mon acte. Je ne voulais pas donner la mort.

Déjà la foule s'est ameutée rue Drouot. On entend des cris qui, de minute en minute, s'enflent :

— Assassins ! Assassins !

Le commissariat est assiégé. On devra faire sortir Henriette par une porte de derrière et l'emmener en taxi.

Trois mille personnes manifestent sur le boulevard, conduites par Maurice Pujo, le chef des camelots du roi. On conspue Caillaux, sa femme, le régime. Henriette vient de se voir attribuer à la prison Saint-Lazare la plus belle cellule, dénommée « pistole de la comtesse ». Aux cent coups, le directeur l'a fait astiquer par quatre détenues. Pour le lit, il a fait apporter la couverture de sa propre épouse. Tout de même, il refusera les fleurs que l'on commence à envoyer.

Plus de dix mille personnes suivront les obsèques de Calmette en scandant le même cri :

— Assassins ! Assassins !

Le Figaro s'acharne toujours. Toute la presse, en titres énormes, a rendu compte du meurtre. Paradoxalement, à la Chambre, quand Barthou a lu le document Fabre, celui-ci a fait long feu. Le geste de Mme Caillaux a effacé tout le reste. Caillaux a démissionné. Pour une grande partie du personnel politique, il n'existe aucun doute : sa carrière est achevée. Un mot court Paris : les balles de Mme Caillaux ont fait deux morts, Calmette et Caillaux.

Redressant sa petite taille, vrillant son monocle dans l'arcade sourcilière, Caillaux réplique :

— Ils disent ça ? Eh bien, ils verront. Ils verront aux élections.

Sa femme est en prison, mais il ne se sent pas le droit d'oublier les élections. En entrant en campagne, il fait face, une fois de plus. Et il est élu. Triomphalement. Après quoi, il se paie le luxe de provoquer en duel un adversaire qui l'a insulté pendant la campagne. Deux balles sans résultat. Et la joie de Caillaux, immense : c'est une nouvelle majorité que le pays a envoyée à la Chambre. Une majorité qui est avec lui. Contre Poincaré, contre la loi de trois ans.

Poincaré devrait en tirer la leçon et appeler au pouvoir les leaders de la nouvelle majorité. En tout autre temps, on eût vu un grand ministère Caillaux-Jaurès. D'ailleurs, les deux hommes se sont rencontrés. Si Henriette est acquittée, on le formera, ce ministère. Caillaux sera président du Conseil, Jaurès ministre des Affaires étrangères. On se battra pour la paix.

Elle en a bien besoin, la paix ! Le 28 juin 1914, les journaux ont annoncé à Paris l'assassinat de l'archiduc François-Ferdinand, à Sarajevo. Peu à peu, implacablement, le système des alliances va se mettre en marche, entraînant l'Europe vers le gouffre. Poincaré a appelé Viviani à la présidence du Conseil. Dans les couloirs de la Chambre, on chuchote que c'est un ministère de transition. Pour attendre.

Le 20 juillet, devant une foule énorme qui bloque toutes les issues, s'ouvre la première audience de la Cour d'assises. Le conseiller Albanel préside. Le procureur général Herbeaux portera l'accusation. Pour la partie civile plaidera Me Chenu. Et pour Mme Caillaux, le grand Labori, de l'affaire Dreyfus. Un frémissement : on vient d'introduire l'accusée. Dans le public, on la trouve jolie, élégante, avec son corsage échancré. « Elle porte de longs gants noirs et un chapeau de paille noire aux bords relevés, garni de satin et surmonté d'une longue plume noire. Elle a à la main un petit sac, noir lui aussi, bourré de papiers[1]. »

Dès la première réplique, le ton du procès sera donné. Au lieu de « Accusée, levez-vous », le président demande :

— Voulez-vous vous lever, madame ?

Elle s'explique, Henriette. Elle raconte toute l'affaire, elle parle de son long calvaire, de sa peur panique quand elle a vu paraître un fragment d'une lettre intime que Caillaux, alors son amant, lui adressait. Elle rappelle qu'elle a été mariée à M. Léo Claretie, dont elle a une fille. Voir sa liaison mise à nu, c'était une perspective qu'elle ne pouvait supporter. Doucement, elle dit :

— C'est vrai, je n'en rougis pas, je suis une bourgeoise.

N'importe, elle affirme qu'elle ne voulait pas tuer Calmette. Elle s'était rendue au *Figaro* pour mettre son directeur devant ses responsabilités. Elle avait longtemps hésité :

— Je ne savais pas encore si j'irais à un thé ou au *Figaro*.

Le revolver ? C'est une habitude que lui avait inculquée son père : porter toujours un revolver sur soi dans les circonstances graves. Elle jure qu'elle n'avait pas l'intention de s'en servir :

— C'est effrayant, un revolver comme ça. Ça part tout seul.

Elle dit encore :

— C'est la fatalité. Je déclare ici que j'aurais préféré laisser publier n'importe quoi plutôt que d'être la cause de ce qui est arrivé.

En fait, le procès est tout entier dominé par Caillaux. A toutes les audiences, il est là. Toujours. On dirait qu'il surveille tout. A chaque instant, il se dresse, darde un regard foudroyant sur le président, les avocats, les témoins. A l'une de ses questions, Me Chenu répond :

— Parfaitement, monsieur.

— Monsieur ?

1. Pierre Dominique, *Les cinq coups de revolver de Mme Caillaux* (dans *Avant 14*, de Gilbert Guilleminault) (Denoël).

Le mot a éclaté, cinglant. Chenu comprend :

— Comment voulez-vous que je vous appelle ? Ah ! monsieur le ministre ? Certainement, monsieur le ministre.

Dans le public, beaucoup de chevelures très noires : Caillaux se fait protéger par une garde corse. Celle-ci manifeste intempestivement, prenant à partie, lors des suspensions, les ennemis de Caillaux. Jusqu'au bout, le président tolérera la présence de cette étrange garde prétorienne.

A la barre, les témoins défilent. Voici Latzarus, rédacteur au *Figaro*. Il évoque les derniers instants de Calmette, parle des papiers qu'il a trouvés dans le portefeuille de Calmette agonisant : il s'agit des télégrammes allemands qui prouvent que, en 1911, Caillaux a négocié seul avec l'Allemagne sans en référer au gouvernement.

— Je pense que tout bon Français qui les aurait lus comme moi, dit Latzarus, aurait dû conclure à l'infamie et à la trahison de l'homme qui était mis en cause dans ces documents. Calmette m'a dit qu'il ne les publierait pas, parce que leur publication ferait courir un danger à la patrie.

Dans la salle, l'émotion monte. Va-t-on connaître la vérité ? Non. La partie civile elle-même, par l'organe de Me Chenu, demande que l'on passe à autre chose. On a décidé en haut lieu qu'il ne fallait pas faire mention du document vert. La Défense nationale était en cause. L'avocat de Mme Caillaux, Labori, sait très bien ce qu'il en est. Il ne s'en dresse pas moins, feignant une sainte colère, pour crier qu'« il ne tolérera aucune équivoque ». Si le témoin Latzarus ne s'explique pas sur le document vert, c'est qu'il en a menti et qu'on ne peut rien reprocher à M. Caillaux ! Caillaux se dresse, lance :

— Quand on attaque, il faut aller jusqu'au bout de ses attaques !

Labori ajoute :

— Il y a eu des chiffons de papier...

—... Des faux ! crie Caillaux.

—... Qui ont été portés au président de la République. Ces documents sont aux mains du gouvernement : il nous faut une explication complète du gouvernement. Je demande la saisie de ces documents. Pourquoi ne sont-ils pas aux débats ? Je ne plaiderai pas dans ces conditions. Je ne vois pas pourquoi, moi, défenseur, je serais solidaire de je ne sais quelles équivoques qui peuvent être acceptées dans les parlements, qui ne le seront pas, tant que je serai à la barre, dans un prétoire de justice !

Tumulte. Embarras des magistrats et des avocats. Non, décidément, on ne lira pas le document vert. Et Caillaux marque un point. Sans modestie, il triomphe.

Le 23 juillet, Mme Gueydan est à la barre. Sensation. Le président la malmène, parle de la correspondance dont elle s'est emparée. Très brune, très belle, elle répond :

— J'en avais le droit.

Le président la somme de dire où sont les lettres.

— Elles sont là, dans mon sac.

Elle joint le geste à la parole, tire de son sac un paquet qu'elle brandit. Dans la salle, des gens se lèvent. Mme Gueydan explique du même ton égal :

— Il n'y en a pas deux ou trois comme on l'a dit. Il y en a huit.

Elle parle lentement, comme si une foule de souvenirs lui revenaient à la mémoire et au cœur.

— Elles ne sont terribles pour personne sinon pour moi. Ce sont des lettres d'une femme furieuse qui veut me faire jeter dehors. On n'y parle pas politique.

Me Chenu intervient, brutalement :

— On ne vous croira pas.

— Elles sont à l'honneur de M. Caillaux, dit vivement Mme Gueydan.

— On ne vous croira pas.

— Elles n'intéressent que moi.

— On ne vous croira pas.

— Ceux qui disent les avoir lues ont menti.

— On ne vous croira pas.

Me Chenu insiste : il faut lire ces lettres.

Finalement, les huit lettres seront remises à Me Labori et à Me Chenu. Le lendemain, on en lira deux à l'audience. Le public se montrera très déçu. Ce sont des lettres sans éclat, très simples. On attendait des révélations croustillantes. On reste sur sa curiosité.

Cependant la triple confrontation de Mme Gueydan avec Caillaux et Mme Caillaux a permis de mieux comprendre qu'au-delà du contexte politique, *l'affaire* est aussi l'affrontement de trois êtres passionnés, déchirés.

Certains moments dépassent les limites de la décence. Caillaux est ainsi, il ne sait jamais jusqu'où il ne faut pas aller trop loin. A Mme Gueydan, il adresse des propos insultants, rappelant qu'elle n'avait « pas un centime » quand elle l'avait épousé et que, depuis, elle a touché beaucoup d'argent.

Le public le hue. Il fait face, avec un dédain immense. Il dit qu'il n'a pas de haine pour Mme Gueydan, que son attachement pour elle était sincère :

— Nous n'étions pas un ménage admirable, mais nous étions des amis admirables.

Puis il passe à Henriette. La voix changée, il affirme son amour pour elle. Il montre le banc de l'accusée :

— Je revendique ma place parce qu'elle est ma femme, parce que je la sais et que je la sens un être de bonté, et parce qu'elle est de ma race, que je l'ai choisie et que je l'ai prise pour cela.

— Je ne répondrai pas, dit Mme Gueydan, aux insultes de M. Caillaux. Je lui pardonne.

— Et moi, je pardonne à Mme Gueydan.

Caillaux quitte la barre, s'élance vers le banc des accusés, prend les mains de sa femme entre les siennes, les embrasse longuement. Quand il quitte la salle, il a l'air d'avoir lui-même levé l'audience. A ce point que le président Albanel, décontenancé, n'a plus qu'à confirmer. Mme Caillaux sanglote. Mme Gueydan est acclamée.

Autre moment qui ressemble à un déballage : Caillaux lit à la barre le testament de Calmette et révèle que le directeur du *Figaro* laisse 13 millions à ses héritiers. 13 millions-or ! Lui qui n'avait rien à ses débuts. Par quels moyens, demande Caillaux, a-t-il acquis une telle fortune ? On eût préféré que Caillaux ne piétinât point ainsi un cadavre. Les audiences succèdent aux audiences. Le spectre de la guerre se dessine chaque jour avec plus de force. La Russie interviendra-t-elle contre l'Autriche ? Et l'Allemagne qui est l'alliée de l'Autriche ? Et la France qui est l'alliée de la Russie ?

Pendant ce temps, les experts pérorent. Le colonel Aubry, spécialiste de balistique, agite les bras pour démontrer que « la victime s'est littéralement jetée sous les balles ». Ce qui ne manque pas d'étonner le jury et le public. Le docteur Doyen déclenche l'hilarité en endossant un paletot de démonstration. Le président Albanel affiche une partialité parfaitement sans vergogne.

Depuis la déposition de Mme Gueydan, on s'endort un peu. Soudain, on va vivre un réveil éclatant. L'auteur dramatique Henry Bernstein est l'un des témoins de la partie civile. Caillaux, pour annihiler son témoignage, l'a accusé de s'être soustrait à ses obligations militaires. Bernstein bondit à la barre, a l'air de chercher dans la salle Caillaux assis. Il l'interpelle d'une voix dure :

— Vous êtes là, Caillaux ? Car je n'insulte pas, moi, mes adversaires en leur absence.

Caillaux se dresse les bras croisés.

— Messieurs les jurés, poursuit Bernstein, ne vous laissez pas assassiner par un ministre, car votre testament serait lu à l'audience.

Albanel, affolé, tente d'interrompre le témoin. Élevant la voix, Bernstein poursuit sans crainte :

— J'ai commis dans ma jeunesse une folie que j'ai regrettée publiquement. J'adore passionnément mon pays. En 1911, au moment de l'affaire d'Agadir, j'ai demandé à être reversé dans l'armée. J'ai eu l'honneur d'obtenir la cassation de ma réforme. Je suis artilleur, je pars le quatrième jour de la mobilisation et la mobilisation est peut-être pour demain. Je ne sais pas quel jour part Caillaux, mais je dois le prévenir qu'à la guerre on ne peut pas se faire remplacer par une femme et qu'il faut tirer soi-même...

Du public monte une longue acclamation. Les bravos crépitent. Albanel, dans un état proche du coma, doit précipitamment lever l'audience.

Il faut aux douze jurés écouter d'abord Me Chenu, qui jure que Caillaux et Mme Caillaux sont complices. Une phrase de l'avocat résume tout :

— La femme tire aussi bien que l'homme et court moins de risques !

Pour le procureur général, l'intention criminelle et la préméditation sont démontrées. Cependant, il admet les circonstances atténuantes.

Me Labori plaide :

— Un lamentable incident, infiniment malheureux et irréparable, de la nervosité humaine exaspérée...

Voilà, pour l'avocat, ce qu'est le meurtre de Calmette. Il s'émeut en parlant de l'accusée :

— Elle sortira blessée, meurtrie à jamais.

Après une heure de délibération, le 28 juillet au soir, les douze jurés rentrent en séance. A la question : « Mme Caillaux est-elle coupable d'avoir, le 16 mars, à Paris, commis un homicide volontaire sur la personne de Gaston Calmette ? », le chef du jury répond :

— Sur mon honneur et ma conscience, devant Dieu et devant les hommes, la déclaration du jury est : non.

D'abord, des applaudissements. Et puis une clameur inouïe, redoutable. Des injures. On entend :

— Vive Caillaux ! Vive Labori ! Vive la France !

— Vive la France ! A bas Caillaux ! A bas les traîtres !

Impossible de se faire entendre, impossible de prononcer le verdict d'acquittement. Le président Albanel se lève, s'enfuit, suivi par les autres magistrats. Le tumulte est tel qu'il faudra expulser le public. Albanel reviendra sur son siège et Mme Caillaux sera déclarée acquittée. Elle glisse dans les bras de Me Labori. Son chapeau roule à terre.

Le soir, vêtue d'une robe « de voile bleu, aérienne, drapée », Mme Caillaux, aux côtés de son mari, offrira une fête à ses amis... C'est fini. Pour elle, du moins.

Il reste quatre jours de paix au monde. Devant les mécanismes qui s'emballent, il n'est plus au pouvoir de personne de barrer la route à la guerre. Il n'y aura jamais de ministère Caillaux-Jaurès : Jaurès lui-même va mourir.

Peut-être Gaston Calmette est-il le premier cadavre de la Grande Guerre.

IV

Sarajevo ou la fatalité

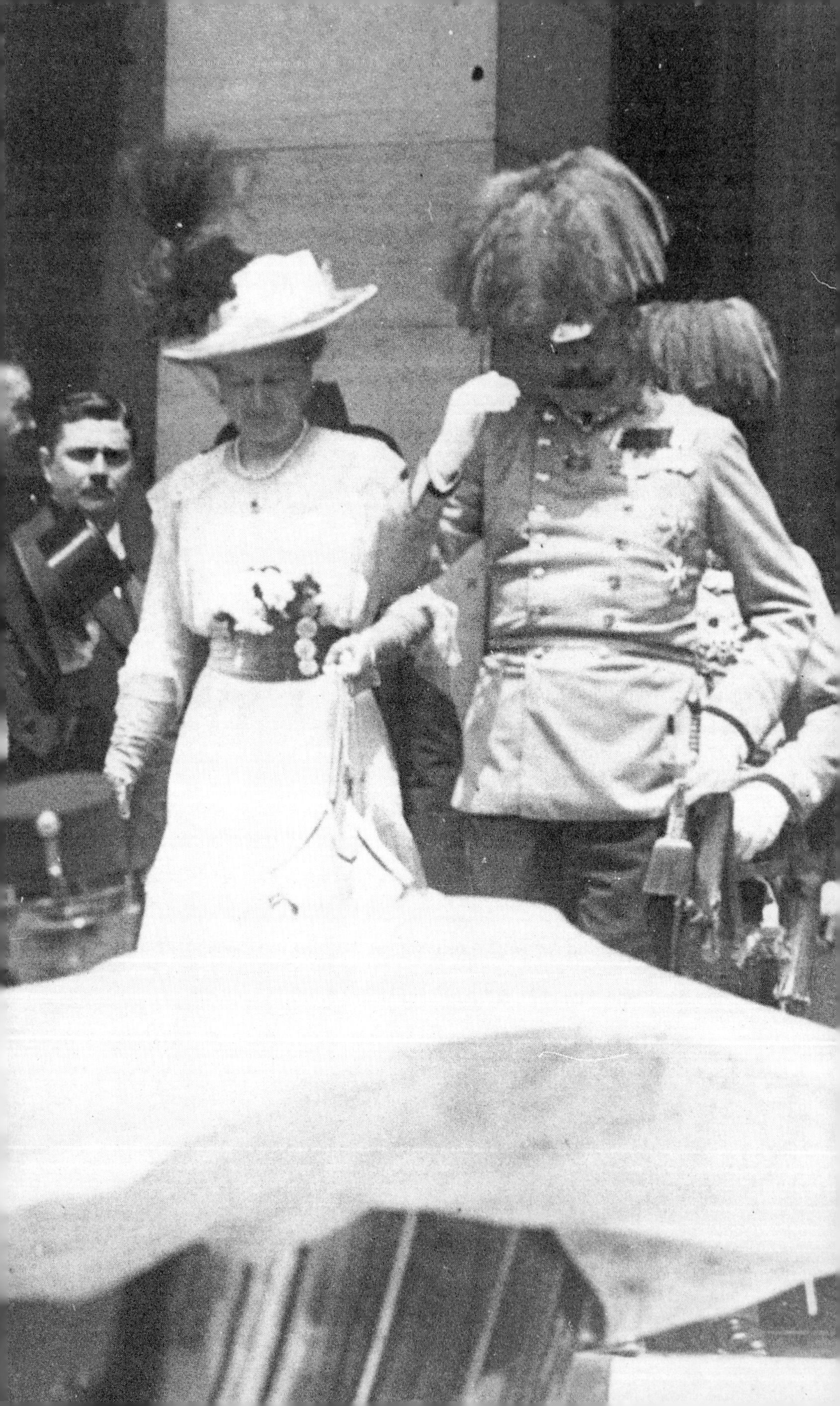

28 juin 1914

Un soleil éclatant, une foule pressée, avide, qui se bouscule pour mieux apercevoir la longue voiture découverte de l'archiduc François-Ferdinand, héritier présomptif de l'empire austro-hongrois. Soudain des coups de feu jaillissent de cette foule. L'archiduc, dans sa belle automobile, s'effondre. Assassiné.

L'acte d'un fou ? Sur l'instant, le 28 juin 1914, on a pu le croire. Or les coups de feu de Sarajevo vont se trouver à l'origine de l'une des plus effroyables tragédies de tous les temps. C'est de la Première Guerre mondiale que notre destin est issu. Sans elle et les conditions qu'elle a créées, l'Histoire n'aurait pas changé de visage. Hitler et Staline n'auraient jamais conquis le pouvoir.

Tout cela parce qu'un patriote bosniaque a tiré sur un archiduc.

En 1914 régnait sur l'Autriche-Hongrie un empereur de quatre-vingt-quatre ans, François-Joseph. Ce long, trop long règne, avait été semé de drames familiaux dont l'accumulation ne peut, aujourd'hui encore, que nous troubler. Le frère de François-Joseph, Maximilien, avait été fusillé au Mexique. A l'annonce de sa mort, Charlotte, sa femme, avait perdu la raison. Le fils unique de l'empereur, Rodolphe, s'était donné la mort à Mayerling. La belle-sœur de François-Joseph, duchesse d'Alençon, avait été brûlée

L'archiduc François-Ferdinand et son épouse gagnent la voiture dans laquelle ils vont trouver la mort. (L'Illustration/Sygma.)

vive dans l'incendie du Bazar de la Charité. Son épouse, Élisabeth — *Sissi* — avait péri sous le poignard d'un assassin. Son neveu, Louis II de Bavière, était devenu fou. Et lui — lui seul, l'empereur — survivait.

Depuis 1896, l'archiduc François-Ferdinand était l'héritier du trône. A vrai dire, on n'avait guère préparé ce neveu à une telle éventualité : il avait si peu de chance d'accéder au trône ! Cependant qu'il poursuivait une carrière militaire à laquelle nul n'échappait chez les Habsbourg, son entourage s'était acharné à écarter de lui toute influence libérale. On l'avait élevé dans le traditionalisme le plus étroit, sans stimuler jamais chez lui la moindre attirance pour les choses de l'esprit. On l'avait encouragé à donner libre cours à son plaisir favori, la chasse. Son médecin estimait qu'il avait tué plus d'un million de pièces de gibier. Avec cela, un fort mauvais caractère souligné par un mépris trop affiché des nuances. Le général Conrad rapportait que l'archiduc, encore tout jeune, lui avait dit un jour :

— Quand je serai commandant en chef, je ferai ce que je voudrai, et s'il en est qui font quelque chose d'autre, je les ferai tous fusiller.

Il était grand, fort, lourd d'aspect, avec des cheveux foncés, d'épaisses moustaches et des yeux plus gris que bleus. Il parlait peu et riait moins encore. A trente ans, on le citait comme un célibataire endurci. En 1895, alors même que l'on venait de déceler, à son poumon droit, une lésion tuberculeuse assez étendue, il s'était enfin décidé à prendre femme : la princesse Mary, fille aînée du futur Édouard VII d'Angleterre. Pour l'héritier d'un trône impérial, un tel mariage était logique. Or, la même année, à un bal, François-Ferdinand avait rencontré Sophie Chotek — et tout avait changé.

Qui était cette Sophie ? Elle faisait partie de la petite aristocratie tchèque mais, ayant le malheur d'appartenir à une famille ruinée, elle avait sollicité — et obtenu — le poste de dame d'honneur de l'archiduchesse Isabelle. Grande, un peu forte, non sans charme — de beaux yeux gris et un teint que beaucoup de femmes auraient pu lui envier —, elle avait vingt-sept ans et se résignait à rester vieille fille. Qui aurait pu jeter le moindre regard sur une fille pauvre et reléguée dans une condition parfaitement subalterne ? Dame d'honneur, cela voulait dire en l'occurrence gouvernante des trois filles de l'archiduchesse Isabelle, mais aussi quelque peu femme de charge.

Alors l'inattendu arriva. L'archiduc François-Ferdinand s'éprit de Sophie. On le vit de plus en plus chez Isabelle. Celle-ci croyait que son cousin était tombé amoureux de l'une de ses filles et s'en réjouissait. Un jour de 1898, l'archiduchesse aperçut chez elle la montre qu'avait oubliée François-Ferdinand. Elle ouvrit le boîtier. Elle n'y découvrit pas, comme elle l'espérait, la photo de sa fille aînée, mais celle de Sophie Chotek. Courroucée, Isabelle congédia la dame d'honneur.

L'empereur fut rapidement informé. Aussitôt, il fit entendre un avis qui était un verdict : cette demoiselle Chotek ne pouvait être et ne serait jamais, pour l'héritier du trône, une épouse acceptable.

L'année suivante, François-Ferdinand interrogea son médecin : sa tuberculose représentait-elle un danger pour des enfants à venir ? Le médecin répondit négativement. C'était à juste titre nier l'hérédité, mais oublier la contagion. Car François-Ferdinand s'obstinait. A la demande de François-Joseph, le confesseur de l'archiduc intervint. En pure perte. Les rapports se tendaient entre l'oncle et le neveu. François-Ferdinand annonça d'un ton tranquille qu'il attendrait, pour se marier, la mort de l'empereur.

L'archiduchesse Marie-Thérèse plaida sa cause. Finalement et de guerre lasse, François-Joseph accepta le mariage, mais il exigea qu'il fût morganatique. Comprenez que, par contrat et serment, François-Ferdinand dut renoncer, pour les enfants que Sophie lui donnerait, à tout espoir de succession au trône. En 1900, il épousa la femme qu'il aimait depuis cinq ans. Elle avait trente-deux ans, lui trente-sept.

Pauvre Sophie ! A chaque instant, elle va se heurter aux règles implacables du protocole. Elle est l'épouse de l'héritier du trône, la mère de ses enfants, mais par elle-même elle n'est rien. Le rang qu'on lui assigne dans les cérémonies officielles est toujours humiliant. Sans cesse, elle se sent offensée, voire insultée. A ce point qu'elle finira par renoncer à paraître à la cour. En 1909, du bout des lèvres, l'empereur fera d'elle une duchesse de Hohenberg, mais spécifiera avec dureté qu'elle prendrait rang après les plus jeunes des archiduchesses.

Une telle situation aurait pu distendre les liens qui unissaient François-Ferdinand et Sophie. Le contraire se produisit. Le pape

Pie X disait en souriant : « L'archiduc ne voit que par les yeux de sa femme. »

En politique, François-Ferdinand s'est campé comme « défenseur du monde chrétien ». Il répète sans se lasser qu'il déteste le libéralisme, la franc-maçonnerie et les Juifs. L'un de ses meilleurs amis n'est autre que le maire de Vienne, Karl Lueger, lequel proclame volontiers qu'il faut embarquer tous les Juifs sur un immense bateau que l'on coulera en haute mer. On comprend assez bien que, plus tard, un certain Adolf Hitler ait pu déclarer que Lueger avait été « le plus grand maire allemand de tous les temps ».

Lueger se montre adversaire farouche de l'autonomie hongroise dans l'empire. Il prône la réunification de l'Autriche. François-Ferdinand, disciple zélé, prend la tête des ultra-nationalistes autrichiens. Il ne cache pas l'hostilité qu'il ressent pour les protestants, trop enclins à ses yeux à soutenir les idées libérales. Chef du parti militaire, il s'appuie avant tout sur l'armée [1].

En 1913, François-Ferdinand devient inspecteur général des Forces armées. Qui s'étonnerait qu'il ait pris sa tâche extrêmement au sérieux ? En ce temps-là, l'archiduc se révèle un homme solitaire, en conflit avec tout le monde : avec François-Joseph, avec les archiducs, avec le gouvernement, avec la cour. Aussi avec les Magyars et les groupes nationaux des Slaves du Sud.

Voilà prononcée l'expression clé. S'il n'avait pas existé de Slaves du Sud et, à leur propos, un problème aigu, nul n'aurait tiré de coups de feu à Sarajevo.

Pour tenter de comprendre ce problème, il nous faut quitter l'archiduc et mettre nos pas dans ceux de l'homme qui deviendra son assassin, Gavrilo Princip. Car ce Princip est originaire de Bosnie.

La Bosnie ? Qui, avant les événements tragiques qui ont désolé l'ex-Yougoslavie à la fin de ce siècle, était capable de la situer sur la carte ? Pour les écoliers et les lycéens, la question balkanique s'est toujours révélée un casse-tête quasiment insoluble. Il faut savoir pourtant que dans des temps très reculés — au Moyen Age — existait déjà un royaume de Serbie, que celui-ci avait même absorbé toute la péninsule balkanique, y compris la Grèce.

1. Vladimir Dedijer : *La route de Sarajevo*, traduit de l'anglais par Magdeleine Paz (1969).

Que l'on avait alors sacré un empereur des Serbes et des Grecs. Il faut savoir aussi que la Bosnie formait également un royaume. Après quoi les Turcs avaient occupé les Balkans.

Adieu la Serbie, adieu la Bosnie ! Entre les deux pays ne demeurait qu'un trait commun : l'amer regret de la liberté perdue.

Le XIXe siècle tout entier a été marqué par d'incessantes révoltes serbes contre l'occupant turc. En 1804, un certain Georges Karageorgevitch prend la tête de l'insurrection nationale. Quelques années plus tard, il est assassiné sur l'ordre d'un Miloch Obrenovitch qui se proclame prince héréditaire des Serbes.

Tout au long du XIXe siècle, les Karageorgevitch et les Obrenovitch vont se livrer une lutte acharnée : complots, assassinats. Les uns et les autres se retrouvent unis contre les Turcs. Il faut qu'ils prennent une dernière fois les armes pour que l'Europe, réunie en 1878 à Berlin en congrès, édifie une Serbie indépendante. En 1889, Alexandre Ier Obrenovitch en est proclamé roi. L'année suivante, il épouse la belle Draga, veuve d'un ingénieur tchèque. Détestés par les Serbes, Alexandre et Draga sont assassinés en 1903 dans leur palais de Belgrade et, quatre jours plus tard, la couronne passe à Pierre Karageorgevitch qui devient Pierre Ier.

Ainsi la Serbie — premier entre les États balkaniques — avait conquis son indépendance. Comment les Bosniaques, toujours asservis, n'auraient-ils pas regardé vers elle avec envie ? D'autant que la plupart des Bosniaques étaient de race et de langue serbes.

C'était le cas des Princip. Cette famille de serfs vivait dans une vallée, à huit cents mètres d'altitude. Elle était orthodoxe, elle était pauvre. La situation des serfs en Bosnie se révélait si misérable qu'ils s'étaient soulevés en 1875. Les Turcs avaient répondu par une implacable répression. Les Princip avaient dû se réfugier en Autriche-Hongrie. Ayant regagné leur vallée, ils avaient reconstruit leur maison, repris la culture de leurs deux hectares. Un fils leur était venu en 1894. Né le jour de la Saint-Gabriel, on l'avait appelé Gavrilo.

Un enfant sérieux, ce Gavrilo, mais bagarreur. Il quitte la vallée à treize ans, après avoir terminé ses études à l'école primaire. A Sarajevo, il entre à l'École de commerce. L'été, il travaille aux champs. Il est tout petit — ce qui fait naître chez lui un évident complexe —, mince avec des épaules étroites, une tête toute ronde et des yeux tristes. Il adore la lecture. Ses professeurs le notent comme très sensible, voire instable.

De cette année-là, il dira qu'elle est restée pour lui essentielle. C'est en 1911 qu'il se découvre amoureux. Et qu'il adhère au groupe secret des Jeunes Bosniaques. On lit dans son Journal : « C'est alors que je suis devenu définitivement révolutionnaire. J'aimais toujours la même jeune fille d'un amour platonique, parce que je ne l'avais jamais embrassée. Je passais le plus clair de mon temps dans les bibliothèques. »

Mais que sont ces Jeunes Bosniaques ? Avant tout des intellectuels qui ont résolu de consacrer tous leurs efforts à libérer la Bosnie des Autrichiens. Car l'occupant haï, maintenant, c'est l'Autrichien. En 1908, la Bosnie a été annexée à l'empire. Ce qui, pour les Bosniaques, signifie passer d'un asservissement à un autre. A leurs yeux, les Austro-Hongrois ne valent pas mieux que les Turcs. D'autant plus que les autorités autrichiennes emploient volontiers la manière forte. C'est militairement que l'on a réprimé la grève des ouvriers de 1906 et la révolte paysanne de 1910. Un sentiment unanime s'est levé : il faut libérer le peuple bosniaque du joug de l'Autriche. Jeunes et vieux partagent cette volonté. Avec une différence toutefois : les vieux tiennent à user de moyens légaux. Les jeunes sont prêts s'il le faut à utiliser la violence.

Gavrilo Princip est jeune.

Le meilleur ami de Gavrilo s'appelle Danilo Ilitch, un instituteur. Comme Danilo est membre des Jeunes Bosniaques, Gavrilo Princip a suivi son exemple.

Au printemps de 1912, avec beaucoup d'autres lycéens, Princip se lance dans des manifestations véhémentes organisées contre les autorités de Sarajevo. On le renvoie du lycée. Ce jour-là, son destin est scellé. Il décide de gagner Belgrade. A pied.

Belgrade, pour lui, c'est la liberté. Il voit cette ville comme la capitale de la future *Yougoslavie* — déjà les révolutionnaires usent de ce nom — qui groupera un jour les Croates, les Bosniaques, les Serbes. Un signe : quand Princip traverse la frontière, il embrasse la terre de Serbie.

A Belgrade, avec le peu d'argent que lui envoie son frère, il végète. Il a faim. Il s'est inscrit au lycée. En juin 1912, il rate ses examens et sollicite son engagement dans l'armée qui part en guerre contre la Turquie. Il est refusé à cause de sa petite taille. Encore ces centimètres qui lui manquent si cruellement ! Il en souffre de plus en plus. L'idée peu à peu s'impose à lui d'entreprendre un jour quelque chose d'héroïque pour montrer aux autres qu'il est leur égal, sinon par la taille, du moins par le courage.

A l'été de 1913, il passe de nouveau ses examens de 5e et 6e années. Déjà il a adhéré à une société secrète, la *Narodna Obdrana*, autrement dit : « Défense de la nation. » Une société secrète *serbe*.

Elle a été fondée en 1908, lors de l'annexion de la Bosnie-Herzégovine par l'Autriche. Son but : enrôler les volontaires, les entraîner, organiser une force armée destinée à lutter contre l'Autriche.

A cette société adhèrent des Serbes, mais aussi de nombreux Bosniaques. Ils organisent même un « tunnel » — il faut prendre l'expression au figuré — entre la Serbie et la Bosnie, avec un réseau d'agents, de passeurs, d'estafettes.

En 1911, les officiers qui ont assassiné le roi Alexandre et la reine Draga trouvent trop tiède la *Narodna Obdrana*. Ils forment une nouvelle société secrète, « Union ou Mort » qu'on appellera bientôt la Main noire. Son modèle : la Charbonnerie italienne, y compris son romantisme et même son jargon. La Main noire est ultrasecrète et d'évidence terroriste. Il n'est que de lire ses statuts :

« *Article premier.* — Cette organisation est créée dans le but de réaliser l'idéal national : l'union de tous les Serbes. Chaque Serbe, sans distinction de sexe, de religion, de lieu de naissance, et tous ceux qui sont sincèrement dévoués à cette cause, peuvent en devenir membres.

« *Article deuxième.* — Cette organisation préfère une action terroriste à la propagande intellectuelle et, pour cette raison, elle doit rester absolument secrète pour les non-adhérents. »

Ceux qui entrent dans la nouvelle société doivent prêter ce serment solennel :

— En devenant membre de l'Association Union ou Mort, je jure par le soleil qui m'éclaire ; par la terre qui me nourrit ; par Dieu ; par le sang de mes pères ; sur l'honneur et sur la vie, que dès à présent et jusqu'à ma mort, je servirai fidèlement l'Association et que je serai toujours prêt à lui faire tous les sacrifices. Je jure par Dieu, sur l'honneur et sur la vie, que j'exécuterai sans broncher tout ce qui me sera ordonné. Je jure par Dieu, sur l'honneur et sur la vie, que jusqu'à la tombe je garderai tous les secrets de l'Association.

Peu à peu, la Main noire va absorber les hommes de confiance de la *Narodna Obdrana*. On réorganise le fameux « tunnel ». Surtout on décide de passer à l'action. A cet égard, le sceau de la Main noire apparaît éloquent : il représente une tête de mort au-dessus d'os croisés, flanquée d'un poignard, d'une bombe et d'une fiole de poison.

Le plus zélé animateur de la Main noire, c'est le colonel Dimitriévitch, appelé aussi le colonel Apis. Il ne se cache nullement d'avoir été le principal artisan de l'assassinat du roi Alexandre. Il a sans hésiter abattu le couple royal à coups de revolver, précipité les cadavres par la fenêtre, égorgé les deux frères de la reine ainsi que les principaux courtisans. Pour ces hauts faits, il a été proclamé par le Parlement *sauveur de la patrie*. Au reste, un organisateur de grande valeur. Dans la guerre balkanique, il a obtenu des résultats remarquables. Il ne s'embarrasse d'aucun scrupule. Il brûle d'une fièvre nationaliste sans limite. Ce qu'il veut, c'est la Grande Yougoslavie. Non seulement il est secrètement chef de la Main noire, mais il occupe aussi d'importantes fonctions officielles : chef du bureau d'informations au grand état-major serbe, il est maître de tout l'espionnage de son pays.

Princip a-t-il lui-même prêté le serment de la Main noire ? C'est loin d'être sûr. Il semble avoir adhéré à une autre société secrète : La Mort ou la Vie. Un de ses amis a même évoqué le serment que Princip avait prêté au fond d'une cave. C'est de cet engagement qu'allait découler l'assassinat de François-Ferdinand.

En fait, depuis les manifestations de lycéens auxquelles il a participé en 1912, Princip nourrit l'idée de mettre à mort un Habsbourg. Nous y sommes.

Quel effet Princip peut-il attendre d'un tel acte ? Tout pour lui découlait d'un dogme : l'occupation de son pays par les Autrichiens était injuste et d'ailleurs illégitime. Le devoir d'un Bosniaque était de chasser l'envahisseur et donc de le combattre. Le rapport des forces interdisant une guerre classique, armée contre armée, il ne subsistait qu'une possibilité : frapper à la tête. L'*exécution* d'un Habsbourg prenait de ce fait une valeur exemplaire telle que l'on pouvait bien lui sacrifier sa propre vie.

Il faut dire que, vers 1910, l'idée est dans l'air. Plusieurs attentats ont été fomentés déjà contre des personnalités autrichiennes. Les uns ont réussi, d'autres échoué. Chaque fois qu'il en a reçu la nouvelle, Princip a ressenti la même exaltation. Nous avons la preuve qu'il s'en est entretenu avec nombre de Jeunes Bosniaques, notamment Danilo Ilitch. Ce dernier vibrait à ce point à l'unisson des idées de Princip qu'il avait pensé de son côté à tuer le gouverneur de la Bosnie, le général Potiorek.

Dès l'automne de 1913, le besoin de commettre un attentat tourmente un autre Jeune Bosniaque, un ouvrier imprimeur du nom de Chabrinovitch. En 1912, Princip l'a rencontré à Sarajevo. Ils ont sympathisé. En mars 1914, ils vont se retrouver à Belgrade.

Décidément, l'ère des seules intentions est bien révolue. Deux mois plus tôt, quelques Jeunes Bosniaques se sont réunis en France, à Toulouse. Eux aussi ont décidé que devait mourir soit le gouverneur autrichien Potiorek, soit l'archiduc François-Ferdinand. Ce qui nous intéresse, ici, c'est que la nécessité d'un assassinat exemplaire semble désormais non seulement admise mais exaltée.

En mars, quand Princip retrouve Chabrinovitch, il lui révèle qu'il est *décidé* à tuer l'archiduc. Quelques jours plus tard, Chabrinovitch reçoit de ses amis de Belgrade une enveloppe qui contient une coupure de presse et rien d'autre. Elle annonce la prochaine visite de l'archiduc François-Ferdinand en Bosnie, à l'occasion des grandes manœuvres. Cet article de journal, Chabrinovitch court le montrer à Princip qui, à cette époque, partage une chambre avec le fils d'un pope, un nommé Grabez, bosniaque lui aussi. Princip lit l'article sans ajouter aucun commentaire. Seulement il donne rendez-vous à Chabrinovitch pour le soir même, dans un parc.

La nuit est tombée. Les deux hommes sont assis sur un banc. Princip se tourne vers Chabrinovitch. Presque solennel, il lui demande de se joindre à lui pour assassiner François-Ferdinand. De la part de Chabrinovitch, pas la moindre hésitation : il accepte. Ils agiront donc ensemble. Ils se donnent mutuellement leur parole d'honneur d'aller jusqu'au bout et se quittent. Comme il leur est apparu nécessaire de recruter un troisième homme, Princip s'adresse à Grabez. Et Grabez accepte.

Attention : ce que le lecteur vient de lire, c'est la version que les intéressés ont rapportée eux-mêmes. On doit savoir qu'il en existe une autre. Il semble bien que le comité de La Mort ou la

Vie se soit réuni quelque temps plus tôt, sous la présidence du Bosniaque Charac, et que, de sa propre initiative, il ait décidé l'exécution de l'archiduc, désignant Princip comme agent d'exécution. A noter que Charac avait été garde du corps du major Tankositch, l'un des chefs de la Main noire. Après leur arrestation, fidèles à leur serment, Princip, Chabrinovitch et Grabez n'ont rien voulu révéler des ordres qui leur avaient été donnés. D'où la version simplifiée apportée par eux.

L'important, maintenant, c'est de trouver des armes. Princip sait qu'un certain Ciganovitch est à même de procurer des bombes et des revolvers. Il s'adresse à lui. Ciganovitch répond qu'il faut obtenir l'accord d'un *monsieur*. Le *monsieur* n'est autre que le major Tankositch. Toujours la même filière. Toujours les sociétés secrètes. Ciganovitch, ayant reçu le feu vert, procurera six bombes et quatre revolvers.

Aussitôt qu'il entre en leur possession, Princip écrit à Danilo Ilitch, à Sarajevo, une lettre — en code — l'invitant à recruter d'autres conjurés. Grabez, qui repart pour la Bosnie, est chargé d'aller expliquer à Ilitch pour quelle raison on lui réclame ces volontaires. Ilitch en recrutera trois. Tout cela coûte de l'argent que l'on obtient de riches commerçants bosniaques. Bien sûr, on ne leur a pas parlé d'attentat mais de collecte de fonds pour créer des écoles en Herzégovine. Ainsi rassemble-t-on plus de mille dinars.

Un grave problème : comment va-t-on se rendre à Sarajevo ? Comment fera-t-on franchir la frontière de Bosnie, très surveillée, à des hommes porteurs de bombes et de revolvers ? Tankositch va résoudre le problème : on utilisera le fameux « tunnel », c'est-à-dire la filière clandestine de Belgrade à Sarajevo.

Le 28 mai, Princip, Chabrinovitch et Grabez quittent Belgrade après s'être laissé offrir un dîner d'adieu par le comité de La Mort ou la Vie. Ils sont munis d'argent, d'armes — et aussi de cyanure : il est prévu que, s'ils se voient en danger d'être pris, ils se donneront la mort.

Pour se rendre de Belgrade à Sarajevo, il leur faut huit jours et huit nuits. D'abord, ils voyagent en bateau sur la Save. Après quoi ils sont pris en main par le « tunnel ». Chabrinovitch, qui s'est disputé avec les autres, continue seul. Princip et Grabez sont acheminés de relais en relais jusqu'à la destination prévue. Des paysans, des petits fonctionnaires, des commerçants les accompagnent pendant quelques kilomètres. Tous seront pendus ou condamnés à de lourdes peines de prison.

Le 4 juin, les trois conjurés se retrouvent à Sarajevo. Alors Chabrinovitch révèle à Princip et Grabez que François-Ferdinand sera dans la ville le 28 juin.

Le choix de cette date est à lui seul une provocation : le 28 juin, c'est l'anniversaire de l'assassinat à Kosovo du sultan Mourad par Milos Obilitch. C'est très exactement comme si, en 1917, le roi d'Angleterre s'était rendu à Dublin le jour de la Saint-Patrick.

François-Ferdinand le sait-il ? Assurément. Les avertissements lui sont venus de tous côtés. Mais l'archiduc est brave. Et aussi fataliste. Deux mois avant sa mort, parlant de sa sécurité, il a haussé les épaules et déclaré :

— Des précautions ? Des mesures de sécurité ? Je n'en ai que faire. Nous sommes partout dans la main de Dieu. Regardez, de ce buisson-là, à droite, un type peut surgir et me sauter dessus... Les craintes et les précautions paralysent la vie d'un homme. La peur est toujours dangereuse.

Sophie — elle — ne peut dissimuler qu'elle tremble pour son mari. A plusieurs reprises, elle l'a interrogé sur la nécessité de ce voyage à Sarajevo. Le vieil empereur François-Joseph lui-même a conseillé à son neveu d'y renoncer. Il parlait d'expérience : c'est à Sarajevo que naguère on avait tenté déjà de l'assassiner. François-Ferdinand a répondu :

— Je suis inspecteur général des forces armées austro-hongroises. Je dois aller à Sarajevo. Les soldats ne pourraient jamais s'expliquer mon absence !

Ce qu'il a annoncé, il l'accomplit donc. Le jour même où débutent les grandes manœuvres — le 26 juin — François-Ferdinand descend de son train spécial à la station thermale d'Ildizé. Sophie l'y attend. Sa femme toujours aimée.

Dans l'ombre, l'attentat se prépare. Non sans mal. Avec une détermination calme, Princip attend le moment opportun pour agir. Les bombes et les revolvers, il les a cachés sous son lit. Danilo Ilitch traverse quant à lui une crise morale grave. Il en est venu à remettre en question à la fois l'assassinat de François-Ferdinand et le principe du terrorisme individuel. En fait, cette attitude nouvelle lui a été soufflée. Sans que l'on sache bien pourquoi, la Main noire a souhaité annuler l'attentat. Charac a rejoint Ilitch et lui a donné l'ordre de tout arrêter. Ilitch à son tour a tenté de convaincre Princip. En vain. Princip répond qu'il ira jusqu'au bout et que rien ne pourra le faire dévier de la décision qu'il a prise. Ilitch lui donne raison.

Au cours de la nuit du 26 au 27 juin, les conjurés parlent entre eux jusqu'à 3 heures du matin. On choisit les endroits qui se prêtent le mieux à l'attentat. Les conjurés connaissent dans le détail l'itinéraire que suivra l'archiduc. Il leur a suffi d'ouvrir les journaux : le parcours exact est soigneusement indiqué. Ilitch pense que l'endroit le mieux approprié est le quai Appel qui s'allonge de la gare à l'hôtel de ville. Le cortège doit y passer deux fois. On décide d'y placer six conspirateurs divisés en trois groupes de deux. Chaque groupe devra attaquer simultanément. Si l'un manque son coup, le groupe suivant agira. On désigne à chacun l'emplacement où il devra se poster. Les groupes s'échelonneront sur une distance de trois cents mètres.

Le 27 juin, entre 3 et 4 heures de l'après-midi, on distribue les armes. Chacun reçoit une bombe et un revolver.

Princip, qui d'évidence ne déteste pas les symboles, s'en va déposer des fleurs sur la tombe de Zerajitch. En 1910, celui-ci avait tiré sur le gouverneur autrichien de Sarajevo, l'avait manqué et s'était donné la mort. Ilitch et Chabrinovitch iront à leur tour se recueillir sur sa tombe.

Princip rentre chez lui, lit quelques pages de Kropotkine et s'endort. Il dira qu'il a rêvé de la Fédération mondiale des communes libres.

Le lendemain, 28 juin, Chabrinovitch va se faire photographier en compagnie d'un ami. Dès 9 heures, Princip, ayant sur lui sa bombe et son revolver, s'est porté sur le quai Appel. Les autres prennent position. La foule grossit peu à peu : des curieux qui veulent à tout prix apercevoir l'archiduc.

On n'a pris que peu de précautions. Trop peu, dira-t-on à Vienne. Sur le parcours, on n'a placé que cent vingt policiers. Il y a 70 000 hommes de troupes dans les environs de Sarajevo.

Il est 10 heures du matin quand, en compagnie de Sophie, François-Ferdinand arrive à la gare de Sarajevo. Ce qui frappe, c'est la sérénité de l'archiduc. A cette foule qui l'attend, il apparaît sanglé dans l'uniforme de cérémonie de la cavalerie autrichienne :

tunique bleue, col montant frappé de trois étoiles, chapeau à plumes vert pâle, pantalon à bandes rouges et, autour de la taille, une ceinture d'or terminée par des glands. Il a cinquante ans et il a beaucoup grossi. Il semble que la moustache soit plus agressive encore qu'auparavant. Sophie, elle, est coiffée d'une vaste capeline blanche que prolonge un voile. Elle porte une robe de satin blanc ceinturée de rouge et a jeté sur ses épaules une cape de queues d'hermine. A la main, elle tient un éventail noir fermé.

A la gare, c'est le général Potiorek qui les a accueillis. L'archiduc, son épouse et leur suite vont aussitôt gagner les six automobiles qui les attendent. Dans la première prennent place le chef des policiers préposés à la garde particulière de l'archiduc, ainsi que trois officiers de la police locale. Dans la seconde voiture s'assoient le maire de Sarajevo et le chef de la police de la ville. Dans la troisième s'installent l'archiduc et la duchesse : il s'agit d'une voiture découverte Graef und Stift carrossée spécialement par un spécialiste viennois, avec une capote qui, pour l'heure, est repliée à l'arrière de l'automobile. A l'avant flotte le drapeau impérial noir et jaune bordé de rouge avec, en son milieu, l'aigle autrichienne. L'archiduc est assis à l'arrière, à la gauche de la duchesse. Le général Potiorek a utilisé le strapontin situé en face de François-Ferdinand, cependant que le lieutenant-colonel Harrach est monté à côté du chauffeur. Derrière viennent les trois voitures transportant la suite de l'archiduc.

Le temps est magnifique : un « radieux soleil d'été ». De la foule s'élèvent des vivats où domine le cri traditionnel : « Zivio ! » Sur tout le parcours on applaudit le couple impérial, on jette des fleurs. Certes, les autorités ont multiplié leurs efforts pour amener là le plus possible de partisans de l'Autriche. Et si ce voyage si controversé allait être un succès ? Sophie, très crispée au début, se détend et sourit largement. Elle regarde la rivière dont les eaux étincellent et s'enchante à considérer les minarets blancs des mosquées. Devant elle, sur la hauteur, elle reconnaît, à la fois gracieux et imposant, le sérail de Mahomet II.

Les meurtriers, eux, sont prêts. C'est entre une véritable haie d'assassins que l'archiduc va défiler. En voyant approcher la voiture, le premier volontaire hésite car il s'aperçoit tout à coup qu'un gendarme s'est planté derrière lui. Sauvé, l'archiduc ! Le second hésite lui aussi ; on ne lui a pas dit que la duchesse serait là. A-t-il le droit de tuer une femme ? Sauvé une seconde fois, l'archiduc ! La voiture est passée. Personne n'a tiré, personne n'a lancé sa bombe. L'un des volontaires dira :

— Au dernier moment, je n'ai pas pu.

Maintenant, le cortège se trouve à la hauteur de Chabrinovitch. De tous les conspirateurs, il est le seul qui n'inspirait pas totalement confiance aux autres. Princip lui-même le trouvait trop bavard, trop léger. Or Chabrinovitch, tranquillement, demande à un policier :

— Dans quelle voiture se trouve l'archiduc ?

— Dans la troisième.

Avec le même étonnant sang-froid, Chabrinovitch sort une grenade à main de sa poche, frappe le détonateur contre un réverbère tout proche. Il sait que douze secondes seront nécessaires. Il attend ce qu'il faut. Après quoi, d'une main sûre, il lance la grenade vers la voiture de l'archiduc.

Le chauffeur, un Tchèque, voit un objet noir voler dans sa direction. Aussitôt, mû par un réflexe excellent, il accélère. Il s'en faut de quelques centimètres : la grenade s'abat sur la capote repliée à l'arrière. Elle rebondit sur la chaussée et explose sous la roue gauche arrière de la voiture suivante, creusant dans la chaussée un trou large de vingt-huit centimètres sur trente-cinq, profond de dix-sept centimètres, et blessant une douzaine de personnes. Le pavé est défoncé, les vitres des maisons voisines ont volé en éclats. Deux ou trois poteaux électriques se sont abattus sur le quai ou sur les toits des maisons voisines.

Un ordre hurlé par François-Ferdinand fait arrêter net sa voiture. Erreur qui pourrait se révéler fatale. L'héritier du trône va jusqu'à se mettre debout sur le marche pied pour mieux comprendre ce qui vient de se passer. Impérieusement, il demande au comte Harrach de prendre des nouvelles des blessés autour desquels s'affaire déjà le docteur Fisher.

Alors il s'aperçoit que Sophie est blessée au cou. Au vrai, ce n'est qu'une égratignure et elle s'évertue à le rassurer. François-Ferdinand entre dans une colère violente. Il hurle :

— A l'hôtel de ville ! A toute allure !

Pendant ce temps, Chabrinovitch a avalé la capsule de cyanure qu'il portait sur lui. Faisant bonne mesure, il saute dans la rivière, accomplissant un bond de sept à huit mètres. Les policiers bondissent derrière lui, le rattrapent, le trouvent sain et sauf, le ceinturent. Il hurle :

— Je suis un héros serbe !

Cependant qu'on l'emmène, il attend la mort qu'aurait dû lui ménager le cyanure. En vain. Le poison, sans doute éventé, ne produit aucun effet.

Quand la voiture de l'archiduc s'est arrêtée, Princip ne se trouvait pas loin. Pourquoi n'a-t-il pas tiré ? En fait, il n'a pas reconnu François-Ferdinand. Dans quelle voiture l'archiduc pouvait-il bien se trouver ? Il n'a guère eu le temps de résoudre le problème : la voiture a redémarré à vive allure.

Princip a raté son coup.

A l'hôtel de ville, le maire attend, entouré de ses conseillers municipaux, les chrétiens d'un côté, en habit, chapeau haut-de-forme à la main ; les musulmans de l'autre, avec leur fez, leur veste ouverte et leur pantalon bouffant. Dès qu'il aperçoit l'archiduc, le maire entame le discours préparé de longue date et qui doit marquer l'heure suprême de sa vie :

— Votre Altesse Impériale et Royale ! Votre Altesse ! A l'occasion de la gracieuse visite dont Vos Altesses ont daigné honorer la capitale de notre pays, nos cœurs débordent de bonheur...

Il n'ira pas plus loin. Furieux, l'archiduc l'interrompt :

— Monsieur le Maire, à quoi bon ce discours ? Je viens à Sarajevo en visite amicale et on me lance une bombe ! C'est indigne...

Bouche bée, l'infortuné maire semble frappé par la foudre. La duchesse s'avance, murmure quelques mots à l'oreille de François-Ferdinand. Il semble hésiter, puis, plus calme :

— Maintenant, vous pouvez continuer votre discours.

Le maire obéit de son mieux. Il balbutie :

— Notre profonde gratitude pour la paternelle bienveillance de Votre Altesse... à l'égard du plus récent joyau de la sainte Couronne Impériale, notre chère patrie, la Bosnie-Herzégovine...

Il transpire à grosses gouttes, parvient enfin au bout de son épreuve. Il est prévu que l'archiduc lui réponde. On cherche le chambellan qui doit lui remettre le texte de son allocution. Il n'est pas là — et pour cause : il se trouvait dans la voiture sous laquelle la grenade a explosé ! On attend de longues minutes. Hors d'haleine, le chambellan apparaît enfin. L'archiduc lui arrache son papier et tressaille : les feuilles sont humides du sang versé par les officiers blessés.

François-Ferdinand lit le texte préparé et, parvenu à la péroraison, improvise :

— C'est avec un plaisir tout particulier que j'ai reçu l'assurance de votre indéfectible attachement à Sa Majesté, notre gracieux empereur et roi, et je vous remercie du fond du cœur, monsieur le Maire, de l'ovation enthousiaste que la population nous a réservée, à mon épouse et à moi-même. Je le dis d'autant plus volontiers que je vois l'expression de sa joie devant l'échec de l'attentat.

Il ajoute encore, en serbo-croate, une phrase qu'il a apprise par cœur :

— Je vous prie de transmettre mes vœux les plus sincères à la population de cette belle capitale, et je vous assure de mon inaltérable bienveillance.

Un peu plus tard, l'archiduc demandera à Potiorek :

— Pensez-vous qu'il y aura d'autres attentats contre moi ?

Le gouverneur se récrie :

— Tout danger est désormais passé !

Cependant, il suggère de modifier l'itinéraire annoncé. Le programme de la visite officielle prévoit que l'archiduc se rendra au musée où l'attendent des membres du gouvernement. Pour cela, on doit emprunter la rue François-Joseph, particulièrement étroite. Potiorek préconise de suivre le même parcours qu'à l'arrivée, le long du quai Appel qui doit être maintenant désert. On éliminera ainsi tout péril.

L'archiduc acquiesce, exprimant seulement son désir d'aller saluer les officiers blessés à l'hôpital militaire.

Il est 10 h 45 lorsque le cortège quitte l'hôtel de ville. Comme à l'aller, l'archiduc et sa femme montent dans la troisième voiture. Le lieutenant-colonel Harrach se tient debout sur le marchepied, du côté du fleuve.

Les voitures roulent à toute allure sur le quai Appel. Le chauffeur de l'archiduc constate que, contrairement à ce qui lui a été indiqué, les deux premières voitures tournent à droite dans la rue François-Joseph. Pourquoi cette fausse manœuvre ? Est-elle le résultat d'une erreur ? Faut-il penser qu'elle a été délibérée ? Personne ne l'a jamais su. Le chauffeur de l'archiduc va suivre le mouvement lorsque Potiorek crie :

— Arrêtez ! Vous prenez la mauvaise direction ! Nous devons longer le quai Appel !

Brutalement, le chauffeur freine. Il arrête la voiture en face d'une boucherie, près du trottoir où une petite foule est encore amassée. Or, dans cette foule, il y a Princip. Il s'avance. Il dira qu'il a d'abord eu l'intention de lancer sa bombe. Au milieu de cette foule, comment la sortir de sa poche sans être vu ? C'est donc son revolver qu'il brandit. Il le braque sur la voiture. Il ne vise même pas. Il confiera qu'au moment de tirer il a détourné la tête ! Un policier a vu son geste, il s'élance. Un coup de pied dans le genou le déséquilibre : un conjuré vient d'intervenir. Princip appuie sur la détente.

Affolé, Potiorek voit l'archiduc et sa femme chanceler sur leur siège. Le gouverneur crie au chauffeur de remettre en marche. La voiture roule à toute vitesse. A l'aide de son mouchoir, le lieutenant-colonel Harrach essuie le sang qui coule des lèvres de l'archiduc. La duchesse s'écrie :

— Pour l'amour de Dieu, qu'est-ce qui est arrivé ?

Puis elle glisse sur son siège, la tête sur les genoux de l'archiduc. Harrach entend François-Ferdinand murmurer :

— Soferl, Soferl, ne meurs pas ! Vis pour mes enfants !

Harrach, bouleversé, demande à l'archiduc s'il souffre :

— Ce n'est rien.

Récit de Harrach : « Son visage était légèrement distordu, il répéta six ou sept fois, mais en perdant de plus en plus conscience et d'une voix de plus en plus éteinte : “Ce n'est rien.” Il y eut ensuite une courte pause, suivie d'un gargouillis convulsif de la gorge où le sang affluait. Cela cessa lorsque nous arrivâmes à la résidence du gouverneur. Les deux corps inanimés furent transportés à l'intérieur du palais où le constat de décès fut bientôt établi. »

La duchesse a été frappée d'une balle qui, traversant la paroi de la voiture, a pénétré dans son côté droit. Quant à l'archiduc, la balle a percé le col de sa capote, tranché la veine jugulaire, pour aller se loger dans la colonne vertébrale.

Et Princip ? La foule furieuse s'est ruée sur lui, l'a rossé, jeté à terre, piétiné. Des policiers l'ont frappé à coups de sabre. Il est blessé — grièvement. Il perd son sang en abondance. Ceux qui l'entourent sont persuadés qu'il ne survivra pas. Ils se trompent.

Tous les conjurés — sauf un — seront arrêtés. Princip, Chabrinovitch et Grabez n'ont pas vingt ans. A cause de leur âge, ils ne seront condamnés qu'à vingt années de prison. Cinq de leurs complices, en revanche, sont promis à la pendaison, dont Danilo Ilitch. Plusieurs autres accompliront de lourdes peines de prison.

C'est dans une forteresse que l'on va jeter Princip, Chabrinovitch et Grabez. Ils sont chargés de chaînes, ils subissent un froid intense, on les nourrit à peine. Chabrinovitch mourra le premier, en 1916. Deux ans plus tard, Grabez et Princip, rongés par la tuberculose, le suivront dans la tombe.

Quand, dans l'Europe nouvelle, la Yougoslavie aura été constituée — le rêve de toute leur vie ! — on cherchera leurs corps, on les retrouvera et, célébrés comme les héros de l'unité nationale, on les inhumera en grande pompe.

Aujourd'hui encore, à Sarajevo, une dalle incluse dans le trottoir, là même où se tenait Princip quand il a tiré, porte, gravées dans le granit, les empreintes des chaussures de l'assassin. Une plaque évoque, par une longue inscription en caractères cyrilliques, les circonstances de l'attentat.

Certes, ils ont réussi. Mais à quel prix ?

Aussitôt qu'elle a connu l'événement, l'Autriche a adressé un ultimatum à la Serbie. La Serbie est entrée en guerre. Et puis s'est engagé le jeu implacable des alliances : la Russie contre l'Autriche, l'Allemagne contre la Russie, la France et l'Angleterre contre l'Autriche et l'Allemagne. Vont en découler quatre années de guerre. Et d'abominables souffrances.

La conséquence la plus directe de l'attentat de Princip, Grabez, Chabrinovitch et Ilitch ? Dix millions de morts.

V

Ils ont tué Jaurès

31 juillet 1914

Dans la moiteur d'une journée torride qui s'achève, Jean Jaurès, attablé à sa place familière du café du Croissant, la « cantine » des journalistes à l'angle de la rue Montmartre, finit de dîner. Malgré la nuit tombée, ce 31 juillet 1914, il fait encore si chaud que l'on a laissé ouvertes les fenêtres du café. Jaurès tourne le dos à l'une d'elles, un dos large et puissant. Entre la rue et lui, un rideau pend, immobile.

Il a cinquante-cinq ans, Jaurès. Lui, qui a toujours été rond, a pris maintenant franchement de l'embonpoint. La barbe et les cheveux sont poivre et sel. La fatigue marque son visage trop gris où le sang n'afflue que dans la passion d'un discours ou d'un débat.

L'état-major du journal *l'Humanité*, qu'il a fondé et qu'il dirige, l'entoure. Sur la banquette, à sa droite, voici Landrieu. En face de lui, Georges Weill. Tout autour, d'autres, huit en tout.

Il est 21 h 40. Tout à coup, une main soulève le rideau derrière Jaurès. Une main qui tient un revolver. Deux coups de feu claquent, à une seconde d'intervalle. Jaurès s'affaisse sur la table, doucement, comme s'il s'endormait. Aussitôt, dans le café, un cri suraigu, celui d'une femme :

— Ils ont tué Jaurès !

Jaurès prenant la parole au cours d'un meeting. (Roger-Viollet.)

Question : qui a tué Jaurès ? Il sera facile d'y répondre. Autre question : pourquoi a-t-on tué Jaurès ? Cette fois la réponse sera moins aisée.

Quand André Malraux, en un discours inspiré, choisit d'évoquer au Panthéon la mémoire de Jean Moulin, il associa au nom du résistant mort torturé ceux de trois autres célébrités qui reposent en ce même lieu : Carnot, le défenseur de la République en l'an II ; Hugo, le grand cri des *Misérables* ; Jaurès, l'appel souverain à la justice entre les hommes. Et il est vrai que ces trois noms rappellent une certaine idée de la France, ou plutôt de la République. Pierre Nora notait récemment que, dans les villes de France, ce qui domine en fait de places, d'avenues ou de boulevards, ce sont ceux dédiés à Hugo et Jaurès.

Depuis l'extrême jeunesse, depuis son enfance en pays cathare, terre traditionnelle d'opposition, Jaurès est attachant. Né à Castres en 1859, il est le fils d'un Jules Jaurès, commerçant en draps, puis entrepreneur en charrois et qui, ayant d'abord tout raté, s'est fait agriculteur pour enfin ne pas trop mal réussir.

Jean Jaurès a adoré sa mère : pour lui elle sera toujours mérotte. Il a un frère, Louis, qui sera marin. Les Jaurès sont pauvres, mais heureux, dans leur ferme de la Fedial Haute, à trois kilomètres de Castres.

Dans la famille on trouve des personnages illustres : deux frères, tous deux amiraux, Charles et Benjamin-Constant Jaurès ; le dernier a été sénateur et est devenu ministre. Sans doute ces marins du Tarn sont-ils à l'origine de la vocation de leur cousin Louis, que l'on appelle « Roux », d'après la couleur de ses cheveux. Jean, le frère aîné de Louis, déjà replet, est surnommé « Gros ».

Rien de plus brillant que les études du jeune Jean Jaurès. Sans relâche, il s'inscrit en tête de sa classe. L'éloquence lui est naturelle. En rhétorique — la bien nommée — il improvise une allocution au préfet en visite. Sa prose suscite tant d'enthousiasme chez ses condisciples que désormais, à l'heure de la sortie, ils lui crieront :

— Fais-nous un discours !

On n'a pas besoin de le prier, il grimpe sur un banc et parle.

L'inspecteur général Deltour remarque ce jeune prodige dont il a lu par hasard une dissertation latine tombée d'un livre sous ses yeux. Il l'interroge sur la carrière qu'il souhaite embrasser :

— Je vais passer l'examen des Postes pour rester dans le pays.

Deltour se récrie : c'est à l'Université que doit se réserver un sujet aussi doué.

— Mes parents n'ont pas d'argent.

— Je vous ferai avoir une bourse. Vous entrerez à l'École normale supérieure.

Les parents ne veulent pas privilégier l'aîné au détriment du cadet. Ils demandent aussi une bourse pour Roux. Gros l'obtient, pas Roux. Grâce à l'amiral-sénateur, chacun des deux frères disposera finalement d'une demi-bourse : idéal jugement de Salomon.

Après avoir suivi sa khâgne à Sainte-Barbe et remporté le premier prix au concours général, Jean Jaurès, comme l'avait prédit l'inspecteur général Deltour, entre à Normale supérieure. Il surclasse nettement ses condisciples. On ne lui connaît qu'un véritable rival, mais celui-là s'appelle Bergson.

Jaurès éblouit par son intelligence, mais surprend par le négligé de sa tenue. Ce laisser-aller l'accompagnera toute sa vie. Ses amis lui verront toujours le même pantalon jamais repassé et les mêmes boutons manquants à sa veste. Il aura plus de quarante ans quand Aristide Briand lui montrera que la boutonnière que l'on trouvait au bas du plastron était destinée à se rattacher au premier bouton du pantalon. Émerveillé, débordant de gratitude, il s'écriera :

— Ce Briand est étonnant, il sait tout !

A Normale, il attache sa blouse avec une ficelle et se promène partout en pantoufles. Pour le petit provincial éloigné de sa famille — les transports sont lents et coûteux — c'est le « correspondant » qui tient lieu de tout. Le bon M. Deltour s'est proposé et reçoit le dimanche le jeune Jaurès à qui il ne peut reprocher que le fracas avec lequel il engloutit sa soupe. M. Deltour, gloire de l'Université, est royaliste. Ce qui n'empêche nullement le futur socialiste de l'aimer comme un second père. Jean Jaurès sortira de Normale troisième, derrière Bergson, second, et un certain Lesbazille, premier. Le voilà lancé dans la vie. Quelles sont ses opinions ? Il est républicain. En 1881, c'est déjà beaucoup. La République n'a que six ans et elle ne l'a emporté que d'une voix. Impossible d'oublier que, de 1871 à 1875, l'Assemblée nationale a dû compter avec une majorité monarchiste. Pour le moment, les idoles de Jaurès sont Gambetta et Jules Ferry.

Avec cela, un garçon comme les autres. Et il est amoureux comme les autres : la fille d'un châtelain. Il demande sa main, on la lui refuse. Il souffre beaucoup. Il finira par épouser, quelques années plus tard, Louise Bois, une belle jeune fille de quinze ans, plantureuse, fille d'un marchand de fromages. Il n'est pas sûr que cette Louise lui ait apporté grand-chose, ni compréhension ni aide intellectuelle. Toujours la carrière de son mari lui restera indifférente. S'occupera-t-elle de lui sur le plan matériel ? Pas même. Il dira : « Elle me repose. » Elle se bornera à lui donner deux enfants, Madeleine et Louis.

Le voilà professeur de philosophie à Albi : un remarquable pédagogue. Cette année-là, lors des élections, il soutient le candidat républicain. Donc la politique l'intéresse, elle le tente. Il participe à des réunions. Quand il parle, il subjugue son public. Déjà, il est doté de cette voix sonore, que l'on dira « d'airain », qui démarre en douceur, puis s'enfle, roule, avec l'accent méridional qui martèle si bien les mots et les périodes.

Dans le monde politique, on commence à parler du jeune Jaurès. Il est maintenant chargé de cours à la faculté des lettres de Toulouse. On lui propose de se présenter, dans le Tarn, sur une liste d'union républicaine. Il accepte. Il est élu.

Quand il vient siéger à la Chambre, il a vingt-six ans, ce qui fait de lui le plus jeune député de France. Au centre gauche où il va prendre place, il rencontre son grand homme : Jules Ferry. Il l'aborde en tremblant. Comme il voudrait savoir quels sont ses buts, son idéal, la finalité de son combat ! Il ose l'interroger. Ferry ne répond pas. Jaurès insiste :

— Mais enfin, il y a bien une philosophie dans votre action !

Alors, Ferry, d'un ton bourru :

— Mon but, c'est d'organiser l'humanité sans dieu et sans roi.

Il l'admire toujours, mais il est déçu. La jeunesse de Jaurès s'est passée au milieu du peuple. Il n'est pas question du peuple dans le concept de Jules Ferry. Les problèmes de classes, que Jaurès commence à discerner, laissent totalement indifférents Jules Ferry et les députés du groupe auquel Jaurès s'est inscrit. C'est bien simple, la Chambre veut ignorer qu'il existe une question sociale.

Jaurès, à cette époque, est un homme qui se cherche : « Quand je suis entré dans la politique, en 1885, je ne connaissais que deux choses : la République d'un côté, la réaction monarchique et cléricale de l'autre. Le dirai-je ? Je ne connaissais même pas de nom les diverses organisations socialistes qui luttaient contre la République bourgeoise. »

A la Chambre, il y a bien un petit groupe de députés socialistes qui siègent à l'extrême gauche. Il les observe sans bien les comprendre. En France, ils sont bien peu nombreux, les socialistes, et divisés en plusieurs groupuscules parmi lesquels on se perd. Ce qui va le rapprocher d'eux, c'est cette paix pour laquelle ils militent et pour laquelle Jaurès ressent une passion incoercible. Un jour, au lycée d'Albi, chargé du discours de la distribution des prix, il parle de la paix par la fraternisation des citoyens et par la fraternité des peuples. A la Chambre, en revanche, il ne prend que rarement la parole. Un discours sur l'instruction publique attirera l'attention sur lui. Beau thème pour un Jaurès : il faut éduquer le peuple, il le dit, il le dit bien. Quand il quitte la tribune, il est applaudi par la gauche mais bien des murmures admiratifs s'élèvent sur les bancs de droite.

On est revenu au scrutin d'arrondissement et Jaurès ne sera pas réélu. Au cours de la campagne électorale, il a accentué son glissement vers la gauche. Il a attaqué ces rentiers, ces industriels, ces négociants qui précisément l'avaient élu en 1885. Qu'ils n'aient pas voté cette fois pour lui nous apparaît logique. Il ne se décourage pas. En juillet 1890, c'est aux élections municipales de Toulouse qu'il se présente. Ce qu'il réclame hautement, c'est l'efficacité dans le combat social : il demande aux radicaux de se rapprocher des socialistes, ceci « afin de former un grand parti d'action socialiste capable de mener à bien toutes les réformes ». Pourtant, il critique encore les socialistes, jugeant qu'ils ont tort de se tenir, par système, à l'écart de la vie publique. Il écrit « nous, socialistes », mais il se garde bien d'adhérer au parti. Il s'y refusera pendant un an encore.

Ce qui pour lui sera déterminant, c'est sa rencontre à Toulouse avec Jules Guesde, à la fois maître à penser et prophète de l'idée socialiste. Toute une nuit, les deux hommes discutent. D'évidence Jaurès apparaît de plus en plus tenté. Mais il ne se décide toujours pas à franchir le Rubicon. Il soutient à la fois une thèse latine sur « Les origines du socialisme allemand » et une thèse de philosophie intitulée : « De la réalité du monde sensible ». Double succès. Quand on le lit, on découvre que la réalité pour lui n'exclut pas Dieu. Un Dieu qui n'est pas celui des chrétiens mais présente l'image d'une perfection. En 1906, Jaurès dira encore :

— Je ne suis pas de ceux que le mot Dieu effraie.

La grève de Carmaux va emporter cette décision que les objurgations de Guesde n'avaient pu arracher. Les mineurs sont en grève depuis deux mois et demi. L'un des leurs a été élu maire de la petite cité et l'administration de la mine, qui appartient au marquis de Solages, se refuse obstinément à lui accorder du temps pour exercer son mandat. Devant le manque à gagner qui de jour en jour s'alourdit, le marquis de Solages cède et les mineurs victorieux reprennent le travail. Solages, qui est député, démissionne en signe de protestation contre un État qui ne l'a pas soutenu. Qui va-t-on présenter ? Quelqu'un propose le nom du professeur Jaurès qui écrit dans *la Dépêche de Toulouse* de si beaux articles. Réponse des mineurs :

— Mais nous voulons un socialiste ! Jaurès est un bourgeois.

On décide de demander conseil aux augures toulousains du parti. Ils répondent que Jaurès, sans être encore des leurs, mérite un brevet de socialisme.

De fait, Jaurès accepte de soutenir le programme du parti ouvrier rédigé et acclamé au congrès de Marseille. Il est élu[1].

Dès 1893, il est chef du parti socialiste. Il va fonder *l'Humanité*, organe du mouvement. Sans cesse, il est sur la brèche, il parle, il écrit. Il tient à travers la France d'innombrables réunions. Il attire des foules gigantesques. Jamais il n'accède au pouvoir, même quand, malgré d'ardentes polémiques, d'autres socialistes acceptent des portefeuilles. Il les couvre, mais ne les suit pas. Il se bat pour l'unité du mouvement ouvrier français et européen. Après avoir cru à la culpabilité de Dreyfus et s'être montré pour lui particulièrement sévère, il se ravise aussitôt qu'on lui apporte la preuve qu'il s'est trompé et dès lors se bat pour le prisonnier de l'île du Diable. Cette grande voix exerce sur le Parlement, sur la vie politique française, une immense autorité.

Pour l'extrême droite, il est devenu l'homme à abattre. On refuse de voir ce qu'il y a de générosité dans son action, de tolérance dans ses attaques. Le grand, l'éternel combat de Jaurès, il le livre pour la paix, toujours. Souvent, dans ses discours, il dépeint, en véritable visionnaire, les champs de bataille couverts de morts

1. Marcelle Auclair : *La vie de Jean Jaurès* ou *la France d'avant 1914* (1954) ; François Fonvieille-Alquier : *Ils ont tué Jaurès* (1968) ; Jean Rabaut : *Jaurès* (1971) ; François Broche : *Jaurès, Paris, le 31 juillet 1914* (1978) ; Max Gallo : *Le grand Jaurès* (1984).

et de blessés : ceux de la guerre moderne. Il ne peut tolérer l'image des hommes qui vont mourir et d'autant plus s'il s'agit de Français. Cet internationaliste aime passionnément son pays. Il a dit : « Un peu d'internationalisme éloigne de la patrie. Beaucoup d'internationalisme ramène à la patrie. » Nul parmi ceux qui l'ont entendu parler de la paix au congrès de Bâle de 1912 ne l'oubliera. La cathédrale a été mise à la disposition des congressistes par les autorités religieuses. Les cloches sonnent à la volée. Au milieu des drapeaux rouges arborés dans la nef, Jaurès est monté en chaire. Et il a parlé. Il évoquait l'inscription gravée sur les cloches. Il appelait les vivants, pleurait sur les morts, criait qu'il voulait briser « les foudres de la guerre qui menacent dans les nuées » :

— Oui, j'ai entendu cette parole d'espérance. Mais cela ne suffit pas pour empêcher la guerre. Il faudra toute l'action concordante du prolétariat mondial !

Tel est l'espoir de Jaurès. Il existe maintenant, partout en Europe, des partis socialistes puissants : en Allemagne, en Russie, en Italie. Tous jurent que, si la guerre venait à menacer, ils l'empêcheraient en déclenchant la grève générale. Ainsi la guerre deviendrait-elle impossible. De toutes les forces de son âme, Jaurès veut le croire.

Il se réclame des grands souvenirs de la Révolution française dont il a écrit l'histoire. Il se déclare contre toute guerre offensive. Il proclame, au cas où notre pays serait attaqué, la nécessité de se défendre en décrétant la patrie en danger. Son idéal est la nation en armes. C'est pour cette raison, en 1913, qu'il s'est opposé à la loi des trois ans. Il sait que l'entraînement d'un soldat est achevé en six mois. Alors pourquoi vouloir garder ces jeunes hommes trois années dans les casernes ? Est-ce pour imiter l'Allemagne ? Le mieux, s'écrie-t-il, est d'entraîner les réservistes, de les entraîner sans cesse, de constituer, comme en Suisse, une milice populaire, toujours sur le pied de guerre.

Jamais autant qu'à cette occasion Jaurès n'a été attaqué, insulté, littéralement couvert de boue. On a proféré contre lui des injures inouïes, la moindre étant de le dénommer : *Herr Jaurès*. A tout propos, on a juré qu'il était vendu à l'Allemagne. Or, en ce temps-là, il siège à la commission de l'Armée. Le général Messimy a témoigné de l'intérêt passionné du député Jaurès pour notre défense, de ses adjurations répétées pour que l'on renforçât nos fortifications du Nord. Tel est le vrai Jaurès. Mais, pour ses ennemis, il est *Herr Jaurès* et il est vendu à Guillaume II.

En avril 1914, aux nouvelles élections législatives, le parti socialiste obtient 103 députés, ce qui est beaucoup. Jaurès est réélu, toujours à Carmaux, avec la plus forte majorité dont il ait jamais bénéficié. Quelques mois plus tôt, Doumergue lui a offert d'entrer au ministère. Une fois de plus il a refusé. Maintenant, on parle d'un grand ministère Caillaux-Jaurès pour imposer l'impôt sur le revenu. Acceptera-t-il cette fois ?.

Quand, le 28 juin 1914, un étudiant bosniaque assassine l'archiduc François-Ferdinand à Sarajevo, Jaurès, s'il s'est d'abord alarmé, ne veut pas croire à une guerre généralisée.

Le 7 juillet, le gouvernement demande à la Chambre le vote de crédits pour le voyage en Russie du nouveau président de la République, Raymond Poincaré, et du nouveau président du Conseil, René Viviani. Jaurès refuse de les voter. Il se méfie, dit-il, de ces lointaines entrevues où se prennent des décisions que les Français ne connaissent pas. La vérité est que Jaurès trouve la Russie belliciste et s'inquiète. On vit depuis de longues années sous le signe cent fois exalté de l'alliance franco-russe. La confiance est si grande en la « noble Russie » qu'une partie du bas de laine français a glissé dans l'escarcelle russe. Il faut dire que la presse française ne cesse de chanter les louanges du grand pays sur lequel règne Nicolas II. Elle ne le fait pas uniquement par idéalisme. Iswolski, ambassadeur de Russie à Paris, « arrose » la presse parisienne. Les plus grands journaux touchent des pots-de-vin considérables. Dans de telles conditions, quand Jaurès s'oppose au voyage présidentiel en Russie, comment les injures n'atteindraient-elles pas des sommets ?

Il faut lire certains journaux de l'époque. Dans *Paris-Midi*, Maurice de Waleffe : « A la veille de la guerre, le général qui commanderait à quatre hommes et un caporal de coller au mur le citoyen Jaurès et de lui mettre, à bout portant, le plomb qui lui manque dans la cervelle, pensez-vous que ce général-là n'aurait pas fait son plus élémentaire devoir ? Si, et je l'y aiderais... » Dans *l'Action française* : « Nous ne voudrions déterminer personne à l'assassinat politique mais que M. Jaurès soit pris de tremblement. Son article est capable de suggérer à quelque énergumène le désir de résoudre par la méthode expérimentale la question de savoir si rien ne sera changé à l'ordre invincible, dans le cas où le sort de M. Calmette serait subi par M. Jaurès. »

Le sort de M. Calmette ?

Le 20 juillet, Poincaré et Viviani arrivent à la résidence d'été de Peterhof où les attend Nicolas II. Au cours de plusieurs entretiens, le président français affirme au tsar que les intérêts des deux pays sont identiques et définitivement liés. Le tsar se dira frappé de la « fermeté » témoignée par Poincaré.

Dans la soirée du 22, l'Autriche adresse un ultimatum à la Serbie : le gouvernement de François-Joseph demande à celle-ci de s'agenouiller littéralement devant son grand voisin. Le 24 au matin, à l'aube, Poincaré et Viviani apprennent en mer, par radio, la remise de l'ultimatum. La Serbie, consciente de l'écrasante supériorité militaire autrichienne, va l'accepter néanmoins, à l'exception d'une clause prévoyant la participation d'agents austro-hongrois à l'enquête sur l'assassinat de l'archiduc. Le 28, Vienne déclare la guerre à Belgrade. Le 29, Poincaré et Viviani arrivent à Paris. A la gare du Nord, une foule immense les attend et une folle clameur s'élève dès qu'ils paraissent : « Vive la France ! »

La Russie mobilise. Est-ce vers une guerre européenne que l'on se précipite ?

Un homme vit cette tragédie avec, au cœur, une angoisse qui ressemble à de l'épouvante. Cet homme-là s'appelle Jean Jaurès. Une guerre ? C'est la faillite de tout son combat ! Quelques jours auparavant, devant le congrès national du parti socialiste français, il préconisait encore la grève générale, seul moyen d'obtenir un arbitrage entre les nations. Cette grande idée ne va-t-elle pas être prise de vitesse par ceux qui veulent se battre ?

A Paris, la foule s'agglutine devant les immeubles des grands journaux. On chante *la Marseillaise*. A Berlin, on défile en criant : *Nach Paris !* L'Angleterre propose une médiation internationale. Retiendra-t-on le monde sur le bord du précipice ?

Le 29 — jour de l'arrivée à Paris de Poincaré — Léon Blum croise Jaurès, sa valise à la main. Un poème, cette valise. Il y entasse généralement un peu de linge, des livres et, pour parer à une petite faim, un morceau de fromage. Souvent, cette valise mal fermée s'ouvre sur le quai de la gare et les employés, mi-attendris, mi-goguenards, aident M. Jaurès à rassembler ses trésors. A Léon Blum, Jaurès déclare :

— Je pars pour Bruxelles.

C'est à Bruxelles que va se tenir la réunion du Bureau socialiste international. Toute l'Europe socialiste s'est rendue dans la capitale belge : c'est le dernier espoir de Jaurès. Il parle au Cirque royal devant dix mille personnes. De longues acclamations le saluent : « Vive Jaurès ! », « Vive la République ! ». Il évoque le souvenir de la grande révolution, parle d'espoir plutôt que d'inquiétude.

— Nous ne sommes pas ici cependant pour nous abandonner à ces émotions mais pour mettre en commun, contre le monstrueux péril, toutes nos forces de volonté et de raison !

Il dénonce les diplomaties secrètes, dénie à quelques hommes le droit de disposer du destin et du sang de millions d'autres :

— On négocie ; il paraît qu'on se contentera de prendre à la Serbie un peu de son sang, et non un peu de chair ; nous avons donc un peu de répit pour assurer la paix. Mais à quelle épreuve soumet-on l'Europe ! A quelles épreuves les maîtres soumettent-ils les nerfs, la conscience et la raison des hommes ! Quand vingt siècles de christianisme ont passé sur les peuples, quand depuis cent ans ont triomphé les principes des Droits de l'homme, est-il possible que des millions d'hommes puissent, sans savoir pourquoi, sans que les dirigeants le sachent, s'entre-déchirer sans se haïr ? Il me semble, lorsque je vois passer dans nos cités des couples heureux, il me semble voir à côté de l'homme dont le cœur bat, à côté de la femme animée d'un grand amour maternel, la Mort marcher, prête à devenir visible ! *(Longs applaudissements.)*

Il en vient au devoir des socialistes et des prolétaires :

— Nous, socialistes français, notre devoir est simple. Nous n'avons pas à imposer à notre gouvernement une politique de paix. Il la pratique. Moi qui n'ai jamais hésité à assumer sur ma tête la haine de nos chauvins, par ma volonté obstinée et qui ne faillira jamais, de rapprochement franco-allemand *(acclamations)*, moi qui ai conquis le droit, en dénonçant ses fautes, de porter témoignage à mon pays, j'ai le droit de dire devant le monde que le gouvernement français veut la paix et travaille au maintien de la paix. (*Ovation. Cris :* Vive la France !)

On l'acclame plus encore lorsqu'il s'écrie :

— Pour les maîtres absolus, le terrain est miné. Si dans l'entraînement mécanique et dans l'ivresse des premiers combats, ils réussissent à entraîner les masses, à mesure que les horreurs de la guerre se développeraient, à mesure que le typhus achèverait l'œuvre des obus, à mesure que la mort et la misère frapperaient, les hommes dégrisés se tourneraient vers les dirigeants allemands, français, russes, italiens, et leur demanderaient : quelle raison nous donnez-vous de tous ces cadavres ? Et alors, la révolution déchaînée leur dirait : « Va-t-en, et demande pardon à Dieu et aux hommes ! » *(Acclamations.)* Mais si la crise se dissipe, si l'orage ne crève pas sur nous, alors j'espère que les peuples n'oublieront pas et qu'ils diront : il faut empêcher que le spectre ne sorte de son tombeau tous les six mois pour nous épouvanter. *(Acclamations prolongées.)*

Et il en vient à sa péroraison :

— Hommes humains de tous les pays, voilà l'œuvre de paix et de justice que nous devons accomplir ! Le prolétariat prend conscience de sa sublime mission. Et le 9 août, des millions et des millions de prolétaires, par l'organe de leurs délégués viendront affirmer à Paris l'universelle volonté de paix de tous les peuples !

Le lendemain matin, au cours d'une nouvelle réunion du B.S.I., on rédige un manifeste dans lequel on réitère l'affirmation que « les prolétaires allemands et français devront pratiquer sur leurs gouvernements une pression plus énergique que jamais afin que l'Allemagne exerce sur l'Autriche une action modératrice et que la France obtienne de la Russie qu'elle ne s'engage pas dans le conflit ». Rien de plus fraternel que le climat de cette ultime réunion : cependant que l'on relit le texte, le délégué allemand Haase passe son bras autour des épaules de Jaurès.

Aux yeux de Jaurès, ce ne sont pas là des mots. Il veut garder confiance. A la sortie de la réunion du B.S.I., il dit au Belge Vandervelde :

— Ce sera comme pour Agadir. Il y aura des hauts et des bas. Mais les choses ne peuvent pas ne pas s'arranger. J'ai deux heures avant de reprendre le train. Allons au Musée revoir vos primitifs flamands.

A 1 heure de l'après-midi, il reprend le train pour Paris, en compagnie des autres délégués français. Dans le compartiment, une conversation s'engage, à bâtons rompus, insouciante en apparence, mais les silences qui la coupent parfois sont semés d'angoisse. Jaurès somnole et Longuet le regarde. Comme il a l'air soucieux, triste, fatigué ! Longuet racontera plus tard qu'il a ressenti alors un sentiment étrange, curieusement partagé par l'épouse de Marcel Sembat. Il lui a semblé que le grand Jaurès était mort et il se demandait : « Comment ferons-nous si nous le perdons, comment notre parti pourra-t-il vivre et se développer sans son incomparable génie ? »

A 17 heures, le train s'arrête à la gare du Nord. Longuet achète *le Temps*. A la première page, un titre énorme : la Russie a mobilisé vingt-trois divisions ! Longuet tend la feuille à Jaurès qui pousse un cri d'effroi. Aussitôt il se reprend et dit avec force :

— Tout n'est pas encore perdu !

Si, au cours du voyage, il a pu paraître abattu, tout change en un instant. Il faut agir, agir sans relâche et sans retard sur le gouvernement afin qu'il fasse pression sur la Russie. On part directement pour le Palais-Bourbon. A l'entrée, Jaurès croise Malvy, ministre de l'Intérieur. Il sort de sa valise marron l'affiche de Bruxelles, la déploie, montre le titre : « Contre la guerre, pour la paix. » Il harangue Malvy, tente de le persuader que l'action internationale qui s'engage sera d'une vigueur telle qu'elle mettra la guerre en échec. Comme il est éloquent, le silence de Malvy ! En fait, le même jour, à 3 heures du matin, les ministres français se sont réunis et, à l'annonce que l'Allemagne précipitait ses préparatifs militaires, ont décidé la mise en place du « dispositif de couverture ».

A 20 heures, à la tête de la délégation socialiste, Jaurès sera reçu par Viviani, ancien socialiste lui-même. En homme de culture qui sait que les guerres naissent souvent d'un incident dérisoire, il s'écrie :

— Pourvu qu'une imprudence de notre part ne serve pas de prétexte à l'Allemagne !

Viviani lui répond qu'il partage son inquiétude et qu'il faut qu'aucune erreur ne soit commise. Il l'informe que le gouvernement a décidé un repli des troupes françaises à dix kilomètres de la frontière. En évitant les face-à-face, on n'aura pas d'incident à redouter. Jaurès s'inquiète du fameux « carnet B ». Il est prévu en effet, en cas de guerre, de jeter aussitôt en prison 2 500 anarchistes, socialistes et syndicalistes dont on estime qu'ils seraient dangereux pour la Défense nationale. On n'appliquera pas le carnet B, répond Viviani. Jaurès écoute cela avec émotion. En sortant du bureau du président du Conseil, il déclare :

— Si nous étions au pouvoir, nous ne pourrions faire mieux.

La stratégie de Jaurès, en ces heures où tout peut basculer ? Elle est triple : « En premier lieu, tâcher de préserver la paix par l'action internationale du prolétariat ; en second lieu, assurer la défense de la France si malgré tout le conflit éclate ; en troisième lieu, veiller à ce que la France ait en ce cas le bon droit pour elle, de manière à bénéficier de l'appui anglais [1]. »

Ce qui le rassérène, c'est qu'il lui semble que Viviani pratique très exactement cette politique.

Ce soir-là, après avoir rédigé son éditorial du lendemain, intitulé *Sang-froid nécessaire* — le dernier qu'il écrira —, Jaurès a dîné au Coq d'or, rue Montmartre. A-t-il lu un article d'Urbain Gohier, tout entier axé sur la probabilité d'une guerre imminente : « S'il y a un chef en France à ce moment-là qui soit un homme. M. Jaurès sera collé au mur en même temps que les affiches de mobilisation » ?

La soirée s'avance. Harassé, Jaurès rentre chez lui, impasse de la Tour. Il se couche.

Un autre homme a-t-il lu l'article de Gohier ? A-t-il lu celui de Maurice de Waleffe, celui de *l'Action française*, tous les autres ? Cet homme-là s'appelle Raoul Villain. Le 28, venant de Reims, il est arrivé à la gare de l'Est pour tuer Jaurès. A travers le premier signalement de police que l'on connaisse, nous découvrons, à peine sorti de l'adolescence, celui qui va peser si lourdement sur le destin de tant d'hommes : « Paraissant âgé de vingt à vingt-trois ans, grand, mince, ce jeune homme était vêtu correctement, comme un employé aisé ou comme un étudiant. Blond, les cheveux assez longs, il porte la moustache taillée à l'américaine. »

Qui est Raoul Villain ? Le fils d'un greffier de Reims. Quand il avait deux ans, sa mère l'a jeté par la fenêtre. Les Villain habitaient au premier étage, l'enfant s'en est tiré, mais dès lors sa mère a vécu dans un asile d'aliénés et y est morte. La grand-mère de Villain était folle, elle aussi. Lourde hérédité. Une enfance morne, apathique. Raoul parvient à l'âge d'homme sans avoir touché une

1. Jean Rabaut : *op.cit.*

femme. Il est dévot, presque bigot. A vingt ans, il se passionne pour Le Sillon, mouvement créé par Marc Sangnier, qui veut associer catholicisme et justice sociale. Il lui restera toujours fidèle.

Souvent il a rêvé de mourir pour la patrie. Il a vingt et un ans et n'a jamais pu obtenir son baccalauréat. Entré à l'École nationale d'agriculture de Rennes, il n'y reste que peu de temps, une typhoïde l'ayant obligé à cesser pour un temps toute activité. Son service militaire le conduit à Bar-le-Duc où l'attendent des brimades dont il souffre cruellement : il est trop fin, trop blond, trop « fille ». On lui envoie des gamelles à la tête, on l'accable de corvées. On se moque de sa foi religieuse, car il s'agenouille à tout instant en prières au milieu de la chambrée. Ses camarades ont vite compris qu'il existait un seul moyen de le mettre hors de lui : chanter les refrains antimilitaristes à la mode.

Après le régiment, il est retourné à l'École d'agriculture. Il en est sorti, deux ans plus tard, avec le titre d'ingénieur agricole. Il continue à militer au Sillon. Il est ainsi, Raoul Villain, il va jusqu'au bout de ses adhésions. Pendant un an, pour apporter 1 000 francs à Marc Sangnier, il s'est nourri de croissants et de lait. On l'a engagé comme régisseur sur un grand domaine. Six semaines après, il s'en est allé : il n'a pu s'entendre avec le propriétaire. De 1909 à 1911, il a traîné de Reims à Paris, de Paris à Reims, sans situation.

Cependant, son nationalisme s'exalte. Ce qu'il pratique, c'est le culte de la revanche. Hélas, le Sillon est condamné par Pie X. Villain, chrétien docile, se sépare de Sangnier mais reste son ami. Sangnier dira : « Ma mère essayait de le soutenir et de le guider. » Pour lui, Villain était « un être droit, sincère, loyal... Il avait à cœur de suivre les injonctions de sa conscience. » Il ne lui voyait « pas dc motifs bas, ni intérêt, ni désir de faire parler de lui ». En revanche il lui trouvait « une conscience cruellement faussée, hélas ! Âme sensible et tendre qui, sans doute, a dû souffrir cruellement du manque d'affection dans la vie ». Le fondateur du Sillon parlera de ce scrupule permanent qui animait Villain « non pas pathologique mais étrange... Une sorte de tension fatigante pour son interlocuteur ».

A vingt-six ans, il annonce à son père abasourdi qu'il va passer son baccalauréat et qu'il entre au collège Stanislas comme surveillant autorisé à suivre les cours de préparation au bachot.

— Il ne manquait pas de qualités, dira l'abbé Pautonnier, directeur du collège, seulement il manquait d'autorité... et un surveillant sans autorité...

Le même abbé Pautonnier, témoignant en justice, trouvera à Villain « des prétentions à une culture supérieure... une intelligence plutôt au-dessous de la moyenne... un esprit incohérent... une vanité hors de proportion avec ses moyens... doux, timide, poli, pieux, religieux, moralité impeccable, mais... délicat, sensible, mais sans volonté, sans énergie. Un chimérique. Il s'imaginait qu'il était capable de choses qu'il ne pouvait pas accomplir. C'était vraiment une mentalité spéciale. »

L'abbé Charles, professeur à Stanislas, confirmera : « Doux, aimable, poli. Nos causeries ne tournaient jamais à la confidence... Au milieu de la conversation, Villain s'arrêtait net, sa figure s'embrumait, ses yeux devenaient ternes, vitreux et il partait sans rien dire... Un air de tristesse. On eût dit qu'il était malheureux de vivre. Il semblait porter la vie comme un cilice. Je ne crois pas avoir surpris jamais sur son visage l'expression de la joie... Étrange... Absorbé par les événements de tous les jours, il les suivait avec une attention douloureuse, et là, je crois, était le secret de sa tristesse. »

Étrange : c'est bien le mot. Sa logeuse, Mme Rouart, aurait pu elle aussi l'employer : « Un garçon très doux... un peu jeune fille, timide et réservé — il n'était pas fou, mais bizarre. »

C'est le temps où il adhère à la Ligue des Jeunes Amis de l'Alsace-Lorraine. Une association dont le nom dit tout. Quoique ses dirigeants s'en défendent, on la sait liée à l'Action française. M. de Chaumont-Quitry, son président, témoignera : « Il nous semblait mû uniquement par un sentiment d'ardeur patriotique, mais il manquait d'optimisme, de confiance, il avait toujours l'air soucieux, préoccupé, triste, comme s'il sentait un malheur suspendu sur la France. Je crois qu'en lui a dû naître et se développer l'idée fixe qu'un homme incarnait les mesures que nous pensions être antinationales... »

La Ligue des Jeunes Amis de l'Alsace-Lorraine organise des réunions aux Sociétés savantes. Au cours de l'une d'elles, les Camelots du Roi envahissent la salle en hurlant : « Vive l'armée ! » mais aussi : « A bas Jaurès ! » Les Jeunes Amis répondent : « A Berlin ! C'est l'Alsace-Lorraine qu'il nous faut ! » Au moins, voilà des militants qui fuient l'ambiguïté.

Décidément, Villain n'aura jamais son bac. Il voudrait maintenant suivre des cours de littérature à Stanislas, mais aussi au Collège de France et à l'École du Louvre. Nous le voyons courir vers un but qu'il ne discerne pas lui-même. Le directeur des études littéraires à Stanislas, l'abbé Calvet, le prend en pitié et l'engage comme secrétaire. Chaque mois, son père lui envoie de 150 à 200 francs.

Sa bête noire ? Guillaume II. En septembre 1911, il a voulu visiter l'Alsace. Il a raconté lui-même : « On sentait que la police essayait d'étouffer ou d'écarter toute manifestation sympathique des Alsaciens dont on voyait cependant, malgré le regard de la police, les sentiments français, les sentiments d'affection pour la patrie commune. Un jour, j'étais même monté au fameux château de Hohkoenigsbourg où j'avais eu une impression si poignante, si triste, sous le regard insultant des sentinelles allemandes, que j'avais eu comme une révolte qui s'était traduite en moi par le désir de tuer le Kaiser. C'était la première fois qu'une idée de mort d'homme pénétrait dans ma conscience. » Quelque temps plus tard, il adressera à Maurice Barrès une lettre où l'on trouve ces lignes : « J'admire votre campagne pour l'armement, critère de ce qui me fait admirer ou haïr. »

C'est à partir de l'été 1913 que, dans son esprit, Jaurès va prendre la place du Kaiser. Le Jeune Ami de l'Alsace-Lorraine n'a jamais entendu ni lu Jaurès mais il a découvert dans les journaux ses propos déformés. Pour lui, Jaurès est un homme tout prêt à livrer son pays à l'ennemi, donc à cette Allemagne qu'il hait. La passion de Raoul Villain est la lecture des journaux. Au moment du débat sur la loi des trois ans, que n'y trouve-t-il pas ! Parmi les admirations de Villain, il y a Péguy. D'abord grand admirateur de Jaurès, Péguy s'en est séparé jusqu'à devenir l'un de ses ennemis les plus ardents. En 1913, il est allé jusqu'à demander pour Jaurès « une charrette et un roulement de tambour » — rien de moins. En février de la même année, il a écrit : « Je demande pardon aux lecteurs de prononcer ici le nom de Jaurès. C'est un nom qui est devenu si bassement ordurier. » Il l'appellera encore « gros bourgeois parvenu, ventru, aux bras de poussah... », un « malhonnête homme », et encore « un pleutre, un fourbe parmi les fourbes, un grossier maquignon du Midi, un agent du parti allemand, le tambour-major de la capitulation ». Il résume tout cela en décrétant sans ambages que Jaurès est une de nos « hontes nationales ». En avril 1913, Péguy dénonce encore, en la personne de Jaurès, un de ces « ennemis de l'intérieur » qu'il convient de « mettre au pas ». Ce sont là très exactement les termes qu'emploie Raoul Villain, le jour des obsèques de sa grand-mère, devant deux témoins successifs [1].

Un de mes correspondants, qui n'a pas souhaité être nommé, m'a signalé avoir eu entre les mains un exemplaire des *Cahiers de la Quinzaine* contenant précisément quelques-unes des plus cruelles parmi les injures décernées par Péguy à Jaurès. Cet exemplaire *était celui de Villain.* Et Villain avait soigneusement souligné toutes les phrases qui contenaient des attaques contre Jaurès !

A Stanislas, il confie à son ami Renard :

— Les pacifistes sont les ennemis de la France.

— Est-ce que tu connais un moyen de nous en débarrasser ?

— Oui, à coups de rigolo !

Il semble que Villain ait aussi songé un instant à tuer Caillaux. C'était la conviction de René Viviani et du procureur général Herbault. Celle encore de l'abbé Calvet à qui Villain s'était ouvert de son dessein de tuer à la fois Caillaux et Jaurès. L'abbé ne l'avait pas cru.

Villain s'est fait un jour prêter un revolver par son ami Bourrière. A la fin de juin 1914, Bourrière le lui réclame. Il ne le rend pas.

Il passe à l'École du Louvre l'examen d'égyptologie. Devant les examinateurs, il part dans tous les sens, volubile autant que brouillon. Comment le faire taire ? On trouve la solution :

— Finissons-en ! Donnons-lui la mention passable...

Et puis, c'est l'attentat de Sarajevo, la fièvre qui monte. La guerre ? Villain y croit, Villain la souhaite. Or Jaurès lui fait barrage. La simple logique commande d'abattre Jaurès.

Le 19 juillet, il se rend en compagnie de l'abbé Calvet à une kermesse catholique organisée à Sèvres. Il passe tout l'après-midi — de 3 à 6 heures — à faire carton sur carton au stand de tir. Rentré chez lui, il apprend la mort de sa grand-mère. Il part pour Reims assister à ses obsèques. Dans le train il a pu lire tous ces articles qui condamnent Jaurès à mort. Le 28 juillet, Mme Caillaux est acquittée. Le 29, Villain regagne Paris. A la gare de l'Est, il entend des employés du chemin de fer parler contre la guerre.

1. François Fonvieille-Alquier : *op.cit.*

D'autres chantent *l'Internationale* dans la salle des Pas perdus. On crie :

— Vive la paix !

Et Villain : « Ils sont menés par Jaurès. » Jaurès, toujours !

Son obsession se précise. Il sait que Jaurès habite impasse de la Tour. Il prend l'autobus pour le Trocadéro. Il se dirige tout droit jusqu'à la maison du tribun, s'arrête devant elle. C'est l'heure du dîner. Il est sûr que Jaurès va paraître mais Jaurès est à Bruxelles. Après une longue attente inutile, Villain s'en va...

Avant de se coucher, il écrit une lettre incohérente à son père : « Je suis désespéré, abattu, déprimé. » Il s'endort.

Le 30 juillet, Villain se rend chez Demay, armurier rue de Rennes. Il achète un revolver, car il ne veut pas compromettre l'ami Bourrière en se servant de son arme. Il prend même le train pour Meudon afin de la lui rendre. Bourrière est en vacances.

On ne sait pas ce que Raoul Villain a fait dans l'après-midi du 30. Après dîner, il erre sur les boulevards. Il tombe sur un rassemblement d'hommes qui crient : « A bas la guerre ! Vive la paix ! » Villain sursaute : cet abominable Jaurès ! Il se dirige vers le siège de *l'Humanité*, 142, rue Montmartre. La chaleur lourde, l'air brûlant que l'on respire semblent surexciter davantage encore les esprits. Une fois de plus, Villain entend crier : « A bas la guerre ! » Voilà qui le décide — définitivement. Il va attendre Jaurès à la sortie de *l'Humanité* et l'abattre, là, sur-le-champ.

Ce n'est qu'à minuit et demi que Jaurès sort du journal. Villain le voit entouré de trois journalistes. Il est surpris par la jeunesse du regard de cet homme de cinquante-cinq ans. S'agit-il bien de l'ennemi exécré ? A des passants qui l'entourent, il demande :

— Pardon, lequel est Jaurès ?

C'est celui qui marche au bord du trottoir !

— Merci.

Jaurès et ses amis se rendent au café du Croissant. Jaurès s'assied, le dos à une fenêtre ouverte. Exactement comme il le fera le lendemain. Villain, immobile, reste à l'épier pendant une demi-heure. Il pourrait tirer. Il ne le fait pas. Il expliquera :

— Je n'ai pas tiré parce que je sentais que c'était un acte trop grave. Je n'avais pas l'idée, la volonté.

Quelques heures plus tôt, il voulait tuer Jaurès à la sortie de *l'Humanité* ! Mais Raoul Villain n'est pas à une contradiction près.

Jaurès prend congé de ses amis. On lui a appelé un taxi dans lequel il monte. Villain, immobile, regarde s'éloigner la voiture rouge.

Le 31 juillet, Jaurès se lève vers 8 h 30. Louise, sa femme, est partie au pays, avec Louis, son garçon. A la maison, 8, impasse de la Tour, il n'y a que Madeleine — qu'il appelle Malou et qu'il aime tendrement. Elle a vécu un terrible drame : la naissance d'un enfant hydrocéphale, sourd-muet, paralysé. Ce qui l'a éloignée de son mari, un certain Delaporte, insignifiant et laid, mais rapprochée de son père. C'est pour ne pas le laisser seul à Paris qu'elle est restée cependant que sa mère partait pour leur maison de campagne de Bessoulet.

Madeleine, ce matin-là, a préparé le petit déjeuner de son père. Quand, pour lui annoncer que le café était prêt, elle est entrée dans sa chambre, elle l'a trouvé encore au lit, mais éveillé. Elle s'est étonnée. Il a eu un mouvement de lassitude et d'impuissance. La veille, il écrivait que nul homme sensé ne pourrait plus dormir quand se réveillaient « les passions bestiales qui sommeillent au cœur de l'humanité ».

A la table du petit déjeuner, il lit la presse. Un seul mot, cent fois répété : la guerre. Les trains militaires ont roulé toute la nuit vers les frontières.

A 9 heures du matin, le philosophe Lévy-Bruhl, son ami, sonne. Il sue l'angoisse.

— Il faut espérer, dit Jaurès.

A 11 heures, Lévy-Bruhl le quitte. A sa fille, Jaurès déclare :

— Je vais à la Chambre voir les ministres, savoir si, par une action commune avec l'Angleterre, il existe un moyen d'engager des négociations.

Il passe par *l'Humanité* :

— Que fait l'Angleterre ? Sait-on quelque chose ?

Marius Viple, un de ses collaborateurs, lui répond :

— Elle ferait une dernière tentative pour arriver à une médiation.

Il voit venir vers lui le capitaine Gérard, un jeune officier qui, avec d'autres, l'a conseillé pendant sa campagne contre les trois ans. C'est à Henri Gérard que Jaurès a dédié son livre *l'Armée nouvelle*. Gérard se souviendra que, ce jour-là, il a trouvé Jaurès seul dans son bureau, la tête entre les mains — « cette tête paraissait fulgurante, énorme, trop grande pour cette pièce ». Jaurès a paru « écrasé par les événements » : « Il leva les yeux sur moi, les détourna puis, tout à coup, il murmura ces mots : *Il faut que je télégraphie à Wilson que la cause de la France est juste*. Puis, un instant après, il continua : *Pourvu que l'Angleterre marche, que l'Angleterre comprenne*. Ce sont ses paroles textuelles. »

Que l'Angleterre marche ? Est-ce à dire qu'il se résigne à la guerre ? Nullement. Avant tout il espère que la Grande-Bretagne poursuivra jusqu'au bout la tâche de médiatrice dans laquelle elle s'est engagée.

Maintenant il est seul dans son bureau. Par la fenêtre ouverte, il regarde la ville accablée de soleil, surchauffée.

A 1 heure de l'après-midi, Raoul Villain est entré dans un restaurant du boulevard du Montparnasse, il a commandé une omelette aux fines herbes qu'il a mangée avec un calme qu'ont souligné les témoins. L'après-midi, il regagne son domicile et démarque son linge. Après quoi il s'en va se promener au Luxembourg. Il rencontre un ami, lui demande, en cas de mobilisation, quand il part, déclare que, pour lui, c'est le troisième jour.

Il va saluer la grand-mère d'un ami, passe par Notre-Dame, entre, allume un cierge devant la statue de Jeanne d'Arc.

A 18 heures, il s'engage sur les quais qu'il suit sans hâte. Il gagne la rue de Verneuil, entre chez un coiffeur, se fait couper les cheveux.

A 19 heures, il se retrouve chez lui. Il se repose. Ensuite, il glisse dans sa poche les deux revolvers en sa possession. Il ne sait pas encore lequel il utilisera. Il s'habille avec une certaine élégance, taille avec soin sa moustache et pose sur sa tête un chapeau de paille noir. A 19 h 30, il quitte sa pension de la rue d'Assas.

Qu'a fait Jaurès dans l'après-midi ? Il s'est rendu, à 14 h 30, au Palais-Bourbon pour la réunion du groupe socialiste. Il va passer le reste de la journée dans la salle des Quatre-Colonnes. Les nouvelles arrivent, elles sont catastrophiques. Malvy, le ministre de l'Intérieur, paraît. Jaurès se précipite vers lui :

— Il faut que la Russie accepte la proposition anglaise ! Fait-on tout ce qu'il faut pour l'en persuader ?

Malvy répond que l'on tente tout ce qu'il est possible de tenter, mais Jaurès sent bien qu'il manque de conviction. Le bruit se répand que l'Allemagne a proclamé le *Kriegsgefahrzustand*. Qu'est-ce que cela veut dire ? Jaurès court à la bibliothèque, se fait apporter un dictionnaire, puis deux. Cela signifie : état de menace de guerre. Donc ce n'est pas encore la guerre !

Jaurès et les socialistes ont demandé audience à Viviani. Ils se rendent à la présidence du Conseil. Ils apprennent que le président ne peut les recevoir : il est en conférence avec l'ambassadeur d'Allemagne. Le baron Schoen est venu informer le gouvernement français du contenu de l'ultimatum que l'Allemagne a adressé à la Russie : « La mobilisation doit suivre si, dans le délai de douze heures, la Russie n'arrête pas toute mesure de guerre contre nous et l'Autriche-Hongrie. » Avec toute la courtoisie d'un diplomate d'ancien régime, l'ambassadeur interroge Viviani : au cas où une guerre éclaterait entre l'Allemagne et la Russie, la France resterait-elle neutre ? Le gouvernement du Kaiser demande qu'il lui soit donné réponse dans un délai de dix-huit heures. Viviani va répliquer :

— Laissez-moi espérer encore que l'on évitera les décisions extrêmes...

Ce n'est pas Viviani, mais Abel Ferry qui reçoit la délégation socialiste. Le jeune neveu de Jules est pour lors sous-secrétaire d'État aux Affaires étrangères. Un dialogue véhément s'engage entre Jaurès et lui.

— Prenez garde, dit Jaurès, je ne veux pas discuter le fond même de vos traités. Il me suffit que vous déclariez qu'ils vous lient impérieusement. Mais, plus ils vous lient, plus vous devez demander, plus on vous doit les suprêmes garanties par lesquelles la France ne peut être jetée à la guerre sans que tout ait été fait pour l'éviter. Cela, j'ai peur que vous ne l'ayez dit trop mollement à notre alliée. J'ai peur que vous ne lui ayez pas fait sentir que si elle n'acceptait pas la médiation proposée par l'Angleterre, elle ne devait pas escompter votre appui contre l'Autriche. Je vous en supplie, monsieur le Ministre, il faut que vous obligiez votre alliée russe à accepter l'arbitrage que Londres propose à Pétersbourg et à Berlin ; là est le devoir, là est le salut !

— Mais, s'écrie à son tour Abel Ferry, je vous assure, monsieur Jaurès, que c'est ce que nous faisons. Nous appuyons l'Angleterre, nous tenons le langage qu'il faut à la Russie.

Jaurès secoue la tête comme un homme qui doute et que la douleur broie parce qu'il doute :

— Non, monsieur le Ministre, vous ne le faites pas ! Vous ne le faites pas comme il faudrait ! Eh bien ! je vous jure que si dans de pareilles conditions vous nous conduisez à la guerre, nous nous dresserons, nous crierons la vérité au peuple. Vous êtes victimes d'Iswolsky et d'une intrigue russe : nous allons vous dénoncer, ministres à la tête légère, dussions-nous être fusillés...

Jaurès passe ensuite à l'Angleterre :

— La France se tient-elle en contact assez intime avec Londres ?

Le matin même, Poincaré a adressé un message à George V, mais pour Jaurès, cela n'est pas suffisant. Il insiste, insiste encore. Il plaide avec tant de flamme qu'Abel Ferry ne peut retenir l'expression de son admiration :

— Ah ! Monsieur Jaurès ! Que n'êtes-vous parmi nous pour nous aider de vos conseils !

C'est lui, le ministre, qui interroge :

— Et maintenant qu'allez-vous faire ?

La réponse est un cri :

— Continuer notre campagne contre la guerre !

Soudain, il y a une grande tristesse sur le visage d'Abel Ferry :

— On vous assassinera au premier coin de rue.

L'entretien est achevé. Ferry reconduit la délégation. Le socialiste Bedouce est le dernier à sortir. Abel Ferry le prend par le bras :

— Tout est fini, lui dit-il.

Bedouce court vers Jaurès, lui répète l'affreux propos. « J'ai bien compris », dit simplement Jaurès. A ceux qui l'entourent il semble soudain qu'il ait vieilli de dix ans.

Jaurès, Renaudel et Longuet sautent dans un taxi qui les conduit à *l'Humanité* où ils arrivent un peu avant 20 heures. En route, Jaurès a dit qu'il voulait écrire un *J'accuse*, dénoncer les causes et tous les responsables de la crise. Quand il arrive à son journal, il demande que l'on s'informe sur l'ultime position de l'Angleterre. Il faut qu'il la connaisse avant de rédiger son article. De toute façon, il faut aller dîner. Même bouleversé, atteint au plus profond de lui-même, Jaurès n'est pas homme à oublier l'heure des repas. Son appétit n'a d'égal que sa capacité d'absorption. Dîner, mais où ? Quelqu'un propose le Coq d'or.

— Non, dit Jaurès, c'est un peu loin. Allons au Croissant, c'est plus près.

On y va. Jaurès s'assied comme la veille devant une fenêtre ouverte, dos à la rue. Ses collaborateurs l'entourent. Dans la salle du restaurant — elle est bondée — tout le monde le regarde. On entend :

— C'est Jaurès ? Ah ! s'il pouvait empêcher la guerre !

Raoul Villain n'oublie pas non plus l'heure du dîner. Il s'est même offert chez Poccardi un repas à sept francs. C'est cher. Il expliquera qu'il avait « besoin de réserves ». Il a commandé du vin italien. Au dessert, il y ajoute un café et un alcool. Il réclame de quoi écrire. C'est à son frère qu'il adresse cette lettre :

« J'ai l'impression, Marcel, j'ai l'impression que la guerre est inévitable, donne mes plus tendres adieux à papa, achète *le Temps*, paru ce soir 31. Excellente prescription alimentaire et restaurant. Autant que possible, dis par écrit le nom de ton unité. Adresse-moi deux lettres : une 44, rue d'Assas, une chez Mme Royer, boulevard de La Rochelle à Bar-le-Duc. Je t'embrasse. Lettre suit. Elle sera peut-être inutile. Surtout confesse-toi humblement. »

Il paye l'addition, se lève, va aux toilettes, se peigne soigneusement, se lave les mains. Il sort sur les boulevards où la nuit est tombée sans que la chaleur ait diminué. Il se rend tout droit à *l'Humanité*, aperçoit, sur le pas de la porte, Mme Dubois, concierge de l'immeuble. Il l'interroge :

— M. Jaurès est-il au journal ?

La brave femme répond qu'aucun de ces messieurs n'est à la rédaction. Villain salue et, sans hâte, se dirige vers le Croissant.

Le dîner traîne. Le personnel ne parvient pas à faire face à tous ces consommateurs assoiffés qui entrent et commandent des demis. Vers 21 h 30, voici Viple qui arrive, apportant les dépêches d'Havas réclamées par Jaurès. L'Angleterre n'interviendra pas avant lundi.

— Mais le temps presse ! s'exclame Jaurès.

Le dîner s'achève enfin. Un journaliste, René Dolier, s'approche, montre à Landrieu une photo :

— C'est ma petite fille.

— Peut-on voir ? dit Jaurès.

Il se penche sur la photo.

A cet instant précis, le rideau s'écarte brusquement. Une main, un revolver. Deux coups de feu. Un cri de femme :

— Ils ont tué Jaurès !

Jaurès mourra quelques minutes plus tard. C'est fini. Il n'y a plus d'obstacles à la guerre.

Dehors, le metteur en pages de *l'Humanité*, Tissier, a vu Villain tirer et tenter de s'enfuir vers la rue de Réaumur. Il l'a rattrapé, l'a assommé d'un coup de canne. Un policier les a rejoints, s'est emparé de l'assassin.

Quand il pénètre dans le bureau de police où on va l'interroger, Villain regarde fixement le commissaire Gaubert. Quand celui-ci l'interroge, il lance :

— Je refuse de répondre à aucune des questions concernant mon identité et mon domicile.

Le commissaire lui signalant que le flagrant délit est parfaitement établi, Villain se recueille un instant. Lentement, il déclare :

— Je vous dirai seulement que je reconnais que ce soir, au café du Croissant, j'ai vu, étant dans la rue Montmartre, M. Jaurès attablé avec six ou huit personnes. De la main gauche, j'ai soulevé le rideau et, de la droite, j'ai tiré trois fois [1] sur M. Jaurès qui me tournait le dos. Si j'ai commis cet acte, c'est que M. Jaurès a trahi son pays en menant sa campagne contre la loi des trois ans.

Vers minuit, Villain est conduit au quai des Orfèvres puis présenté au juge d'instruction Drioux. Cette fois encore il prétend d'abord ne pas parler, puis il se décide :

— Vous voulez savoir qui je suis ? Au fait, tôt ou tard, vous l'apprendriez. Je me nomme Raoul Villain et j'ai vingt-neuf ans. Mon père exerce encore les fonctions de greffier du tribunal civil de Reims. Ma mère est, depuis vingt ans, pensionnaire d'un asile d'aliénés.

« Pourquoi j'ai tué Jaurès ? Je ne puis que vous répéter ce que j'ai dit tout à l'heure au commissaire de police. J'ai voulu, dans des circonstances aussi graves que celles que nous traversons, supprimer un ennemi de mon pays.

« N'allez pas imaginer que je fais partie d'un groupement politique quelconque. Je n'appartiens à aucune ligue ni révolutionnaire ni réactionnaire ; j'ai agi de mon propre mouvement.

1. Erreur. Il n'a tiré que deux coups.

« Comme vous le savez, je suis élève de l'École du Louvre, section d'archéologie. A ce titre, j'ai fait de longs voyages en Orient et en Grèce, où j'ai poursuivi mes études.

« Ces jours derniers, je suis allé à Reims assister aux obsèques de ma grand-mère et en étais revenu depuis peu.

« Décidé à tuer Jaurès, je m'étais muni de deux revolvers. Comme le second, celui que les agents ont trouvé sur moi, était dépourvu de cartouches, j'en ai acheté un dans la soirée. Vous savez la suite... »

En apparence, rien de plus simple, rien de plus évident que le meurtre de Jaurès par Villain. Un personnage instable, « bizarre », fils et petit-fils de folles, très proche du déséquilibre mental, un raté — il l'est sur tous les plans —, se découvre tout à coup une raison d'être et un but qui le valorisent à ses yeux. Intoxiqué par une presse qui renouvelle d'année en année, de mois en mois, de jour en jour, les appels au meurtre contre Jaurès, Villain a agi seul, campé devant l'Histoire et sa conscience comme un justicier. Il apparaît si convaincu de sa mission qu'il tombera des nues quand il se verra retenu en prison après la déclaration de guerre. Il pensait qu'aux premiers coups de feu on le libérerait et qu'il irait prendre sa part héroïque de la guerre fraîche et joyeuse si souvent rêvée par lui.

L'acte d'accusation, en date du 22 octobre 1915, adopte sans hésitation la thèse du crime solitaire : « L'instruction a établi que l'accusé n'avait pas de complices. Il était seul au moment où il a tiré... Il a été démontré qu'il ne fréquentait pas les groupements politiques militants et qu'il n'avait point entretenu de relations avec les agitateurs des partis extrêmes. »

La grande majorité des historiens ont retenu cette unique version parce qu'ils l'ont jugée évidente. Il faut dire que Raoul Villain lui-même, pendant toute la durée de l'instruction aussi bien que pendant les audiences de son procès, n'a cessé de se dire étranger à toute influence. Il s'est présenté comme une sorte de rêveur culturel, a évoqué avec lyrisme son voyage en Grèce : « Je retrouvais les souvenirs de Démosthène et de l'effort héroïque de la Grèce qui avait succombé malgré sa valeur. Tout cela satisfaisait mes préoccupations françaises également, en songeant à ceux qui, pour obéir à la volonté sacrée de leurs pères, devaient mourir, s'il le fallait, pour reprendre l'Alsace et la Lorraine. » Inlassablement, il répétait qu'il n'avait subi aucune pression : « Depuis ces trois années, je ne lisais aucun journal, ni quoi que ce soit qui pût m'éloigner d'un point de vue de philosophie, on aurait dit sous Voltaire, et qui aurait pu m'éloigner des préoccupations "Alsace-Lorraine" et par conséquent de haut patriotisme au-dessus des partis politiques dont aucun ne m'intéresse directement ; et c'est peut-être cette absence de lecture, même ce dédain de lire autre chose que les titres et les directions des influences qui a pu me faire exagérer dans mes réflexions solitaires le danger des sentiments de M. Jaurès depuis l'été 1913, en conséquence de la bassesse d'âme qu'il me semblait témoigner. »

Au reste, le juge d'instruction a eu connaissance d'une des lettres que Villain faisait clandestinement passer de sa prison à un ami et dans laquelle il lui dictait, avec une lucidité singulière, l'attitude qu'il devrait adopter — aussi bien que d'autres de ses relations — lorsqu'on solliciterait leurs témoignages. Il était de la plus haute importance que ses amis confirment l'absence totale d'intérêt de Villain pour les questions politiques et le fait que celui-ci ne lisait que très rarement de journaux d'opinion.

En somme, Villain s'est appliqué, avec une remarquable intelligence — fort loin du déséquilibre proclamé par ses avocats — à *construire* une image de lui précisément propre à confirmer celle du criminel sans complice ni influence.

Aujourd'hui, l'historien se voit néanmoins forcé de poser un certain nombre de questions. L'une d'elles est en apparence des plus simples : comment Raoul Villain a-t-il connu l'adresse de Jaurès ? On se souvient qu'il s'est en effet rendu impasse de la Tour et qu'il a séjourné longuement devant la maison du tribun. Jean Rabaut, jaurésien éminent, a souligné que cette adresse ne figurait dans aucun annuaire et que les membres du parti socialiste recevaient la consigne de ne la communiquer à quiconque. Le jeune Raoul Villain qui, selon sa propre description, aurait vécu loin des hommes, passionné seulement d'égyptologie, de philosophie et de littérature et qui arrivait de sa province, a pourtant connu cette adresse.

François Fonvieille-Alquier pose une question qui prolonge la précédente : « Comment a-t-il pu, en sortant de la gare de l'Est, prendre sans hésiter l'autobus qui conduit dans le XVIe et y découvrir le pavillon qu'habitait Jaurès, si personne ne lui avait fourni les précisions nécessaires ? » A quoi il faut ajouter que Villain n'a jamais révélé où il avait dormi ni qui l'avait hébergé entre son retour de Reims, le 29 juillet au soir, et le 30 au matin, moment où il se présente à nouveau chez sa logeuse de la rue d'Assas.

Il faut également citer le témoignage du journaliste Daniel Renoult qui, au café du Croissant, est venu rejoindre Jaurès à sa table après avoir dîné lui-même. Il s'est assis en face de lui et il a pu voir, avec une précision extrême, ce qui se passait derrière son ami. Il affirme que, quelques minutes avant l'assassinat, un individu s'était arrêté devant la fenêtre pour regarder dans la pièce : « Ce n'était pas un coup d'œil jeté au hasard par un passant. » L'homme avait disparu : « Cet homme n'était pas l'accusé. » Daniel Renoult avait pu le décrire : *jeune, très brun, coiffé d'un mauvais chapeau mou.* Aucun rapport en effet avec Villain.

Marius Viple témoigne à son tour que, lorsqu'il est arrivé au café du Croissant pour apporter les dépêches qu'attendait Jaurès, il a aperçu un groupe de « trois ou quatre personnes » qui regardaient par la porte du restaurant. Ceci dix minutes avant le crime. Or aussitôt après que Villain eut tiré, quand on se précipita sur lui, il était seul. On ne peut que donner raison à Viple quand il souligne : « C'étaient peut-être des curieux, mais je suis un peu surpris qu'ils n'aient pas déclaré spontanément ce qu'ils faisaient là. »

Quarante-cinq ans plus tard, le grand avocat et homme d'État Paul-Boncour avouera : « L'instruction n'a pas été poussée à fond sur tous ses points. » Il en restera néanmoins à la thèse de « l'exalté individuel », avec cette réserve non négligeable : « Nous n'avions que des indices vagues... et il était alors un peu tard pour recommencer l'enquête. »

Un rapprochement vient à l'esprit, irrésistiblement : comment ne pas évoquer l'assassinat de John F. Kennedy ? C'est le grand mérite de M. Fonvieille-Alquier de l'avoir souligné le premier. Dans les deux affaires, on s'est hâté de tenir pour indiscutable que Raoul Villain autant que Lee Harvey Oswald, déséquilibrés l'un et l'autre, avaient agi isolément : « Le souci, dans un cas, de ne pas troubler l'opinion publique au moment où commençait une nouvelle présidence, dans l'autre de ne pas compromettre une "union sacrée" qui allait se sceller de Jules Guesde à Charles Maurras, suffit à expliquer cette prudence... Dans les deux cas, on entendit proclamer une vérité officielle, inspirée par la raison d'État. Il était de la première importance d'assurer que le criminel avait agi seul. Et si, d'autre part, on prouvait qu'il n'avait pas "toute sa tête", l'affaire était facilement close et l'on évitait ainsi ces remous politiques qui troublent la bonne conscience d'une nation, sèment des germes de discorde et pourrissent pour longtemps le climat moral. »

Si Villain a eu des complices, quels sont-ils ?

N'oublions pas que Jaurès, au moment où Villain l'a abattu, se préparait à écrire un éditorial dont il avait déclaré lui-même qu'il serait un nouveau *J'accuse*. Il l'avait même annoncé à Abel Ferry. Or le même Abel Ferry allait écrire plus tard des lignes qui laissent quelque peu rêveur :

« Je mets en fait que si Jaurès avait pu, le lendemain matin, dans son journal... développer [cette thèse], elle eût eu en Angleterre un tel retentissement que peut-être celle-ci, au moins dans les premiers jours, ne se fût pas prononcée pour la France et qu'il eût brisé, en France même, cette unité nationale, qui allait se faire autour de son cercueil. » Nul ne songerait un instant à accuser le parfait honnête homme que fut Abel Ferry de connivence avec l'assassin de Jaurès, mais il est des témoignages de satisfaction bien maladroits !

Revenons aux influences littéraires et journalistiques. Bien que Maurras, aussitôt connue la mort de Jaurès, ait cru bon de marquer hautement sa désapprobation, il ne manquait pas autour de lui de disciples exaltés pour prendre au pied de la lettre la prose du journal royaliste. Nous savons que Villain, dans l'organisation parallèle des Jeunes Amis de l'Alsace-Lorraine, a fréquenté les Camelots du Roi. Il suffit souvent, à un esprit faible, de rencontrer quelque esprit fort pour donner un contour à des velléités.

Reste la thèse de l'influence russe. La plus troublante. L'homme qui avait le plus grand intérêt à ce que Jaurès passât de vie à trépas n'était autre qu'Iswolsky, ambassadeur du tsar, grand pourrisseur de la presse française. Or, dans l'après-midi du 31 juillet, c'est Iswolsky que Jaurès dénonçait avec violence devant plusieurs députés journalistes :

— Va-t-on avoir la guerre parce que d'Aerenthal n'a pas versé à Iswolsky le pourboire de quarante millions qu'il lui avait promis, lors de l'arrangement entre la Russie et l'Autriche pour l'annexion de la Bosnie-Herzégovine ?

Alexandre Zevaës, avocat de Villain, a lui-même retenu l'hypothèse : « Iswolsky a-t-il été logique jusqu'au bout en faisant disparaître le dernier obstacle à une politique pour laquelle M. Poincaré ne manifesta que trop d'empressement ? La question demeure posée et il est bien clair que si, par des suggestions indirectes, l'ambassadeur du tsarisme a pu contribuer à armer le bras d'un débile, aucune trace ne saurait l'attester et, bien entendu, le dossier criminel de l'assassin n'y contenait aucune allusion. »

Saura-t-on jamais la vérité ?

Ce n'est qu'en 1919 que l'on jugera Raoul Villain. Il sera acquitté ! On est au plein de l'ivresse de la victoire. La Chambre bleu horizon va sortir des urnes. Douze jurés ont donc considéré que ce n'était pas une faute d'avoir abattu Jaurès : si on l'avait écouté, n'aurait-il pas privé la France de sa victoire ? La famille Jaurès devra même payer les frais du procès.

Villain est allé se réfugier dans l'île d'Ibiza. Grâce à un petit héritage, il s'est fait construire une maison. Là, éternel solitaire, il va vivre dans une saleté repoussante. Il erre dans l'île en chantant *Frère Jacques*. Les enfants le poursuivent, se moquent de lui, lui lancent des pierres. On l'appelle le « fou du port ». Derrière sa maison, il va faire ériger une grande croix.

La guerre civile espagnole éclate. A Ibiza, les nationalistes tentent de prendre le pouvoir. Les républicains bombardent l'île, y débarquent. On leur indique la maison du « fou du port » comme pouvant abriter un suspect. Ils s'y rendent, interrogent le propriétaire, découvrent son identité.

Sur la plage de galets, on retrouvera un cadavre, la gorge éclatée, la poitrine percée d'un trou rouge, béant.

C'était là tout ce qui demeurait de Raoul Villain, l'homme qui avait tué Jean Jaurès.

VI

Le regard de Guynemer

22 novembre 1914

— Foutez-moi ce petit con-là à la porte !

Cette réplique mémorable a été prononcée, le jeudi 10 juin 1915, par le capitaine Brocard, chef de l'escadrille M.S.3 à l'intention d'un jeune pilote fort inconnu, arrivé de la veille et qui se nommait Georges Guynemer.

Il n'est pas grand, Guynemer : pas plus de 1,70 mètre, mais comme il est maigre ! Une sorte de « fil de fer monté en graine ». Si malingre que, dès qu'on le voit, on se demande comment on a pu faire de lui un pilote d'aviation.

Si le capitaine Brocard, fou de colère, l'appelle « petit con », c'est parce qu'il a « cassé » deux avions en une seule journée. Par chance, un pilote qui traîne par là prend la défense du blanc-bec : c'est vrai que ce jeune Guynemer est bien un peu nerveux et qu'il a endommagé deux appareils en atterrissant. C'est beaucoup à une époque où l'aviation militaire française tout entière n'en compte que deux cents. Mais le pilote s'appelle Védrines, il dispose d'un pedigree propre à le faire prendre au sérieux : il a remporté en 1911 la course Paris-Madrid et, aux États-Unis, la coupe Gordon-Bennett en volant à 167,8 km à l'heure. Il insiste : les deux avions sont parfaitement réparables ; quelques heures de travail et ils pourront reprendre l'air. Quand le « petit con » aura surmonté sa nervosité, on pourra en faire quelqu'un.

Photo de Guynemer quelques heures avant sa mort. (E.C.P. Armées.)

Difficile, même quand on est capitaine, de résister à un Védrines. Brocard grommelle dans sa moustache quelques onomatopées que personne n'entend mais que tout le monde comprend : on va garder Guynemer. Provisoirement.

Pour les pilotes de la M.S.3 — qui deviendra bientôt la fameuse escadrille des Cigognes — ce Guynemer-là l'a échappé belle. Or il revenait de bien plus loin encore.

Sept mois plus tôt, le 22 novembre 1914, le capitaine Bernard-Thierry, commandant l'École des pilotes à l'aérodrome de Pont-Long, près de Pau, a vu entrer dans son bureau un monsieur de grande allure, arborant une moustache agressive et escorté d'un adolescent blafard, transparent à force de maigreur. Le monsieur s'est présenté comme étant Paul Guynemer, « ancien officier ». Bernard-Thierry a tout de suite senti que, derrière lui, il y avait « beaucoup d'argent et quelques châteaux [1] ». Déjà le père s'explique. Poli, correct, mais sachant ce qu'il veut, il expose que son fils — le gringalet n'ouvre pas la bouche — a fait de bonnes études à Stanislas, qu'il a préparé Polytechnique mais que sa santé délicate l'a empêché d'y entrer.

Le capitaine se demande où ce M. Guynemer veut en venir. Il a autre chose à faire que d'écouter des confidences sur les études secondaires d'un fils souffreteux. Tout se résume en peu de mots : ce fils veut se battre. Au premier jour de la guerre il a déclaré à son père : je m'engage. Le père a répondu : je t'envie. Ils étaient comme ça, les grands bourgeois de 14. Ce dialogue s'est échangé à Biarritz où les médecins avaient expédié la famille Guynemer pour le bien du petit Georges, affirmant que l'air du pays basque était propre à redonner la santé à ceux qui n'en avaient pas.

1. Ce qui était fort bien vu. Les Guynemer, qui viennent des Flandres, sont des hobereaux tantôt propriétaires, tantôt ecclésiastiques ou guerriers. Un Achille Guynemer se bat sous l'Empire en Espagne sous les ordres du général Hugo. Officier retraité, il fait fortune en Normandie dans les assurances maritimes. Non content de posséder un château à Falaise, il fait reconstruire près des Andelys le château du Thuit qui avait appartenu au chancelier de Maupéou et que l'on avait rasé. Son fils Auguste, maire du Thuit, épouse une Ecossaise : Louisa, fille de Sir George Bowes-Lyon (la reine Elizabeth, épouse du roi George VI, est une Bowes-Lyon). La dot de Louisa est imposante. Leur fils Paul, après être sorti de Saint-Cyr, épouse Julie, fille du comte de Saint-Quentin et de la comtesse née de Quincey. Le jour de son mariage, le lieutenant Paul Guynemer démissionne. C'est de Paul et Julie que va naître, le 24 décembre 1894, à Paris, Georges Guynemer. Baptisé le 27 octobre 1895, il a pour parrain le comte d'Aubigny, son oncle, et pour marraine la comtesse Eugène de Failly, sa tante.

En regardant Georges Guynemer, le capitaine Bernard-Thierry ne peut s'empêcher de penser que ces médecins étaient des ânes. La santé, il est sûr que ce gosse n'en aura jamais. C'est d'ailleurs ce qu'ont estimé les majors du centre de recrutement de Bayonne. On a pesé Georges : un peu plus de 40 kilos pour 1,70 m. On a tâté ses muscles : inexistants. Comment marcherait-il quarante kilomètres par jour ? Comment porterait-il le sac et le fusil ? Ajourné pour faiblesse de constitution.

M. Guynemer parle toujours : son fils a pris cela comme une insulte. Il ne s'en est pas remis. Une lourde erreur du service de santé, assure le père avec force. Le petit est beaucoup plus robuste qu'il n'y paraît. Il est de première force au fleuret comme à l'épée et bon joueur de tennis. Depuis son plus jeune âge, il rêve d'aviation. Il a même reçu le baptême de l'air. Il ne quitte pas la plage de Biarritz d'où s'envolent tant d'aviateurs. C'est l'un d'eux, d'ailleurs, qui lui a conseillé d'aller à Pau pour y rencontrer le capitaine Bernard-Thierry.

L'officier enveloppe dans le même regard ce père loquace et ce fils muet. Quand M. Guynemer lui demande d'accorder à son fils l'honneur de s'engager en qualité d'élève pilote, il répond par une fin de non-recevoir : ce n'est pas à lui de désigner les élèves pilotes. Ceux-ci sont obligatoirement choisis par le ministère de la Guerre parmi les hommes de troupe qui ont achevé leurs classes. Que ce jeune homme fasse ses classes et l'on verra. Pour la première fois, le père abandonne sa superbe. Tristement, il confie que son fils s'est présenté dans cinq ou six bureaux de recrutement et que partout il a été refusé.

Rien à faire, conclut le capitaine Bernard-Thierry. Il se lève pour signifier à ses visiteurs que l'entretien est terminé : « Or, ayant accompagné ces messieurs jusqu'à la porte de l'école, je m'aperçus que Georges Guynemer pleurait. » Touché, le capitaine. Il faut dire que, le 22 novembre 1914, on a vraiment besoin de toutes les énergies. Certes Joffre vient de gagner la bataille de la Marne mais le haut commandement n'en réclame que davantage de recrues. Des hommes, des hommes et encore des hommes ! Et soudain, devant Bernard-Thierry, un adolescent pleure parce qu'on ne veut pas de lui pour se battre.

Le capitaine a regagné son bureau, il s'est plongé dans ses papiers et puis, brusquement, il s'est levé pour appeler son planton :

— Saute sur ton vélo, va me chercher les deux messieurs qui sortent d'ici. Ramène-les moi !

L'ennui, c'est que le père du gosse est venu avec son automobile et son chauffeur. Le planton les a quand même rattrapés. Les voici de retour dans le bureau. Du coup, il ne pleure plus, le garçon. Il observe le capitaine avec une attention extrême. On dirait qu'il le transperce du regard. Un quart d'heure plus tôt, Bernard-Thierry ne voyait en lui qu'une mauviette. Maintenant, il ressent l'impression d'être confronté à de l'énergie à l'état pur. Il s'étonnerait moins s'il savait qu'un jour, à Stanislas, le même garçon, qualifié de plus petit de la classe, a giflé un professeur !

— Avez-vous des notions de mécanique ? demande le capitaine.

Le père répond : c'est bien simple, son fils sait tout faire. Tant de détermination achève de convaincre Bernard-Thierry. Il propose d'engager le garçon, pour la durée de la guerre, « au titre du service auxiliaire comme élève mécanicien d'avion ». Ensuite ? A chaque jour suffit sa peine ! Le bureau de recrutement n'a le droit de recruter que des spécialistes ? Pendant qu'il y est, le capitaine signe, à l'intention de cet invraisemblable « client », un certificat d'aptitude professionnelle. Plus tard, il jurera que ce fut là le seul faux de sa vie. Nous le croyons sur parole. Comme Georges Guynemer n'a pas vingt ans, son père a signé de son côté pour son fils une autorisation d'engagement.

A mesure que progresse l'escalade, Bernard-Thierry sent le trouble s'accroître en lui. Encore faut-il que tout cela ait au moins l'air vrai ! Le capitaine conseille donc au petit, avant de se présenter au bureau de recrutement, d'aller s'acheter une salopette de mécano, ce qu'on appelle un bleu. Après avoir jeté un coup d'œil sur les mains du jeune homme, si blanches, si fines, il lui a suggéré de se les salir un peu.

Voilà comment Georges Guynemer, l'après-midi du même jour, 22 novembre 1914 à 17 heures, entre comme élève mécanicien dans l'aviation française. Il s'en faut d'un mois qu'il n'ait vingt ans.

Il se voulait pilote. Il est ouvrier et ravi de l'être. On le tutoie, on le bouscule, on le rudoie : il éclate de bonheur. Lui qui n'avait jamais faim mange comme quatre les fayots de la gamelle. Il nettoie les avions, les lave, les astique, balaie les hangars. A sa grand-mère Louisa, il écrit : « Je suis soldat. J'espère aller dans les deux mois au feu. » A ses yeux, cela seul compte. Il suit les cours de l'École des mécaniciens. Il sait bientôt poser les joints de culasse, changer les bougies, réparer les appareils cassés.

Promotion logique après tant d'efforts : on le nomme mécanicien de piste. Bernard-Thierry croit lui faire plaisir en lui apprenant la nouvelle. Au lieu de s'extasier, son protégé se rembrunit. Le capitaine s'étonne. Guynemer éclate : c'est élève pilote qu'il veut être !

Bernard-Thierry, patiemment, lui rappelle que, pour être élève pilote, il faut appartenir au service armé. A-t-il oublié que c'est par l'effet d'un tour de passe-passe qu'il a été intégré au service auxiliaire ?

— Mon capitaine, supplie Guynemer, emmenez-moi au moins dans l'un de vos vols !

Impossible encore : un homme du service auxiliaire n'a en aucun cas le droit de voler.

Devant le visage désespéré de Guynemer, Bernard-Thierry s'éloigne, contrarié. Pourquoi diable s'est-il laissé attendrir par ce sale gosse ? On ne l'y reprendra pas.

Le 26 janvier 1915, la sonnerie du téléphone retentit dans le bureau du capitaine Bernard-Thierry. Le général Hirschauer, directeur de l'Aéronautique, lui annonce qu'il va recevoir une nouvelle fournée de cent élèves pilotes. Le voilà bien content, Bernard-Thierry. Commencerait-on en haut lieu à croire à l'aviation ? En fait, ce sont des aviateurs qui ont signalé à Gallieni que von Klück renonçait à marcher directement sur Paris. La victoire de la Marne a directement découlé de ce *détail.* De quoi frapper les états-majors.

Bernard-Thierry jure au général Hirschauer que, de ses cent garçons, on va faire de sacrés pilotes. Tout à coup, une idée folle lui traverse l'esprit. Il demande au général s'il ne pourrait pas ajouter à la liste un 101ᵉ... Oui, un sujet d'élite qu'il garantit sur facture. Il en est sûr, archisûr. Le général accepte. Il demande simplement au capitaine de lui faire connaître le nom de 101ᵉ.

— Guynemer Georges, mon général.

Au bout du fil, un silence. Le capitaine comprend que le général Hirschauer est en train d'inscrire Guynemer en queue de sa liste. Une question pour la forme :

— Il est bien dans le service armé, votre Guynemer ?

Ici, Bernard-Thierry s'entend répondre, la gorge serrée, comme s'il se jetait à l'eau :

— Oui, mon général. Naturellement.

A peine a-t-il raccroché que Bernard-Thierry se prend la tête à deux mains. Le général Hirschauer a ajouté : « Vous m'enverrez son dossier. » Or il n'existe pas de dossier. Ou plutôt, dans le désert d'une chemise cartonnée, ne se trouve qu'un faux certificat d'aptitude professionnelle ! Un dossier, cela voudrait dire un livret matricule et Guynemer n'en possède pas ; un certificat d'aptitude médicale au pilotage et il n'en pas été établi ; un état des services que nul n'a jamais dressé.

Bernard-Thierry, puisqu'il ne dispose de rien, décide de ne rien envoyer.

Pendant des mois, avec une remarquable constance, l'administration réclame le dossier de Guynemer. Toutes les quatre ou cinq semaines, une nouvelle lettre : « Suite à notre demande de telle date, nous prions l'autorité militaire de l'École de Pau de bien vouloir faire suivre le dossier de l'élève pilote Guynemer Georges. » A quoi Bernard-Thierry répond avec la même régularité et la même componction que le dossier a déjà été envoyé et qu'il a dû se perdre.

L'administration s'est fatiguée la première. Un beau jour on n'a plus rien réclamé.

Le premier carnet de vol de Georges Guynemer, *soldat de 2e classe*, ouvert par ses soins le 26 janvier 1915, contient, à la première page et à la date du lendemain, cette simple mention :

Mercredi 27 janvier : corvée de neige[1].

Ce carnet de cinquante feuillets se termine le 28 juillet 1916 par le procès-verbal de la 11e victoire de Guynemer : un avion allemand abattu sur la Somme.

Guynemer a commencé son instruction théorique sous les ordres du chef pilote Noë. Le lundi 1er février 1915, il a effectué une première sortie de dix minutes sur un Blériot *rouleur* : comprenez

1. Henry Bordeaux : *Le chevalier de l'air : Guynemer* (1938).

que l'on a coupé les ailes d'un Blériot XI afin qu'il ne puisse pas s'envoler. Méthode ingénieuse pour apprendre à rouler droit à l'aide du moteur et du palonnier.

Aux commandes, Guynemer paraît à son aise. A côté de certains élèves pilotes solides comme des rocs, il a pourtant presque l'air d'être leur fils. A vingt ans, il en paraît quinze. Il n'en regarde pas moins devant lui avec une telle intensité que ses instructeurs ressentent l'impression d'avoir affaire à un lance-flammes.

Comme il est nerveux, aussi ! Son premier vol date du 10 mars 1915. Presque aussitôt il brise deux appareils d'entraînement. Tarascon, son entraîneur, jure que c'est parce qu'il n'écoute rien et demande qu'on le débarrasse de « ce cancre ». Récit du capitaine Bernard-Thierry : « Je décidai de prendre moi-même Guynemer en mains. Je l'emmenai trois ou quatre jours de suite et exécutai avec lui plusieurs atterrissages classiques, moteur calé ou au ralenti, lui expliquant avec calme tous les secrets des bons atterrissages. »

Après ces « leçons particulières », tout ira beaucoup mieux pour Guynemer. En l'air, on le sent parfaitement dans son élément. Il s'amuse, quand il y a vol groupé, à parier avec ses camarades que c'est lui qui montera le plus haut. Il gagne toujours : il vole 50 mètres plus haut que les autres. Il est si léger !

Nouveau progrès : de l'École de Pau, on le transfère au camp d'Avord où il doit parfaire son instruction. Il va bientôt passer son brevet de pilote et écrit à sa grand-mère Louisa : « Décidément, j'avais la vocation. Les remous, dont le quart de la moitié me donne le mal de mer lorsque je suis un passager, ne me font absolument rien quand je suis pilote. » Comme ses camarades, il vole d'Avord à Etampes, puis hasarde Avord-Romorentin-Châteauroux-Avord. Néanmoins la nervosité demeure. Il continue à casser tant de « bois » que le capitaine commandant l'école d'Avord appelle au téléphone Bernard-Thierry pour lui signifier qu'il ne veut plus de l'élève Guynemer. Au bout du fil, sursaut de Bernard-Thierry quand il entend son collègue lui annoncer qu'il va renvoyer Guynemer à son arme. D'où cet extraordinaire dialogue :

— Quelle est-elle cette arme ? L'infanterie ?

— Non, ce n'est pas l'infanterie.

— La cavalerie ?

— Ce n'est pas non plus la cavalerie.

La voix étonnée du capitaine d'Avord :

— Alors l'artillerie ?

— Non, ce n'est pas l'artillerie.

Et cet aveu sans exemple dans l'histoire de l'armée française :

— *Il n'a pas d'arme.*

Le mieux est de se faire un allié du collègue d'Avord. Bernard-Thierry lui confie la moitié de la vérité — et c'est déjà beaucoup. Il le met en présence de l'amère réalité : si l'on renvoie Guynemer, c'est lui, Bernard-Thierry, qui sera compromis. Il faut, il faut absolument que le garçon obtienne son brevet.

— Et s'il se tue ? rétorque le capitaine d'Avord.

Il est probable que le capitaine de Pau n'a pas osé répondre : « Ce sera la destinée. » Tout aussi probable qu'il l'a pensé [1].

En tout cas, le capitaine d'Avord a compris. Le casseur de bois est breveté en vitesse et, plus rapidement encore, expédié au front. Très exactement à Vauciennes, dans l'Aisne, près de Villers-Cotterêts. Pas bien loin non plus de Compiègne où habite maintenant sa famille depuis un coup d'éclat de Paul Guynemer. Excédé des grandeurs du château familial du Thuit aussi bien que de celles du château de Garcelles, propriété de la famille de sa femme, il a préféré se faire construire à Compiègne, en lisière de la forêt, une belle et solide demeure qu'il ne partagera avec personne sinon avec Julie, sa chère moitié. Depuis que la ville a été dégagée, tous les Guynemer y sont réunis : Paul, Julie, leurs deux filles Odette et Yvonne. Tous ils vivent dans l'attente des nouvelles de l'héritier idolâtré : Georges. Incroyable message : Georges est pilote ! Il est tout près !

Donc il vole. Il écrit aux siens : « Hier à 5 heures, j'ai virevolté au-dessus de la maison, à 1 800 mètres ou 2 000 mètres. M'avez-vous vu ? J'ai poussé mon moteur pendant cinq minutes pour que vous m'entendiez... » Un autre jour il aura le bonheur de voir la famille tout entière jaillir de la maison et agiter follement les mains en signe qu'ils l'ont reconnu — et qu'ils l'aiment.

Naturellement, c'est vers les lignes qu'il vole, apercevant sous l'appareil le paysage lunaire des tranchées et l'affreux no man's land labouré par les obus des deux camps. « On se demande, écrit-il, comment il peut y avoir là un homme vivant... »

1. Jules Roy : *Guynemer, l'ange de la mort* (1986).

Le 14 juin, il vole jusqu'à Laon. Le 15, les Allemands lui tirent dessus. C'est, à coups d'obus, le baptême du feu de Guynemer. Son commentaire : « Aucune impression si ce n'est de curiosité satisfaite. » Le 16, il emmène comme observateur un officier et un éclat d'obus déchire son aile droite. Le 17, c'est marqué par huit impacts d'artillerie qu'il rentre. Il affirme avoir essayé mille coups : « On n'entendait qu'un roulement, et partout ça éclatait, dessous, dessus, devant, derrière, à droite, à gauche, car nous descendions prendre des photographies à un endroit qu'ils voulaient nous empêcher de voir. On entendait siffler les éclats, il y a en a un qui, d'après les trous de l'aile, a passé dans le champ de l'hélice sans la toucher ; un autre est entré par le même trou, mais sans ressortir, je vais vous l'envoyer ; de plus, il y en a un dans le gouvernail et un dans le fuselage... »

Prenons-en conscience : la guerre aérienne n'a pas commencé. Allemands et Français ne se provoquent pas. On en reste toujours à l'observation. Quand on se croise, il arrive même qu'on se salue. Tout cela n'est pas du goût de Guynemer. Il n'est pas seul à vouloir en découdre.

Brocard qui s'est fait descendre — et qui s'en est tiré — n'en dort plus : il a juré de rendre coup pour coup. Le 3 juillet, il atterrit, saute à terre et, fou de joie, hurle à l'adresse de l'escadrille :

— J'en ai eu un !

Pour abattre l'adversaire, Brocard a empoigné sa carabine Winchester et a tiré huit cartouches. Le Boche n'était pas encore à quia. Brocard s'est avancé vers l'avion ennemi jusqu'à le toucher et il a achevé sa « tâche » avec son pistolet Mauser. L'escadrille tout entière rêve de réitérer un tel exploit. Guynemer le premier.

Chaque jour, il fonce sur l'objectif à photographier en refusant de tenir compte des obstacles et du danger. « Pendant tout le travail, note le lieutenant Colcomb — l'un de ses observateurs —, il est resté sur l'objectif comme à l'exercice. Lorsque tout a été fini et que je lui ai dit : "Nous pouvons rentrer", il m'a demandé : "Mon lieutenant, faites-moi le plaisir de photographier pour moi les éclats qui tombent autour de nous." »

Tant de témérité inquiète ses aînés. Le 6 juillet, le lieutenant de Beauchamp, estimant que quelques lignes frapperont davantage le néophyte qu'un flot de paroles vite oubliées, lui écrit : « Soyez prudent. Regardez ce qui se passe autour de vous avant d'agir.

Chaque matin, invoquez saint Benoît mais, surtout, inscrivez en lettres de feu dans votre mémoire : *en aviation, tout ce qui est inutile est à éviter.* » Pour Marcel Jullian, pilote lui-même, un tel axiome contenait « la vérité aéronautique absolue ». En l'air, qu'il y ait ou non présence de l'adversaire, « la sécurité est affaire d'esthétique. La fioriture, l'excès, la redondance, regrettables à l'œil, font courir les plus graves périls et la mortelle perte de vitesse peut sanctionner un virage imparfait [1]. »

D'autres, autour de Guynemer, parlent de ses « folles imprudences ». Devant Jacques Mortane, il a voulu se justifier de cette accusation : « Il n'y avait là, de ma part, aucun désir d'épater la galerie, mais j'agissais selon le raisonnement qui me semble plein de justesse : l'apprentissage n'a-t-il pas en vue de faire de véritables pilotes ? Or s'ils ne connaissent pas tous les secrets du vol, tous les mystères de l'aviation, ils seront de mauvais aviateurs et ne pourront pas rendre les services que le commandement attend d'eux. »

Pour le moment, c'est Védrines qui l'entraîne et l'oblige à voler derrière lui. Comme il veut, quand il veut, où il veut. Un ordre : « Fais exactement ce que je fais. » A cette école, Guynemer apprend beaucoup : « Le quatorzième jour, se souviendra Védrines, il vient me demander s'il peut partir seul en croisière. J'accepte. »

Le 19 juillet 1915, un lundi, peu avant 5 heures du matin, Charles Guerder, un observateur de vingt-deux ans, dort à poings fermés quand il se sent secoué comme un sac de vieilles pommes. Il a du mal à ouvrir les yeux. Il reconnaît Guynemer penché vers lui et qui lui crie :

— Debout, lève-toi, viens comme tu es !

Guerder se dresse en titubant, va se débarbouiller dans la minuscule cuvette qui renferme toute l'hygiène de l'escadrille. La voix impatiente de Guynemer claque :

— Prends ton cuir, vite, filons !

Cinq minutes plus tard, l'avion est tiré de son hangar. Hélas ce n'est pas encore un Nieuport, comme celui de Brocard, mais un Morane, beaucoup moins souple. A l'arrière, Guerder a bricolé la mitrailleuse exigée par Guynemer. Il a vissé sur la carlingue un

1. Marcel Jullian : *La grande bataille dans les airs, 1914-1918* (1967).

support « planté sur un cercle mobile » grâce auquel il peut tirer vers le haut ou vers le bas, « allonger ou raccourcir la branche du trépied ». Il a dû tenir compte du poids de la mitrailleuse Lewis et aussi de la prise au vent.

Sur l'aérodrome, personne. Guynemer met le contact. L'hélice tourne. Guerder saute derrière lui. On décolle pour foncer vers le nord. Quatre jours plus tard, Guynemer écrira à Constantin, l'un de ses anciens camarades de Stanislas : « Rencontré un zoiseau nommé Aviatikus infectus. Arrivé dessous j'ai ouvert le feu à 3 400 mais cet animal froussard autant que carnassier a piqué illico dans ses lignes... »

Bien sûr l'artillerie allemande l'a pris pour cible : « Canonné, d'ailleurs, oui, Monsieur, à 3 700, par une estimable batterie qui m'a jusqu'ici envoyé à domicile dix éclats d'obus en quatre séances... » Ce n'est pas là l'important. Il découvre en dessous de lui, volant tranquillement vers le sud, un autre avion allemand, un Aviatik biplace de reconnaissance. Il ne ressent pas la moindre hésitation : la proie tant attendue, tant espérée, est enfin à sa portée.

Il le laisse passer, l'Aviatik, « sournoisement », écrira-t-il. Et puis, il fait demi-tour, s'engage dans un piqué plein gaz. L'autre, étourdi par le bruit de son propre moteur, n'a rien entendu, rien vu. A cinquante mètres de l'Allemand, Guynemer fait un signe à Guerder qui, aussitôt, lâche sa rafale, puis une seconde, puis une troisième, puis une quatrième. Il faut changer de chargeur, ce qui n'est pas facile. Guynemer a vu quelque chose tomber de l'Aviatik. Quoi ? il n'en sait rien. Le principal est que l'autre ait été atteint. Il réplique, le Boche ! C'est son observateur qui tire... à la carabine ! Une balle effleure la main de Guerder. Une autre traverse son casque. Cramponné à sa Lewis, il lâche une rafale dès que l'Aviatik est en bonne posture. A la 115ᵉ cartouche, le pilote ennemi est atteint : « J'ai eu l'émotion bien douce, dira Guynemer, de le voir s'effondrer dans le fond du fuselage. L'observateur boche a levé les bras au ciel dans un geste de désespoir et l'Aviatik a piqué du nez et s'est enfoncé dans la brume, en flammes. Il est tombé entre les tranchées. »

L'émotion bien douce. Un peu gênante, la formule. A quelques mètres de lui, Guynemer vient de voir périr un homme. Un autre a manifesté devant lui son « désespoir » en comprenant qu'il allait mourir. On pourrait espérer au moins de la compassion pour ces adversaires qui n'ont pas plus que lui manqué de courage. D'autres l'ont éprouvée, manifestée. Ne nous leurrons pas : ce n'est pas le genre de Guynemer. Jules Roy, qui l'a compris mieux que personne et admirablement expliqué, l'a exprimé sans inutile circonlocution : Guynemer est un *tueur*. Chaque fois qu'il abattra un appareil ennemi, il criera sa joie. Souvent il atterrira pour voir de près ses victimes et, devant les cadavres, sourira cruellement. Ses lettres à sa famille contiennent des phrases qui nous glacent tant elles sont impitoyables.

Un tueur ? Si l'on veut désigner un guerrier sans complexe, il faut admettre le mot. Après tout, une guerre est faite pour être gagnée. L'alternative se pose le plus simplement du monde : il faut tuer pour n'être pas tué. La survie est la condition de la victoire. Et Guynemer ressent la rage de la victoire.

Ce combat de dix minutes a eu des spectateurs : les artilleurs français dont les batteries sont installées à la Carrière-l'Evêque, à cinq kilomètres de Soissons. Dès qu'ils ont vu les deux avions aux prises, ils ont surgi de leurs trous et, souffle coupé, ont attendu la fin. Quels cris quand l'Aviatik s'est abattu dans les lignes allemandes ! Quelle course quand Guynemer atterrit près de là dans un champ de betteraves ! On les entoure, Guerder et lui, des officiers les emmènent de force au poste de commandement où un colonel les reçoit.

Guerder, le plus vieux, a été introduit le premier. Le colonel l'interroge sur la manœuvre.

— Ça, c'est l'affaire du pilote, répond Guerder.

Précisément, Guynemer entre à son tour.

— Qu'est-ce que celui-ci ? demande le colonel.

— Mais le pilote.

— Vous ? Quel âge avez-vous donc ?

— Vingt ans.

— Et le tireur ?

— Vingt-deux.

Le colonel hoche la tête, abasourdi. Il lance :

— Allons ! il n'y a encore que les enfants pour faire la guerre.

Du coup, il offre le champagne.

Véhiculés « d'état-major en état-major », Guynemer et l'inséparable Guerder finiront cette journée d'apothéose à Compiègne, chez Paul et Julie où le capitaine Siméon a tenu à les conduire.

Pour Guynemer, la joie devient absolue, puisque *la maison* est associée à sa victoire.

C'est d'ailleurs devant *la maison* en extase que le capitaine Siméon déclare :

— Il aura la médaille militaire car il a *voulu* son Boche, il est allé le chercher.

Brocard a fait contre mauvaise fortune bon cœur. Il a proposé pour le grade de sergent, la médaille militaire et la croix de guerre avec palme, celui que la veille encore il appelait un « bousilleur de zincs ». Guerder aussi a été proposé pour les deux décorations. Le 26 juillet, en présence de Paul Guynemer, le général commandant la VIe armée décore Georges. Au moment de l'accolade, chacun est frappé par son regard glacé, celui qu'il a sûrement reçu au berceau, qui a inquiété ses professeurs, séduit Bernard-Thierry, fasciné d'autres par son orgueil et — l'expression s'impose — son sens tragique. Pour le moment, ceux qui l'aiment ne veulent y voir qu'une preuve de valeur. Védrines par exemple : « C'était son regard qui me faisait comprendre qu'il y avait de l'espoir dans l'avenir de ce môme. »

N'oublions pas le dialogue historique entre Guynemer et Guerder, le lendemain ou le surlendemain de l'affaire :

— Dis donc Guerder, c'est bien avec le zinc de Bonnard qu'on a descendu notre premier Fritz ?

— Oui. Et Bonnard, parce qu'il s'appelle Charles, l'a toujours appelé *Vieux Charles*.

— Alors, pour celui-là et tous ceux qui viendront après, ce sera la même chose : *Vieux Charles*.

Nous nous attendions à voir Guynemer abattre plusieurs Boches dans les jours qui suivent. Il n'en est rien. Il lui faudra attendre six mois sa deuxième victoire. Il a « touché » un Nieuport et surtout sillonné le ciel à la recherche d'ennemis qui se dérobaient. Il a accompagné Védrines au cours de deux missions spéciales. Pas de Boche à abattre !

Tout change le 5 décembre 1915. C'est le temps où les pilotes ont obtenu que l'on monte, sur le plan supérieur des Nieuport, une mitrailleuse Lewis qui tire *au-dessus* de l'hélice. Pour s'en servir, tant elle est haut placée, il faut être un peu acrobate. Qu'importe à Guynemer puisque, enfin, un avion allemand est à sa portée :

« Ça s'est passé au-dessus de la forêt d'Ourscamp, avec un Aviatik. Il y avait une heure et demie que je le guettais... » Dès qu'il l'a aperçu devant lui, Guynemer a vidé sur l'Aviatik quarante-sept cartouches, la totalité d'un rouleau. Touché, l'Aviatik : « J'ai constaté avec joie qu'il tombait en vrille. »

Trois jours plus tard, Guynemer abat un L.V.G. allemand et note : « Le passager tombe à Bus, le pilote à Tilloloy. » Le 14, c'est un quatrième ennemi qu'il abat. Le 24 décembre 1915 — il a vingt et un ans ce jour-là — il reçoit la croix de la Légion d'honneur.

Le ruban rouge, le ruban jaune et la croix de guerre rouge et verte avec quatre palmes, « cela, comme dit Henry Bordeaux, vous met en valeur une vareuse noire ». A propos de décorations, le même biographe montre son héros jouant avec celles de son adversaire tombé à Tilloloy... Ses lèvres esquissent un « mince sourire ».

Verdun. L'affrontement de géants, enfer collectif où va s'engloutir la jeunesse de deux peuples, a commencé. Il est logique que l'escadrille des Cigognes s'y engage. Guynemer profite du voyage pour abattre son huitième avion. Le 13 mars 1916 — jour de son arrivée —, il s'élance à la rencontre de l'ennemi. Jusque-là, dans le secteur, les appareils allemands règnent sur le ciel. Ce genre de suprématie n'est pas fait pour plaire à Guynemer. Il éparpille cinq Boches au-dessus de Revigny, en chasse un autre sur l'Argonne. Sur le chemin du retour, en revanche, c'est lui qui est attaqué par trois appareils allemands. A peine a-t-il eu le temps de s'apercevoir de leur présence qu'il est blessé. La moindre des choses : deux balles dans le bras gauche, un éclat dans la mâchoire, un autre dans la joue droite, un autre encore dans la paupière gauche, l'œil resté miraculeusement intact. Sans compter toute une série de petits éclats, « provoquant des hémorragies, bouchant le masque, le collant à la chair ».

Le sang qui lui inonde le visage l'aveugle. Au prix d'un effort surhumain, il échappe à ses trois adversaires et parvient à atterrir à Brocourt. Le même 13 mars, un as allemand, Immelmann, a abattu deux avions français : ses neuvième et dixième victoires. Il a noté : « Le 13 fut un jour de printemps plus charmant que ne pourrait le décrire un poète. »

Le printemps de Guynemer ne passera plus par Verdun. Il reprend ses forces dans un lit blanc, comblé de cigarettes, de petits gâteaux et d'oranges. Rappel singulier du temps où les parents apportaient des friandises aux habitués — comme lui — de l'infirmerie de Stanislas.

Il a peine à se persuader qu'il n'y a que deux ans qu'il a quitté son collège. Il lui semble maintenant que son enfance a été celle d'un autre. Appuyé sur les oreillers qu'on entasse dans son dos, il fume et attend le moment où il retrouvera le ciel et la joie de tuer.

Le 26 avril, avec un bras mal remis et des plaies tout juste cicatrisées, il retourne au front. A peine arrivé, ses chefs le trouvent si mal en point qu'on le renvoie en convalescence. Où serait-il mieux qu'à Compiègne, chez papa et maman ? Il a passé un pacte avec sa sœur Yvonne. Le matin, si le temps est clair, elle vient l'éveiller. Il rejoint Vauciennes et saute dans son *Vieux Charles*. A-t-il l'autorisation de ses chefs ? Ce n'est pas sûr. Quelle importance ?

Depuis ses blessures, il s'inquiétait de ses réactions lors de sa première rencontre avec un ennemi. Quand elle se produit, il adopte un comportement qu'il confie à sa sœur à son retour :

— Les camarades m'avaient prévenu qu'on éprouve dans ce cas-là une impression bien désagréable.

— Dans quel cas ?

— Lorsqu'on remonte après avoir été blessé et qu'on rencontre un Boche...

— Alors, qu'as-tu fait ?

— Eh bien, j'ai résolu de me soumettre à son tir. Froidement.

— Sans riposter ?

— Bien sûr. Je me suis donné l'ordre de ne pas tirer. C'est comme ça qu'on dompte ses nerfs... Le Boche m'a sonné de cinq cents coups pendant que j'évoluais. Il fallait ça : je suis content.

Cette fois, il n'a pas adopté le ton léger dont il use vis-à-vis des siens. Il est grave, très grave :

— Ma vie s'est décidée ce matin-là. Sans cette mise au point, j'étais dégonflé...

Ceux qui ont rencontré Guynemer par la suite ont souvent vu en lui un éternel adolescent. Ils se sont trompés. L'adolescent Guynemer est mort ce matin-là : face à l'Allemand stupéfait qui lui tirait dessus sans qu'il répondît.

Le 18 mai, il rejoint son escadrille. Le 1er juillet 1916 s'engage la bataille de la Somme.

Rude partie. L'aviation ennemie s'est considérablement renforcée. Alors que les Français en sont toujours à la Lewis qui tire au-dessus de l'hélice, les Allemands disposent de la Maxims qui — innovation capitale — tire à travers l'hélice. Pour faire face à la *furia francese*, les Allemands ont choisi de voler en grande formation, jusqu'à vingt appareils qui se couvrent les uns les autres et dont se détachent à point nommé une, deux ou trois unités qui fondent sur l'adversaire isolé. Les Français répondent en volant désormais par avions couplés. Pour équipier, Guynemer choisit Heurtaux qui a remporté le 9 juillet sa deuxième victoire.

Son carnet de vol enregistre sa neuvième, sa dixième, sa onzième victoire. Un jour, c'est l'as des as allemand, Ernst Udet, qu'il rencontre. Udet s'en est toujours souvenu. Il a vu le Spad — nouvel appareil remarquablement manœuvrier dont dispose l'aviation française — foncer sur lui. Il a viré à gauche. L'autre aussi. Sur le fuselage du Français, Udet a distingué le mot *Vieux*... Il a compris : Guynemer. L'Allemand s'est dégagé en un demi-looping, suivi d'un demi-tonneau. Il a eu la surprise de voir Guynemer l'imiter en tout point, comme pour le narguer. Tout à coup, une grêle de balles a frappé le plan droit d'Udet. « Peu à peu, écrira le pilote allemand, je m'aperçois qu'il m'est supérieur. Ce n'est pas seulement la machine qui est meilleure, l'homme qui pilote est aussi plus fort que moi... J'essaie tous les moyens : virages très serrés, tonneaux, glissades latérales. Rapide comme l'éclair, il devine chacun de mes mouvements et la riposte est là, elle aussi, comme l'éclair. Un instant, il entre dans mon champ de tir, je pousse le bouton sur le manche à balai, ma mitrailleuse est enrayée. De la main gauche, je continue à tirer le manche et de la droite j'essaie de désenrayer. Peine perdue. La mitrailleuse reste bloquée... Le voilà maintenant juste au-dessus de moi, la tête en bas. J'ai lâché un moment le manche et je martèle ma mitrailleuse à deux poings. Guynemer m'a vu. Il sait que la proie est à sa merci. De nouveau il vient raser ma tête. C'est alors que se produit une chose inouïe : il étend le bras et me fait signe, un tout petit signe de la main, puis il plonge et disparaît[1]... »

1. Ernst Udet : *Ma vie et mes vols* (1955).

Épargner un adversaire ? Un de ces Boches tant haïs ? Voilà qui ne ressemble guère à Guynemer. Pourtant il l'a fait. Peut-être parce que cet ennemi était seul, parce qu'il s'était bien battu, aussi bien que lui. Parce qu'il l'a senti son égal. Il ne s'est pas trompé : Udet finira la guerre auréolé de soixante-deux victoires, second des as allemands derrière Richthofen.

Un pur esprit, Guynemer ? S'il faut en croire ses premiers biographes, oui. Sa gloire grandit de mois en mois, sa photographie s'étale dans les magazines avec des légendes époustouflantes, ses exploits ont déjà pris figure de légende — et aucun jupon ne se profile à l'horizon. Guynemer serait-il mort puceau ?

Heureusement, Jules Roy est passé par là. Il nous a rassurés. Il y a eu des femmes dans la courte vie de Guynemer : une charmante Mme de Cornois, à Vauciennes, une Marie-Louise à Breuil-le-Sec. Mais l'aventure de sa vie, la vraie, c'est à Paris qu'il l'a vécue.

En ce temps-là, la capitale tout entière vibre pour les aviateurs. Dès qu'ils apparaissent dans leur uniforme si reconnaissable, on s'empresse, on leur fait fête, on les acclame. Les caissières des cinémas refusent leur argent. Montmartre leur appartient et le Café de la Paix, et le Fouquet's, et Maxim's. Pour eux le meilleur champagne, les plus longs cigares — les plus jolies filles. Elles sont bien rares, celles qui ont eu le courage de leur résister.

Ce soir-là, en compagnie d'un copain, Guynemer est allé au théâtre. Au Gymnase où se joue une pièce d'Albert Willemetz : *Tout avance*. Une chance, parce que justement de bien jolies filles évoluent sur la scène. Quand, pour la dernière fois, on baisse le rideau, les aviateurs décident de ne pas en rester là, se glissent dans les coulisses, font passer leurs cartes de visite aux deux comédiennes qu'ils ont repérées. Celle qu'a choisie Guynemer est blonde, avec des yeux immenses, un petit nez retroussé de l'effet le plus coquin et une voix aux modulations exquises. Elle s'appelle Yvonne Printemps[1].

Quand l'ouvreuse lui passe la carte de Guynemer, Yvonne sursaute : *Sous-lieutenant Georges Guynemer*. Il était donc dans la salle ! Il est venu l'applaudir ! Il veut la voir ! Elle le fait entrer à l'instant et, toute bête pour une fois, ne sait que dire. Un regard à

1. Claude Dufresne : *Yvonne Printemps (1994)*.

vous faire rentrer sous terre ou à vous expédier au ciel. Et comme il fait jeune ! C'est tout simple, il paraît son âge : vingt-deux ans. Celui d'Yvonne. Quarante-quatre ans à eux deux. Elle le trouve beau. Et tranquille, et heureux. Et simple comme un enfant sage.

Il faut qu'elle se secoue, Yvonne, pour s'exclamer avec cette gouaille parisienne qui accroît d'autant son charme :

— Dites donc avec tout ça, où est-ce qu'on va ?

C'est chez Maxim's qu'on est allé. Plus tard elle s'est demandé de quoi ils avaient bien pu parler ce soir-là. Impossible de s'en souvenir. Deux ou trois fois, elle l'a fait rire. Mais qu'est-ce qu'il l'attendrissait, ce petit Guynemer ! Comme elle se sentait bien avec lui ! Quand il a réclamé l'addition, le maître d'hôtel est accouru :

— Il n'y a pas d'addition pour vous, mon lieutenant !

Guynemer a grommelé quelque chose qui devait ressembler à un merci. Il s'est levé brusquement, a entraîné Yvonne. Au matin, le lit où ils se sont retrouvés était devenu un champ de bataille.

Quand ils se séparent, Yvonne n'est même pas sûre de le revoir. Et puis, quelques jours plus tard :

— Allô... Je suis à Paris. Je peux te voir ce soir ?

Étrange liaison. Sur l'uniforme de Guynemer, elle découvre toujours un galon de plus : sous-lieutenant Guynemer... Lieutenant Guynemer... Capitaine Guynemer. Capitaine à vingt-deux ans !

Yvonne ne saura jamais si son Guynemer l'a aimée. Tout ce dont elle est sûre, c'est qu'il se sent en confiance avec elle. Ce qu'elle comprend vite, aussi, c'est qu'il ne vient pas à Paris seulement pour elle. Il s'occupe de son avion, le fameux Spad, il propose sans cesse des changements au constructeur, M. Bechereau. Il lui faut un appareil toujours plus performant. Ces perfectionnements, il les obtient.

A l'instar des Allemands, les Français disposent maintenant d'une mitrailleuse qui tire à travers les pales de l'hélice. Guynemer explique à Yvonne que désormais il manœuvre l'avion et tire en même temps. Tout se passe en une seconde. Il tient le Boche là, devant lui, dans son viseur. Il sait bien que c'est l'autre ou lui.

— Jusqu'ici, ç'a toujours été l'autre.

Elle en est toquée du petit Guynemer. L'ennui, c'est ce Sacha Guitry qui commence à faire une cour sérieuse à celle qu'il appelle Vonvon. Sacha ne déplaît pas à Yvonne. Coucher avec le talent, voilà qui est nouveau pour elle. Et pas désagréable. Elle a conscience d'avoir jusque-là mal administré sa carrière, d'avoir joué n'importe quoi. Sacha, acclamé par le public, porté aux nues par la critique, écrit déjà pour elle des rôles sur mesure !

Rien n'y fait : quand le téléphone sonne, quand elle entend la voix de Guynemer, elle court au rendez-vous. Certes, elle deviendra Madame Sacha Guitry, mais elle n'oubliera jamais son petit aviateur.

Impossible de raconter une à une les victoires de Guynemer. Il est tombé sept fois. Sept fois il s'en est tiré. Comment oublier ce combat au cours duquel il a foudroyé trois Fokker en cinq minutes et, son appareil touché, a réussi à se poser en catastrophe dans nos lignes ? L'avion s'est à peu près retourné, le train écrasé, l'empennage dressé à trois mètres du sol. Et lui, Guynemer, vivant !

Imaginez les poilus qui ont aperçu cela du fond de leurs tranchées. Le secteur est assez tranquille. On peut sortir sans trop de risque. On s'élance pour voir de près l'aviateur. Quelqu'un hurle : c'est Guynemer ! Quoi ? Guynemer ? Le vrai ? On se rue sur lui. On veut le voir, le toucher mais son genou droit a cogné contre la magnéto de départ. Il souffre. Il a reçu un coup sévère entre les épaules. C'est à peine s'il peut se tenir debout. On a prévenu le général commandant la division. Il accourt :

— C'est vrai que vous êtes Guynemer ?

Le général fait rassembler les troupes. Il veut que le héros les passe en revue avec lui.

— Mais je suis blessé, mon général...

— Blessé, vous ? Impossible. Quand on dégringole du ciel sans se tuer, on est sorcier. Vous vous appuyerez sur moi.

Il obéit. Tout se brouille devant ses yeux. Il n'ira pas jusqu'au bout, il en est sûr, mais voilà que des rangs de tous ces poilus qui se bousculent avec leurs barbes de huit jours et leurs capotes engluées de boue, s'élève le chant de *la Marseillaise*. Alors, lui, Guynemer, oublie tout. Il ne sait plus s'il a mal, s'il est blessé. Il lâche le bras du général, affermit son pas et achève de passer les troupes en revue comme s'il était à l'exercice.

Le 28 juillet 1917, il remporte sa cinquantième victoire homologuée mais, écrit-il à son père, « si on avait tout compté, ce serait le double ».

Ceux qui le rencontrent l'entendent rire un peu trop fort, parler un peu trop haut aussi, cependant que son fameux regard trahit surtout une immense lassitude. Presque tous ses camarades de l'escadrille ont disparu, abattus les uns après les autres. En haut lieu on a voulu l'éloigner plusieurs fois du combat, lui attribuer, comme on disait, « d'autres responsabilités ». Lui, Guynemer, dans un bureau ? Transformé en réclame vivante pour l'aviation militaire française ? Pas question. Son métier, c'est de voler, de supprimer le plus possible de Boches. Rien d'autre.

L'escadrille s'est transportée dans le Pas-de-Calais, à Saint-Pol. On est près de la mer. Le samedi 8 septembre 1917, Guynemer n'a pu voler : un temps abominablement bouché. A la popote, il a joué aux dès avec son camarade La Tour. Tout à coup, il a eu envie de partir pour Paris. Il l'a dit à Brocard. Et Brocard, toujours le même, lui a répondu :

— Tu en reviens, de Paris. Et tu veux y repartir ? Tu connais la règle : tu commences par descendre un Boche.

Mal à l'aise, il a voulu atténuer l'effet de son refus. Il a baissé la voix :

— Et puis il n'y a plus personne à l'escadrille...

Guynemer n'a pas insisté. Le dernier Boche, il l'a abattu le 20 août : son cinquante-troisième. Heureusement, la météo annonce une amélioration.

L'aube du 11 septembre 1917. Décidément, le soleil l'emporte sur le brouillard. Belle journée pour voler. A 8 h 25, Guynemer décolle.

Toujours son Spad. Il en fait ce qu'il veut. Comme un cavalier qui fait corps avec son cheval. Il vole avec Bozon-Verduraz, Gaillard, Risacher et de Marcy. Le problème, c'est qu'il va vite, Guynemer. Il s'occupe peu de ceux qui le suivent. Or, ce jour-là, ceux qui le suivent vont le perdre.

A 9 h 25, au-dessus du village de Poelkapelle, Bozon voit Guynemer agiter soudain ses ailes. Le premier balancement signifie : « Attention, ennemi en vue. » Et le deuxième : « J'attaque. » Bozon cherche l'Allemand sans le voir. Il se borne à voler dans le sillage de Guynemer. Par contre, Risacher vient juste d'apercevoir l'avion ennemi. Sous ses yeux, le combat s'engage. Il voit l'Allemand se mettre en vrille, passer devant Bozon qui, l'ayant aperçu enfin, ouvre le feu sur lui, le manque et laisse Guynemer en finir.

Huit Fokker dans le ciel, maintenant. Huit, pas un de moins ! Bozon fait en sorte de les attirer vers lui mais, quand il ouvre le feu, sa mitrailleuse s'enraye. Dès lors il perd tout contact avec Guynemer. Risacher qui, conformément aux ordres, doit rester plafond bas, le perd également de vue.

Quand les deux hommes regagnent le terrain, ils retrouvent Brocard qui, furieux, aboie :

— Eh bien ? Et Guynemer ? Où est-il, Guynemer ?

Toute la journée l'escadrille recherchera Guynemer. En vain.

Le 27 septembre 1917, *la Gazette des Ardennes*, journal allemand imprimé en français, publiera un récit qui dissipera le mystère : le 11 du même mois, à 10 heures du matin, heure française, un aviateur français s'est écrasé dans les lignes allemandes à 700 mètres environ au nord-ouest du cimetière sud de Poelkapelle. Un sous-officier allemand s'est rendu avec deux hommes à l'endroit de la chute. Le pilote, détaché du siège de ce monoplace, portait sur lui une carte d'identité dont le journal reproduit la photographie.

Celle du capitaine Georges Guynemer.

On a su plus tard, par les Allemands, que le pilote qui l'avait abattu s'appelait Wissemann. La mort avait été causée par une balle dans la tête. L'index de la main gauche avait été emporté.

Qu'est devenu le cadavre de Guynemer ? A Poelkapelle, la bataille fait rage. Là où le sous officier allemand a identifié Guynemer, converge le feu — particulièrement intense — de l'artillerie anglaise. Les Allemands avoueront que le terrain s'est trouvé si profondément labouré qu'il n'a pas été possible de retrouver plus tard « aucune trace du cadavre ni de l'appareil ».

La conclusion du communiqué ennemi ne manquera pas d'allure : « Les aviateurs allemands regrettent de n'avoir pu rendre les derniers honneurs au vaillant adversaire. » Nul n'a porté en terre les restes de Georges Guynemer, homme du ciel.

VII

Les Pâques sanglantes de Dublin

24 avril 1916

Soudain, deux drapeaux s'élèvent au sommet des mâts érigés sur le toit de l'hôtel central des postes de Dublin. A gauche, le drapeau vert, brodé d'une harpe d'or, qu'arboraient déjà les rebelles de 1798. A droite, le drapeau vert, blanc, orange de la République irlandaise.

Face à la poste, dans O'Connell Street, une foule énorme, stupéfaite, s'est immobilisée. La foule des jours fériés, oisive, endimanchée. Des gens de tout âge, des hommes, des femmes, des enfants que l'on promène. Traditionnellement, en Irlande, le lundi de Pâques est chômé. Et, ce 24 avril 1916, il fait beau.

Pour la première fois en ce siècle, les drapeaux de l'indépendance irlandaise flottent à Dublin sur un bâtiment public. Un tel moment, des millions d'Irlandais ont rêvé de le connaître. Pourtant, devant ces drapeaux, aucune manifestation d'enthousiasme, aucune acclamation, aucun cri. Un homme hurle :

— Vive l'Irlande !

Aucun écho. Des regards lourds, réprobateurs. Dérisoire, ce cri, parce qu'il est unique. L'homme, d'ailleurs, le comprend. Il se fond dans la foule et disparaît.

Un long murmure, parmi ces gens qui piétinent. De la poste, ils viennent de voir sortir une dizaine d'hommes en armes. Tous, ils

Une ville en ruine, mais bientôt libre. (Roger-Viollet.)

sont en uniforme, les uns vert sombre, les autres gris-vert. Dans O'Connell Street, des chuchotements, des explications :

— C'est Connolly...

— C'est Patrick Pearse...

Justement, ce Pearse fait un pas en avant sur le perron. A trente-sept ans, il est grave, avec dans le regard une sombre exaltation. Il a donné à la langue irlandaise quelques-uns de ses plus beaux poèmes. Il a multiplié les écrits pour que les Irlandais se souviennent de leurs racines celtiques. Il a même ouvert une école afin de redonner aux enfants irlandais la conscience de leurs origines. Un poète, mais aussi un prophète. D'ailleurs, là, sur le perron de l'hôtel des postes de Dublin, il y a trois autres poètes : Thomas MacDonagh, Joseph Plunkett, Eamonn Ceannt. « Singulier pays, a dit l'un des meilleurs connaisseurs français de l'Irlande, Pierre Joannon, que celui où les poètes fomentent des révolutions pour sauver l'âme d'une race déchue [1]. » Sur le perron de la poste, il y a aussi des hommes qui ne vivent que pour l'action. D'abord James Connolly, quarante-six ans, petit, massif, avec un visage dur que barre une épaisse moustache. Son but est double : l'indépendance de l'Irlande, bien sûr, mais aussi la révolution. Ce leader syndicaliste se souvient qu'il a travaillé de ses mains à onze ans. Il n'a pas pardonné aux leaders socialistes européens de n'avoir pas empêché la guerre de 1914. Ce marxiste déclaré est aussi le plus ardent des patriotes, et point du tout gêné par ce qui pourrait sembler une contradiction.

Dans O'Connell Street, le silence se fait plus pesant encore. C'est alors que la voix de Pearse éclate. Chaque phrase, chaque mot, articulé solennellement, claque comme une provocation :

— Irlandais et Irlandaises, au nom de Dieu et des générations disparues dont elle reçoit son antique tradition de nationalité, l'Irlande, par nos voix, appelle ses enfants autour de son drapeau pour conquérir sa liberté...

Le silence, toujours. Les phrases se succèdent, annonçant que l'organisation révolutionnaire secrète irlandaise. *L'Irish Republican Brotherhood*, et ses organisations militaires publiques, les Volontaires irlandais et l'*Irish Citizen Army*, se sont unies pour prendre les armes :

1. On doit à Pierre Joannon une remarquable *Histoire de l'Irlande* (1973) et un ouvrage préfacé par Michel Déon : *Michael Collins, la naissance de l'I.R.A.* (1978).

—... Nous déclarons souverain et imprescriptible le droit du peuple d'Irlande à la propriété de l'Irlande et à la libre direction des destinées irlandaises. La longue usurpation de ce droit par un peuple et un gouvernement étranger n'a pas annihilé ce droit, qui ne pourra jamais être détruit que par l'anéantissement même du peuple irlandais... Nous appuyant sur ce droit fondamental et l'affirmant encore par les armes à la face du monde, nous proclamons ici la République irlandaise, État indépendant et souverain, et nous vouons nos vies et celles de nos compagnons d'armes à la cause de sa liberté, de sa prospérité et de son élévation parmi les nations.

Le silence, toujours. L'Irlande libre ? L'Irlande indépendante ? Que veulent dire ces mots que l'on n'attendait pas, ces paroles improbables ?

Et la voix haute, claire, ferme qui poursuit :

— Nous mettons la cause de la République irlandaise sous la protection du Très-Haut dont nous appelons la bénédiction sur nos armes, et nous prions pour que nul serviteur de cette cause ne la déshonore par lâcheté, inhumanité ou rapine. A cette heure suprême, la nation irlandaise doit, par sa valeur et sa discipline, et par l'empressement de ses enfants pour le bien commun, se montrer digne de l'auguste destinée à laquelle elle est appelée !

Il a achevé, Patrick Pearse. Logiquement, à cette dernière et superbe envolée devraient répondre les ovations de la foule. Mais non. Le silence, toujours. Des Volontaires collent des exemplaires de la proclamation de Pearse sur les colonnes du portique de la poste. Ils traversent la place pour en coller d'autres sur le socle de la colonne Nelson. On voit Connolly s'élancer vers Pearse, lui saisir les mains, les secouer d'un air radieux. On voit cette dizaine d'hommes en uniforme quitter le perron pour rentrer dans la poste. Alors, tout à coup, le silence se rompt. Une sourde protestation s'élève de cette masse compacte. Puis des cris, des imprécations. Le mépris qui se mêle à la moquerie. Qu'est-ce qu'ils se croient, ces gens-là ? De quel droit s'arrogent-ils le privilège de proclamer une prétendue indépendance ? Une femme hurle :

— Ces salauds-là sont payés par les Allemands !

Un homme, furieux, lui répond :

— Au lieu de parader en uniforme et de faire les imbéciles, ils feraient mieux de se battre en France, comme mon fils.

— En Belgique, comme le mien ! s'emporte un autre.

C'est ainsi que commence la révolution irlandaise de 1916. Au milieu de l'hostilité des Irlandais.

La plus ancienne épopée irlandaise raconte les combats du héros Cû Chulainn contre les Ullates — c'est-à-dire les habitants de l'actuel Ulster. Ainsi les rivalités entre Irlandais apparaissent antérieures à la christianisation du pays par saint Patrick, au Ve siècle.

C'est à un roi irlandais que l'Irlande doit son assujettissement à l'Angleterre. Chassé de son trône par ses sujets, au XIe siècle, le roi du Leinster, Dermot MacMurrough, a demandé à Henry II Plantagenêt son aide. Henri l'accorde si bien, cet appui, qu'il va se faire reconnaître comme maître suprême de l'Irlande. Il n'est encore que le suzerain des chefs de clan locaux qui lui rendent hommage, mais restent libres. En 1494, Henry VII étend à l'Irlande la législation anglaise. Quand Henry VIII se sépare de Rome et devient chef de l'Église d'Angleterre, il fait promulguer en Irlande l'acte de suprématie. En 1541, il se proclame roi d'Irlande. Alors commence une longue époque de domination et de persécutions. Les Irlandais, profondément catholiques, refusent la religion anglicane. On a beau supprimer la messe, arrêter les prêtres, s'emparer des terres des irréductibles, les Irlandais ne plient pas. Peu à peu, toutes les « bonnes terres » sont affectées à des seigneurs anglais et protestants. Les Irlandais, pour subsister, se voient forcés de se mettre à leur service. La plupart sont réduits à un quasi servage. Intraitables, ils demeurent catholiques. Sous le règne de la grande Élisabeth, les persécutions religieuses atteignent un degré jamais connu. Cette fois, la résistance s'organise. De grands féodaux irlandais se soulèvent. Ils font appel à Philippe II d'Espagne. Ils échouent. La reine donne carte blanche à un chef militaire dont elle connaît l'« énergie » : Mountjoy. Sous ses ordres, l'armée anglaise met l'Irlande en coupe réglée, anéantit les troupeaux et détruit les récoltes. On obtient le résultat que l'on avait scientifiquement recherché : la famine.

On en revient à l'antique solution : multiplier les colons anglais en Irlande, et notamment en Ulster. Cette implantation s'amplifie à tel point qu'en 1641 on assiste à une nouvelle révolte. Les Irlandais incendient les châteaux des colons anglais, mettent à mort les propriétaires. Plus de dix mille passent de vie à trépas. C'est Cromwell lui-même, après la révolution anglaise, qui commandera l'expédition punitive. Tous les Irlandais qui tentent de résister sont mis à mort, les officiers fusillés ou pendus, les soldats envoyés comme esclaves aux Barbades. Les prêtres et les moines catholiques sont assommés à coups de gourdin. En un seul jour, on égorge trois cents femmes rassemblées autour d'une croix « papiste ». Il faut à Cromwell neuf mois pour mener à bien la reconquête de l'île. Une fois de plus, on expulse les propriétaires irlandais pour les remplacer par des colons anglais.

L'Irlande servira de champ clos à la rivalité entre Guillaume d'Orange et Jacques II Stuart. Pour leur malheur, les Irlandais catholiques prendront parti pour ce dernier — qui sera vaincu. Les orangistes entendront bien infliger une sévère punition à ces éternels insurgés. En 1704, les Irlandais catholiques sont privés de droits civiques, exclus de l'administration, de l'armée, du barreau, de la médecine. Il leur est interdit d'acheter des terres. Point d'école pour leurs enfants. Les prêtres doivent prêter serment de fidélité, sinon ils sont bannis ou pendus. On impose de telles taxes aux exportations irlandaises vers l'Angleterre qu'une grande partie du commerce s'arrête. Une fois de plus, les Irlandais sont réduits à la famine.

L'Irlande plonge dans le silence et la misère. Ce n'est qu'à la fin du siècle qu'une tentative d'insurrection sera fomentée par des hommes tels que Wolfe Tone, Fitzgerald et O'Connor. Ils tenteront d'obtenir l'aide de la France révolutionnaire qui expédiera, en 1796, quarante-cinq vaisseaux et une armée commandée par Hoche. La tempête empêchera cette flotte d'arriver à bon port. Il faudra remettre à plus tard la rébellion qui n'éclatera qu'en 1798. De nouveaux renforts français seront acheminés qui arriveront trop tard. A cet échec, Tone, Fitzgerald, O'Connor ne survivront pas.

Après des années de résignation, pour défendre son île natale un avocat irlandais, O'Connell, décide de choisir la voie légaliste. Il se fait élire comme député à la Chambre des Communes. En tant que catholique, il est inéligible. Il mène une telle campagne contre cet abus qu'il triomphe. En 1829, il vient s'asseoir au milieu des députés anglais. Sans relâche, il lutte pour les libertés irlandaises, contre les abus les plus criants, contre l'inégalité de traitement entre Anglais et Irlandais. O'Connell sera arrêté, mais libéré en 1844 sur l'ordre des Lords.

Jusqu'ici, les Irlandais ont eu surtout à souffrir des hommes. A partir de 1846, une maladie fond sur les plants de pomme de terre.

Or ce tubercule constitue la nourriture presque unique des Irlandais. Pendant trois ans, il n'y aura pas de récolte de pommes de terre. Celles que l'on plante ne germent pas et pourrissent dans les champs. Rarement dans l'Histoire a-t-on constaté une telle famine : plusieurs centaines de morts chaque semaine. Des épidémies s'abattent sur ce peuple désespéré, affaibli par la faim. Pour beaucoup une seule ressource : l'émigration en Amérique. Plus d'un million d'Irlandais quittent leur île. En 1845, l'Irlande comptait 9 millions d'habitants, elle n'en aura plus que 6,5 millions en 1851.

Cependant, en Angleterre, l'heure est au libéralisme. Quand Gladstone devient Premier ministre, il tient à relâcher l'étau qui, depuis si longtemps, enserre les Irlandais. Dans la catholique Irlande, plus de privilèges pour l'Église anglicane. Une loi agraire protégera les paysans. Progrès évidents, mais chacun sent qu'il faudra aller plus loin. Aux Communes, plusieurs députés irlandais, autour de Parnell, réclament hautement le *Home Rule*, c'est-à-dire l'autonomie interne.

A deux reprises, en 1886 et 1893, Gladstone, fidèle à son programme libéral, va tenter de faire adopter le *Home Rule*. Une première fois, le projet est repoussé par les Communes. La seconde fois — beaucoup plus brutalement — par les Lords. Ce bastion conservateur ne veut tolérer aucune atteinte à ce qu'il considère comme un dogme : l'unité du Royaume-Uni de Grande-Bretagne et d'Irlande. L'indissolubilité des deux îles s'exprime par un substantif parfaitement limpide : unionisme. Or c'est en Irlande que l'unionisme trouve ses plus ardents défenseurs.

L'Ulster, à majorité protestante, ne souhaite nullement une autonomie irlandaise, avec un parlement que les catholiques domineraient. Les considérations de religion se doublent de préoccupations économiques : l'Ulster est plus riche que le reste de l'Irlande et, comme l'a écrit Maurice Chock en relatant cet épisode de l'histoire de l'Irlande, « a-t-on jamais vu les riches laisser de bon gré les pauvres décider à leur place ? »

Quand naît le XXe siècle, le combat pour le *Home Rule* se poursuit toujours. Les nationalistes irlandais disposent de quatre-vingts sièges aux Communes. Le parti libéral, dont les voix s'amenuisent en Angleterre, doit compter avec eux. Curieusement, mais logiquement, la revendication irlandaise a changé de but : il s'agit avant tout de faire abolir le droit de veto des Lords. Les députés irlandais savent que tant que les Lords pourront bloquer les lois votées par les Communes, l'autonomie de leur île restera mort-née. Cette revendication est inscrite au programme du parti libéral. Donc, les Irlandais votent avec les libéraux et, en 1911, le veto des Lords est aboli. Tout ce que ceux-ci pourront obtenir désormais, c'est de retarder de deux ans l'application d'une loi votée par les Communes. Le leader irlandais John Redmond triomphe : il avait toujours dit que l'abrogation du veto des Lords signifierait la victoire du *Home Rule*.

C'était compter sans l'Ulster. On a l'habitude de dire et d'écrire : le protestant Ulster. C'est aller un peu vite. En 1911, sur un peu moins de 1 600 000 habitants, l'Ulster comptait 700 000 catholiques et 900 000 protestants. Sur neuf comtés, quatre seulement étaient à majorité protestante. Mais ceux-là vont peser de tout leur poids dans la bataille.

Depuis des années, l'Ulster affirme son opposition irréductible au *Home Rule*. Quand, en avril 1912, la Chambre des Communes vote la loi qui l'institue enfin, c'est, en Ulster, une véritable explosion de haine. Il n'est pas de temple où l'on ne prêche contre les papistes. Aucun slogan n'a jamais eu autant de succès que celui-ci : *Home Rule means Rome Rule ; Home Rule* veut dire le gouvernement de Rome. On rédige une pétition que signent 500 000 habitants de l'Ulster qui affirment vouloir empêcher le *Home Rule* « par tous les moyens qui seront nécessaires ». Dans les villes et dans les villages, on forme des groupes armés. Bientôt, ils sont si nombreux qu'il est possible de les fédérer dans une *Ulster Volunteer Force*, commandée par un général. Cette force protestante compte 80 000 hommes ! A la Chambre des Communes, c'est un avocat qui mène le combat pour l'Ulster, sir Edward Carcon. Il menace de constituer en Ulster un gouvernement provisoire :

— On me dit que ce sera illégal. Bien entendu ce sera illégal. Le maniement d'armes est illégal... Les Volontaires sont illégaux, et le gouvernement sait fort bien qu'ils sont illégaux, mais le gouvernement n'ose pas intervenir... N'ayez pas peur des illégalités.

En septembre 1913, ce gouvernement provisoire est créé en Ulster et Carcon en devient président. Celui-ci, perdant toute mesure, se rend en Allemagne pour rencontrer le Kaiser. Il faut bien se rendre à l'évidence : l'Ulster est pratiquement en sécession. Le 14 mars 1914, Churchill, premier lord de l'Amirauté, accuse l'Ulster de « haute trahison ». Il menace :

— A la force, nous répondrons par la force.

On envoie l'armée en Ulster pour mettre à la raison les unionistes, mais les soldats et les officiers sont en grande majorité protestants. Le général Gough et cinquante-sept officiers démissionnent. Voilà un gouvernement désarmé. D'autant plus que les révoltés de l'Ulster franchissent encore une étape : un navire débarque secrètement en Irlande du Nord 25 000 fusils et 3 000 000 de cartouches — venant d'Allemagne — et destinés aux Volontaires protestants. Les autorités anglaises, dûment prévenues de ce débarquement, n'ont pu ou voulu s'y opposer.

Asquith, Premier ministre, déclare :

— Si nous donnons l'ordre de marcher contre l'Ulster, il est certain que la moitié des officiers fera grève.

Sur un ton très britannique, il ajoute :

— Cela n'est guère plaisant.

Assurément, le gouvernement de Sa Majesté se trouve dans une impasse. Mais les Irlandais du Sud ?

En 1858, avait été fondée l'Irish Republican Brotherhood (I.R.B.), une société secrète qui ne rassembla jamais plus de deux mille adhérents, y compris les Irlandais émigrés en Amérique. Le recrutement s'était toujours fait parmi les milieux cultivés. Le but à atteindre : l'indépendance nationale. Les moyens ? Tous, y compris la violence. Chaque fois qu'éclataient en Irlande des manifestations en faveur de l'indépendance, voire de l'autonomie, on était sûr de trouver, au sein de ceux qui défilaient ou revendiquaient, une majorité de membres de l'I.R.B. En 1910, l'I.R.B. — sortie peu à peu de la clandestinité — a publié un journal bimensuel, *Irish Freedom* (la Liberté irlandaise). Tous ceux que nous avons vus entourer Patrick Pearse sur le perron de l'hôtel des postes, le lundi de Pâques 1916, étaient membres de la Fraternité républicaine irlandaise.

A la veille de la guerre de 1914, les membres de l'I.R.B. donnent naturellement libre cours à leur colère. Va-t-on tolérer plus longtemps les provocations de l'Ulster ? Pour répondre aux Volontaires de l'Ulster, un parlementaire, John Redmond, a créé, en novembre 1913, un mouvement qu'il a appelé les Volontaires irlandais. Tout aussitôt, il a recueilli 200 000 adhésions, chiffre énorme, et qui montre à quel degré de fièvre, en Irlande du Sud, on est aussi parvenu. Sur ces 200 000, 2 000 ont été sur-le-champ entraînés et armés.

Armés ? Le 26 juillet 1914, un navire décharge en plein jour à Howth des armes pour les miliciens d'Irlande du Sud : 900 fusils et 25 000 cartouches. Quand les Volontaires veulent les transporter à Dublin, ils trouvent la route barrée par l'armée anglaise. Ils tentent de passer outre. Des environs, la foule irlandaise accourt en renfort. La troupe ouvre le feu. Résultat : 3 morts et 38 blessés. En Irlande du Sud, la honte et la fureur. On compare cette attitude avec celle des forces britanniques stationnées en Ulster qui se sont bien gardées de troubler le débarquement des armes allemandes.

Quelques jours plus tard, l'armée de Guillaume II entre en Belgique. C'est la guerre. La violation de la neutralité belge a soulevé l'indignation de tous les Anglais. Aussi, il faut le dire, celle des Irlandais, qu'ils habitent l'Ulster ou le Sud. Le premier, John Redmond, déclare qu'il faut remettre à plus tard les revendications autonomistes. Les leaders de l'Ulster adoptent la même attitude. Au nord comme au sud, des dizaines de milliers de jeunes gens s'engagent. Ils se couvriront de gloire en Belgique, en France, en Orient. La témérité des troupes irlandaises deviendra légendaire. Un fait d'armes entre mille : un régiment irlandais, chargé de prendre une tranchée ennemie, monte à l'assaut en poussant devant lui un ballon de football. Les uns après les autres, les soldats tapent dans le ballon. Quand le ballon parvient dans la tranchée allemande, celle-ci est prise et les Irlandais crient : *Goal*. Hélas, la proportion des morts irlandais sera l'une des plus fortes de la Grande Guerre.

Aux yeux de Redmond, la situation apparaît si claire qu'il suggère au gouvernement de Londres de retirer ses troupes d'Irlande pour les envoyer au front. Redmond déclare — et il est sincère — que les Volontaires suffisent à assurer le maintien de l'ordre tant que durera la guerre.

A Londres, le gouvernement est persuadé d'en avoir fini, au moins provisoirement, avec les difficultés irlandaises. C'est compter sans l'I.R.B.

Curieusement, un protestant de l'Ulster, sir Roger Casement, est venu, vers la même époque, offrir ses services à l'I.R.B. Pour lui, l'indépendance totale de l'Irlande prend le pas sur les problèmes religieux. Il va devenir l'un des agents les plus actifs de l'I.R.B., négociant d'abord aux États-Unis avec les Irlando-Américains, puis partant pour la Norvège et passant de là en Allemagne.

Casement et l'I.R.B. jouent gros jeu. En négociant avec l'Allemagne, ils montrent que la guerre de l'Angleterre n'est pas leur guerre. Casement veut recruter parmi les prisonniers de guerre irlandais les éléments d'une brigade. Il souhaite obtenir de Guillaume II des armes pour l'insurrection irlandaise. Et — pourquoi pas ? — une aide militaire de l'Allemagne. Pour le Conseil de l'I.R.B., les choses devront se passer ainsi : au jour J, on mobilisera les Volontaires — tout au moins ceux qui ne sont pas partis se battre sur le continent — et les membres de l'I.R.B. On les armera grâce aux fusils allemands dont Casement a obtenu la promesse, on prendra d'assaut tous les points névralgiques du pays et l'on chassera les Anglais d'Irlande.

Admirable programme, certes, mais qui pèche sur un point essentiel. Les conjurés comptent fermement sur 3 000 Volontaires à Dublin et 13 000 en province. Or Eoin MacNeill, président des Volontaires irlandais, n'est nullement décidé à sacrifier ses troupes pour une insurrection qu'il juge non seulement hasardeuse, mais suicidaire. Le Conseil militaire ne peut ignorer cette prise de position, mais il estime qu'il parviendra, au dernier moment, à convaincre MacNeill. D'autre part, l'I.R.B. sait maintenant qu'elle peut compter sur une autre organisation, la Citizen Army — l'Armée citoyenne — de James Connolly.

L'opinion irlandaise, reconnaissons-le, se perd entre tous ces groupes, entre toutes ces tendances. Comme nous nous y perdons nous-même. En simplifiant, les Irlandais appellent tous ces gens qui s'entraînent, protestent, défilent, les *sinn-feiners*. Le *Sinn Fein* est un mouvement créé au début du siècle par un journaliste, Arthur Griffith. Depuis, Griffith a peu à peu rejoint les positions de Redmond. Le *Sinn Fein* est devenu plus une idée qu'un mouvement. N'importe, après 1914, toutes les oppositions, qu'elles se réclament de Pearse, de MacNeill ou de Connolly, seront devenues celles des *sinn-feiners*.

Connolly a donc rejoint le Conseil suprême de l'I.R.B. Il a apporté à Clarke le soutien de sa détermination enthousiaste. Dès le début de janvier 1916, il déclare qu'il faut passer à l'action. Si les autres ne suivent pas, il déclenchera seul, avec sa Citizen Army, l'insurrection. Au Conseil suprême, on est si sûr qu'il n'exagère pas qu'on se saisit de lui et qu'on le garde prisonnier du 19 au 22 janvier. On ne le libérera que sous les menaces de la Citizen Army tout entière, et notamment d'une femme singulière, la comtesse Markievicz, aussi noble que socialiste. A la fin de janvier, le Conseil finira par se laisser convaincre : on se soulèvera le dimanche de Pâques 1916. Pour tous les chrétiens, Pâques signifie la résurrection. Aux yeux des catholiques irlandais, imprégnés de mysticisme — même les socialistes comme Connolly n'y échappent pas —, la résurrection du Christ se doublera de celle de leur patrie asservie.

Dans le même temps, en Allemagne, sir Roger Casement discute ferme avec ses interlocuteurs. L'état-major allemand a refusé le transfert d'un corps expéditionnaire en Irlande. En revanche, on a promis au délégué de l'I.R.B. d'envoyer des armes et des munitions aux insurgés et de soutenir la révolte par des attaques déclenchées sur le front occidental et par des bombardements sur l'Angleterre pendant la semaine de Pâques.

Casement se rend compte que, sans l'appui militaire *direct* des Allemands, l'insurrection est vouée à l'échec. Pourtant, les Allemands tiennent leurs engagements. Le 9 avril, un chalutier, l'*Aud*, quitte Lübeck. Dans ses cales, un chargement de bois. Mais, sous le bois, 20 000 fusils. Pour dépister les recherches alliées, l'*Aud* bat pavillon norvégien.

Casement a obtenu d'être rapatrié en Irlande par sous-marin. Il quitte Kiel le 12 avril, en compagnie de deux compatriotes. Dès son départ, il a pris une décision : à peine arrivé en Irlande, il fera tout pour que soit annulée l'insurrection. Trop tard. Le 3 avril, Pearse, nommé par le Conseil militaire de l'I.R.B. commandant en chef de l'armée de la République irlandaise, a ordonné à tous les Volontaires de se mobiliser à partir du dimanche de Pâques.

Apparemment, l'administration anglaise ne se méfie pas des détachements paramilitaires. On les laisse librement porter l'uniforme, s'entraîner, défiler. Il ne semble pas que les services secrets britanniques soient parvenus à s'infiltrer dans les instances suprêmes de l'I.R.B.

L'ordre donné par Pearse, le 3 avril, transmis par poste — et même par avis insérés dans les journaux — ne concerne donc que des manœuvres très officielles. Le mouvement est déclenché — incroyable mais vrai — sans que MacNeill et l'état-major des Volontaires irlandais se doutent que ces manœuvres dissimulent en réalité une insurrection.

On approche de l'échéance. Quelqu'un s'avise que, dans les environs de Dublin, des courses de chevaux doivent avoir lieu le lundi de Pâques. Assurément, les officiers de la garnison ne manqueront pas de s'y rendre. Donc, le lundi de Pâques, l'armée britannique de la capitale irlandaise ne sera pas commandée. Occasion inespérée. Le Conseil militaire s'en saisit et reporte l'opération au lundi.

Pour éviter que les armes allemandes attendues n'arrivent trop tôt et ne soient découvertes par les Anglais, on fait savoir aux Allemands que l'*Aud*, attendu pour le 20 avril devant les côtes irlandaises, devra retarder sa venue jusqu'au 23. Ce qu'ignore le Conseil militaire, c'est que l'*Aud* n'a pas la radio. Quand le message est reçu en Allemagne, le 15 avril, l'*Aud* est déjà en mer depuis sept jours. Le chalutier prétendument norvégien, après avoir traversé une effroyable tempête et déjoué les pièges de la flotte britannique, mouille dans la baie de Tralee le jeudi saint dans l'après-midi, jour primitivement fixé pour le rendez-vous. Grande est la fierté du capitaine allemand d'avoir exécuté ses ordres d'une façon aussi exacte. Il fait jeter son chargement de bois à la mer — et il attend. Personne. La nuit vient. Personne. L'Allemand multiplie les signaux lumineux. Aucune réponse. D'évidence, le danger devient trop grand. Le vendredi saint, à l'aube, le capitaine Spindler doit reprendre la mer. A midi, un navire britannique apercevra l'Allemand. A 18 h 30, il sera arraisonné par vingt-neuf bâtiments de guerre de la Royal Navy et forcé à gagner le port de Queenstown. Là, plutôt que les armes tombent aux mains des Anglais, le capitaine Spindler fera sauter son navire.

Dans les plans des insurgés, l'apport d'armes allemandes représentait l'élément essentiel. Sans armes, comment envisager un succès ? L'affaire de l'*Aud* apparaît comme une catastrophe. Mais les conjurés gardent l'espoir chevillé à l'âme. Sans nouvelles de Casement, ils espèrent toujours qu'un corps expéditionnaire allemand va débarquer.

Au cours de la semaine qui précède Pâques, MacNeill a fini par découvrir le pot aux roses. Tard dans la nuit du vendredi saint, dans un état de colère bien compréhensible, il se présente chez Pearse :

— Vous m'avez trompé !

Pearse l'admet aussitôt :

— C'était nécessaire, dit-il seulement.

MacNeill croit de moins en moins à la réussite du soulèvement. Il adjure Pearse d'y renoncer. Sans résultat. Déjà, Pearse est au-delà de la logique, au-delà de la raison.

A l'aube du samedi saint, le sous-marin allemand transportant Casement et ses deux adjoints débarque les Irlandais dans la baie de Tralee. Dès que le canot pneumatique les a déposés sur le rivage, Casement, épuisé par le mal de mer, s'effondre dans une prairie et s'endort. Les deux autres s'en vont prévenir les Volontaires voisins. Un peu plus tard, la police britannique, mise en alerte par l'affaire de l'*Aud*, découvre le canot pneumatique sur la plage. Une battue est aussitôt entreprise. On met la main sur Casement qui est arrêté sur-le-champ.

Vers la fin de l'après-midi, MacNeill est averti de l'arrestation de Casement. Décidément, il ne reste plus rien des illusions de naguère. Pas d'armes, pas d'aide allemande : à quoi bon faire tuer inutilement tant de patriotes irlandais ? Sûr de lui, MacNeill décide d'annuler la mobilisation des Volontaires annoncée pour le dimanche. Des messages partent pour Belfast et Cork. Les journaux de Dublin insèrent des avis ordonnant aux Volontaires de rester chez eux.

Mais le Conseil militaire de l'I.R.B., de son côté, a envoyé d'autres messages, signifiant aux Volontaires de reporter la mobilisation au lundi matin. Confusion absolue. Ambiguïté totale. Finalement, à Dublin, 700 Volontaires seulement répondront à l'ordre de mobilisation. Préparant les plans du soulèvement, Joseph Plunkett avait, quelques jours plus tard, estimé qu'il en fallait 10 000 pour que l'on pût envisager une chance de réussite.

Dans le cours de la journée du dimanche 23, les autorités britanniques — sir Matthew Nathan, lord Winborne —, alarmées par l'arrestation de Casement et l'affaire de l'*Aud*, décident d'incarcérer quelques dizaines de leaders irlandais. Une liste est dressée. Sans hâte. Rien ne presse.

L'aube se lève sur le lundi de Pâques 1916. Des hommes s'engouffrent dans le lourd bâtiment appelé Liberty Hall qui abrite les douanes mais aussi les syndicats. C'est là que Connolly tient ses réunions. Devant le Liberty Hall coule la rivière de Dublin, la Liffey.

Sur la façade, une banderole gigantesque avec cette inscription : « Nous ne servons ni le roi ni le kaiser mais l'Irlande. »

Au premier étage, les hommes se retrouvent. En uniforme. Ils sont là, tous, les chefs de l'insurrection qui va commencer : Patrick Pearse, MacDonagh, Ceannt, Plunkett — en train de mourir de tuberculose, que l'on vient d'opérer de la gorge et qui tient à peine debout — et aussi Tom Clarke, et MacDiarmada, fer de lance de l'I.R.B.

Il est 9 heures. La séance peut commencer. Sur tous les visages, une infinie gravité. Chacun a conscience que, pour l'Irlande, l'heure est capitale. Aujourd'hui, ils vont proclamer l'indépendance, ils vont proclamer la République.

Pas de débat. Patrick Pearse est élu président du gouvernement provisoire et généralissime des forces de la République. James Connolly est élu vice-président et commandant en chef des forces de Dublin. Les autres se répartissent des portefeuilles et des commandements, les uns et les autres fort symboliques.

— Dès le premier coup de feu, s'écrie James Connolly, il n'y aura plus de *Citizen Army*, plus de Volontaires irlandais, rien que l'armée républicaine irlandaise.

L'armée républicaine irlandaise, en anglais, c'est l'*Irish Republican Army*. Autrement dit, l'I.R.A. Cette I.R.A., qui fera tant parler d'elle, est née ce lundi 24 avril 1916, au Liberty Hall de Dublin.

Quand le nouveau gouvernement sort du bâtiment, il trouve quelques centaines d'hommes qui attendent. Une centaine seulement en uniforme. Le reste en civil, mais portant leggings, baudrier, ceinturon, tâchant tant bien que mal de se donner une allure militaire. Des petits-bourgeois, des ouvriers. La plupart portant un fusil : les plus courants sont des mausers allemands, ceux que l'on avait pu importer si difficilement, 1 500 en tout. Certains Volontaires ne sont armés que de piques. De cette petite foule se dégage une telle impression de fragilité que Connolly, lorsqu'il les voit, se tourne vers son second, O'Brien, et lui dit gaiement :

— Bill, nous allons nous faire massacrer.

O'Brien demande :

— N'y a-t-il pas un faible espoir ?

— Absolument aucun, répond Connolly, avec la même gaieté.

Connolly descend les marches du Liberty Hall et, apercevant une femme revêtue de l'uniforme de la *Citizen Army* — tunique masculine sur longue jupe verte — s'avance vers elle. Elle arbore un chapeau de velours à plumes qui prêterait à rire si l'énorme pistolet Mauser qu'elle porte à la hanche n'inspirait le respect. C'est la comtesse Markievicz. Connolly la salue puis désigne aux officiers leurs objectifs. Volontaires et soldats de la *Citizen Army* confondus se mettent aussitôt en marche pour les directions qui leur sont assignées.

Sur la place, il ne reste que 150 hommes.

A midi, Pearse, Connolly et Plunkett — flanqué de son adjoint Michael Collins — se mettent à leur tête. On s'applique à marcher en cadence. Chacun, de son mieux, veut donner l'image d'un soldat. L'opération qui commence ne doit pas être qualifiée de terroriste. C'est une guerre.

Le ciel est bleu, le soleil déjà chaud. Sur les trottoirs de la ville, beaucoup de badauds. Des femmes vendent des fleurs et des fruits sur de légères charrettes. Des gamins crient les journaux du matin. Il y a longtemps qu'on n'a vu à Dublin un printemps pareil.

Et voici que, sur la chaussée, retentissent les pas martelés des hommes de Pearse et de Connolly. Étonnement de la foule. Réprobation. Ces gens qui semblent jouer aux soldats ne sont pas populaires. Les plaisanteries fusent, les quolibets. Parfois jaillit un lazzi plus cruel :

— Si vous tenez tant à faire les soldats, allez donc dans les tranchées, en France !

Impassibles derrière leurs trois chefs, les hommes avancent toujours. Ils se sont engagés dans O'Connell Street, la rue la plus animée de Dublin. Son véritable nom est Sackville Street. Mais comme la statue de bronze d'O'Connell s'élève là, face au pont sur la Liffey, c'est par le nom du « libérateur » que les habitants de Dublin la désignent. A l'extrémité de la rue se dresse un autre monument, à la mémoire de Parnell celui-là. Entre les deux, au sommet d'une immense colonne en pierre, la statue de Nelson. En face, l'hôtel central des postes, avec ses huit colonnes ioniques. Pas de doute : ce fronton néo-grec est spécifiquement anglais.

La colonne des insurgés s'est arrêtée devant cette poste. Un ordre, soudain. C'est Connolly qui l'a donné :

— Compagnie, halte ! Demi-tour à gauche !

Exécuté, le demi-tour. Alors, Connolly rugit un nouvel ordre :

— Sur la poste, chargez !...

Les Volontaires se ruent en hurlant vers la poste qu'ils envahissent en une minute. Aux employés, au public, Connolly ordonne d'une voix tonnante :

— Tout le monde dehors.

Clients et employés semblent pétrifiés. Deux coups de feu, tirés vers le plafond, claquent. Aussitôt, c'est la débandade vers la sortie. C'est fait : les Volontaires sont chez eux. A coups de crosse, on enfonce les vitres. On accumule devant les fenêtres des registres, des sacs postaux, des annuaires, le tout à hauteur d'homme. Derrière ces barricades, on pourra tirer sans être fatalement abattu. Selon le plan des conjurés, l'hôtel des postes est le quartier général de l'insurrection.

A la même heure, d'autres détachements s'emparent du Palais de justice et de la place Saint-Stephen, où l'on creuse des tranchées et où l'on élève des barricades de voitures. Le retranchement de Saint-Stephen est commandé par Michael Collins et la comtesse Markievicz. On s'empare aussi de la South Dublin Union, un lacis de bâtiments vétustes où l'on peut résister longtemps. Une autre position très forte a été occupée : la minoterie de Boland d'où l'on tiendra en respect les renforts anglais qui ne manqueront pas de survenir par la route de Kingstown. L'officier qui commande là se nomme Eamon De Valera. On a failli prendre aussi le château de Dublin mais, après avoir tué le soldat de garde, les vingt hommes chargés de l'opération, persuadés que leur infériorité numérique était rédhibitoire, se sont repliés. Ils ont eu tort. La château n'était pratiquement pas défendu.

Pour le moment, aucune réaction des Britanniques. Entièrement prises au dépourvu, l'armée et la police ! Les policemen qui faisaient les cent pas devant la poste ont préféré s'éclipser.

C'est alors que des Volontaires, grimpés sur le toit de la poste, ont hissé les deux drapeaux, celui de l'indépendance et celui de la République. C'est alors que les chefs de l'insurrection sont sortis sur le perron. Que Pearse a lu sa proclamation. Après quoi il est rentré dans la poste, avec ses amis. Connolly s'est penché vers Pearse :

— Pearse, je remercie Dieu d'avoir vécu assez vieux pour voir ce jour.

Rien de plus authentique que cet élan. Or ni Connolly ni Pearse ne croient à leur victoire. La meilleure explication de cet état d'esprit, Pierre Joannon l'a donnée : « Ils voulaient frapper l'opinion irlandaise en particulier et l'opinion mondiale en général, par un acte de révolte audacieux et durable qui réveillerait les Irlandais de leur torpeur et réaffirmerait à la face des nations leur droit à l'autodétermination. Ce n'était point une révolution ni une émeute. C'est ce que les Anglais appellent un *rising*, terme on ne peut plus adéquat, qui signifie à la fois soulèvement et résurrection. »

D'autres bâtiments tombent aux mains des Volontaires qui, indifférents à tout — et d'abord aux réactions hostiles de la foule — s'emparent d'une biscuiterie, du dépôt de mendicité, d'une brasserie, coupent les voies ferrées et les lignes téléphoniques. Ces succès ont pour effet de renforcer la petite armée des insurgés. Les Volontaires qui, troublés par les ordres et contrordres, n'avaient pas rejoint, le font au début de l'après-midi. Au soir de ce lundi de Pâques, les troupes de l'insurrection compteront environ 1 100 hommes. Qui, tous, auront déjà subi le baptême du feu.

A 13 h 15, un nouveau groupe de Volontaires s'est présenté devant l'hôtel des postes, au moment même où un cri s'élevait tout au long d'O'Connell Street :

— Les lanciers !

Les Volontaires n'ont eu que le temps de s'engouffrer dans le bâtiment. Un détachement de lanciers, au petit trot, s'avance vers la poste. Chevaux splendides. Ordre admirable. Chaque lancier tient bien droite une lance prolongée par une flamme de couleur vive. Est-on à la guerre ou à la parade ?

A cent yards de la poste, les lanciers s'arrêtent. Le colonel qui les commande dégaine son sabre, se soulève sur sa selle :

— Chargez !

La redoutable colonne s'ébranle. Le galop succède au petit trot. Aux fenêtres, derrière les barrières de sacs et d'annuaires, les Volontaires pointent leurs fusils. Derrière eux, Connolly, très calme :

— Ne tirez pas avant qu'on vous en donne l'ordre !

Les lanciers dépassent la colonne de Nelson. Sans attendre l'ordre, un premier Volontaire tire. Puis un autre. Un autre encore : les premiers coups de feu de l'insurrection. Maintenant, tout le monde tire. Trois lanciers ont glissé de leur selle jusqu'aux pavés. Autour d'eux s'élargit une mare de sang. Un cheval s'abat. Un autre désarçonne son cavalier. A la parade, tout à coup, viennent de succéder la terreur et la mort. Un nouvel ordre du colonel :

— En retraite !

Quand ils ne voient plus que la croupe des chevaux qui s'éloignent, les Volontaires hurlent leur joie. Après seulement, ils s'aperçoivent que l'un des leurs a été tué et deux autres blessés.

La foule, pendant l'affrontement, s'est mise à l'abri. Elle revient, plus nombreuse, semble-t-il. Toujours les invectives. De l'issue de tout cela, cette foule ne doute pas un instant :

— Ils seront battus.

Alors, à quoi bon ? De toute éternité, la foule a méconnu les héros. D'autant qu'il y a de tout dans cette masse compacte. On y voit des figures sinistres, des hommes et des femmes qu'on ne voudrait pas rencontrer la nuit. Comme à toutes les heures troubles, les bas-fonds ont déversé là leur contingent d'inadaptés sociaux. Pour eux, aujourd'hui, c'est la fête à Dublin.

La première, la vitrine d'un confiseur s'abat sous les pierres qu'on lui a lancées. En un instant, la vitrine est vide. La populace s'engouffre à l'intérieur, s'empare des bonbons, des chocolats. En cinq minutes, on a fait place nette. La fête continue. On pille une chapellerie, une lingerie, un bottier, un tailleur. Le torrent remonte la rue, brise les vitrines, rafle tout. On emporte des robes, des costumes, des chapeaux, des meubles, de l'étoffe, des denrées. Les malins ont rempli des voitures d'enfant.

Des fenêtres, les Volontaires de la poste considèrent tout cela avec désespoir et honte. Certains sortent, essayent de disperser les pillards :

— Vous déshonorez la révolution !

D'autres tirent au-dessus de la tête des voleurs, croyant les effrayer. En vain.

La foule, maintenant, a envahi l'un des grands magasins de la ville. Fou de rage, Connolly donne l'ordre à douze hommes de « dégager cette racaille à la baïonnette et à la matraque ». Les

Volontaires obéissent, frappent à tour de bras parmi les pillards qui s'enfuient en les injuriant :

— Salauds ! l'armée anglaise vous réglera bientôt votre compte !

A peine les Volontaires se sont-ils éloignés que la foule revient. Rien à faire. Connolly songe un instant à faire tirer dans le tas. Il hésite. Il renonce. Quand la nuit tombe, on pille toujours. L'armée britannique ne s'est pas manifestée de nouveau.

Le mardi matin, il pleut. Des messagers annoncent que des trains entiers déversent en gare de Dublin des troupes anglaises appelées de province. Si l'on dégarnit la province, c'est que celle-ci ne s'est pas insurgée. Ceux de Dublin sont seuls. Jusqu'au bout ils le resteront. Et ils le savent.

Par ailleurs, l'armée est passée à l'action. Elle attaque l'hôtel de ville où un certain nombre de Volontaires se sont installés. Elle mitraille les tranchées de Saint-Stephen qui deviennent intenables. Les insurgés les évacuent et se barricadent dans le Collège de chirurgie. D'ores et déjà, il n'est plus possible de communiquer entre la poste, Saint-Stephen, la South Dublin Union et la biscuiterie Jacob. Sur tous les points tenus par les insurgés, la bataille fait rage. De part et d'autre, les hommes tombent. L'artillerie anglaise entre dans la danse. Peu à peu, les Britanniques reprennent le contrôle de tout le périmètre autour du château. Des Volontaires, chassés de leur position, se replient en faisant le coup de feu jusqu'à la poste. On les répartit entre deux positions avancées : l'hôtel Impérial et l'hôtel Métropole. Ainsi pourront-ils briser l'assaut que les Anglais ne manqueront pas de donner à l'hôtel des postes. On l'attend jusqu'au soir. Il ne vient pas. Toute la nuit, les Volontaires, le doigt sur la détente, veillent aux fenêtres. Quand l'aube du mercredi se lève, rien ne s'est produit.

A 8 heures du matin, la canonnière *Helga*, qui a remonté la Liffey et s'est embossée à la hauteur du fond Butt, ouvre le feu sur le Liberty Hall. Depuis longtemps, il n'y a plus personne dans le bâtiment, mais les canonniers s'acharnent. Peut-être pense-t-on que là se trouve le quartier général des insurgés. Des trous béants s'ouvrent dans la façade, des pans de mur entiers s'abattent. Après la bataille, il ne restera du Liberty Hall que des ruines.

Toute la matinée, les Anglais progressent vers la grand-poste. Ils occupent toutes les rues voisines, les ruelles, les toits d'où l'on peut tirer sur le Q.G. rebelle. Face à la poste, ils font de Trinity College une forteresse. Au Palais de justice, l'acharnement est devenu de la férocité. Amers, les insurgés assiégés reconnaissent souvent, parmi ceux qui tentent de les débusquer, l'uniforme des régiments irlandais. Se battre, soit. Mais se battre sous les injures du peuple et les balles d'autres Irlandais ?

Cependant, ils tiennent. Comme prévu, ce mercredi, des renforts anglais arrivent de Kingstown. Ils tombent dans l'embuscade tendue à la minoterie Boland par De Valera. Les pertes anglaises seront lourdes et les renforts stoppés pendant de longues heures. Partout, à travers la ville, la pression britannique se fait plus pesante. Partout, on utilise le canon, d'ailleurs à tort et à travers. On fait donner une pièce de 230 contre un seul tireur insurgé. Les immeubles s'abattent, des quartiers entiers sont éventrés. Des incendies s'allument. Les habitants se réfugient dans les caves ou s'enfuient dans d'autres quartiers. Les vivres commencent à manquer.

Au soir du mercredi, l'hôtel des postes tient toujours.

La nuit encore. L'interminable nuit. Au loin, la lueur des incendies, le tir des mitrailleuses. Le moral qui se mine. Des hommes qui tremblent. Ils ont froid, ils ont faim, ils ont peur.

Patrick Pearse se tourne vers l'un de ses disciples :

— Nous serons impitoyablement balayés, et le peuple d'Irlande nous condamnera et nous accablera pour ce que nous avons fait. Mais plus tard il comprendra les raisons de notre combat. Les héros et les saints sont toujours crucifiés, mais ils ressuscitent pour être adorés par ceux qui les ont crucifiés.

Jeudi 27. On en est au quatrième jour de l'insurrection. A 10 heures du matin, un obus frappe l'imprimerie de l'un des journaux de Dublin, l'*Irish Times*, sur O'Connell Street. L'immeuble prend feu. Très vite, l'incendie se propage d'immeuble en immeuble. La rue brûle. Le quartier brûle.

Des fenêtres de la poste, les insurgés ne voient plus que des flammes et de la fumée. A l'abri de ce rideau opaque, les Anglais s'élancent. Le feu roulant des Volontaires a l'affût dans l'hôtel Métropole et la fabrique de chaussures Manfield les arrête net. Il faut lire dans le grand roman d'O'Flaherty, *Insurrection*, le récit de ces combats enragés, de l'héroïsme déployé, de la sainte colère qui secouait ces Irlandais, des souffrances inouïes éprouvées. Parfois l'historien a besoin, pour mieux comprendre, du regard du romancier. Bouleversant celui-ci. Dans la zone de Mount Street Bridge, un petit groupe de Volontaires s'est barricadé dans trois bâtiments. Ils vont résister pendant près de vingt-quatre heures aux assauts de deux bataillons britanniques.

Aux alentours de la poste, la pression anglaise se fait insupportable. Sans cesse, sur les positions avancées, s'abattent les obus incendiaires. Du milieu des flammes, les Volontaires jaillissent pour tenter de rejoindre la poste. Ils se jettent ainsi sous le feu des Anglais qui ont tourné leurs positions. Presque tous sont abattus. Les survivants sont faits prisonniers.

Après quoi, l'artillerie concentre son tir sur la poste elle-même. Tout autour, le quartier brûle, la fumée envahit l'intérieur de la poste, l'atmosphère est devenue irrespirable. Bientôt, c'est l'évidence, les Anglais feront irruption et l'emporteront. Debout au milieu du hall, Pearse donne son sens à la bataille perdue :

— Durant ces quatre jours, vous avez gravé par le feu et l'acier le chapitre le plus glorieux de l'histoire d'Erin... Ce que vous avez fait est sans prix. Vous avez lavé Dublin de sa honte.

Connolly préfère l'action aux belles paroles. Il ne veut pas être pris dans la poste comme dans un piège à rats. Il veut tenter une sortie. Il tonne :

— Je demande trente hommes qui n'aient pas peur de sortir dans la rue !

Les voilà, les trente hommes. Derrière Connolly, dans l'enfer de feu et de flammes, ils progressent. Ce que veut Connolly, c'est construire une barricade sur Prince's Street afin de stopper les Anglais quand ils donneront l'assaut définitif à la poste. La barricade s'élève rapidement. Un coup de feu entre mille : Connolly chancelle. Une balle l'a frappé à un bras. Sans rien montrer, il annonce qu'il regagne la poste pour un instant, ce ne sera pas long. Là, on le soigne, on le panse. Quand il regagne la barricade, personne ne s'est aperçu de rien. Il comprend vite que la position est devenue intenable. Il disperse ses Volontaires dans deux immeubles voisins. Les Anglais mitraillent et tirent de plus belle. Connolly chancelle de nouveau. Cette fois, la balle lui a fracassé une cheville. Il s'abat, jette un coup d'œil à sa cheville qui n'est plus que bouillie écarlate. La souffrance est horrible. Il rassemble ses forces, rampe, se traîne, s'évanouit. Un Volontaire l'aperçoit, le soulève, l'emporte en courant jusqu'à la poste. Un médecin anglais prisonnier l'opère, sans chloroforme. Connolly se cramponne pour ne pas hurler. A la fin il gouaille :

— Décidément, lieutenant, vous êtes notre plus intéressante capture de la semaine.

Dehors, l'incendie roule et gronde. Non loin de là, un dépôt de produits chimiques a pris feu. Les réservoirs, l'un après l'autre, explosent. Les derniers Volontaires qui tiennent l'hôtel Impérial doivent évacuer la position quand le feu les rejoint. La plupart sont réduits à l'état de cadavres par le tir des mitrailleuses, quelques-uns seulement rejoignent la poste. A bout de forces, Joseph Plunkett, la voix sifflante, les pommettes rouges, les yeux brillants de fièvre, se cramponne à une fenêtre :

— C'est fantastique ! La première fois depuis Moscou ! La première fois, depuis 1812, qu'une capitale brûle !

Pourquoi les Anglais n'ont-ils pas donné l'assaut ce soir-là ? Pour faire durer le plaisir ?

Au matin du vendredi, Connolly s'est fait porter dans le hall. Il ne veut pas quitter ses soldats. Il veut se trouver au milieu d'eux quand viendra l'assaut. Depuis l'aube, le fracas de l'artillerie et des mitrailleuses a repris. A 15 heures, un obus incendiaire explose dans les combles de la poste. Aussitôt, le feu se propage. Les deux derniers étages brûlent. Les murs s'écroulent. Le feu gagne la cage d'escalier, embrase la majeure partie du bâtiment. Décidément, c'est fini. Soudain, un chant s'élève : les trois cents hommes survivants entonnent le *Chant du soldat*. Certains sont à genoux, d'autres égrènent leur chapelet. D'autres, debout, s'appuient au mur.

C'est Pearse qui lance l'ordre :

— Évacuez la poste. En ordre et en silence.

Comment une telle sortie pourrait-elle réussir ? A peine dehors, les insurgés se voient obligés de se réfugier dans une maison où les Anglais les encerclent. Tout l'après-midi, on tient. On décide de gagner les maisons mitoyennes en abattant les cloisons. Les hommes creusent, creusent avec acharnement. Tout à coup, des cris dans la rue. Ce sont des civils qui agitent des drapeaux blancs. Tapis dans les immeubles voisins, la sortie des insurgés les a jetés au cœur de la bataille. Ils demandent grâce. Pour Pearse, c'est la goutte d'eau qui fait déborder le vase. Après tout, ces civils n'ont rien demandé. Pourquoi les entraîner dans la mort ? Le samedi

29 avril, à 12 h 45, une infirmière, qui agite un drapeau blanc, apporte dans les lignes anglaises un message de Pearse pour le général Lowe : « Le commandant général des armées républicaines souhaite entrer en pourparlers avec le général commandant les troupes anglaises. »

La réponse sera : reddition sans conditions. Pearse accepte de capituler. Il se rase, brosse son uniforme et suit l'infirmière auprès du général anglais. Quel face à face, que celui de ces deux hommes qui se sont affrontés tout au long de la semaine ! Quelques mots cérémonieux. Pearse tend son épée à Lowe. Une voiture l'emmène.

Un peu plus tard, quatre Volontaires sortiront de leur dernier refuge, portant sur un brancard James Connolly. Sa cheville est atteinte par la gangrène, il souffre atrocement.

Les uns après les autres, les Volontaires se rendent. Des messagers sont allés porter la nouvelle aux quatre coins de Dublin. A la minoterie Boland, les hommes de De Valera ont brisé leurs fusils avant de se rendre. De Valera lui-même, la rage au cœur, est prisonnier des Anglais. Comment ceux qui le bousculent sans indulgence pourraient-ils imaginer qu'ils escortent le futur président de la République irlandaise devenue libre ? Au Collège de chirurgie, les derniers survivants — ils ne sont guère — suivent dans un silence absolu la comtesse Markievicz jusqu'aux lignes britanniques. Le soir, à 21 heures, l'insurrection est morte. Définitivement. Seuls les Volontaires réfugiés sur les toits tiraillent encore çà et là, parce que nul n'a pu leur porter la nouvelle de la capitulation.

D'Angleterre, le général sir John Maxwell est arrivé, avec des ordres précis. Il faut punir et réprimer. Il faut mater l'Irlande, au moins jusqu'à la fin de la guerre en Europe.

Le 3 mai, les exécutions commencent. Tom Clarke, Patrick Pearse, Thomas MacDonagh sont jugés par une cour martiale et exécutés le jour même. Le lendemain, c'est au tour de Joseph Plunkett. Au dernier moment, il a reçu l'autorisation d'épouser sa fiancée. Trois autres tombent sous les balles du peloton d'exécution. Le 5 mai, Sean MacBride est passé par les armes. Il s'était battu aux côtés des Boers, contre les Anglais. Ceux-ci ne le lui ont pas pardonné.

Le 8 mai, quatre exécutions capitales. Le 9, on fusille Thomas Kent. James Connolly, lui, a été conduit à l'hôpital où, depuis la reddition, on lui prodigue des soins éclairés. Le 12, au matin, une ambulance vient le chercher, le conduit jusqu'au lieu du supplice. On l'assied sur une chaise. On le fusille.

Étrange réaction des foules. Les Irlandais qui s'étaient montrés si hostiles à l'insurrection, si injustes à l'égard des insurgés, vont ressentir l'horreur de ces exécutions. Ils ont compris — enfin — que ceux qui meurent sont les meilleurs d'entre eux. Devant la prison où l'on fusille, des foules s'assemblent. Des gens bouleversés qui disent ensemble leur chapelet, qui prient et qui pleurent.

De l'Irlande, la protestation unanime gagne l'Angleterre, puis le monde libre. Le premier qui demande l'arrêt de cette tuerie n'est autre que George Bernard Shaw. D'outre-mer, les dominions protestent. Du fond de leurs tranchées, les soldats irlandais crient leur révolte.

Le gouvernement d'Asquith plie. On met fin aux exécutions. Le dernier mort sera sir Roger Casement. Citoyen britannique, il a, en temps de guerre, négocié avec l'Allemagne. Il est condamné pour haute trahison et pendu.

L'Histoire a donné raison à Patrick Pearse. La défaite des insurgés est en fait une victoire. Cinq ans plus tard, le 6 décembre 1921, les Anglais reconnaîtront l'État libre d'Irlande, auquel ils accorderont le statut de dominion. Le riche Ulster demeurera partie intégrante du Royaume-Uni. En 1937, l'Irlande retrouvera son nom gaël d'Eire. Enfin, en 1949, la République d'Irlande accédera à l'indépendance totale. Pour en arriver là, que de larmes, que de sang !

Souvenons-nous : au soir du samedi 29 avril 1916, les derniers Volontaires livrés aux Anglais passèrent devant la statue de Charles Stewart Parnell et ils purent lire, sur son socle, cette devise gravée en lettres d'or : « Aucun homme n'a le droit d'arrêter la marche en avant d'une nation. »

VIII

Vincent Moulia, condamné pour l'exemple

7 juin 1917

Nuit du 11 au 12 juin 1917. A Maizy, département de l'Aisne, cinq hommes se morfondent dans la réserve à betteraves de la ferme Duchainay. Cinq poilus comme on disait alors. Ils sont là, dans leur uniforme bleu horizon, crasseux, délavé. Une défroque plus qu'un uniforme. La pluie, la boue, la neige, le sang, pendant des mois et des années, tout cela laisse des traces.

Cinq soldats : Cordonnier, Didier, Garrel, Laplacette, Moulia. Le seul gradé s'appelle Moulia. Il est caporal. Dans la puanteur de la réserve à betteraves, ils attendent la mort. Quatre jours plus tôt, un conseil de guerre les a condamnés à être passés par les armes. Motif : mutinerie.

Le président de la République, Raymond Poincaré, le premier, a appelé 1917 *l'année trouble*. Au vrai, cette année-là, tout a failli basculer. Cette magnifique armée française qui, depuis trois années, s'arc-boute contre la formidable pression allemande, il s'en est fallu de très peu qu'elle ne s'abandonne et ne lâche, en quelques heures, le terrain qu'elle a, au prix de tant de souffrances, si opiniâtrement défendu.

L'année trouble, c'est beaucoup de choses : en janvier, le président américain Wilson propose de mettre fin aux hostilités par une « paix sans victoire ». Le 8 mars 1917, le nouvel empereur

Mobilisé en 1914 comme tant d'autres : Vincent Moulia. (Wilfried Louvet.)

d'Autriche, Charles Ier, entame des pourparlers pour une paix de compromis. En Russie, la révolte éclate à Petrograd. Huit jours plus tard, le tsar Nicolas II abdique. D'évidence, l'allié de l'Est va faire défaut, permettant aux divisions allemandes de se rabattre sur le front français. Le 2 avril, les États-Unis déclarent la guerre aux puissances centrales, mais nul ne sait quand les Américains seront en mesure d'apporter une aide efficace, en hommes et en matériel. L'année trouble, c'est, surtout, pour les combattants français, l'échec de l'offensive Nivelle.

Depuis trois ans, on a tout demandé aux poilus. Ils ont tout donné. L'année précédente, des millions d'hommes ont été acheminés vers l'enfer de Verdun. Le fils de Guillaume II, le kronprinz, était sûr de percer à Verdun. Les Français ont tenu bon. « On les aura », avait dit Pétain. On les a eus. Mais à quel prix ! Un chiffre résume tout : à Verdun, cette année-là, près d'un million de combattants des deux camps sont tombés. Après quoi, partout à l'ouest, le front s'est enlisé. De nouveau, les hommes se sont enfouis dans leurs tranchées. Des Français ou des Allemands, qui attaqueraient les premiers ? Au printemps, les poilus ont su que ce serait eux. Un nouveau général préparait une offensive. Il s'appelait Nivelle. Cette fois, on allait voir ce qu'on allait voir. Les Boches étaient à bout. On allait entrer dans leurs lignes comme dans du beurre. Ils allaient s'enfuir comme des lapins. Même qu'on aurait sûrement du mal à les rattraper. D'ailleurs, Nivelle l'avait dit : « En quarante-huit heures, tout sera réglé. »

La fameuse offensive Nivelle allait aboutir au plus lamentable des échecs. Alors, quelque temps plus tard, très peu de temps, commencèrent les mutineries.

Précisément, c'est pour s'être mutinés que, dans la réserve à betteraves de la ferme Duchainay, à Maizy, cinq hommes attendaient la mort. Cinq hommes, dont le caporal Vincent Moulia.

J'ai rencontré Vincent Moulia. De tous les condamnés pour l'exemple en 1917, il était le seul, à quatre-vingt-onze ans, qui puisse dire : j'étais là. Je suis allé le voir, dans sa minuscule maison de Landré, près de Nassiet, dans les Landes. Il avait bon pied, bon œil, avec ses cheveux encore noirs, sa superbe moustache et son œil malicieux. Il avait un peu perdu la mémoire, mais n'avait oublié aucune des chansons de ses vingt ans : les cantiques que lui enseignait son curé, l'abbé Verdier, et les paroles plus lestes qu'il avait apprises au régiment. Auprès de lui, j'ai rencontré ses enfants et sa femme, Berthe, qui connaissait l'histoire de son mari comme s'il s'agissait de la sienne. J'ai été conduit là par André Curculosse : le premier, il avait recueilli les souvenirs de Vincent Moulia. Surtout, j'ai pu entendre un document infiniment précieux, une bande magnétique d'une durée de huit heures, enregistrée en 1970 par Vincent Moulia à l'instigation de son gendre. A travers ce récit, martelé par le savoureux accent des Landes, c'est d'abord une époque que je revivais, mais aussi une incroyable aventure.

Le Crapouillot, en août 1934, dans un numéro spécial consacré aux mutineries de 1917, évoqua pour la première fois l'histoire du caporal Moulia. Depuis, plusieurs historiens ont cité son nom, avec des commentaires divers et une exactitude relative. En 1965, deux d'entre eux écrivaient encore que Vincent Moulia — qu'ils appelaient Moulin — avait été fusillé avec ses camarades. En fait, sur ce qu'il était advenu du caporal Moulia, on ne savait rien de très précis. J'ai moi-même ignoré son existence jusqu'au moment, en 1978, où un livre parut : *Vincent Moulia, les pelotons du général Pétain*, dont l'auteur était Pierre Durand. Pendant de longs mois, celui-ci avait enquêté sur « l'affaire Moulia ». Si j'ai suivi à mon tour l'itinéraire de Vincent Moulia, c'est à Pierre Durand que je le dois [1].

Moulia est né à Nassiet, le 25 mai 1888, d'un père inconnu et d'une mère journalière. Une enfance misérable, mais pas malheureuse. Un frère, Joseph. Vincent adore sa mère et il aime bien l'abbé Verdier, le curé de Nassiet, qui veille sur lui plus que sur les autres gamins du village. Parce qu'il n'a pas de père.

L'école ? Il n'y va, en tout et pour tout, que durant neuf mois, entre huit et neuf ans. Le miracle, c'est qu'il saura quand même lire et écrire.

Deux ans de service militaire. Guère le temps de souffler, et c'est la guerre. En 1914, il est plongeur à l'hôtel de l'Europe à Dax. Au village, il n'y avait pas beaucoup de travail. Pour gagner sa vie, il fallait aller ailleurs. Un matin, sur les murs de Dax, les petites affiches blanches : mobilisation générale. Moulia part le premier jour.

1. Le livre de Pierre Durand a été préfacé par Armand Lanoux (1978).

Un saut au village pour embrasser sa mère. Elle pleure, la mère Moulia. L'abbé Verdier répète à tout le monde que les journaux allemands ont « parlé contre Notre-Dame de Lourdes ». Il est formel, le bon curé : Jésus ne permet pas qu'on insulte Marie, sa mère. Par voie de conséquence, la Vierge nous donnera la victoire.

Vincent a rejoint le 18e régiment d'infanterie de Pau. On reste, jusqu'au 6 août, dans la ville natale d'Henri IV. Le temps d'être habillé. Après quoi, en wagon de marchandises — hommes 40, chevaux 8 — on gagne en deux jours les forts de l'Est. Le 19, Moulia est à Avesnes. Le 23, il reçoit le baptême du feu, sur la ligne Beignée-Marbaix-Horinchamp. Toute sa vie, Moulia s'en est souvenu et l'a raconté aux siens. On marche, le fusil à la main, le sac sur le dos. Et puis, tout à coup, tac, tac, tac. C'est en face que ça tire. Ça siffle aux oreilles. A côté de vous, il y en a qui tombent. On avance quand même. La première fois, ça produit une drôle d'impression. Pourtant, il fait beau, le 23. Ce qui cause le plus de peine à ces paysans des Landes qui marchent avec Moulia, c'est que les moissons ne sont pas faites. On avance à travers le blé mûr, et ça serre le cœur.

Le soir, on fait des comptes. Il ne reste pas grand-chose du régiment. « Des pertes terribles », dit le capitaine.

On entre en Belgique. Dans les villages, on crie : Vive la France ! Sur le passage des soldats, une réflexion cent fois entendue :

— Comme ils sont petits !

— Ah ! oui, ce sont des gens du Midi !

Tout de suite, c'est la bataille de Charleroi. Pour se protéger des « marmites » qui arrivent en sifflant, dégageant une épaisse fumée noire, Moulia et ses camarades creusent des tranchées. Leurs premières tranchées. Il faut les quitter — très vite — pour attaquer. L'ennemi est là, devant. Les éclats d'obus fauchent, tout autour, les copains de Moulia. Il apprend à distinguer les shrapnells, les obus fusants, avec leur fumée jaune. Il apprend que le canon, cela s'appelle « le brutal ». Autour de lui galopent des chevaux tout seuls, dont les cavaliers sont morts.

La bataille de Charleroi a duré deux jours. Et puis il a fallu battre en retraite, sans un regard pour les cadavres — tant de cadavres — qu'on laissait derrière soi. La compagnie de Moulia marche à l'arrière-garde, au contact direct de l'Allemand. De temps à autre, on s'arrête, on fait face, on tâche d'arrêter l'avance de l'armée du kaiser. Moulia, genou au sol, tiraille de son mieux. Un obus tombe près de lui, le recouvre de terre. Il se relève, s'étonne d'être vivant. Les Allemands chargent. Moulia en voit un qui fonce sur lui, baïonnette en avant. Cette baïonnette, l'Allemand la pointe sur la figure de Moulia. Il lui fend une joue. Écoutez Vincent Moulia :

— Mais moi aussi, j'avais ma baïonnette, elle était plus longue que la sienne. Je la lui ai passée en travers du corps. J'ai ramassé le fusil du mort. Le mien était resté au bout de la baïonnette. Je perdais tout mon sang, je voyais plus clair. Alors, j'ai rampé dans les luzernes. J'ai fait moi-même le pansement. Et puis, j'ai rencontré mon capitaine. Il était grièvement blessé. Je l'ai chargé sur mes épaules, je l'ai emmené en arrière.

C'est la première action d'éclat de Vincent Moulia. Pour avoir sauvé son capitaine, on le fait caporal. Après quoi, on l'évacue sur l'hôpital de Saint-Brieuc. De son galon de laine il n'est pas peu fier.

Il est à la bataille de la Marne. Il marche, il tire, il tue, il marche encore, il tue encore. Il se souvient de ce Prussien qu'il a vu avancer en rampant, alors que lui-même était abrité derrière une touffe de trèfle :

— Il me voyait pas, mais je voyais son casque à pointe. « Montre-moi ta frimousse, animal ! » Et comme pour me faire plaisir, il lève son buste. La balle au cœur l'a étendu par terre avec un hurlement affreux.

Quand, le 25 septembre, le 18e R.I. est relevé, il ne compte plus que cinq cents hommes. Le régiment va être reformé à Beaurieux. Pour le porter à quinze cents hommes, il faudra deux fois plus de bleus que d'anciens. Leur baptême du feu se fera dans les tranchées d'Oulches et sur le plateau de Vauclerc.

On l'a gagnée, cette bataille de la Marne.

Moulia arrive juste à temps pour l'attaque la plus meurtrière qu'il ait jamais vue. Sept de ses officiers restent sur le terrain. Quatre morts, trois blessés.

L'histoire de Moulia, dans les mois qui suivent, ressemble à celle de tous ses camarades, de ses frères en courage et en malheur. Il se bat. Il résiste quand on le lui dit. Il attaque quand on lui en donne l'ordre. Enfin Moulia a eu droit à une permission qu'il est allé passer dans son village, à Nassiet. Il a retrouvé la mère Moulia, bien contente de revoir son fils. Celle qu'il a retrouvée aussi, c'est Berthe. Une cousine. Il la fréquentait un peu avant la guerre, histoire de ne pas aller au bal tout seul. Moulia l'aime bien, la Berthe. Elle aussi l'aime bien. A la faveur de cette permission, Vincent et Berthe décident de se fiancer. On se mariera quand la guerre sera finie. Sûrement, ça ne peut pas durer encore longtemps.

Jusqu'au mois de juin, le 18e est en première ligne. De part et d'autre du front, les tranchées se font face. Comme les autres, le 18e s'est enfoncé dans la terre. Il est devenu un régiment de taupes. Pendant des mois, pendant des années, Moulia, comme des millions d'autres, va vivre dans la terre. Il ne faut pas trop se fier à certaines photographies de tranchées que publièrent alors des journaux. Nous les voyons profondes, solides, comme tracées au cordeau. Sur le parapet, des sacs de sable bien alignés, avec des créneaux pour les guetteurs. Par terre, des caillebotis, pour que les combattants aient toujours les pieds au sec. De loin en loin, une porte qui s'ouvre pour donner accès à une pièce confortable, meublée de lits, de tables, voire de chaises. La légende compassée de ces photos le dit : les poilus allaient s'y reposer tour à tour.

Ces tranchées-là ont existé, puisqu'on les montrait aux journalistes. Disons-le : elles sont restées l'exception. Les autres n'étaient rien de plus que des trous misérables, des fossés hâtivement creusés, dans la boue desquelles on enfonçait jusqu'aux chevilles, parfois jusqu'aux mollets. Il fallait vivre dans la boue, tirer dans la boue, manger dans la boue, dormir à même cette boue. L'hiver, certes, elle se solidifiait, mais il fallait lutter contre un autre ennemi : le froid. Pendant l'hiver 1914-1915, les combattants ont traversé des souffrances indicibles. Des milliers de soldats eurent les pieds gelés. Les hivers suivants, on ravitailla les poilus en lainages, en couvertures, en bottes de tranchée. N'importe : songeons à ces nuits entières passées à veiller, le fusil en main, en plein air, par quelquefois – 20°, avec un vent glacé qui s'engouffrait dans le boyau. Au moins, si l'on était sûr de se réchauffer le lendemain ! Mais cela dure des jours et des jours. Des nuits et des nuits. Au moins, si l'on pouvait manger ou boire quelque chose de chaud ! Quand les gamelles arrivent dans la tranchée, apportées par « l'homme-soupe », tout est froid. D'ailleurs, « l'homme-soupe » n'est pas toujours au rendez-vous. Comme il doit passer à découvert, il est souvent abattu. Des deux côtés, des tireurs d'élite excellent à ce jeu facile.

Certains hôtes des tranchées s'y trouvaient fort bien : les poux — on les appelait les *totos* — et les rats. Les vêtements des poilus grouillaient de parasites qui provoquaient des démangeaisons intolérables. Quant aux rats, ils étaient comme chez eux. Un poilu qui s'allongeait pour dormir devait s'envelopper la tête et les mains. Sans cela, il était mordu cruellement. A force de se repaître de cadavres, les rats ne faisaient plus la différence avec les vivants.

Le pire était l'odeur. Les cadavres peuplaient le *no man's land* entre les tranchées. Impossible d'aller les chercher. Ces cadavres pourrissaient, surtout l'été. De la terre montait une abominable puanteur.

N'oublions pas le bruit. La mitraillade, la fusillade, la canonnade. Quand un obus s'abattait sur la tranchée, c'était l'horreur à l'état pur. Les hommes étaient littéralement écrabouillés, éclatés, dépecés. Un poilu indemne recevait en plein visage la cervelle de son voisin. En même temps, l'obus fouillait littéralement cette terre amassée, avec tant de peine, par ceux que Georges Blond a appelés des « chiffonniers misérables ». Les cadavres inhumés tout près surgissaient à l'air libre, dans leur pourriture. Tout se mêlait : survivants, blessés, ceux qui venaient de mourir, cadavres de la saison précédente, boîtes de conserve éventrées, vieilles chaussures, casques percés, ossements informes.

Toute une génération a vécu cela, supporté cela. Nous qui les suivons, quand nous écoutons ou lisons de tels récits, nous nous sentons saisis d'angoisse. Nous nous demandons : serions-nous capables, nous, d'endurer de telles apocalypses quotidiennes ?

Vincent Moulia ne voulait pas s'en faire un titre de gloire. Il préférait parler des autres.

Et puis il y a les attaques. Les hommes sont là, prêts à bondir. Le lieutenant ou le capitaine a les yeux sur sa montre. Cela s'appelle l'heure H. « En avant ! » On dispose de petites échelles pour sortir de la tranchée. Pas toujours, d'ailleurs. Les cris se répondent de loin en loin : « En avant ! En avant ! » D'en face part un feu roulant. Chacun sait, une fois hors de la tranchée, qu'il va falloir s'exposer à ce feu. Pourtant, ils sortent. Tous. Ils avancent, sans regarder ceux qui tombent dans la boue pour ne plus se relever.

Comme tant d'autres, Moulia est parti pour Verdun. Un matin, il s'élance à l'assaut avec sept autres. Une explosion. Les sept autres sont tués. Moulia s'en tire, blessé à un bras.

On le transporte à l'arrière, on le soigne. N'épiloguons pas sur les postes de secours, sur les services sanitaires. Un autre enfer. Il suffit de relire *la Vie des martyrs*, de Georges Duhamel. Les blessés attendent sans soins pendant parfois des jours entiers. Il arrive que des chirurgiens opèrent pendant vingt-quatre heures d'affilée, à la chaîne. Même eux s'effarent devant les horribles déchirures de certains. On apporte un blessé, les deux mains arrachées :

— Qu'est-ce que tu fais dans le civil ?

— Sculpteur.

Dès que la blessure de Vincent Moulia est refermée, on le renvoie au front, sous Douaumont. Une belle rentrée.

En novembre 1916, la Somme. En février 1917, le front de l'Aisne. Le 16 avril, Moulia revoit Oulches. Après quoi, son régiment marche sur Craonne. On aurait dit que l'hiver ne voulait pas finir. Un temps abominable. Ce qui tombait, c'était de la pluie mêlée de neige. Ces mois-là, les hommes avaient souffert d'un froid plus cruel encore que celui du premier hiver. Le café et le vin gelaient. On découpait le pain à la hache ou à la scie. Avril était venu et on grelottait toujours.

C'est alors que le général Nivelle a déclenché sa grande offensive. Le 16 avril, à 6 heures du matin, l'attaque a commencé, la bataille s'est engagée. A 7 heures, la bataille était perdue.

En temps de guerre, les nouvelles courent vite. A Craonne, Moulia et ses camarades ont su tout de suite la vérité. Que les Allemands avaient tenu bon. Que Nivelle était un incapable. Que les résultats de l'offensive ratée étaient épouvantables. Les soldats lancés sur les mitrailleuses ennemies comme à l'abattoir. Le service de santé inexistant, les blessés abandonnés sur le terrain. L'excuse de Nivelle : il n'avait pas prévu de repli.

On est plutôt amer, dans la tranchée de Moulia, une fois de plus dans la boue, sous la pluie glacée. On étouffe sous les masques à gaz.

Dans le secteur, on réussit à avancer de trois kilomètres. Il faut dire que ceux qui sont parvenus au but n'étaient pas nombreux. A la nuit, il ne reste plus qu'une poignée d'hommes par section.

Le 22 avril, Moulia reçoit l'ordre d'aller visiter une tranchée allemande qui n'a pas été nettoyée la veille. Il demande des volontaires. Les gars ne sont pas chauds. Alors, Moulia remplit ses poches de grenades et dit :

— Tant pis, j'irai seul.

Les autres le regardent, ils ne bougent pas. Enfin, l'un d'eux se décide. C'est Bachacou, un de Saint-André-de-Seignanx, à quinze kilomètres de Bayonne. Presque un « pays ».

— Je viens avec toi, caporal.

Un jeune, à son tour, dit qu'il les accompagnera.

Tous les trois, ils partent, arrivent sans encombre jusqu'à la tranchée allemande. Apparemment, dans cette tranchée, personne. Moulia, le premier, se laisse glisser dans le boyau ennemi. Bachacou et le jeune le rejoignent. Prudemment, ils avancent. Bientôt, ils se trouvent devant l'entrée d'une casemate, gardée par une sentinelle allemande qui se rend sans difficulté. Il faut dire que Moulia s'est retourné, comme s'il commandait à une troupe nombreuse :

— Tous, baïonnette au canon ! Par ici !

L'Allemand, qui parle un peu français, a cru aussitôt que Moulia et ses deux compagnons n'étaient que l'avant-garde d'un effectif important. Aussitôt, les mains en l'air. Écoutons encore Vincent Moulia :

— Le Boche avait pas l'air particulièrement fanatique. Il nous a fait comprendre qu'un groupe d'officiers s'était réfugié dans une des arrière-salles de la casemate. Il nous y a conduits. Sans crier gare, on a débouché dans l'arrière-salle. On a trouvé un premier officier qui était en train de se raser. Il s'est rendu. Il montrait sa photo de famille : « Trois enfants, ne me tuez pas ! » Moi, j'ai envoyé le jeune demander du renfort. Bachacou et moi, on a fait irruption dans une casemate où sept autres officiers allemands s'étaient réunis pour manger un beau gâteau et boire du vin blanc. Ils se sont rendus à leur tour. Ils ont déposé leurs armes sur la table. On les a poussés vers le haut. Juste à ce moment arrivait l'escouade amenée par le jeune. Quand on est rentrés, avec nos prisonniers, le capitaine m'a dit : « Moulia, vous avez accompli une action d'éclat. » Bon, j'avais accompli une action d'éclat. Mais, Bachacou et moi, on est retournés à la casemate boche, on a bouffé le gâteau et on a bu le vin blanc !

Le lendemain, le caporal Vincent Moulia est décoré de la croix de guerre sur le champ de bataille.

Nul n'en pouvait plus douter : une défaite écrasante, l'offensive Nivelle. Le 21 avril, le front s'est stabilisé au nord de l'Aisne, de Laffaux à Braye-en-Laonnois. Le plateau de Craonne, pour lequel tant de camarades de Moulia étaient tombés, est toujours aux mains des Allemands. Que va faire Nivelle ? Au gouvernement, on estime qu'il faut, pour le moment, arrêter les frais. C'est l'avis du ministre de la Guerre, Paul Painlevé, qui se rend au G.Q.G., à Compiègne. Il trouve un Nivelle fatigué, mais décidé à poursuivre son offensive. Painlevé s'étonne :

— Vous aviez déclaré que vous arrêteriez la bataille si le succès n'était pas obtenu dans les quarante-huit heures. Trois jours se sont écoulés et il ne se manifeste toujours aucun signe du succès que vous escomptiez. Ne vaudrait-il pas mieux cesser complètement l'offensive ?

— Monsieur le Ministre, répond Nivelle, nous tenons entre nos mains le début d'une victoire. En persévérant contre nos objectifs immédiats, nous pouvons encore remporter cette victoire.

Au cours des jours suivants, les assauts ont donc continué. Sans résultat. L'hécatombe prend des proportions effrayantes. Nivelle va-t-il faire massacrer toute l'armée française ?

Convoqué à Paris, Nivelle doit s'expliquer à l'Élysée devant le président de la République, Poincaré, le président du Conseil, Ribot, et le ministre de la Guerre, Painlevé. Il sent peser sur lui plus que du scepticisme : de l'hostilité. Il n'en démord pas. L'offensive continuera. Le général Micheler adresse un rapport au général en chef : « Les tentatives faites pour s'emparer des hauteurs au nord de Craonne et des sommets de Sapigneul au mont Spin ont échoué. Notre avance vers le nord-est risque d'exposer nos flancs. En dehors des pertes considérables, la fatigue des troupes, accrue par le mauvais temps permanent, nous contraint de relever une grande partie des unités engagées. En conséquence, les réserves de troupes fraîches du groupe d'armées se limitent à quatre divisions d'infanterie... » Un véritable cri d'alarme. Après l'avoir reçu, Nivelle n'en écrit pas moins au général britannique Haig : « L'opération ne sera pas arrêtée. »

L'enfer de Craonne. A la Chambre, le député Ybarnégaray — un homme de droite — va le dépeindre en termes bouleversants. Il sait ce dont il parle. Ce député est aussi officier d'infanterie et il a chargé à la tête de ses hommes. Il évoque le crépitement de milliers de mitrailleuses allemandes au moment de l'attaque. Le même cri angoissé des Français :

— Les mitrailleuses ne sont pas détruites !

La charge magnifique, malgré ce feu mortel. Le franchissement des premières lignes allemandes, parfois des secondes :

— Alors se passe cette chose terrible : surgissant des crêtes de l'Aisne et frappant par-derrière les troupes qui avançaient, les mitrailleuses !... Je vois encore ces hommes — je les verrai toute ma vie — chasseurs, fantassins, coloniaux, Sénégalais, revenant comme des fous et croyant que c'étaient nos mitrailleuses qui nous tiraient dessus. *(Mouvement.)*

Ybarnégaray évoque encore, « dans les tranchées où les Allemands résistaient âprement, une lutte sauvage, boyau par boyau, abri par abri ».

— Et les hommes, en vue de cette marche rapide en avant, n'avaient emporté dans leur musette que quelques grenades vite épuisées !...

Il parle, il parle, le député survivant. Et, sur les bancs de la Chambre, ce qui monte, c'est une immense pitié pour ces hommes sacrifiés inutilement. Ce qui monte, encore, c'est la colère.

Si ces députés, qui réagissent par ouï-dire, sont furieux songeons à ce qu'a pu être l'état d'esprit des combattants, dès qu'ils sont sortis de l'enfer. Ils sont là, entassés dans leurs camions, hagards, littéralement caparaçonnés de boue. Ils traversent Épernay, Château-Thierry. Ils hurlent. Abasourdis, les habitants entendent des cris jamais proférés jusque-là :

— On nous a assassinés !

— Vive la paix !

A Château-Thierry, un officier d'état-major est pris à partie :

— La guerre jusqu'au bout, hein ?

Un soldat crache dans sa direction.

Le climat est créé pour les mutineries. Nous y voilà.

Un certain nombre d'études — je pense notamment à celles du lieutenant-colonel Henri Carré et de John Williams [1] — ont apporté de précieuses informations sur l'origine et le déroulement

1. Lieutenant-colonel Henri Carré : *1917 et la crise du moral* (1952). John Williams : *Mutineries 1917* (1963).

de cette tragédie. Néanmoins il a fallu attendre le remarquable travail de Guy Pedroncini pour obtenir des précisions incontestables, en fait de dates et de chiffres [1]. Le premier, il a pu travailler dans les archives de la justice militaire restées, de par la loi, inaccessibles pendant cinquante ans.

C'est ainsi que Guy Pedroncini établit que le premier mouvement se produit bien avant la date que l'on fixait jusqu'alors. L'offensive Nivelle est du 16 avril. Et c'est le 16 avril que six hommes du 15e R.I., 5e compagnie, abandonnent leur poste devant l'ennemi. Ils sont tous jeunes, de vingt à vingt-trois ans. Le lendemain, 17 avril, à Aubérive, éclate le premier incident collectif, au sein du 108e R.I. Dix-sept hommes abandonnent leur poste devant l'ennemi et douze sont condamnés à mort. Tous, d'ailleurs, ils seront graciés. Après quoi, plusieurs jours sans incident. Le troisième se situe le 29 avril, à Mourmelon-le-Grand. Deux cents hommes du 20e R.I. abandonnent leur baraquement et se dispersent dans les bois environnants. Le lendemain, au moment du départ en ligne, la plupart rejoignent spontanément. Un certain nombre persistent dans leur refus de combattre. Capturés, ils seront jugés le 11 juin : quinze condamnations dont six à mort.

En douze jours, on dénombre vingt-six abandons de poste devant les lignes. L'affaire la plus grave se situe le 20 mai au camp de Prouilly, à quinze kilomètres au nord-ouest de Reims. Le 128e R.I. y est cantonné. Comme tous les autres régiments engagés dans l'offensive, le jour J, à 8 heures, il a foncé, sûr « de reconduire le Boche jusqu'à la frontière belge ». On a dû se replier. Le 6 mai, nouvel assaut. Il était prévu que l'artillerie pratiquerait seize brèches. Une seule a été ouverte. Les poilus sont tombés par rangs entiers, fauchés devant les barbelés par les mitrailleuses ennemies. Ils sont parvenus, malgré tout, à s'infiltrer dans les tranchées allemandes. Ils les ont occupées pendant huit jours, sous un bombardement qui ne cessait pas. Le 15 mai, l'ordre est donné d'évacuer la position. Ceux qui se repliaient ont pu voir les Allemands la réoccuper aussitôt.

Ainsi, tout cela n'avait servi à rien. Tant de morts, tant de blessés, tant de souffrances : pour rien ! Des cris de colère s'élèvent dans les rangs. Un instituteur parisien, le soldat Breton, crie que

---

1. Guy Pedroncini : *Les mutineries de 1917* (1967).

tout est la faute au haut commandement. Les soldats Jalina, Chanas, Cary, d'autres, demandent sardoniquement s'il vaut la peine de risquer sa peau dans de telles conditions.

Une seule idée peut les consoler, les réconforter : l'espoir d'un cantonnement tranquille, loin du fracas de l'artillerie, où l'on puisse dormir, se laver, manger à sa faim. Or, le 20, l'ordre arrive de remonter en ligne. Bien mieux, à 15 heures, le colonel fait savoir que les hommes ne conserveront qu'un équipement léger et laisseront leurs sacs. Pas un soldat qui ne sache ce que cela veut dire : le régiment va attaquer. Or le 120e R.I. était descendu des lignes deux jours avant le 128e. Il restait, lui, au repos, et le 128e remettait ça !

En un instant, les protestations fusent, les hommes rompent les rangs. On entend :

— Quoi qu'il arrive, nous ne monterons pas ! Nous ne pouvons pas. C'est une impossibilité matérielle !

— Les généraux sont des incapables ! Ils se débrouillent pour obtenir des honneurs, mais quand il s'agit d'organiser la victoire qu'ils promettent sans cesse, il n'y a plus personne !

— Regardez les Russes ! Ils sont moins lâches que nous ! Ils ont arrêté les frais ! Quant à nous, nous nous laissons conduire à l'abattoir par Nivelle et les autres ! On nous trahit et nous ne résistons même pas !

Breton, le Parisien, l'instituteur, crie en regardant bien en face le commandant Alaret :

— Il faut à tout prix faire la paix ! Continuer à se battre dans ces conditions est une folie ! Nos chefs sont tous des incapables ! Ils n'aboutiront jamais à rien ! Nous constituons une armée républicaine et nous entendons demeurer républicains.

Effarés, les officiers. On avertit le général de Cadoudal qui, à 20 heures, s'adresse aux hommes en rang. Il mêle habilement exhortations et menaces. Peu après son départ, le 128e retrouve son calme. Le régiment va s'ébranler en bon ordre en direction du front, mais un groupe d'hommes refuse de marcher : cinquante-cinq environ. Ils passent la nuit sous la surveillance de gendarmes. Au matin — la nuit porte conseil — ils se résignent à rejoindre leur régiment. La mutinerie avorte. Ce qui est grave, c'est qu'elle ait pu commencer [1].

1. Breton et Lamour seront condamnés à mort et graciés.

Or ailleurs on signale, dit le lieutenant-colonel Henri Carré, « des refus d'obéissance, des actes d'indiscipline collective avec manifestations bruyantes, cris séditieux et chant de *l'Internationale* ». Un général de brigade qui tente d'apaiser une émeute est hué, « houspillé, bousculé, entouré et menacé. Les étoiles de ses manches sont arrachées, le fanion de sa voiture mis en loques ».

A la veille de remonter en ligne, des éléments des 109e, 111e, 258e et 298e R.I. manifestent avec violence. Les hommes se forment en cortège, chantent *l'Internationale*, crient :

— On ne marchera pas ! Permission ! Permission !

On croise un médecin militaire dont la dureté est connue ; on l'entoure, on l'insulte, on le frappe. Trois gendarmes essaient de le dégager, revolver au poing. Ils sont maîtrisés, assommés, traînés au pied d'un arbre *et pendus*.

Quand on consulte les chiffres, on reste effaré. Jusqu'au 10 juin, sept ou huit cas graves d'indiscipline collective sont signalés chaque jour. Cent dix corps, appartenant à cinquante-quatre divisions, ont été touchés. C'est-à-dire, *plus de la moitié de l'armée française*.

La situation se révélait si grave que Paul Painlevé allait déclarer qu'entre le front et Paris « il ne restait plus que deux divisions sur lesquelles on pût absolument compter si les Allemands prononçaient une attaque de quelque envergure ».

Au milieu de cette tempête, comment le 18e R.I., le régiment de Vincent Moulia, aurait-il pu rester à l'écart du mouvement ?

A Craonne, le 18e R.I. a perdu 20 officiers et 824 hommes. Il a reçu 600 citations. Il a été cité à l'ordre de l'armée et on va lui décerner la fourragère. Les survivants, à bout de forces physiques et morales, ont été mis au repos. Le gros du régiment cantonne à Villers-sur-Fère. La 5e compagnie — ce qu'il en reste —, celle de Moulia, a été envoyée à Maizy, un petit village au bord de l'Aisne, à une quinzaine de kilomètres en arrière de Craonne et du Chemin des Dames.

Je suis allé à Maizy. Le village n'a pas beaucoup changé. Il s'allonge de part et d'autre d'une rue principale. Deux files de maisons d'un étage, claires et propres. Une place qui s'étend jusqu'au canal latéral de l'Aisne. Un café où l'on m'a reçu. Même les jeunes se souviennent de la « Grande Guerre ». J'ai rencontré

Mme Duchainay et son frère. Ils étaient enfants, en ce temps-là. Mais ils se souvenaient. De tout.

Avant de parler avec Mme Duchainay, j'imaginais que les combattants au repos trouvaient à l'arrière des cantonnements hospitaliers, des chambrées à peu près confortables. J'imaginais qu'ils pouvaient dormir tout leur soûl, changer de vêtements, se laver. Comme j'avais tort !

— Pensez donc ! m'a dit Mme Duchainay, quand ils avaient droit à une grange, ils étaient bien contents. Souvent, ils n'avaient même pas de paille. Rien n'était prévu. Se chauffer ? Pas question. Impossible de faire sécher leurs vêtements. Pour se laver, il n'y avait que la rivière. Et, à Maizy, la nourriture ne parvenait pas tous les jours.

Le bataillon, en y arrivant, a maugréé. Les officiers ont assuré qu'on ne resterait là que quelques jours, avant de gagner un *vrai* cantonnement. Surtout, on a parlé de permissions. On a même dit : 25 % de permissions. Pas mal, 25 %. Un peu plus tard, on a su que le pourcentage tombait à 13 et même à 9 %. L'amertume a grandi. Pas de doute : l'insuffisance des permissions a été pour beaucoup dans les mutineries.

Le 27 mai, on a fêté la Pentecôte au café du village. Dans la journée, le bruit a commencé à courir que le 162ᵉ R.I. refusait de marcher et que le 18ᵉ R.I. allait monter en ligne à sa place. Dans ces sortes d'affaires, les choses vont vite. Voilà les hommes dans la rue, furieux, criant que ça ne se passerait pas comme ça, qu'ils ne remonteraient pas en ligne. « La pagaille », raconte Moulia. Tout à coup, un soldat se met à chanter *l'Internationale*. Les autres reprennent le chant, commencent à défiler dans la rue centrale du village. Moulia se souvenait très bien que des civils marchaient avec les militaires. Et des femmes, aussi.

Bientôt, c'est tout le village qui est en état d'insurrection. Aux issues de la localité, les mutins mettent des mitrailleuses en batterie. D'autres vont crever les pneus des camions prévus pour les conduire au front.

Et Vincent Moulia ? Que fait-il ? Que dit-il ? Que pense-t-il ? Tout cela ne lui plaît pas. Lui, blessé deux fois, nommé caporal pour avoir sauvé son capitaine, décoré de la croix de guerre pour avoir capturé huit officiers allemands, deux fois cité pendant la bataille de Craonne, il continue à penser que la discipline fait la force principale des armées. Remonter en ligne, il n'en a pas plus envie que ses copains. Depuis trois ans, il a souffert autant qu'eux. Il n'est pas du genre belliciste à tout crin. Quand même, on nous l'a imposée, cette guerre. On ne va tout de même pas laisser le kaiser aller parader à Paris. Alors, non, Vincent Moulia n'est pas d'accord. Il n'a pas défilé. Il n'a pas participé à la révolte. Au moment où la mutinerie a éclaté, chargé d'une distribution de vivres de réserve, il se trouvait au cantonnement des officiers.

Alarmé par l'agitation qui se propageait, un officier a demandé :

— Qui est-ce qui va garder les affaires ?

Moulia s'est avancé.

— Moi.

C'est pour cette raison qu'il est resté au cantonnement. Quand une délégation s'est présentée pour parlementer avec les officiers, ceux-ci ont refusé de la recevoir et se sont barricadés dans leur maison.

Là-dessus, survient le capitaine Lasserre. Il se trouve nez à nez avec Moulia.

— Comment, c'est vous, Moulia ?

— Oui, mon capitaine.

— Ah ! vous en faites du propre, vous et les vôtres !

— Mais, mon capitaine, je n'ai pas participé à la mutinerie. Je suis resté seul ici.

Rassuré, le capitaine.

— Dites donc, Moulia, tâchez de trouver mon ordonnance.

Voilà Moulia dans les rues, cherchant l'ordonnance. Il le trouve. Fin soûl :

— Où qu'il est ce capitaine, que je le crève ?

— Pas de ça, dit Moulia scandalisé.

Il retourne au cantonnement, annonce au capitaine qu'il a trouvé l'ordonnance, se garde bien de rapporter les menaces proférées, se borne à constater :

— Dans l'état où il est, on ne peut rien en faire, mon capitaine.

La nuit enveloppe Maizy. Les émotions, ça fatigue. Moulia se couche, s'endort, se lève alors que l'aube point. Dehors, il trouve un tas de gendarmes. On lui fait signe d'approcher :

— Qu'est-il arrivé ?

Il raconte. Il est seul à pouvoir raconter, puisque les officiers sont partis.

— Alors, vous êtes tout seul, ici ? demande le capitaine de gendarmerie.

— Vous pouvez constater : les vivres et les munitions sont intacts.

— Voulez-vous marcher avec nous ?

— Je voudrais rejoindre ma section, mon capitaine.

— L'état-major est à Beaurieux. Si vous voulez, on va vous y accompagner. En tout cas, aidez-nous à récupérer vos camarades.

Moulia monte dans le camion de la gendarmerie. Çà et là, on trouve des soldats isolés. Visiblement, leur exaltation tombée, ils ne savent plus que faire d'eux-mêmes. La veille, on jurait de marcher sur Paris, de forcer le gouvernement à demander la paix. Aujourd'hui...

Du camion, Moulia les hèle. Trois le rejoignent, docilement. Au bout d'un moment, le troisième, qui n'a pas encore recouvré ses esprits, tire un coup de fusil à travers la toile du camion.

On arrive à Beaurieux, à l'état-major. C'est le capitaine Lasserre qui réceptionne ces hommes.

— On en ramène trois, dit le capitaine de gendarmerie. Voici le caporal Moulia qui a fait son devoir.

Au bord du canal de l'Aisne, un champ a été entouré de barbelés. Tout à côté, se trouve un camp de prisonniers allemands.

Bourru, mais amical, le capitaine Lasserre.

— Ah ! vous voilà, Moulia. Puisque vous êtes là, prenez votre toile de tente et suivez ces trois-là.

On les conduit dans le champ entouré de barbelés. Ils montent les tentes. Le lendemain, Moulia s'aperçoit qu'ils sont quarante-deux, récupérés ici et là. Des prisonniers allemands, curieux, se sont approchés des barbelés. Ils demandent ce qui est arrivé, ce qui se passe encore.

— Merde ! répond Moulia.

Une nuit, encore. Moulia commence à trouver le temps long. Qu'est-ce qu'il fait là, lui, Moulia, qui n'a pas participé à la mutinerie ? Comme le champ est gardé par des Sénégalais, il ne peut guère douter qu'il est prisonnier. Pourquoi lui ?

Au matin du deuxième jour, quand paraît le sergent-major Hau, Moulia croit que tout va s'expliquer. Non, car voici le général Paquette avec l'état-major au grand complet. Pas content du tout, le général. Il s'approche de Moulia.

— Caporal Moulia, je vous ai cité, il n'y a pas six jours. Vous avez souillé votre drapeau. Vous avez déshonoré votre patrie. Je vous plains.

Ahuri, Moulia. Naturellement, on ne lui donne pas l'occasion de s'expliquer. L'état-major est déjà parti. La nuit suivante, des gendarmes viendront chercher les prisonniers qui sont enfermés dans une maison de Craonne, jusqu'au moment où, le 7 juin, l'on ramènera douze d'entre eux à Maizy. Ils sont retenus pour comparaître devant le Conseil de guerre. Parmi eux, Vincent Moulia.

Pour succéder à Nivelle, définitivement disqualifié, le gouvernement, le 15 mai 1917, a désigné le général Pétain. Pour le nouveau commandant en chef, une double tâche : rétablir la situation militaire et mettre fin à la crise du moral. Pétain juge que « le mal est profond » mais qu'« il n'est cependant pas sans remède ».

— J'espère en triompher en quelques semaines. Mais il faut des exemples dans les régiments qui se sont mutinés et renoncer au droit de grâce pour les condamnations à la peine capitale dans tous les cas de désobéissance collective et d'abandon de poste concerté.

C'est sur ces bases que va commencer la répression. Il faut qu'elle soit sévère pour être limitée. Parallèlement, le général Pétain améliorera le rythme des permissions, la rotation des régiments en ligne, le confort des cantonnements à l'arrière, l'ordinaire, etc.

Donc, à Maizy comme ailleurs, l'état-major sait qu'il doit sévir. Là commence la difficulté. Pratiquement, tout le régiment s'est mutiné. On ne peut pas traduire un régiment tout entier devant un Conseil de guerre. Douze feront un bon compte. Reste à savoir comment on les choisira. Quelqu'un trouve : il n'y a qu'à rechercher, dans le livret matricule des hommes, ceux qui ont le plus de jours de prison.

On dresse la liste. Le dernier nom est celui du caporal Crouau. Tout le monde est d'accord : il faut un caporal. Malheureusement, Crouau prouve qu'il n'était pas là au moment de la mutinerie. On raye le nom de Crouau et on le remplace par celui de Moulia. Un autre caporal.

Décidément, la télévision se révèle un excellent moyen d'écrire l'histoire contemporaine. Quand j'ai consacré une émission à

Moulia, Jean-Marie Crouau était encore vivant. Il a entendu mon émission. Il m'a aussitôt adressé son témoignage. Il croyait Moulia mort et Moulia pensait que Crouau n'était plus de ce monde. Les deux vieux combattants, par mon intermédiaire, sont entrés en rapport.

Que me disait Jean-Marie Crouau ?

« En premier lieu, j'ai le devoir de vous faire l'éloge de mon ancien camarade de combat, Vincent Moulia, caporal à la 5e compagnie, 2e bataillon du 18e d'infanterie. J'étais moi-même caporal à la 5e. Chacun commandait un groupe de corps francs. Nous avons fait ensemble plusieurs coups de main, préparés minutieusement à l'arrière par nos officiers, sur des tranchées et abris conformes à ceux que nous devions attaquer. Ces coups de main ont à peu près tous réussi. Vincent Moulia était un héros, un combattant idolâtré des soldats de la compagnie et de nous-mêmes. Un de ses grands faits d'armes fut la capture de sept officiers allemands avec des soldats au cours d'un combat. »

M. Jean-Marie Crouau évoquait avec amertume l'offensive Nivelle : « Elle échoua pitoyablement et influença le moral des soldats. Ce n'était pas la faute aux officiers qui nous commandaient, je leur rends hommage. C'étaient de braves et bons officiers. Mais il y eut des indiscrétions sur l'heure H qui ont été connues des Allemands. Avant l'attaque, c'était le silence le plus complet dans les tranchées de part et d'autre. Et tout d'un coup, un cri qui se répète : En avant ! Nous sautons des tranchées et au même moment nous sommes cloués au sol par le tir ennemi des mitrailleuses et des canons. Ce fut lamentable. »

Le 4 mai, nouvelle attaque, prise de Craonne et du plateau. Le régiment est relevé. Crouau, pour sa part, cantonne depuis le 11 mai à Fère-en-Tardenois. « Quelques jours plus tard, on apprit par des permissionnaires qu'à Paris il y avait la grève des midinettes qui réclamaient à grands cris la fin de la guerre. Puis des civils sont venus dans nos baraquements incognito, et confirmèrent cette grève. C'était, disait-on, la fin de la guerre. Personnellement, je n'ai entendu personne. Puis, la veille de la mutinerie, on vit un feu au lointain, c'étaient des baraquements en bois qui brûlaient. Les soldats s'étaient révoltés et refusaient de monter en première ligne. Notre régiment fut désigné pour le remplacer. Vous voyez dans quel esprit étaient plongés les soldats. Et, le 27 mai, ce fut la révolte du 18e et la manifestation dans la rue de Fère qui se brisa devant la maison où se trouvait le mess des officiers. Ceux-ci lancèrent des grenades en l'air, les soldats ripostèrent au fusil. Heureusement, il n'y eut ni blessés ni tués.

« Ce jour-là, je faisais fonction de sergent de semaine, le titulaire était parti en permission. Avec les hommes de corvée, il m'a fallu veiller à la distribution des vivres et munitions pour les sections et compagnies, le régiment devant remonter en première ligne. Les camions de ravitaillement se trouvaient à l'entrée du village. Partis à 10 heures et demie, nous sommes rentrés à notre cantonnement vers les 17 heures. La manifestation était finie. Une bonne partie du régiment était partie vers le front. Je ne savais pas où le régiment et mon bataillon étaient cantonnés, n'ayant pas pu assister au rassemblement des gradés. Le soir, les soldats qui n'étaient pas partis ont rejoint leur cantonnement dans une grande ferme. Moi aussi, avec les soldats que j'avais pu ramasser et mes hommes de corvée. »

Le lendemain, les soldats que l'on a pu rassembler sont entassés dans les camions pour rejoindre le régiment. Crouau et une trentaine d'autres sont chargés à part dans un camion arrivé en retard.

« Il n'y avait pas d'autre gradé que moi. Moulia avait dû partir la veille avec son unité. Une fois arrivés à Maizy, où était le bataillon, on nous désarma, mais seulement le dernier camion où je me trouvais. Puis ce fut l'instruction. On nous avait parqués au camp des prisonniers allemands que nous avions faits à Craonne. Nous n'étions pas fiers. A Maizy, on fit un choix de soldats pour être en prévention de Conseil de guerre. J'en fus exclu, j'étais innocent. Mais Moulia fut désigné. Un fait à signaler : deux ou trois jours avant de passer devant le Conseil de guerre, notre colonel est venu nous voir. J'étais encore avec les prévenus. Nous étions alignés, au garde-à-vous. Le colonel nous a serré la main à tous, disant que nous étions tous des braves, mais que l'ordre était venu de l'état-major : il fallait un exemple et des punitions. Il y avait donc eu des circonstances très atténuantes sur la révolte. L'état-major avait une part de responsabilité par son manque de parole.

« Avant de finir, je dois vous exposer un fait qui me concerne, certes, mais qui donne une idée à peu près exacte de l'esprit de la plupart des officiers. J'étais donc toujours emprisonné. Le lendemain, je fus appelé à me présenter dans une grande salle au premier étage où tous les officiers étaient réunis autour d'une table.

Un lieutenant d'instruction, après m'avoir appelé, me lit une déposition d'un civil qui accusait un soldat de ma section d'avoir menacé les civils. Et il me dit : "Si vous le confirmez, vous serez récompensé." J'étais outré. Ce n'était pas vrai. Ce soldat était de corvée avec moi et n'avait pas d'arme. Nous sommes revenus au cantonnement après la manifestation. J'étais très en colère de ce comportement et j'ai dit que la déclaration du témoin était fausse. L'instruction était finie, et on m'apporta la cassation de mon grade. Ceci est la vérité. Je l'affirme sur la tête de mes enfants et petits-enfants. »

Voilà pourquoi, le 7 juin, à Maizy, *à la place d'un autre*, Moulia comparaît devant le Conseil de guerre.

La salle d'audience ? Moulia se souvient qu'elle était assez grande. Peut-être bien, croit-il, une salle d'école. En fait, d'après le témoignage d'un survivant que l'on lira plus loin, une salle de la mairie. Quand Moulia et ses coaccusés sont entrés, la garde d'honneur, avec casque et jugulaire, a claqué les talons et a présenté les armes. Le colonel et les autres officiers se sont levés, ils ont rendu le salut. Puis tout le monde s'est assis. Le cauchemar a commencé.

Identité, nom, prénoms, matricule...

— Caporal Moulia Vincent, mon colonel.

D'un côté l'accusateur, le commandant Oliveri. Un grand blond, marchand de poisson à Hossegor. De l'autre, le défenseur, le lieutenant Vivien. Par les propos du colonel, Moulia comprend qu'un rapport du capitaine Lasserre l'accable. Pourquoi ? Voici les témoins. Ils sont vingt-trois, dont quinze soldats. Le commandant Robert dépose :

— Je n'ai que des éloges à faire du caporal Moulia.

Plusieurs officiers confirment :

— Aux combats les plus violents, Moulia a toujours su encourager les siens.

Intérieurement, Moulia jubile : « Ça va bien. »

Paraît le capitaine Lasserre. Moulia serre les poings. Qu'est-ce qu'il va encore raconter celui-là ? Au vrai, le capitaine paraît mal à l'aise.

— Mon colonel, je demanderai à rectifier les termes de mon rapport. Moulia est un brave.

— Votre rapport est parfaitement clair ! jette Oliveri.

Lasserre s'obstine :

— Je regrette, je voudrais défendre le caporal Moulia.

Moulia ne peut s'empêcher d'intervenir :

— Je vous remercie, mon capitaine. Mais, si je suis ici, c'est bien de votre faute.

Le lieutenant Vivien le tire par la manche, lui souffle :

— Taisez-vous. C'est moi qui vais vous défendre, qui vais parler pour vous.

C'est vrai que le lieutenant Vivien a défendu Moulia de son mieux. Mais le colonel l'avait averti : « Pas de longueurs inutiles. » Moulia s'est toujours souvenu de ce qu'avait dit le commandant Oliveri :

— Cet homme est coupable. La preuve, c'est qu'il a incité les troupes à la révolte. Il a menacé un sergent.

Menacer un sergent ? Moulia s'est levé tout d'un coup. Il a crié que c'était faux.

— Accusé, taisez-vous ! a dit le colonel.

Postérieurement à l'émission que j'ai consacré à Vincent Moulia, M. Henri Petit a adressé à son ancien camarade un témoignage particulièrement important. M. Petit, classe 1916, appartenait au 50e R.I., 11e compagnie, 1re section. A l'attaque du 16 avril, son régiment se trouvait voisin du 18e. Après avoir vécu toute l'attaque, le 50e fut envoyé au repos à Maizy. C'est ce qui a permis à Henri Petit d'assister au procès des mutinés. Il faut lui donner la parole : « Le 10 ou le 11 juin, vers 8 heures du matin, nous vîmes arriver avec stupéfaction douze soldats déséquipés et encadrés par d'autres, baïonnette au canon, portant l'écusson 18e d'infanterie, lesquels entrèrent s'installer dans la salle de la mairie. Mais, grand Dieu ! que se passe-t-il ? disions-nous. Certaines rumeurs nous étaient parvenues que des cas d'indiscipline et de refus d'obéissance s'étaient produits dans certains régiments stationnés dans la région, mais personne n'y avait prêté attention. Alors, là, il fallut se rendre à l'évidence : quelque chose de grave était en cours. Donc, Conseil de guerre, aussitôt après arrivée de tout un état-major, colonel, commandant, capitaine, lieutenant et deux infirmiers-majors comme défenseurs, nous disait-on. Tous prirent place dans la même salle et procédèrent à la constitution du conseil et immédiatement les interrogatoires commencèrent.

« Je suivis les débats du début jusqu'au verdict, mais il m'est impossible d'expliquer aujourd'hui par le détail la faute reprochée à chaque accusé. Une seule vous concernant est restée gravée dans ma mémoire, lorsque la parole fut donnée à votre défenseur, un lieutenant, si ma mémoire est restée fidèle.

« Lors de sa plaidoirie, s'adressant à un moment donné au colonel, [le défenseur] lui dit : "Mais, mon colonel, vous n'allez pas faire fusiller un brave, un glorieux soldat, décoré de la croix de guerre sur le champ de bataille, et promu caporal ? " A cet instant, une voix brutale lui coupa la parole. Gêné par des camarades placés devant moi, il me fut impossible de savoir de qui partaient ces paroles : "Vous, Moulia ? Avec toute votre bravoure et vos décorations, vous auriez dû montrer l'exemple et ramener vos camarades dans le droit chemin. Vous ne l'avez pas fait, vous êtes donc doublement coupable et méritez le poteau d'exécution."

« J'avoue qu'à ce moment une larme perla dans mes yeux. Ces paroles ignobles, écœurantes, sortant de la bouche d'un gradé, sans doute excité par un désir de vengeance inavouable, venaient éclabousser d'injures la figure d'un brave.

« Verdict : cinq condamnés à mort, travaux forcés pour les autres. Vous, les cinq condamnés, fûtes conduits sous le préau de l'école. Une nouvelle scène déchirante devait se produire, le plus jeune d'entre vous tomba en syncope. Est-ce que je me trompe en disant que c'est bien vous, Moulia, qui, en le relevant, l'avez pris dans vos bras, lui parlant ou l'embrassant ? Je ne sais plus, car à ce moment, tous les yeux de mes camarades et de moi-même se noyèrent de larmes en faisant demi-tour pour ne plus voir. Quelle affreuse tristesse ! Le soir, assis sur le bord du trottoir devant la mairie où on nous avait apporté la soupe, personne ne put manger avec appétit. Le déroulement de cet affreux spectacle avait crispé nos estomacs. »

Il a fait ce qu'il a pu, le lieutenant Vivien. « Mais il n'y avait rien à faire, dira plus tard Moulia. Le verdict était fixé d'avance. Il en fallait cinq, vous comprenez. On appelait ça condamner pour l'exemple. Sur les douze, il y a eu cinq condamnés à mort, cinq dont moi, Moulia Vincent. »

Après le jugement, on a conduit les cinq condamnés à la ferme Duchainay. On les a poussés dans l'une des réserves à betteraves. Ce qu'ils appellent, là-bas, une voûte.

Aujourd'hui, c'est le fils de Mme Duchainay qui tient la ferme. Avec sa mère et son oncle, il m'a montré les lieux. Autrefois, au fond de la cour, il y avait trois voûtes. Elles ont disparu. C'est dans l'une d'elles que l'on a incarcéré Moulia et ses compagnons. Mais, sur la gauche, il en reste une, identique aux autres. Quand on y pénètre, on se fait une idée très exacte des conditions de la détention des « condamnés pour l'exemple ».

Ce qui a frappé Moulia en entrant, c'est l'odeur. Elle venait du sol. Une boue gluante, avec des détritus indéfinissables. Moulia raconte :

— De la boue ou de la merde ? C'est ce que j'ai dit au gendarme Darribère, qui devait rester avec nous à l'intérieur : « On va se coucher dans cette merde ? » J'ajoutai : « Après tout, vous y êtes comme nous. On peut bien faire quelque chose. » Dans la cour, j'avais vu des rouleaux de fil de fer, des tas de piquets. J'ai proposé au gendarme de construire un treillage pour nous isoler du sol. Le gendarme savait pas. Il est allé demander au lieutenant. Le lieutenant a dit oui. C'est moi tout seul qui ai planté les piquets, qui ai tendu les fils. Du solide.

Après quoi, Moulia est allé se coucher tout au fond de la voûte. Au bout d'un moment, il a découvert, au-dessus de sa tête, un rai de lumière. En regardant mieux, il s'est aperçu qu'il s'agissait d'une ouverture fermée par une plaque de tôle. Comme le sommet des voûtes se trouvait de plain-pied avec la prairie qui s'étend derrière la ferme, c'est par cette trappe, assurément, que l'on déversait les betteraves. Intéressante, cette ouverture. Sur ce, Moulia s'est endormi.

Au cours de la nuit, une explosion. Énorme. Un avion a lâché une bombe qui est tombée au milieu de la cour. Des éclats ont percé la porte et raté de peu le gendarme Darribère, allongé près du seuil.

— Voulez-vous changer de place ? demande aimablement le gendarme à Moulia.

— Moi, au point où j'en suis, je m'en fous.

Moulia s'installe près de la porte — et s'endort de nouveau. Le lendemain matin, sans que personne le voie, il roule du fil de fer autour d'un piquet qui lui reste de son installation de la veille. Après quoi, il demande à aller aux cabinets. Caché sous son uniforme, il emporte le piquet. Un gendarme l'escorte. Les cabinets sont au-dessus des voûtes, face à la prairie. Au moment où Moulia s'y installe, un obus explose, dans la prairie, à environ cent cinquante mètres.

Le gendarme, paniqué, l'appelle :

— Hé ! Moulia ! Viens !

— Je fais que commencer, chef...

— Alors, dégrouille-toi !

Le gendarme s'éclipse. Moulia repère la plaque de tôle ouverte au sommet de sa voûte. Il installe son piquet. Il redescend, désinvolte, rentre dans sa prison.

Dans l'après-midi, un nouvel obus tombe dans la cour. De nouveau, la porte est perforée. Un capitaine de gendarmerie entre, un peu plus tard, dans la prison :

— Triste nouvelle. Nous avons perdu trois hommes. Qui aura le courage d'aller ramasser les morceaux ?

Aujourd'hui, Mme Duchainay se souvient du carnage. Elle se souvient de ce gendarme à qui l'explosion avait arraché un pied et qui, obstinément, se traînait à travers la cour pour retrouver ce pied.

Une fois encore, Moulia est volontaire. C'est lui qui « ramassera les morceaux ».

Trois jours passent. Une nouvelle nuit. Un calme absolu. Moulia ne dort pas. La vérité est qu'il n'est pas encore convaincu qu'il va être fusillé. Il sait que, s'il y a eu de nombreuses condamnations à mort, un grand nombre ont été finalement graciés [1]. Au milieu de la nuit, il entend des hommes aller et venir dans la cour. Il s'inquiète. Quelque chose de nouveau ? Il prête l'oreille. Pas loin, deux hommes parlent. Ils parlent en patois, le patois de Moulia. N'oublions pas que tout le 18e est de Pau.

— Nous allons faire du propre, tout à l'heure, dit l'un des hommes.

— Moi, je sais ce que je vais faire, dit l'autre. Je tirerai en l'air.

Moulia a compris tout de suite. Qui n'aurait pas compris ? Puisque le peloton d'exécution est déjà là, il ne reste pas une minute à perdre. Il se déchausse. Il réveille le gendarme Darribère, dit qu'il veut aller aux cabinets. Furieux, Darribère :

— Tu nous emmerdes, fous-nous la paix.

---

1. Guy Pedroncini dénombre en tout 554 condamnés à mort pour faits de mutinerie, dont 49 exécutés. Tels sont les chiffres *officiels*. Il ne faut pas exclure des exécutions sommaires, hors de tout cadre légal. Mais celles-ci semblent avoir été moins nombreuses que certains l'ont écrit.

Moulia insiste. Il a la colique. Darribère, en maugréant, se lève, ouvre la porte, sort. Dès qu'il est sorti, Moulia, sans faire de bruit, tire la porte vers lui, tourne la clé dans la serrure. Enfermé dehors, le gendarme, mais il ne le sait pas encore. Il faut dire que la nuit est très noire. Moulia l'entend appeler :

— Tu viens, Moulia, nom de Dieu ?

Il répond :

— Je mets mes godasses, je vous rattrape, chef...

Moulia, grimpé sur le lit du fond, soulève la plaque de tôle. Le piquet est toujours là, bien en place, avec le fil de fer. Sans trop de difficulté, Moulia se hisse sur le toit. Dans la cour, le gendarme appelle toujours :

— Alors, t'arrives, Moulia ? T'étais pressé, qu'est-ce que tu fous ?

Sur le toit, Moulia se trouve nez à nez avec une sentinelle. Suffoquée, la sentinelle.

— Qu'est-ce, qu'est-ce, qu'est-ce que c'est ?

— Bougre de c..., tu ne reconnais pas ton cuistot ?

Ahuri, le gars le regarde toujours. Alors, d'une poussée, Moulia l'envoie bouler dans l'escalier. A ce moment précis, Darribère finit par s'apercevoir que la porte est fermée. Il se précipite, grimpe à toute vitesse l'escalier qui monte aux cabinets, il crie comme un fou :

— Moulia, réponds, sacré bon Dieu !

Mais Vincent Moulia est déjà loin. Il court à travers la prairie. On lui tire dessus. Il n'en court que plus vite. Dans la nuit, il n'aperçoit pas le haut grillage qui, au fond du pré, forme clôture. Littéralement, il s'écrase sur ce grillage. Il rebondit, « comme un ballon », se souviendra-t-il. Il prend son élan. Un bond comme il n'en accomplira plus jamais. Il est passé.

— Jamais je n'ai sauté si haut, dira-t-il.

Il pourrait ajouter qu'il n'a jamais couru aussi vite. Il va contourner le village par le haut et se retrouver un peu plus tard sur les bords du canal. Il y a là un pont, non gardé. Il le franchit. Toute cette course, il l'a faite en chaussettes, se meurtrissant les pieds. Il n'a pas le temps de sentir la douleur. Au-delà, il le sait, c'est l'Aisne. Mais il sait aussi que le pont sur l'Aisne est gardé. Impossible de passer. Et il sent les autres à ses trousses.

Entre le canal et l'Aisne, dans une sorte de marécage, poussent d'épais roseaux. Il s'enfonce dans l'eau, se glisse au milieu, s'accroupit. Il entend arriver la patrouille. En courant, les hommes passent devant lui. Ni vu ni connu, Vincent Moulia.

L'aube. Soudain, une salve, au loin. Puis deux autres. Une immense tristesse. Une lassitude extrême. Ils y sont passés, les copains. Mais pourquoi trois détonations seulement ? Moulia saura plus tard que Cordonnier a été gracié au dernier moment.

Comment se tirer de là ? Impossible de partir avant la nuit. Vers midi, Moulia a tellement faim qu'il mange une touffe de roseaux. Puis de l'oseille. Une nuit encore. Une journée, une nuit, la troisième. Pas de lune, pas d'étoiles. Aux deux extrémités du pont, les sentinelles veillent une de chaque côté, dans leurs guérites. Il s'approche. Incroyable : elle ronfle, la première sentinelle. Moulia passe. Arrivé à la moitié du pont, il aperçoit l'autre guérite, où brûle une bougie. Il a prévu que, si cette sentinelle-là tirait, il s'enfuirait en zigzag. Non ! Ce n'est pas vrai ? La seconde sentinelle dort aussi ! Ça y est, Moulia est passé.

Sa première étape le conduira à quelques kilomètres de là, à Pargnan. J'y suis allé. Pargnan est l'un des plus jolis villages que j'aie vus. Il domine la vallée. J'ai cherché à m'imaginer Moulia, arrivant en pleine nuit, les pieds en sang, vêtu seulement d'une chemise et d'un pantalon, et venant frapper chez des gens qu'il connaît, les Charpentier. Une femme lui ouvre. C'est Mme Charpentier. Elle le reconnaît, toute saisie. Elle n'hésite pas : elle l'embrasse. Derrière la maison de Mme Charpentier, il y a ce que l'on appelle les grottes. Mme Charpentier y habite, par crainte des bombardements. Elle y cache Moulia, après l'avoir nourri. Il va se reposer toute la journée derrière une pile de fagots. A la nuit, Mme Charpentier viendra lui dire qu'il faut partir. A Pargnan, il y a beaucoup de soldats. Tout le pays parle de son évasion. C'est trop dangereux.

Moulia est reparti. Délibérément, il a marché vers les lignes. Il est vrai que, le front, ça le connaît. Le voilà dans les tranchées. Il attend la relève. Il s'introduit dans un abri, s'empare d'un mousqueton, d'un sac et s'habille avec ce qu'il trouve dans le sac : une vieille tunique, une capote et — par chance — des brodequins qui lui vont.

Où aller ? Pourquoi pas à Paris ? Moulia y a une tante, concierge avenue de Breteuil. Seulement, il faut encore franchir le canal de l'Oise à l'Aisne. Cette fois, les sentinelles ne dormiront pas. Devant Moulia, un camion, puis deux, puis trois. Ils reviennent du front. Ils sont vides. La solution, la voilà. Moulia saute derrière un camion. Le camion franchit le pont. Tout va bien.

Combien de temps a-t-il mis pour gagner Paris ? Huit jours. Il marche la nuit, dort le jour. Il marche, il dort. Il mange comme il peut. La plupart du temps, il crève de faim.

A Pavillons-sous-Bois, il prend un tramway qui le conduit à la gare de l'Est, en plein Paris. Il demande sa route. Au 17, avenue de Breteuil, il frappe à la porte de la concierge. Il est plein d'espoir. En route, il a écrit une lettre à sa tante pour la prévenir qu'il allait arriver. La porte s'ouvre et une femme, que Moulia ne connaît pas, lui dit que Mme Moulia a déménagé, qu'on ne sait pas ce qu'elle est devenue.

S'il n'a plus de tante, qu'est-ce qu'il va devenir, Moulia ? Il ne connaît qu'un pays, le sien. Dans les Landes, il est sûr qu'on l'aidera. Il sait que, pour aller chez lui, il faut prendre le train à la gare d'Austerlitz. Quand il y parvient, il est tard. Dans la gare, il cherche une banquette, pour passer la nuit. Vers le matin, des militaires ont commencé à arriver. Ils parlent gascon ou basque. Bon signe ! A l'entrée des quais, des civils ont pris position. Ils se sont mis à vérifier les permissions des soldats. Moulia a repéré un groupe, déjà contrôlé. Il le rejoint. Ce sont des Basques. On passe sur le quai. On monte dans le train. Très gentils, les Basques. Pour eux, pas de question : Moulia est un permissionnaire comme les autres.

On a roulé toute la journée.

A la nuit, le train s'est arrêté à Buglosc. Un petit village dans les Landes, près de la maison natale de saint Vincent de Paul et près de son chêne qui est un lieu de pèlerinage. Moulia n'a pas envie d'affronter la gare de Dax et ses contrôles. La gare de Buglose lui convient parfaitement. Il descend. Personne ne lui demande rien. Il s'est mis en route vers Dax où il est entré au petit jour.

Il va tout droit au quartier du Sabler, Moulia. Parce que, là, habite le père de Berthe qui travaille pour l'armée. Il frappe. La porte s'ouvre :

— C'est toi, mais tu es fou ? On te cherche partout pour te fusiller. Tu vas te faire prendre et moi avec !

Moulia lui demande seulement de lui prêter son vélo, pour aller à Nassiet, chez lui. Le père de Berthe refuse :

Si on t'arrête, on saura d'où vient le vélo, et je serai ton complice.

Une seule solution : aller à Nassiet à pied. Quarante kilomètres. Moulia y parvient la nuit suivante. Le village dort. Moulia entend un chien aboyer. Il frappe à la porte de la maison de sa mère. La mère Moulia croit qu'il s'agit de son autre fils, Joseph :

— C'est toi, Joseph ?

— Oui, c'est moi.

La mère Moulia a ouvert la porte. Elle a regardé ce garçon qui attend, dans l'ombre. Ce n'est pas Joseph. C'est Vincent. Alors, elle tombe, comme une masse, sur le carreau.

Bien sûr, la mère Moulia a caché son fils. Trop heureuse qu'il soit vivant. Cela dure des semaines. Souvent, à la nuit tombée, Berthe vient retrouver son Vincent. Des voisins la voient. Certains commencent à chuchoter. Décidément, le village, c'est trop dangereux. Vincent Moulia va s'installer dans les bois. Il se construit une cabane, se fabrique des meubles, s'installe un jardin potager, un lavoir. Jamais peut-être un proscrit n'a connu, au fond des bois, autant de confort.

Un beau jour, quelqu'un le surprend. A son air, Moulia sait tout de suite que l'autre va le dénoncer. Il avertit Berthe qui, sur-le-champ, court prévenir l'abbé Verdier. Le curé n'hésite pas. Il faut que Moulia parte pour l'Espagne. C'est lui, le bon curé, qui a arrangé ça. Pas facile, pourtant, d'entrer en Espagne. Des patrouilles veillent le long de la frontière. Moulia réussit à passer au travers. Le mois de mai 1918 se termine. Un an plus tôt, exactement, avait lieu la mutinerie de Maizy.

Vincent Moulia a refait sa vie en Espagne, à Saint-Sébastien. Berthe l'a rejoint, suivie de l'abbé Verdier qui a tenu à ce que personne d'autre que lui ne les marie. Les Moulia ont eu des enfants. Le travail ne manquait pas. Pourtant, ils n'oubliaient pas le pays. Souvent, Vincent parlait de son histoire. Avoir été traité de mutin, lui ! Avoir été condamné à mort, à la place d'un autre ! Il trouvait ça trop injuste. Les années passaient, et il ne s'y faisait pas.

En 1933, le Parlement français a voté l'amnistie pour les condamnés de la guerre 14-18. Pour Vincent Moulia, un progrès. Il a fallu, pourtant, la guerre d'Espagne pour qu'il regagne la France. On se battait tout près de chez lui. Ses enfants étaient en danger. A Nassiet, on les a bien accueillis. Un voisin, rencontrant Moulia, lui a dit seulement :

— C'est moche, la guerre, hein, Moulia ?

Moulia en a été tout saisi. Il n'y avait jamais pensé. C'est à ce moment-là seulement qu'il en a pris conscience. D'une voix étranglée, il a répondu :

— Oui, c'est moche, la guerre.

Les Moulia sont allés habiter à Landré, tout près de Nassiet, dans la maison de Berthe. Les enfants sont partis, ils se sont mariés. A leur tour, ils ont eu des enfants. Quand je les ai retrouvés, Vincent et Berthe Moulia habitaient toujours leur petite maison de Landré.

Vincent Moulia, condamné par erreur. Amnistié, mais non réhabilité. Pourtant l'amicale du 18e régiment d'infanterie, tout entière, a pris sa défense. Ses officiers ont souhaité instamment qu'on lui rende justice. Le plus ardent partisan de cette révision a été le capitaine Lasserre. A son lit de mort, il regrettait encore d'avoir, dans son rapport, chargé Moulia. En 1952, le secrétaire d'État à la Guerre, Pierre de Chevigné, a autorisé Vincent Moulia à toucher la retraite des combattants.

Assis à la table de M. et de Mme Moulia, je regardais la boutonnière de Vincent. Elle était vierge. Il avait quatre-vingt-onze ans, Vincent Moulia. Qui prendrait l'initiative de réparer une grande faute ? Qui rendrait sa croix de guerre au caporal Moulia ?

Ainsi ai-je conclu mon récit télévisé du 30 juin 1979.

Rarement, je dois le dire, une de mes émissions suscita de telles réactions, aussi immédiates, aussi vives, aussi profondes. Les appels téléphoniques commencèrent le soir même. Dans les jours suivants, chaque courrier m'apportait des lettres en nombre considérable. Tous mes correspondants répétaient : il faut mettre fin au calvaire de Vincent Moulia. Il faut, après tant d'années, une réparation définitive.

Parmi mes correspondants, un Belge, M. Pierre Detourbe, prenait les devants. Il m'envoyait, afin qu'elle fût remise à Moulia, la croix du Feu avec palmes obtenue par son père, Jules Detourbe, pour ses campagnes au 1er régiment de ligne, du 4 août 1914 au 11 novembre 1918. Un Italien, M. Giorgio Perrini, envoyait à Moulia, en signe de réparation, sa propre croix de guerre italienne, à lui conférée en 1943. M. Perrini, condamné à mort par les Allemands, a pu échapper au peloton d'exécution. Mieux que personne, il pouvait comprendre le drame de Vincent Moulia. Un combattant de 39-45, M. Marcel Conan, caporal au 18e R.I. — le régiment de Moulia — m'écrivait : « Ma croix de guerre a de la valeur pour moi et la perdre me ferait un peu deuil ; mais si cela pouvait faire plaisir à cet ancien de mon régiment, je suis prêt à la lui remettre, c'est-à-dire à la lui donner. » M. Pierre Laffargue, ancien combattant de 14-18, auteur d'un émouvant récit : *l'Abattoir des sacrifiés*, m'écrivait en suggérant que soit offerte à Vincent Moulia « en gage d'affection et de solidarité, une croix de guerre gagnée *sur le front* par un ancien de 14-18 ». M. Laffargue ajoutait : « Si cela est possible, j'offre la mienne. » Les gestes se multipliaient. M. et Mme F. Nison, de Chartres, faisaient parvenir à Vincent Moulia une croix de guerre, avec de la terre de Verdun et des éclats d'obus recueillis par eux. La Fédération nationale des associations d'anciens combattants de Verdun décernait sa médaille à Vincent Moulia.

Ému à son tour, M. Paul Winkler, directeur général de *France-Soir*, me proposait d'écrire dans son journal une « Lettre ouverte » à monsieur le ministre de la Défense.

Dès le 4 juillet 1979, M. Michel Rocard, député des Yvelines, avait posé au ministre une question écrite. Le 20 août, je recevais de M. Maurice Plantier, secrétaire d'État aux Anciens Combattants, une lettre dont j'extrais les lignes que voici : « Si cet ancien combattant de 1914-1918 a pu échapper à la mort, il réclame aujourd'hui qu'avec sa croix de guerre on lui rende l'honneur. Il ne m'étonne pas que ses camarades de combat se soient émus et souhaitent un geste réparateur. Je partage leur émotion et j'entends bien suivre personnellement ce dossier et user de tout mon pouvoir pour que cette affaire trouve le plus rapidement possible sa solution. »

Ce n'était pas là une vaine promesse. Une réponse à la question écrite de M. Michel Rocard parut au *Journal officiel* du 15 septembre. Elle précisait : « L'instruction du dossier de M. Vincent Moulia fait apparaître que l'intéressé n'a juridiquement perdu ni son grade de caporal ni le droit au port de la croix de guerre 1914-1918. » Le 19 septembre, M. Maurice Plantier m'écrivait : « Vous pourrez rassurer cet ancien de 1914-1918 : son honneur d'ancien combattant est intact. »

Vincent Moulia n'avait jamais oublié ce jour où, dégradé, on lui avait arraché sa croix de guerre. Depuis, malgré les démarches de ses anciens camarades, nul ne lui avait dit, jamais, qu'il avait retrouvé le droit de porter cette croix de guerre. La réponse officielle du gouvernement était la réparation définitive du tort insupportable fait au dernier survivant des « condamnés pour l'exemple ».

Le 11 novembre 1979, face au monument aux Morts de son village, entouré de ses camarades anciens combattants, la croix de guerre fut, pour la première fois depuis 1917, épinglée sur la poitrine de Vincent Moulia.

IX

Les aveux de Landru

12 avril 1919

Deux hommes étendus sur le palier, au troisième étage de l'immeuble du 76, rue de Rochechouart : les inspecteurs de police Belin et Brandenberger. Ils ont dormi, au cours de cette nuit du 11 au 12 avril 1919, devant la porte de l'appartement où ils savaient que se tenait leur « gibier ». La loi est formelle : on n'arrête pas après la tombée du jour. L'aube les réveille. Les policiers ouvrent les yeux, se redressent, brossent d'un revers de main leurs habits fripés, regardent leur montre : l'heure légale. Un bref échange de regards — et ils sonnent. Aucune réponse. Ils sonnent derechef, plus longuement, plus fort.

Enfin, derrière la porte, un pas. Une voix :

— Qui est là ?

— Je voudrais voir M. Guillet.

Un silence encore. Un bruit de verrou. La porte s'entrebâille. De l'épaule, l'un des deux policiers la bloque.

Ce que Belin et Brandenberger aperçoivent dans l'ombre, c'est d'abord un crâne et une barbe. L'homme n'est pas grand, plutôt malingre. Il enveloppe les policiers d'un regard scrutateur, cherchant dans l'instant à tout peser, à tout comprendre. Ses yeux, Dieu sait si les journalistes en parleront. On décrira inlassablement le « regard hypnotique », les « prunelles de fakir », les « yeux de

Un grand acteur devant ses juges. (Roger-Viollet.)

loup ». Il est, ce regard, gênant par sa fixité. Il s'inscrit entre une calvitie presque agressive et une barbe, longue et bien taillée, noire avec des reflets roux.

— Que me voulez-vous ? demande l'homme.

— Vous êtes bien le sieur Henri-Désiré Landru ?

— Je suis Lucien Guillet, ingénieur.

— Ça va ! Ne faites pas d'histoires. Suivez-nous au bureau de la 1re brigade mobile. On a des choses à se dire.

Derrière le barbu, tout à coup, se devine une autre silhouette, celle d'une jeune femme en chemise, sur le joli visage de laquelle l'étonnement le dispute à la peur.

L'homme, avec une infinie courtoisie, demande qu'il lui soit permis de s'habiller. Les policiers acquiescent, informent la jeune femme qu'elle devra les suivre, elle aussi. Cinq minutes plus tard, le barbu et son amie sont prêts. Si la femme tremble légèrement, on ne peut discerner, sur le visage de l'homme, qu'un calme immense. Il ouvre un tiroir, tend un paquet de Gauloises aux policiers :

— Excusez-moi, messieurs, je n'aime pas être réveillé brusquement, il me faut quelques instants pour me remettre. Je n'ai pas encore pensé à vous offrir une cigarette.

De l'ironie ? Pas même. Tout juste un soupçon de désinvolture.

Une voiture va les conduire — elle, lui et les deux policiers — à la brigade de la rue Greffulhe. On les pousse dans le bureau du commissaire Dautel. Emmanuel Bourcier, l'un des journalistes qui a suivi l'affaire, verra ce Dautel « tout jeune, l'œil vif, le cheveu frisé, assez grand, l'allure d'un commis actif et peut-être rouspéteur [1] ». Avec cela, dégingandé, l'allure un peu d'un camelot et, pour lors, tout à la joie de la réussite. Mais le barbu fait l'étonné :

— Je suis Lucien Guillet, né le 18 septembre 1874, à Rocroi.

Dautel hoche la tête d'un air entendu. Sur son bureau il saisit un carton, le tend au barbu. C'est la fiche de Henri-Désiré Landru, né à Paris le 12 avril 1869, 41 rue de Puebla, le désignant comme fils d'un chauffeur et d'une couturière en chambre, et ayant effectué des études primaires supérieures à l'école des Frères de la rue Bretonvilliers ; marié à son retour du régiment avec la fille d'une blanchisseuse, Marie-Catherine Rémy qui lui donnera quatre

1. Henri Béraud, Emmanuel Bourcier, André Salmon : *L'affaire Landru* (1924).

enfants ; ayant travaillé chez un architecte, puis chez un entrepreneur de plomberie ; ayant exploité une fabrique de bicyclettes où il s'est couvert de dettes[1] ; ayant fait alors paraître une annonce demandant un commis métreur possédant une bicyclette ; lorsqu'un candidat se présente, Landru l'envoie faire une course — à pied — et s'enfuit avec la bicyclette. Dès lors il ne vivait plus que d'escroqueries. Quoi de plus éloquent que cette énumération :

21 juillet 1904. — Paris. Escroquerie, 2 ans de prison, 50 F d'amende.

28 mai 1906. — Seine. Escroquerie, 13 mois de prison, 50 F d'amende.

28 mai 1906. — Paris. Abus de confiance, 3 ans de prison, 100 F d'amende.

5 août 1910. — Lille. Escroquerie, 3 ans de prison, 100 F d'amende.

20 juillet 1914. — Seine. Escroquerie, 4 ans de prison, 100 F d'amende. Peine accessoire de la relégation.

Le barbu s'est contenté de jeter les yeux sur la fiche. Il l'a reposée, de l'air de quelqu'un qui comprend la plaisanterie. Dautel, lui, ne rit pas :

— Que sont devenues Mmes Buisson et Collomb, avec qui vous avez vécu, à qui vous avez promis mariage et que vous avez emmenées dans votre villa de Gambais ?

Quel étonnement dans les fameux yeux noirs ! Quelle admirable surprise, quelle sincérité pour répondre :

— Qu'en puis-je savoir ?

Un bref silence pour ménager ses effets. Puis, moqueur :

— Je ne suppose pas que vous m'accusez de les avoir expédiées à Buenos Aires ?

— Non, lance Dautel très sec, non : assassinées !

Landru n'a pas même élevé la voix. Après un bref regard à la jeune femme épouvantée, près de lui, il ajoute seulement, avec

1. A ce propos, M. Marcel Papon, de La Garenne-Colombes, m'a écrit : « Lorsque j'étais tout petit, dans les années 25, notre voisin de pavillon possédait un vénérable vélo du début du siècle qu'il entretenait au pétrole et qui avait pratiquement perdu sa peinture noire. Vous voyez l'engin : guidon en moustaches, fourche droite, lanterne à acétylène... Mais une chose m'a frappé dès que j'ai pu comprendre : la marque subsistait sur le tube avant : “LANDRU”. »

une immense politesse — « trop poli pour être honnête », dira Dautel aux journalistes :

— M'inculper d'assassinats, moi ? C'est bien gros, monsieur le Commissaire, car il s'agit de la tête d'un homme. Je ne parlerai qu'en présence de mon avocat.

On interroge la jeune femme. Elle se présente comme étant Fernande Segret, célibataire, artiste lyrique. Elle affirme n'avoir jamais connu à son amant d'autre nom que celui de M. Guillet. Elle l'a rencontré au mois de mai 1917 dans un tramway. Elle était fiancée. Mais « Lucien », avec une courtoisie exquise, a entamé la conversation ; il est descendu en même temps qu'elle. Elle a accepté le rendez-vous qu'il lui donnait, pour le lendemain, à la station Étoile. Elle est devenue sa maîtresse à la fin de juillet 1917. « Lucien » lui ayant promis le mariage, elle a accepté, au mois de janvier 1919, de venir habiter avec lui. En pleurant, elle ne tarit pas d'éloges sur le plus charmant, le plus empressé, le plus délicat des hommes. D'évidence, elle est de bonne foi.

On fouille Landru. Dans l'une de ses poches, on trouve un carnet. Dautel l'examine aussitôt.

Tout à coup, sur une page, il repère une liste de noms, tracée de la main de Landru : Cuchet, J. idem, Brésil, Crozatier, Havre, Collomb, Babelay, Buisson, Jaume, Pascal, Marchadier.

Onze noms. Ce qui saute aux yeux du commissaire, ce sont ceux de Buisson et de Collomb. Deux femmes que l'on n'a plus revues depuis de longs mois. Deux femmes qui ont disparu après avoir connu Landru. Deux femmes probablement mortes, tuées par Landru. Deux noms parmi *onze*.

Dautel regarde bien en face Landru :

— Ces noms sont ceux de vos victimes, n'est-ce pas ? Vous avez assassiné onze personnes ?

Imperturbable, Landru réplique :

— Je n'ai rien à répondre. Si vous voulez m'accuser d'être l'auteur de ces onze crimes, c'est à vous qu'il appartient d'en faire la preuve.

Le faux Guillet vient de définir très exactement ce que sera l'affaire Landru.

Dautel laisse le barbu et son amie sous la surveillance de ses subordonnés, saute dans une voiture qui le conduit à Mantes. Il en revient quelques heures plus tard porteur d'un mandat d'arrêt délivré contre Henri-Désiré Landru, pour meurtres sur les personnes de Mme Collomb et de Mme Buisson. Le commissaire annonce à Landru qu'il va être écroué à la prison de Mantes et à Fernande Segret qu'elle peut rentrer chez elle. Visiblement, la jeune femme ne veut pas comprendre. Elle se jette en sanglotant dans les bras de Landru. Il la serre contre lui, l'embrasse, soutenant toujours ce calme que rien apparemment ne peut ébranler :

— Tout cela est un malentendu, lui dit-il. L'avenir le dissipera.

Comme elle s'éloigne, il se met, devant les policiers ébahis, à chanter l'air célèbre de *Manon* :

— *Adieu, notre petite table ! ...*

Contant l'affaire aux journalistes, Dautel commentera :

— Nous en étions tous estomaqués !

Henri-Désiré Landru vient d'entrer dans l'Histoire.

Avril 1919. La France ne parvient pas encore à admettre que, décidément, elle n'est plus en guerre. Les démobilisés de la veille ont du mal à se réhabituer à un lit. D'affreux cauchemars les réveillent, les rappelant à la boue des tranchées, à la mort quotidienne, au carnage de chaque instant. Dans chaque ville et jusque dans les plus petits villages, des familles accablées pleurent un fils, un père, un époux. Le chiffre des morts français est maintenant connu et l'on en reste effaré : un million et demi de cadavres étendus à jamais dans la terre des champs de bataille. Apprendre que les pertes ajoutées des belligérants doivent être évaluées à dix millions de vies humaines, voilà qui ne console personne. L'Américain Wilson, l'Anglais Lloyd George, l'Italien Orlando ont rejoint à Paris le Français Clemenceau. Chaque jour, enfermés loin des oreilles et des yeux indiscrets, ils tiennent d'interminables séances sur lesquelles filtrent peu d'informations, sinon qu'ils préparent le futur traité de paix. La paix, vraiment ?

C'est dans ce climat, lourd de trop de souvenirs, pesant de tant d'inquiétudes, que les lecteurs du *Petit Journal* du 13 avril 1919 vont lire un modeste entrefilet sous ce titre : *Importante arrestation à Montmartre.* En voici le texte :

« La première brigade mobile a arrêté, hier, à Paris, en plein Montmartre, grâce à des dénonciations anonymes, un individu très élégamment vêtu, presque complètement chauve, mais portant une abondante barbe noire. Cet homme, qui avait mis, croit-on, la science de l'hypnotisme au service de ses mauvais instincts, était recherché par plus de dix parquets de tous les coins de France sous les noms de Dupont, Desjardins, Prunier, Perrès, Durand, Dumont, Morise, etc.

« Une fois dans les locaux de la Sûreté, il a fini par avouer se nommer en réalité Henri Nandru, né à Paris dans le 19e arrondissement, en 1869. Nandru est actuellement inculpé de vols qualifiés, d'escroqueries et d'abus de confiance, toutes inculpations qu'il nie, sans toutefois donner la moindre explication, se contentant de répondre à toutes les questions : “Je n'ai rien à vous dire ; vous vous débrouillerez avec mon avocat.”

« Il se pourrait, cependant, qu'avant peu ce triste personnage trouve plus prudent d'être un peu moins réservé, car, selon toute vraisemblance, il aura à répondre devant la justice de faits autrement plus graves que ceux qui lui sont reprochés aujourd'hui. A ce sujet, les charges les plus lourdes pèsent déjà sur lui. »

On a bien lu : Nandru, avec un N. C'est vraiment par une très petite porte que Landru vient de se glisser dans les annales du crime.

Un vieux de la vieille, Danglure, se présentant ce soir-là au siège de la 1re brigade mobile, a récolté toute chaude l'information qui vaudra au *Petit Journal* d'annoncer, le premier, l'arrestation de « Nandru ». Ce n'est qu'un début. Dans sa manche, Danglure garde une carte maîtresse. Le lendemain, le *Petit Journal*, ravi de doubler tous ses confrères, publie sur trois colonnes, avec photographies, un long article surmonté de titres particulièrement alléchants :

LE MYSTÈRE DE LA VILLA DE GAMBAIS
UN NOUVEAU BARBE-BLEUE
L'ingénieur Landru, l'homme aux cent noms, soupçonné d'avoir assassiné plusieurs femmes

La prose est bien dans le style du temps : « Dans le courant de l'été 1915, un chauffeur élégamment mis arrivait en automobile à Gambais, coquet village situé aux confins de la forêt de Rambouillet, à sept kilomètres de Houdan et, après avoir visité maintes villas, fixait son choix sur une propriété appartenant à M. Tric, à l'entrée du pays... »

A l'heure même où ils prennent connaissance de l'article du *Petit Journal*, tous les rédacteurs en chef de Paris ont compris. Une énorme affaire commence. Aux premières heures de la matinée, les bureaux de la 1re brigade mobile, rue Greffulhe, seront littéralement assiégés par une meute de journalistes à l'affût de nouvelles.

Ils ne regretteront pas de s'être dérangés. C'est une bien curieuse histoire que va leur conter le commissaire Dautel.

Tout était parti de Gambais. Dans les derniers mois de la guerre, le maire de la petite commune avait successivement reçu des demandes de renseignements au sujet de deux dames dont on lui affirmait qu'elles avaient habité la région.

La première se nommait Anne Collomb. Il s'agissait d'une veuve de quarante-quatre ans, dactylographe dans une compagnie d'assurances. Sa famille déclarait que Anne Collomb, fiancée à un M. Dupont, s'était mise en ménage au domicile de celui-ci, à Gambais. Nul n'avait depuis reçu de ses nouvelles. La famille s'inquiétait et demandait à M. le Maire s'il savait ce qu'il avait pu advenir de Mme Veuve Collomb. Le maire se borna à répondre qu'il n'avait jamais entendu parler de cette personne.

Quelques semaines plus tard, nouvelle supplique au maire de Gambais. Presque dans les mêmes termes et évoquant une affaire curieusement identique. Une demoiselle Lacoste s'affligeait de ne recevoir aucune lettre de sa sœur Célestine Buisson. Elle ne comprenait pas ce silence puisque ladite Célestine était partie s'installer chez son fiancé à Gambais. Mlle Lacoste avait écrit plusieurs fois à sa sœur et s'étonnait de ne recevoir aucune réponse. Ne se serait-elle pas trompée d'adresse ? C'est celle-ci qu'elle souhaitait obtenir du maire de Gambais :

« Voudriez-vous avoir l'obligeance de me donner la bonne, écrivait-elle au magistrat municipal. En 1917, j'ai accompagné ma sœur et son futur mari, M. Frémyet, à Gambais, et suis à même de vous indiquer la maison sans erreur. »

Mlle Lacoste décrivait la maison en des termes si précis que le maire reconnut aussitôt la villa Tric. Lisant pour la première fois le nom de Frémyet et celui de Buisson, il ne savait rien de plus. N'importe, cette inquiétude de deux familles lui parut bizarre. Pourquoi ne pas mettre en rapport Mlle Lacoste avec les Collomb ? Le résultat fut que, pour cette double disparition, les deux familles unies portèrent plainte contre X au parquet de la Seine.

Une enquête de gendarmerie en découla naturellement. M. Tric ne fit aucune difficulté pour reconnaître qu'il avait loué sa maison à un M. Dupont dont il livra l'adresse, rue de Darnétal à Rouen.

Il précisa qu'il s'agissait bien d'un Dupont et non d'un Frémyet. On alla à Rouen. L'adresse était fausse. On n'y connaissait ni Frémyet ni Dupont.

En revanche, à Gambais, les voisins de la villa Tric fournirent le signalement de l'introuvable locataire. Il s'agissait d'un homme d'une cinquantaine d'années, très chauve et portant une barbe noire. D'un air entendu, les voisins ajoutaient que ce monsieur devait avoir beaucoup de succès auprès du beau sexe, car on l'avait vu arriver chez lui avec un grand nombre de dames.

Une évidence : le signalement donné par les voisins correspond bien à celui qu'ont donné Mlle Lacoste et la famille Collomb. Les archives judiciaires ne livrent rien, ni au nom de Frémyet ni à celui de Dupont. Tout ce que l'on peut déduire, c'est que les deux dames ont suivi à Gambais un seul et même personnage sous deux identités différentes. Elles ont disparu toutes les deux. Pour le moment, il est impossible d'aller plus loin. Les policiers reconnaissent que l'enquête se trouve dans un cul-de-sac. Il ne reste plus qu'à attendre. Patience est souvent mère de police.

La preuve va en être administrée bientôt.

Mme Buisson avait une amie, Mme Bonhoure, pour laquelle, semble-t-il, elle n'avait rien de caché. C'est ainsi qu'elle lui avait un jour présenté l'homme de sa vie, cet ingénieur Frémyet en compagnie de qui elle avait disparu. Depuis, Mme Bonhoure vit dans l'angoisse du sort qui a pu advenir à son amie.

Or, le 11 avril 1919, Mme Bonhoure aperçoit, rue de Rivoli, le mystérieux personnage ! Il sort du magasin Les Lions de faïence. En tâchant de son mieux de passer inaperçue, Mme Bonhoure tente de suivre Frémyet. Ceci jusqu'à la place du Châtelet. Découvre-t-il alors qu'il est filé ? Il saute dans un autobus que ne peut rejoindre Mme Bonhoure. L'excellente dame court raconter son aventure à la sœur de Célestine Buisson, laquelle téléphone aussitôt le renseignement à la 1re brigade mobile.

On ne perd pas de temps. Un inspecteur est envoyé aux Lions de faïence. On lui précise qu'un client a en effet acheté le même jour un service de table d'une valeur de 300 francs et qu'il a versé 80 francs d'arrhes. Il a demandé qu'on lui livre le service à domicile et, dans ce but, a laissé une carte de visite. On la tend au policier qui peut lire : « Lucien Guillet, ingénieur, 76, rue de

Rochechouart ». Aussitôt, la police se transporte rue de Rochechouart. Elle apprend que Lucien Guillet, chauve et barbu comme Frémyet, barbu et chauve comme Dupont, habite dans l'immeuble depuis le mois d'octobre 1917.

La suite, le commissaire Dautel la confiera aux journalistes :

— Je laisse mes hommes en observation. On retourne à la Préfecture et, dans le Bulletin de police criminelle, on retrouve trois ou quatre fiches qui concernent le bonhomme, Henri-Désiré Landru, cinquante et un ans, *dit Guillet*, recherché par MM. Gentil et Saumandre, juges d'instruction. Guillet, Landru, Frémyet, Dupont, c'est le même type et c'est notre citoyen. Seulement, il fait nuit : impossible de l'arrêter ce soir-là. C'est bête, mais c'est comme ça. On est dessus, et on doit le lâcher comme un agent qui poursuit un malfaiteur et arrive aux Tuileries : chasse réservée aux gardes, hein ? Bref, Belin et Brandenberger couchent sur le palier et, au petit jour, on « saute » l'individu.

Donc *l'individu* est sous les verrous. La tâche qui va incomber à la police, puis à la justice, n'est pas de tout repos. Il va leur falloir démontrer que Landru a bien commis onze meurtres. Onze meurtres *sans cadavres*.

Ce qui va perdre Landru, c'est son sens de l'ordre. Jamais criminel ne fut plus méticuleux. Jamais monstre ne s'est appliqué à mieux conserver toutes les traces de ses exploits. L'un de ses biographes a très légitimement vu en lui un « maniaque de la comptabilité, collectionneur de bouts de papier, démoniaque amoureux des chiffres, passionné délirant de la chose écrite [1] ».

Non seulement à son domicile, mais dans un garage qu'il a loué à Clichy, 28, rue Morice, on va retrouver des carnets de comptes, des agendas, des pièces d'identité, des récépissés, des certificats, des notes, des lettres par centaines. Peu à peu, ces archives uniques dans l'histoire du crime vont permettre aux enquêteurs de lire, comme à livre ouvert, l'histoire des forfaits de Landru.

Il semble que l'idée originelle ait germé en lui en 1909. Cette année-là, Landru est condamné à Lille pour avoir détourné les titres d'une jeune femme. Il a rencontré celle-ci à la suite d'une

1. Sam Cohen : *Landru, l'assassin bien-aimé, autopsie de onze meurtres sans cadavres* (1975).

annonce matrimoniale insérée par lui dans un journal. La préméditation n'est pas douteuse puisque, au moment où il publie cette annonce, Landru est marié. La « fiancée » a porté plainte. Landru a été arrêté et condamné. Sanction qui ne l'empêchera nullement de récidiver mais, après réflexion, le conduira à perfectionner sa méthode. La « fiancée » de Lille avait déposé plainte ? Celles qui lui succéderont, Landru les mettra dans l'impossibilité — absolue — de formuler la moindre réclamation.

Ce qui ajoute à l'affaire toute sa complexité psychologique, c'est que, durant les années où Landru accumulera les meurtres, il restera un bon mari et un excellent père. Certes, il n'habite pas à Malakoff avec sa famille, mais il l'a fait admettre à sa femme — blanchisseuse comme sa mère — en lui confiant que la police le recherche. Ce qui n'a pas étonné outre mesure Mme Landru : elle ne connaît que trop les condamnations infligées précédemment à son époux. Aussi souvent qu'il le peut, Landru revient chez lui, apporte de l'argent, des cadeaux, devient en somme pour ses enfants une sorte de père Noël surgissant plusieurs fois par an de la cheminée.

Sa fabuleuse comptabilité le prouve : chaque fois qu'une de ses compagnes provisoires disparaît, il apporte le lendemain ou quelques jours plus tard de l'argent à sa petite famille. Autre sujet d'étonnement : c'est par des numéros que les siens se trouvent répertoriés dans ses carnets. Le n° 1 n'est autre que Mme Landru. Landru se désigne lui-même par le n° 2. Les nos 3, 4, 5 et 6 désignent respectivement ses enfants Marie, Maurice, Suzanne, Charles. La police cherchera longuement à qui pouvait correspondre le n° 7. Elle finira par découvrir qu'il s'agissait de Fernande Segret. L'amie de cœur était en quelque sorte de la famille.

L'important, pour la police, n'est pas la vie familiale de Landru. C'est son entreprise extra-conjugale. Sur les onze noms portés dans le carnet de Landru, deux seulement ont fait l'objet, de la part des familles, d'une plainte en bonne et due forme. Pour les autres, rien. Il va falloir tenter de reconstituer chaque aventure à partir d'un seul patronyme. Bien mieux, par deux fois, il faudra se contenter d'un nom de pays (Brésil) ou d'un nom de ville (Havre). Mais — là aussi — les archives de Landru vont singulièrement faciliter la tâche des enquêteurs.

Parmi les documents saisis dans le garage loué à Clichy par Landru, plusieurs concernent une famille Cuchet. Des lettres, des enveloppes vont permettre au commissaire Dautel de retrouver la trace de Jeanne Cuchet, l'une des rares à n'être pas entrée en rapport avec Landru à la suite d'une petite annonce.

Lingère, née Jeanne Jamast, elle était veuve d'un commis-voyageur, mère d'un garçon de dix-sept ans prénommé André, lui-même vendeur dans une chemiserie. Le veuvage lui pesait. Un jour qu'elle se promenait au Luxembourg, au début de l'année 1914, un monsieur élégant, distingué, affichant une fort jeune cinquantaine, lui a adressé la parole. Il l'a fait avec tant d'égards et de réserve, qu'elle lui a répondu, elle dont la vie était irréprochable. Le monsieur s'est présenté comme Raymond Diard. Il s'est bien gardé de lui dire qu'il s'appelait en fait Landru et qu'il venait, après avoir commis une escroquerie de plus, de quitter Malakoff en toute hâte.

Jeanne Cuchet ne paraissait pas ses trente-neuf ans. Sur les photographies, on lui voit un visage charmant, jolis yeux, petit nez, lèvres gourmandes. Elle n'allait pas résister longtemps au charme de M. Raymond Diard. Bientôt, il vint la voir chez elle. Régulièrement. Les voisins diront qu'il lui apportait des fleurs. Nous savons, nous — toujours la comptabilité de Landru ! — qu'il lui a offert une bague. Pas n'importe quelle bague : M. Diard et Mme Cuchet venaient de se fiancer.

De fait, Jeanne, sans chercher à cacher sa joie, a annoncé son mariage à sa sœur et à son beau-frère ainsi qu'à ses meilleurs amis. On a présenté le futur à la famille. On a fixé la date du mariage. Jeanne Cuchet s'est fait envoyer, le 8 avril, par le maire de Fresnes, son acte de naissance légalisé. Cet acte, la police le retrouvera, jauni, naturellement inutilisé, dans les « archives » de Landru.

Il est bien intéressant d'étudier ici comment Landru a opéré. Cette méthode, il l'utilisera, pratiquement inchangée, pour les autres femmes qui auront le malheur d'être « choisies » par lui.

Bien sûr, le mariage n'a jamais eu lieu. Landru a dû avancer une raison suffisamment crédible pour que Mme Cuchet l'admette.

Peu à peu, Landru va amener sa maîtresse à s'éloigner de sa famille. Il l'incite à quitter la maison de lingerie qui l'emploie. Il la décide à venir vivre avec lui : puisqu'ils vont se marier ! Landru et Jeanne s'en vont habiter à La Chaussée-par-Gouvieux, dans l'Oise. Le jeune André Cuchet, resté à Paris, rejoint le couple illégitime lors des fins de semaine. Aux habitants de La Chaussée, Landru a présenté Jeanne Cuchet comme Mme Diard. Il n'est arrivé au nouveau logis que suivi d'une vieille cantine avec quelques effets. Quant à elle, ce sont toutes ses économies qu'elle apporte au ménage. Ce qui va permettre à Landru d'ouvrir, dans une banque de Chantilly, un compte auquel il dépose — à son seul nom — une somme de 5 000 francs provenant intégralement de Jeanne Cuchet. Celle-ci s'émerveille de vivre une telle idylle. Pas pour longtemps. Lors de la déclaration de guerre, Landru vide le compte... et disparaît.

Désespoir, angoisse, doutes affreux de l'infortunée Mme Cuchet. Après avoir rejoint son domicile parisien, elle revient à La Chaussée pour réunir les différents objets qui lui appartiennent. La cantine de M. Diard est toujours là. Le beau-frère et le fils de Mme Cuchet en font sauter la serrure car Jeanne espère que, peut-être, elle retrouvera là ses économies. Illusion ! On ne trouve pas un sou mais un livret militaire, un livret de mariage — pauvre Jeanne Cuchet ! — et un permis de conduire au nom de Henri-Désiré Landru. Atterrée, Jeanne peut lire aussi un gros paquet de lettres adressées par ses enfants à cet amant qu'elle croyait célibataire. Aussi un paquet plus gros encore de lettres de femmes qui prouvent que Jeanne n'est pas — et de loin — la seule maîtresse du si charmant M. Diard. Le beau-frère dit carrément ce qu'il pense : Mme Cuchet a eu affaire à un aigrefin et elle peut s'estimer heureuse que l'aventure n'ait pas été plus loin. Mme Cuchet jure ses grands dieux qu'elle ne pensera plus jamais à l'odieux personnage. Serment d'amoureuse. Elle l'aime toujours. A ce point qu'elle ne peut s'empêcher d'aller rôder auprès du domicile dont la cantine lui a révélé l'adresse : à Malakoff. Landru, qui y revient de temps à autre, l'apprendra. Il court à La Chaussée, voit la cantine fracturée, comprend que Jeanne sait tout. En un instant, il met au point un nouveau plan. Rien ne prend Landru au dépourvu. Jamais.

Sourire aux lèvres, enjôleur et contrit, il se présente au domicile de sa maîtresse qui croit s'évanouir en le revoyant. Elle veut le chasser. Avec tous les accents de la sincérité, il la supplie de l'entendre. Elle faiblit. Il jure qu'il ne mérite pas l'opprobre qu'elle lui a voué. C'est pour régler sa situation militaire qu'il a dû disparaître au premier jour de la guerre. S'il ne lui a pas dit qu'il était marié, c'est parce que bientôt il ne le sera plus, étant en instance de divorce. D'ailleurs, un premier jugement lui a confié la garde de ses deux filles.

Jeanne repousse encore son amant. Comme elle voudrait le croire ! Un matin, il paraît escorté de deux petites filles, âgées de dix à onze ans, ses enfants bien-aimées. Il explique :

— Ces chères petites sont élevées dans un pensionnat belge !

A l'instant même toutes les résolutions de Jeanne cèdent. Or il ne s'agissait pas des filles de Landru, déjà adolescentes à l'époque. Où avait-il « emprunté » ces fillettes ? Mystère.

Peu importe, puisque le but est atteint. Jeanne Cuchet, bouleversée, tombe dans les bras de Landru, lequel fait tant et si bien qu'il parvient même à brouiller sa maîtresse avec sa sœur et son beau-frère ! Sur ce point aussi, il a levé tout obstacle. Désormais, Mme Cuchet refusera de recevoir des parents qui ont voulu l'égarer sur l'être admirable qu'est son « fiancé ». Elle ne répondra même plus à leurs lettres. La voie est libre.

Il ne reste plus à Landru qu'à passer à l'action.

Vers la fin de l'année 1914, il va louer à Vernouillet, 47, rue de Mantes, la villa The Lodge. Au mois de décembre, devenu sans le moindre complexe M. Cuchet, il s'y installe en compagnie de Jeanne et de son fils André que son « beau-père » a incité à quitter sa chemiserie. Tous les meubles qui, rue du faubourg Saint-Denis, garnissaient l'appartement de Jeanne, ont été transportés dans la maison de Vernouillet. Le trio vit désormais dans l'apparence du bonheur le plus parfait.

Landru a recommandé à Jeanne et à André de ne nouer aucun rapport avec les voisins. Ils ont obéi. Il a quant à lui confié à la directrice de l'agence de location que « sa femme, première dans une grande maison de couture, doit prochainement se rendre en Amérique pour le compte de l'entreprise qui l'emploie ». Un jour, dans l'enceinte de la cour d'assises, le témoignage de la directrice de l'agence pèsera lourd. Ce qui est sûr — les lettres que Jeanne et André adressent à des amis le prouvent — c'est que la mère et le fils, eux, n'ont jamais entendu parler de ce voyage en Amérique. Ce qui est non moins sûr, c'est qu'à partir d'une date qu'il est impossible de fixer avec précision, nul ne reverra Jeanne Cuchet ni son fils.

Pressé de questions par le juge d'instruction sur les motifs qui avaient conduit Mme Cuchet à le quitter, Landru s'enveloppera de dignité, et se refusera à révéler ces raisons sans l'autorisation de l'intéressée :

— Il s'agit d'une question de vie privée, monsieur le Juge. De vie privée !

Peut-être, mais on constatera que, dès le 20 avril 1915, Landru négocie, chez un remisier de la capitale, un titre ayant appartenu à André Cuchet. Il présente les papiers d'identité de celui-ci et encaisse 145 francs. Dans les semaines qui suivent, il touche différentes sommes revenant à Mme Cuchet et à son fils. Le 1er mai 1915 — toujours bon mari — il offre à sa femme la montre en or de Mme Cuchet. Comme son fils Maurice va être mobilisé, il lui remet une montre, un sautoir, une bourse, une bague, une glace, une paire de boucles d'oreilles, le tout provenant de Mme Cuchet. Quant au mobilier de la pauvre femme, la police le retrouvera tout entier, soigneusement remisé dans le garage de Clichy.

Comment douter ?

Quand on soulignait à Landru que tout démontrait qu'il avait « supprimé » en même temps Mme Cuchet et son fils, il répondait avec un flegme superbe :

— Montrez-moi leurs cadavres !

Le 16 mars 1915, Landru fait insérer dans un journal de Paris une nouvelle annonce matrimoniale. Il recrute. Une preuve de plus que les Cuchet ont à jamais disparu. Pour la nouvelle opération qu'il médite, il a fallu que la villa de Vernouillet soit devenue « libre ».

Chaque annonce matrimoniale insérée par Landru déclenche un grand nombre de réponses. A toutes les femmes qui lui ont écrit, il adresse la même lettre : « Je voudrais un amour véritable, des sentiments qui puissent assurer un bonheur durable. Je suis assez indépendant pour vous déclarer tout de suite que, de mon côté, les conditions d'avoir financier n'entreront en rien dans le choix d'une épouse. »

Deux éventualités : ou bien la suite de la correspondance démontrait que l'intéressée ne possédait aucun bien et Landru « laissait tomber ». Ou bien la piste méritait d'être suivie et Landru rédigeait une deuxième missive : « Ce n'est pas sans une certaine confusion que je réponds à votre bonne lettre et à la délicate pensée que vous avez eue de m'envoyer votre photographie... Partout où j'aurai l'honneur de vous rencontrer, je reconnaîtrai entre mille votre silhouette élégante, votre grâce... Moi, depuis longtemps, je n'ai pas eu l'occasion de me présenter devant un objectif. »

Rien n'est laissé au hasard. Les archives de Landru révéleront tout un classement : « Répondre poste restante. — En réserve. — Archives. — A répondre de suite. — Sans réponse P.R. (sans doute *petits revenus).* — Soupçons de F. — Sans F. — R.A.F. *(soupçons de fortune, sans fortune, rien à faire).* — Sans suite. — Enregistrer simplement. »

Chaque candidate a droit à une fiche : *Mme A..., brune, boulotte, légale, rigide ; Mme B..., a un fox en panier ; vulgaire, voix éraillée ; Mme Q..., rue Lebouteux. Appartement moderne. Un peu bouffie. Peu causante.*

Reconnaissons-le, Landru se donne un mal fou. Comme il note le moindre détail, nous pouvons le découvrir sur le sentier de la guerre : « 9 h 30, tabac gare de Lyon, Mlle Lydie ; 10 h 30, café place Saint-Georges, Mme B. ; 11 h 30, métro Lancry, Mlle L. ; 2 h 30, Concorde, nord-sud, Mme L., du 15e ; 3 h 30, square tour Saint-Jacques, Mme D. ; 5 h 30, Mme V. ; 8 h, Saint-Lazare, Mme L. » On remarquera qu'il a pris le temps de déjeuner.

Quand on lui fera observer que ses archives démontrent qu'il s'est « fiancé » à deux cent quatre-vingt-trois femmes, il s'exclamera :

— Et je n'en aurais tué que dix ? Comme vous êtes indulgent !

Que peut vouloir dire le mot *Brésil* inscrit au carnet de Landru ? On a naturellement posé la question à l'intéressé qui a refusé de répondre, tout en ajoutant :

— Rien ne peut faire supposer que j'aie voulu désigner une personne par cette indication conventionnelle.

On a beau fouiller les fameuses archives, aucune lumière ne surgit à l'horizon. Le brigadier principal Riboulet repérera enfin dans le monceau de papiers examinés par lui, un acte de mariage, celui de M. Laborde-Line avec une dame Turan, née le 12 août 1868 à Chasconus, province de Buenos Aires. C'est sur ce dernier nom que le brigadier principal Riboulet est tombé en arrêt. Partant du fait bien établi que les Français ignorent la géographie, et singulièrement celle de l'Amérique du Sud, Riboulet s'est demandé si Landru n'avait pas tout simplement placé Buenos Aires au Brésil. Dans ce cas, *Brésil* pourrait désigner Mme Laborde-Line. Le brigadier avait raison.

Séparée de son mari, aubergiste à Oloron-Sainte-Marie, dont ensuite elle est devenue veuve, Mme Laborde-Line a suivi son fils à Paris. Celui-ci étant parti pour Nancy, elle est restée seule dans la capitale, à la recherche d'un travail. C'est alors qu'elle fait la connaissance de Landru. Elle a quarante-sept ans. Sous l'épaisse masse de cheveux sombres qui lui couvrent le front, elle n'est pas laide. Les choses vont vite. Deux mois plus tard, Mme Laborde-Line annonce à son entourage qu'elle va épouser le monsieur barbu qui vient la voir.

En attendant le mariage, Landru tient à célébrer leurs fiançailles. Sur son carnet, on lit : « 17 juin. — 6 heures du matin. Patay. » La veuve habite en effet au 95, rue de Patay. Ce jour-là, Landru l'emmène à sa maison de campagne de Vernouillet. Au retour, elle racontera à sa concierge que la villa est jolie, bien meublée, que son fiancé est propriétaire d'une automobile et qu'elle est sûre d'être très heureuse avec lui.

Une semaine plus tard, une voiture de déménagement vient chercher les meubles de Mme Laborde-Line que Landru attend en taxi. Avant d'y monter, la veuve crie à sa concierge :

— Je vous écrirai pour vous donner ma nouvelle adresse !

Cette lettre-là, la concierge l'attendra toujours.

A Vernouillet, une voisine de la villa The Lodge constatera la présence d'une nouvelle résidente chez le barbu d'à côté. Elle la verra même arroser des fleurs dans le jardin. Au bout de deux ou trois jours, plus personne. Cette voisine, à l'instruction, reconnaîtra formellement la photographie de Mme Laborde-Line. Quant au mobilier, on découvrira qu'il avait été d'abord remisé dans un garde-meubles d'où, le 15 septembre, un homme « paraissant âgé de cinquante ans, portant la barbe » était venu l'enlever. Plusieurs de ces meubles vont être retrouvés dans le garage de Clichy. Quant au secrétaire ancien auquel tenait tant Mme Laborde-Line, un meuble de valeur, Landru avait tenu à ce qu'il ornât l'une des pièces de l'appartement de sa propre famille. A la date du 7 juillet 1915, Landru a enregistré dans sa « comptabilité » la vente de deux titres, pour une somme de 612 francs. Ils avaient appartenu à Mme Laborde-Line. Landru les a vendus en même temps qu'une obligation ayant appartenu à Mme Cuchet...

Au mois de janvier 1915, une certaine Mme Guillin — Marie-Angélique-Désirée, cinquante-deux ans, veuve — raconte avec enthousiasme à ses voisins de la rue Crozatier qu'elle a fait la connaissance « d'un monsieur très riche, réfugié de Lille, qui doit bientôt l'épouser avant de partir avec elle pour l'Australie où, en récompense de services rendus au pays pendant l'occupation allemande, il était nommé dans un consulat ».

Les mêmes voisins reçoivent bientôt d'autres confidences triomphales. Mme Guillin a passé deux jours et deux nuits à Vernouillet chez le monsieur très riche. Jamais elle n'a été si heureuse.

Landru — on le remarquera — a entrepris sa nouvelle « opération » avant même que Mme Laborde-Line ait cessé de donner de ses nouvelles. Le 15 juillet, c'est à son bras que Mme Guillin quitte son domicile. Au début d'août, elle écrit de Vernouillet à sa fille. A la lettre, Landru ajoute même quelques lignes de sa main !

Après, plus rien. La fille de Mme Guillin n'entendra plus jamais parler de sa mère. Simplement, dans l'un des agendas de Landru, on trouve, à la date du 2 août 1915, une liste de bijoux. Ceux de Mme Guillin. Le même jour, Landru vend deux obligations ayant appartenu à la même Mme Guillin. Au mois d'octobre, muni d'une autorisation en bonne et due forme qu'il a eu l'audace de demander au juge de paix, il déménage les meubles de la rue Crozatier. Un peu plus tard, il vend plusieurs titres, pour une somme de 11 750 francs. Tous ont appartenu à Mme Guillin. Sur son carnet, Landru allait écrire : « 26 décembre. Banque de France. Solde de compte. »

Pauvre Mme Guillin ! Dans la liste des « disparues », elle n'aura pas même le droit de figurer sous son patronyme. Landru ne la citera que par le nom de la rue qu'elle habitait : Crozatier.

Un problème : les enfants de Mme Guillin connaissent l'adresse de Vernouillet. Sans nouvelles, ils ne vont pas manquer de s'y rendre et de poser des questions gênantes. Landru n'aime pas les questions. Justement, son bail expire le 4 août. Le jour même, il déménage. Ils peuvent toujours venir, les enfants de Mme Guillin : Landru est parti sans laisser d'adresse.

Il n'en a pas moins acquis une certitude. Pour le genre d'activités auxquelles il se livre depuis quelque temps, la maison de campagne reste une nécessité. Elle rassure les « clientes » éventuelles. On peut agir là bien plus facilement qu'à Paris. Et plus aisément se débarrasser des cadavres.

A Vernouillet, les voisins étaient trop proches. La maison que Landru va rechercher longuement, soigneusement, et découvrir enfin à Gambais, devra avant tout être éloignée d'un voisinage trop curieux. C'est au mois de décembre 1915 qu'il va louer, sous le nom de Dupont, ce pavillon en plein champ, à 400 mètres de toute habitation, « petite bicoque en briques, dira un journaliste, basse sur pattes, fort banale ». Dès la première visite, il a été conquis par les quatre pièces du rez-de-chaussée — outre une cuisine — et la petite chambre du premier étage. Il a particulièrement apprécié le sous-sol auquel on accède par la cuisine.

Sa première acquisition : une cuisinière. Trois jours plus tard, sous le nom de Dupont, il signe l'acte de location. Le quincailler lui livre la cuisinière et aussi trois cents kilos de charbon qu'il a commandés. Landru sait ce qu'il veut.

Tout est prêt pour que le nouveau locataire pende la crémaillère : ce sera en compagnie de Berthe-Anna Héon, née le 4 octobre 1860 au Havre. Une veuve encore, qui avait eu le malheur de perdre en quelques années son fils et ses deux filles. Elle a lu l'annonce insérée le 12 juin 1915, par Landru, dans un journal de Paris. Bientôt, elle a annoncé à ses amis qu'elle avait été demandée en mariage par un « ingénieur très riche momentanément en congé à Paris, habitant la Tunisie, où il doit retourner après avoir pris femme ». Aux yeux de Mme Héon, la Tunisie n'est nullement un obstacle. Afin de suivre son « fiancé », elle vend ses meubles pour 500 francs qu'elle remet à Landru. Elle réunit ses affaires personnelles et part pour son dernier voyage. Destination : Gambais. Landru n'a pas manqué de noter la dépense engagée : « Aller et retour, 3,85 F. Aller, 2,40 F. » L'aller et retour est pour lui. Pour Mme Héon, un aller suffit. Il n'y a pas de petites économies.

Dans le carnet de Landru, Mme Héon ne sera pas nommée, elle non plus. Elle n'aura droit qu'à la seule mention de sa ville natale : Havre.

Landru a toujours, si l'on ose écrire, plusieurs fers au feu. C'est à la petite annonce du 12 juin 1915 que Berthe Héon a répondu.

Mais Mme Collomb avait réagi, elle, à l'annonce du 1er mai ainsi conçue : *M. 45 ans, seul, sans famille, situation 4 000, ayant intérieur, désire épouser dame ayant situation rapport.*

Landru a soigneusement encadré au crayon bleu ce passage de sa lettre : « J'ai 39 ans, je suis veuve, sans enfant, et pour ainsi dire sans famille puisque sous peu elle quittera Paris. Je gagne 2 100 F par an dans un bureau. Je suis parvenue à faire quelques économies qui, avec le petit peu que j'avais quand mon mari est mort, s'élèvent à 8 000 F. »

Anne Collomb est veuve depuis quinze ans et dactylographe dans une compagnie d'assurances. Ce n'est pas trente-neuf ans mais quarante-quatre que lui donne l'état civil. Elle ne les paraît pas. Brune et mince, elle ne manque pas de charme.

Consultons l'agenda de Landru : « 7 mai 1915, Collomb ; 14 mai, répondre à Collomb ; 18 mai, 8 heures, Collomb, 15, rue Rodier. » Désormais, l'agenda contiendra de fréquentes mentions de rencontres avec Mme Collomb. Landru va l'attendre à la sortie de son bureau. Cette fois, il prend son temps. C'est que la situation ne ressemble pas tout à fait aux précédentes. Mme Collomb a un amant. Par ailleurs cette famille qu'elle prétendait toute théorique veille jalousement sur elle. Landru n'est pas pressé. Berthe Héon occupe la majeure partie de son temps. Il attend que cette dernière ait disparu pour se faire plus pressant. Comme on ne résiste pas à Landru, Mme Collomb rompt avec son amant. Elle accepte de suivre le Don Juan barbu à Gambais. Pour elle, il est M. Dupont. Elle donne congé de son appartement de la rue Rodier et, à partir de septembre, vient habiter chez son cher Dupont, 22, rue de Chateaudun. Bientôt, elle annonce son mariage à sa mère, à sa sœur, à son frère.

Le 26 décembre, Anne Collomb part avec son « fiancé » pour Gambais. Sur le carnet de Landru, cette fois encore, on trouvera mention d'un aller et retour. Et d'un aller simple.

Le 27 décembre, quand Landru revient à Paris, il est seul. Anne Collomb portait sur elle environ 2 000 francs. Les comptes de Landru indiquent que, le 16 décembre, ses fonds propres se montaient à 210,35 F. Le 18, il en était à 6,75 F. Le 21, il possédait en tout et pour tout 1,05 F. Il était temps. Les 30 et 31 décembre — il le note avec autant de soin que d'habitude — il va rembourser 250 F à sa fille Suzanne, remettre 140 F à sa femme, 10 F à son fils Maurice et payer ses loyers de Paris et Gambais.

Comme la famille de Mme Collomb connaît le domicile de la rue de Chateaudun, il l'a quitté précipitamment. Sous le nom de Guillet, il a loué un nouvel appartement, 32, rue de Maubeuge.

La suivante sera Andrée-Anne Babelay, une petite bonne de dix-neuf ans. Abordée dans la rue par Landru, elle l'a suivi, s'est mise à aimer follement cet homme dont elle ne sait rien. Le 12 mars 1917, elle prend congé de sa patronne :

— Je vous quitte, madame... Je m'en vais avec mon fiancé ! Il a trente-cinq ans et c'est un vrai « monsieur ».

Dans le carnet de Landru : « Un aller et retour, 4,95 F. Un aller, 3,10 F. »

A la petite annonce du 1er mai avait également répondu une certaine Célestine Buisson, née le 6 avril 1871 dans les Basses-Pyrénées. La lettre était ainsi conçue : « Monsieur. Excusez-moi, ayant vu votre annonce dans un journal. Je suis veuve, j'ai 12 000 F, j'ai quarante-quatre ans, j'ai un fils au feu, donc je suis seule et voudrais me refaire une situation. »

Douze mille francs, voilà qui intéresse Landru. Il note sur l'enveloppe de la seconde lettre de Mme Buisson : « Écrit le 8/5 pour rendez-vous mardi 5 heures. » Après la première entrevue, il note encore : « A un fils, dix-neuf ans, Bayonne, une ou deux sœurs, a épousé un hôtelier, était bonne à tout faire sans fonds ; a emporté le magot et les meubles au décès du vieux ; jalousie de famille ; vu le 14, écrira. » La suite ? Nous la connaissons à l'avance. En avril 1917, Mme Buisson vient habiter chez Landru, dans son nouvel appartement du boulevard Ney. Plusieurs fois, le couple accomplit des voyages à Gambais. Le 19 août, ils y retournent. Le carnet porte : « Un aller et retour, 4,95 F. Un aller, 3,10 F. »

Le 31 août, Landru ne possédait que 88,30 francs. Le 1er septembre, il note avoir encaissé 1 125,55 francs. Dans les jours qui suivent, Landru verse de l'argent à sa famille, offre à déjeuner à sa nouvelle conquête, Fernande Segret, et la conduit à l'Opéra-Comique. Les titres appartenant à Mme Buisson sont vendus par lui. Et son mobilier.

Mme Jaume est ainsi décrite dans le carnet : « Trente-six ans, paraît plus jeune, air provincial, séparée d'un mari parti en Italie, mariée à 28 ans, 6 ou 7 ans avec mari âgé de 33 ans avec qui elle vivait fraternellement ; lui au café, discoureur. Elle : a encore son père qui vit avec une fille de vingt ans plus jeune que lui ; travaille en ville pour la couture ; a demandé et obtenu l'assistance judiciaire pour divorce en cours, en raison de nombreuses saisies. Catholique fervente, craint le divorce en raison de l'impossibilité de se remarier à l'église. »

Puisque cette « fiancée » est pieuse, Landru l'accompagne dans les églises. Son carnet en témoigne : *Quête église avec Lyane : 0,10 F ; Lyane, tronc Sacré-Cœur : 0,15 F ; arrêt au Sacré-Cœur : 0,15 F.*

Cet *arrêt* est du 25 novembre 1917. Le même jour, Mme Jaume est partie pour Gambais. Avec un aller simple.

Restent sur la liste funèbre deux noms : Pascal et Marchadier. Dans son carnet, Landru a noté : « Pascal Anne, trente-six ans, veuve depuis cinq ans, sans enfant, 2, villa Stendhal, Paris XXe. Air jeune, tailleur et sombrero. » Il s'est présenté à elle comme Louis de Barbezieux. Quand il l'aura conduite à Gambais, il estimera ainsi sa « récupération » : « Un parapluie, 5 F ; un manteau, 5 F ; un lit de fer, 35 F ; un tapis, 12 F ; *dentier Pascal :* 15 F. »

Marie-Thérèse Marchadier est une ancienne prostituée que ses ex-clients ont connue comme la belle Mythèse. Elle disparaît à Gambais le 13 janvier 1919, ainsi que les trois chiens qu'elle a emmenés et dont on découvrira les cadavres — étranglés — dans le jardin.

L'instruction marque chaque jour des points. La police et le parquet se sont transportés maintes fois à Gambais. On a fouillé le moindre recoin de la maison. On a remué à cent reprises la terre du jardin. La cuisinière a fait l'objet d'interminables investigations. On a analysé les cendres qu'elle contenait et d'autres trouvées à l'extérieur de la maison. De 100 kilos de cendres, les experts ont retiré 996 grammes d'ossements humains. Parmi lesquels : 103 débris de crânes ; 4 apophyses ; 6 rochers ; 3 condyles mandibulaires ; 5 métatarsiens ; 48 phalanges ; des débris de rotules et de pieds.

Les experts ont remarqué qu'il ne s'agissait que de fragments de crânes, de bras ou de jambes. Dans ces résidus funèbres, aucun ossement n'avait appartenu à d'autres parties d'un squelette humain. Les morceaux d'os provenaient de trois cadavres au moins. Ceux de sujets adultes, sans doute du sexe féminin, l'un plus jeune que les autres. Tous les os avaient subi plusieurs calcinations et avaient été brisés par la suite. Dernière constatation des experts : certains de ces fragments avaient été sectionnés, « soit à l'aide d'un instrument tranchant de forte masse (hache ou couperet), soit à l'aide d'une scie ».

Des têtes, des pieds, des mains : ce sont les parties du corps qui permettent d'établir une identité. En les brûlant, les concassant, Landru a cru pouvoir empêcher à jamais l'identification de ses victimes. Mais pourquoi a-t-il gardé cette comptabilité insensée, ces incroyables archives ?

Aux Assises de Versailles, le commissaire Dautel devait avouer :

— Sans le petit carnet de l'inculpé, je ne sais si nous n'aurions pas été forcés de renoncer. C'est Landru qui nous a fourni toutes les preuves que nous avons aujourd'hui contre lui.

Inexplicable Landru.

En a-t-on parlé de cette cuisinière ! Les journalistes qui avaient visité la maison de Gambais juraient qu'il s'agissait d'« un petit meuble capable de cuire la soupe, mais rien de plus. Elle était nette et sans tache de graisse quand nous la vîmes au premier jour. La pièce ne sentait pas le roussi. Il semble impossible d'admettre que plusieurs cadavres y furent réduits en cendres[1]... » Mais le docteur Paul, médecin légiste, déclarera au procès :

— J'ai fait moi-même l'expérience de brûler quelques têtes... Il faut trente-huit minutes pour brûler une tête vidée... Cent minutes pour une tête entière avec cerveau, yeux, cheveux, langue... Pour brûler des pieds, il faut quarante-cinq à cinquante minutes[2].

De fait, Charles Tabareau, du *Journal*, survenant un jour dans la maison de Gambais, a découvert le docteur Paul et les experts, occupés à procéder à la crémation d'un gigot dans la cuisinière de Landru : « Tous ces messieurs, asphyxiés par une fumée insupportable, les yeux larmoyants et la gorge pleine de suie grasse, soufflaient, éternuaient et mouchaient dans le jardin. »

Ces expériences se sont révélées positives. On a prouvé que, dans la cuisinière de Landru, des fragments de cadavres d'un poids

1. Emmanuel Bourcier : *op. cit.*
2. René Masson : *La mortelle romance de M. Landru* dans *Les années folles* par Gilbert Guilleminault (1958).

de cinquante kilos pouvaient être consumés en vingt-quatre heures. Il n'avait fallu que 2 kilos de charbon pour calciner une tête de mouton d'un poids de 1,250 kg, ceci en trois quarts d'heure. Le résidu ressemblait étonnamment aux débris osseux humains recueillis chez Landru. Quant au fameux gigot de mouton — poids 2,500 kg — il avait été entièrement calciné en une heure dix minutes. Il n'avait même pas été nécessaire d'ajouter du charbon, « la chair ayant fonctionné comme combustible ».

Ce dont il faut se souvenir, c'est que, pour faire disparaître les corps, Landru n'a jamais été pressé. Il lui est arrivé de repartir aussitôt après un meurtre, mais de revenir quarante-huit heures plus tard passer quelques jours à Gambais. Seul. Tranquille. Ce qu'il faut savoir aussi, c'est que des habitants de Vernouillet avaient constaté autour de la villa The Lodge des faits bien étranges. Une voisine avait prévenu le garde champêtre que d'épaisses fumées se dégagaient de la villa occupée par Landru. Une domestique avait aperçu le locataire de la villa, dans son jardin, ayant allumé un feu « dans lequel il avait jeté une sorte de malle qui brûlait en pétillant ». Le feu avait duré de 4 à 11 heures. La fumée qui s'en dégageait « sentait très mauvais et avait une odeur indéfinissable, comme celle de la graisse brûlée... »

On comprend que Landru ait préféré, à Gambais, une maison isolée.

Il n'est pas exclu, d'ailleurs, que des parties importantes des corps aient été immergées dans les étangs voisins de Gambais. Un pêcheur a témoigné qu'il avait vu, dans l'un de ces étangs, flotter un gros paquet bien ficelé qui s'était enfoncé sous ses yeux. Cependant, des fouilles dans les mêmes étangs ne devaient donner aucun résultat. A quoi les pêcheurs du coin répondaient, l'œil malin :

— Vous savez, il y a beaucoup de brochets et de carpes par ici. Ils ont bon appétit.

On ne saura jamais sans doute comment Landru a tué. Étranglait-il ses victimes ? Les empoisonnait-il ? Les tuait-il d'un coup de feu pendant leur sommeil ? Nous savons, par le triple témoignage d'un télégraphiste, de Maurice Landru et de Fernande Segret, que Landru, à Gambais, était en possession d'armes à feu :

un fusil de chasse et deux revolvers. Fernande Segret a même témoigné de l'extraordinaire adresse de son amant.

Lors des perquisitions, les enquêteurs ont découvert, sur le parquet de l'une des pièces, des cartouches de revolver ainsi que des douilles de fusil de chasse. Confirmation ?

Si cette dernière explication doit être adoptée, on ne peut songer sans effroi au double meurtre de Mme Cuchet et de son fils. Il n'a pu les tuer tous les deux en même temps. Comment ne pas évoquer la terreur du survivant, la chasse qui a pu s'engager dans la maison ? Le carnet porte des heures qui semblent avoir été celles des « exécutions ». Certaines indiquent que la mort de telle et telle victime s'est produite en plein jour. On imagine l'horreur de la femme habituée jusque-là à tant de douces paroles, à d'adorables effusions et qui découvre tout à coup le regard implacable de l'homme qui va tuer.

En son temps, Landru a beaucoup fait rire les journalistes et, à travers ceux-ci, le public. Son bagout y a été pour beaucoup. Il faut penser aussi à celles dont le rire s'est mué en hurlements d'épouvante. Celles à qui il avait fait croire qu'il les aimait et qui sont devenues ses victimes.

Il continue à tenir le devant de la scène, celui que l'on n'appelle plus que le sire de Gambais. Les journaux citent ses bons mots, ses dialogues avec M. Bonin, le juge d'instruction. Celui-ci faisant remarquer à Landru que l'on a trouvé chez lui, rue de Rochechouart, un livre intitulé *La vie d'une grande empoisonneuse*, Landru rétorque :

— On n'empoisonne pas avec un livre, monsieur le Juge !

M. Bonin exhibe devant Landru des dents humaines trouvées parmi les cendres de Gambais. Landru les regarde et froidement :

— Tout ce que je peux dire, monsieur le Juge, c'est qu'elles sont dans un piètre état de conservation.

M. Bonin s'étonne que les fils de Landru aient pu l'aider parfois à déménager les meubles de ses victimes. Cette fois, Landru se fâche :

— Quand je donne un ordre à mes enfants, moi, monsieur le Juge, ils obéissent. Ils ne cherchent pas le pourquoi ni le comment. Je me demande comment vous élevez les vôtres !

Presque chaque jour, la presse consacre à Landru de longs articles. Quand son avocat les lui apporte, il soupire :

— Et dire qu'il y a une crise du papier !

Ce que connaît Landru, c'est paradoxalement la véritable popularité. Il reçoit des centaines de lettres, parmi lesquelles un grand nombre de lettres d'amour. Une femme lui écrit : « Tout à toi, jusqu'au fourneau ! » Sans doute une farce. Mais d'autres semblent sincères : « Je suis si seule, mon mari me bat, tous les amants que j'ai eus me dégoûtent. Je vous écris parce que je pense que vous aussi vous êtes si seul... »

Aux élections du 16 novembre 1919, on va trouver dans les urnes 4 000 bulletins portant le nom de Landru !

Autour de lui, le filet se resserre. Le sire de Gambais ne rit plus quand M. Bonin brandit devant lui les mentions relevées dans l'un de ses carnets : « 16 juillet 1916, 4 lames scie à 0,50 F : 2 F ; 8 février 1917, une douzaine de scies à métaux de 0,22 : 6,60 F ; 25 avril 1917, scie à bûche : 4,25 F ; 6 juin 1917, scie circulaire : 3,15 F ; 9 octobre 1917, 3 lames de scie à 0,40 F : 1,20 F ; 6 mars 1918, 6 douzaines de scies à métaux : 25 F. »

Pourquoi toutes ces scies ? Landru ne répond pas. Et pas davantage quand M. Bonin, après avoir fait ses calculs, lui déclare :

— Vos crimes vous ont rapporté en tout 35 642,50 francs, soit, en moyenne, 3 564,20 francs par victime. Ils s'échelonnent sur quatre ans, ce qui fait environ 745 francs par mois. Vos seules ressources !

Il ne se départit de sa gouaille qu'avec une seule personne : Fernande Segret. Il semble l'avoir sincèrement aimée. S'il l'a conduite plusieurs fois à Gambais, jamais il n'a pensé l'y laisser. Pour elle, ce sont toujours des aller et retour qu'il achète. L'étonnant est que cet amour apparaît réciproque, partagé. Fernande dira :

— C'était un poète. Alfred de Musset était son auteur favori et il le récitait souvent. En outre, il était fou d'opéra. Plusieurs fois, il m'a conduite voir *Manon* et *Faust*. La musique lui produisait une impression profonde ; il déglutissait pour cacher son émotion.

Elle jure qu'elle n'a rien su des « affaires » de son amant :

— Ce que je puis préciser, c'est qu'il était excessivement actif. Il allait, il venait. Souvent encombré de paquets. Il était tout à fait irrégulier dans ses heures de rentrée et enfin il lui arrivait fréquemment de découcher. Landru, je ne saurais trop le répéter, s'est toujours montré affectueux, tendre, prévenant à l'excès à mon égard, très caressant, très aimant. C'était un véritable enjôleur.

J'étais bien décidée à ce que mon aventure avec lui n'ait aucune suite. Mais petit à petit, je me suis laissé prendre au charme de sa parole, de ses cajoleries, de ses caresses. C'est un homme doué d'une force de caractère inouïe. Il sait obtenir tout ce qu'il désire. Quand il m'est arrivé de lui faire une proposition quelconque pour un avenir proche, il m'a toujours donné son assentiment, quitte, au moment venu, à me persuader qu'il devait en être autrement. Sa puissance de persuasion, en effet, n'avait d'égale que l'autorité de sa volonté.

Le juge la pousse dans ses retranchements. Sur le plan sexuel, Landru n'était-il pas un anormal ? Elle se récrie : jamais ! Une précision : il était « très passionné et d'une vitalité exceptionnelle ».

Elle soupire :

— Malgré son âge, sa force physique était celle d'un homme jeune.

Le procès ? Il sera jugé à Versailles, les débats étant conduits par le président Gilbert. L'avocat général Godefroy fera face à l'un des plus grands ténors du barreau : Me de Moro-Giafferi. Henri Béraud, romancier et grand journaliste, verra paraître Landru par une porte jaune entrebâillée : « Alors un crâne chauve fait une tache blanche devant le mur vert ; les épaules suivent, courbées, molles, secouées d'un frisson. L'homme est là, debout, chancelant, aveuglé. La prison, contiguë, l'a jeté, après dix marches montées et descendues, en pleine lumière. Son costume, d'un ton réséda, sans coupe, date d'un temps où toutes les élégances étaient militaires... Il ne ressemble point à ses portraits. Ses traits n'ont point cette singularité que leur prêtait l'imagination populaire. On se le représentait plus ténébreux, plus sordide, plus conforme au modèle courant de l'anthropométrie ; on le voyait enfin plus hirsute, plus bosselé et, si l'on peut ainsi parler, moins lisse. On se trompait. Figure d'honnête courtier et qui semblerait banale, n'étaient les sourcils circonflexes, tracés haut sur le front, et qui donnent à la physionomie une expression de surprise et d'attention. Landru se penche avec politesse, darde vers le tribunal un nez mince et pointu qui semble flairer le vent. Enfin il s'assied. Et l'on ne voit plus, par-dessus la bande du box, qu'un visage froid, osseux, barbu et pommadé. »

Ouvert le 7 novembre 1921, le procès va se poursuivre pendant plus de trois semaines. Tout Paris s'y presse, Colette aussi bien que les chanteuses Polaire et Mistinguett ; la duchesse de Valentinois comme la princesse Hélène de Grèce. Landru ne déçoit pas. Il lance :

— Si les femmes que j'ai connues ont quelque chose à me reprocher, elles n'ont qu'à déposer plainte !

Le président lui demande s'il a usé de l'hypnotisme. Il répond négativement.

— Vous n'avez jamais essayé le pouvoir de vos regards ?

— Pour les aider à voir, je ne me suis jamais servi que de lorgnons !

Malgré les grosses colères du président, chaque fois on rit. Landru profite de toutes les occasions. A l'adresse de M. Godefroy, il lance :

— Vous parlez toujours de ma tête, monsieur l'Avocat général. Je regrette de n'en avoir pas plusieurs à vous offrir !

Le long défilé des témoins est achevé. La partie civile plaide. L'avocat général requiert la mort. Moro-Giafferi se montre égal à lui-même, c'est-à-dire éblouissant. Toute son argumentation porte sur l'absence de cadavres. Ce dont dispose l'accusation, c'est d'un certain nombre d'indices, de présomptions peut-être. D'aucune preuve. Va-t-on condamner un homme sans preuve ?

Et tout à coup, la voix de Me de Moro-Giafferi s'enfle, tonne. Il s'adresse aux jurés, annonce qu'il va écraser la thèse de l'accusation. Parce que l'une des femmes que l'on croit morte, assassinée par Landru, est bien vivante. Elle est là, derrière cette porte, elle va entrer :

— Regardez, messieurs les jurés ! Regardez bien !

Dans l'instant, tous les jurés tendent le cou vers la porte. Celle-ci reste close. Moro-Giafferi avoue : personne ne se trouve derrière cette porte. Le seul fait que les jurés aient cru qu'une femme pouvait s'y trouver démontre qu'ils ne sont pas absolument sûrs que l'accusation ait raison !

Magnifique effet d'audience, en vérité. Le procureur va le réduire à néant, en faisant observer que Landru, lui, ne s'était pas tourné vers la porte. Il savait bien que c'était inutile !

Me de Moro-Giafferi en vient à la péroraison de son impossible défense :

— Messieurs les jurés, prenez garde à cet étrange sophisme : la « conviction du jury ». La conviction n'a jamais été la preuve ! Il n'y a qu'un moyen de parvenir à la vérité, c'est d'en douter toujours...

Deux heures de délibérations. A toutes les questions, la réponse du jury est oui. La mort pour Landru. Il accueille le verdict avec son impassibilité coutumière. Il serre la main de son avocat :

— Merci, maître, si quelqu'un avait pu me sauver, c'était vous... Dans toutes les batailles, il y a des tués...

En prison, il écrira à l'avocat général :

« Étonné au début devant la netteté de mes réponses, il vous était venu un doute, doute affreux. Ce doute, je l'ai vu naître et vous, qui ne me quittiez guère des yeux, vous avez senti que je vous comprenais. N'est-ce pas qu'elle vous a bien fait peur, ma petite cuisinière, toute seule dans votre grand prétoire ?

« J'aurais pu demander qu'on montre son foyer grand tout au plus comme une gamelle de poilu, où vous vouliez m'avoir fait brûler tant de victimes. Tout le monde aurait souri ! J'ai eu un instant l'inconvenante pensée malicieuse d'exiger que tout l'attirail des scellés saute... »

Le pourvoi sera rejeté. Avant de se rendre auprès du président de la République pour solliciter la grâce de son client, maître de Moro-Giafferi suppliera une dernière fois Landru :

— Dites-moi la vérité, Landru, toute la vérité ! Si vous ne la dites pas, vous êtes perdu.

— Vous avez raison, maître, je vais tout vous dire. J'ai pris dix femmes et je les ai brûlées avec une allumette bougie. Vous voyez que la Régie fait des progrès.

Le vendredi 24 février 1922 à 5 h 25 du matin, les magistrats pénètrent dans la cellule de Landru. Le substitut du procureur de la République, M. Béguin, lui demande d'avoir du courage.

— Du courage ? fait Landru. N'ai-je pas montré que j'en avais ? Messieurs, je suis à votre disposition. Veuillez me passer mes vêtements.

On lui demande s'il a une déclaration à faire :

— Je tiens votre question pour injurieuse, puisque je suis innocent !

Il refuse le verre de rhum et la cigarette qu'on lui propose :

— Vous savez que je n'ai jamais été buveur ni fumeur. C'est mauvais pour la santé.

Il serre la main de son défenseur :

— Ce dont je vous suis le plus reconnaissant, maître, c'est d'avoir cru jusqu'à la fin à mon innocence...

On lui offre d'entendre la messe. L'aumônier attend.

— Ce serait avec plaisir, monsieur l'Abbé. Mais je crois qu'il importe surtout d'aller vite. Je ne veux pas faire attendre ces messieurs.

Sur le chemin de la guillotine, il est très calme. Tout à coup, il déclare qu'il a des révélations à faire. Magistrats, bourreau, avocats s'arrêtent. Moro-Giafferi esquisse un pas vers son client. D'un geste, Landru l'arrête net. Il dit que c'est avec le collaborateur de Moro, Me Navières du Treuil, qu'il veut s'entretenir. Celui-ci, tout ému, s'approche. Landru se penche vers lui, lui parle à l'oreille. Cela dure longtemps, très longtemps. Autour des deux hommes, c'est un silence absolu. Moro-Giafferi ronge son frein : qu'est-ce donc que Landru peut bien confier à Navières du Treuil ? Cela doit être diablement important. Un peu vexé, « Moro » — comme chacun l'appelle au Palais — se demande pourquoi ce n'est pas à lui que Landru s'est adressé. Un signe d'assentiment du jeune avocat. Un léger sourire de Landru qui déclare qu'il en a fini. La petite foule reprend sa marche vers la guillotine.

Au comble de la curiosité, Moro-Giafferi chuchote à l'adresse de son collaborateur qui l'a rejoint :

— Mais qu'est-ce qu'il a dit ?

Réponse de Navières du Treuil, très digne :

— Excusez-moi. Landru m'a fait jurer de n'en rien révéler à personne [1].

Quand le couperet tombe, il est 6 h 5.

Un doute ?

Depuis la mort de Landru, on n'a pas revu une seule de ses « fiancées ». Aucune des femmes citées dans le fameux carnet n'a jamais reparu. La menace de Moro-Giafferi a fait long feu.

Pour ceux qui ont étudié l'affaire comme pour les jurés qui l'ont condamné, la culpabilité de Landru demeure évidente. Ce

1. Cette anecdote a été confiée par maître de Moro-Giafferi à Maurice Schumann qui me l'a rapportée.

qui manquait, néanmoins, c'étaient ses propres aveux. Jusqu'au bout, Landru a nié. Quand on le mettait face à l'évidence, il répétait imperturbablement :

— Montrez-moi les cadavres !

Il aura fallu attendre soixante-deux ans. Et voici que Henri-Désiré Landru, par-delà la tombe, va proférer enfin devant nous ces aveux auxquels, de son vivant, il s'était refusé si obstinément !

Un matin de mai 1984, on m'appelle au téléphone : au bout du fil, Robert Badinter. Ma surprise est d'autant plus grande que je n'ai pas l'honneur de connaître le garde des Sceaux. Bien sûr, je n'ignore rien du talent de l'avocat et des préoccupations du ministre. Comment pourrais-je prévoir que c'est du sire de Gambais qu'il veut m'entretenir ?

— J'ai vu et apprécié votre émission sur Landru, me dit-il. Or, il y a quelque temps, je visitais en Autriche la maison de Freud. A ceux qui étaient mes guides, j'ai dit mon étonnement que le père de la psychanalyse ne se soit pas intéressé davantage aux pulsions qui font de certains êtres des assassins. On m'a répondu que Freud, semble-t-il, aurait consacré à Landru quelques travaux. De retour à Paris, j'ai demandé que l'on me communique le dossier Landru. J'avoue qu'il a fallu des semaines avant que l'on puisse remettre la main sur ces liasses d'archives, étrangement enfouies, au fond d'un placard de la cour d'appel de Versailles, dans deux cartons à chapeau enveloppés de vieux papiers : c'est même ce qui m'a donné l'idée de créer une Commission permanente des archives et de l'histoire de la justice à laquelle j'ai assigné pour rôle de prendre les mesures qui permettront d'assurer la conservation de ces archives. Et puis je me suis plongé dans le dossier Landru. Passionnant ! Je n'ai pu m'empêcher d'entretenir un magistrat du Conseil supérieur de la magistrature de mes investigations. Celui-ci m'a dit se souvenir d'un dessin de Landru, dont maître Navières du Treuil lui avait parlé autrefois. Un dessin qui aurait contenu la clé de toute l'affaire. J'ai fait prendre contact avec la fille de cet avocat. La photographie du dessin est présentement sur mon bureau. Je vous la fais envoyer dès aujourd'hui. Je voulais que vous soyez averti le premier de ce que j'annoncerai tout à l'heure à la presse : nous détenons maintenant les aveux de Landru.

En avril 1919, le lieutenant Auguste Navières du Treuil, trente-huit ans, Limousin aux moustaches conquérantes, à peine libéré de la forteresse d'Ingolstadt où il avait été jeté après avoir été fait prisonnier en 1915, reprend sa robe d'avocat. Dès avant la guerre, il était le collaborateur de Mᵉ de Moro-Giafferi. « Moro » l'accueille à bras ouverts, lui annonce qu'un certain Landru vient de le choisir comme défenseur, que l'affaire est peu banale puisque l'homme aurait séduit 283 femmes et supprimé 11 personnes ! A Navières du Treuil, Moro déclare :

— Landru vient d'être transféré de Mantes à Paris, vous allez vous en occuper.

Ainsi le jeune avocat va-t-il faire la connaissance du tueur de dames. Une réelle sympathie va naître entre les deux hommes, celle qui unit souvent le défenseur et son client. Navières du Treuil ne pourra s'empêcher de s'esclaffer aux plaisanteries grinçantes dont l'homme à la barbe assaisonne ses entretiens. Henri-Désiré Landru, lui, aime bien cet avocat qui vient le voir très régulièrement dans sa prison, alors que Moro-Giafferi reste, pour lui, très lointain.

En octobre 1921, l'instruction touche à sa fin. Le 7 novembre, le procès doit s'ouvrir devant la cour d'assises de Versailles. C'est alors que, le 8 octobre, Landru va remettre à Navières du Treuil un document qui, à première vue, n'est rien de plus qu'un dessin représentant la cuisine de la maison de Gambais. Un dessin de sa main. En fait il s'agit de bien autre chose.

Tracé au crayon, repassé à l'encre noire avec une plume Sergent-Major, le dessin représente la fameuse cuisine de Gambais et la non moins célèbre cuisinière, tout cela minutieusement retracé de mémoire. Tout y est : la hotte, les bougeoirs, le moulin à café. Landru a imité le style des illustrations des ouvrages qui relatent les grands crimes du passé.

De sa main, il a calligraphié : « Les causes célèbres. » En dessous : « Le mystère de Gambais. » Tout au bas, il a écrit ceci : « Le témoin dépose. Pour préparer le repas, la cuisinière fut allumée. Elle me paraissait très petite, mais il me déclara qu'elle marchait très bien, que l'on pouvait y brûler tout ce qu'on voulait. » Il s'agit d'un extrait de la déposition de Fernande Segret, la compagne très aimée.

C'est au dos que figure le stupéfiant aveu. Landru a écrit au crayon : *Ce n'est pas le mur derrière lequel il se passe quelque chose, mais bien la cuisinière dans laquelle on a brûlé quelque chose.* « Brûlé » est souligné trois fois. Le tout est signé et daté de Versailles, le 8 octobre 1921. Il faut se souvenir de l'hypothèse formulée par certains qui se refusaient à admettre que les corps eussent pu être brûlés dans une cuisinière si exiguë : ils soutenaient que les corps avaient été incinérés dans un hangar situé derrière le mur de la maison. Landru tenait à mettre les choses au point.

En remettant le dessin et l'inscription à son avocat, Landru a déclaré : « Si je suis condamné et exécuté, laissez passer quelques années et vous pourrez en faire état. Si je ne suis pas exécuté, effacez le texte... » D'où l'usage du crayon.

Me Navières du Treuil est mort en août 1967, à quatre-vingt-six ans. A la veille de la Seconde Guerre mondiale, il avait déclaré à sa fille : « S'il m'arrivait quelque chose, récupère le sous-verre accroché dans mon bureau et ouvre-le. »

Ce n'est qu'en décembre 1967, en présence du bâtonnier Dussan et du procureur Chavanon, que le cadre fut démonté et le texte de Landru découvert. Mais nul, à l'époque, n'avait pris garde que l'inscription avait le sens que nous sommes libres de lui donner aujourd'hui.

Le dessin était accompagné des lignes que voici :

« Mon cher maître,

« Permettez-moi de vous offrir ce modeste souvenir, fait pendant la préparation des débats et dont le sujet m'a été inspiré par la déposition d'un témoin, preuve incontestable et indiscutable de l'incommensurable bêtise humaine. »

Clin d'œil à la postérité ? Sans doute. Le dernier du sire de Gambais.

On parle toujours de Landru. On en parle sans hostilité, voire avec un sentiment qui ressemble parfois à de la sympathie. Landru était un monstre, bien entendu, mais un monstre qui faisait rire. En France, il faut mettre les rieurs de son côté.

Même lorsqu'on a tué onze personnes.

X

Sacco et Vanzetti

Le 15 avril 1920

Des millions d'hommes et de femmes ont crié : *Sauvez de la mort des innocents !* On a manifesté à Boston, New York, Londres, Paris, Berlin, Tokyo, Buenos Aires, Sydney, Rio de Janeiro. Afin que ne meurent pas Sacco et Vanzetti, d'autres ont donné leur vie.

Pour ceux qui suppliaient qu'ils fussent épargnés, Sacco et Vanzetti n'avaient pas été condamnés parce qu'ils étaient coupables mais parce que la xénophobie et l'intolérance avaient conduit à les juger coupables. Ces Italiens sont devenus un symbole. Faut-il néanmoins que les symboles masquent la réalité ? Est-ce parce que l'on a cru avec tant de passion Sacco et Vanzetti innocents que nous devrions nous interdire de chercher s'ils l'étaient vraiment ?

Le temps a passé. Au-delà des colères du moment, les historiens ont travaillé. Ils ont exploré d'énormes masses de documents, les comptes rendus du procès, les interrogatoires des accusés, les déclarations successives des témoins, les expertises. Il semble possible aujourd'hui, sinon d'atteindre à la vérité absolue, du moins de la serrer de très près.

Le 24 décembre 1919, un mercredi, à 7 h 40 du matin, un camion roule dans le jour qui se lève à peine sur Bridgewater. Il

En prison. A gauche Sacco, à droite Vanzetti. (Keystone.)

fait très froid. Au volant, un certain Earl Graves. A côté de lui, le constable Benjamin Bowles. Derrière lui, assis dans le camion sur une mallette en fer galvanisé, Alfred Cox, chef caissier d'une usine de chaussures. Bridgewater, c'est, à 40 kilomètres de Plymouth, une ville résidentielle du Massachusetts, État situé sur la côte est des États-Unis, au nord de New York. Pourquoi ce camion ? Pourquoi ces gens ? Il s'agit de transporter 33 113 dollars, paye de l'usine de chaussures. Elle est là, cette paye, dans la mallette en fer galvanisé.

Le véhicule roule lentement. Du verglas couvre la chaussée et l'on ne dépasse guère 15 kilomètres à l'heure. Tout à coup, le chauffeur Graves aperçoit devant lui une voiture de tourisme aux vitres fermées par des rideaux. Cette voiture se met en travers, les roues sur le trottoir, bloquant tout passage. Trois hommes en sortent et s'élancent vers le camion. L'un d'eux arbore une moustache brune, il porte un long pardessus noir et il brandit une carabine. Deux autres exhibent des pistolets. L'homme à la moustache brune s'agenouille et vise. Graves accélère à fond et, dans une embardée, franchit les rails du tramway. Le constable Bowles tire. Une fusillade s'engage de part et d'autre mais un tramway arrive, Graves perd le contrôle de son camion qui va s'écraser contre un poteau électrique, brisant ses phares et son radiateur. Alors les trois agresseurs sautent dans leur voiture et s'enfuient.

Le chef de la police de Bridgewater s'appelle Michael Stewart. Le tiers de la population de la ville est composé de Polonais, de Russes, de Grecs, d'Arméniens. Stewart déclare volontiers qu'il n'a d'ennuis qu'avec les étrangers. En ce qui concerne l'attaque du camion, logique avec lui-même, il soupçonne des Russes d'avoir fait le coup. Graves, le chauffeur, qui a vu les hommes de près, déclare : ce sont des Italiens.

Malgré l'heure matinale, l'affaire a eu des témoins. On les interroge. Ils ne sont pas d'accord sur le modèle de la voiture. Certains parlent d'une Hudson, d'autres d'une Buick. Or une Buick a été volée dans la région un mois plus tôt à Needham. Stewart se demande s'il ne s'agirait pas de celle-là. Un indicateur affirme que les auteurs de l'attentat sont des Italiens et des anarchistes. Rien de plus mais l'idée vient de s'inscrire dans l'esprit de Stewart. Il ne l'abandonnera plus. Selon l'indicateur, après l'attentat, ces Italiens auraient temporairement occupé une maison en ruine située à proximité de Bridgewater. Ils y auraient laissé la voiture et seraient rentrés chez eux par le tramway. Ce détail, Stewart n'y pense plus. Au mois d'avril suivant, il va tout à coup s'en souvenir. Le 15 avril 1920, surviendra quelque chose d'infiniment plus grave que l'affaire de Bridgewater.

Ce jour-là, à 3 heures et quelques minutes de l'après-midi, Parmenter, le chef caissier d'une fabrique de chaussures — elle a pour raison sociale Slater and Morrill et se trouve à South Braintree — quitte l'un des deux bâtiments de l'usine. Braintree est situé à seize kilomètres de Boston. On y dénombre quinze mille habitants environ. South Braintree abrite des usines, des rues laides, des maisons ouvrières, beaucoup de terrains vagues.

Quand, chez Slater et Morrill, Parmenter quitte l'usine *d'en haut*, il n'est pas seul. Un garde du corps l'accompagne, un nommé Berardelli. Sa présence s'explique : les deux hommes, chacun dans une caisse de métal, transportent 15 776 dollars vers l'usine *d'en bas*. La paye. Chaque mois, le 15 et le 30, Parmenter et Berardelli accomplissent le même cérémonial, la même promenade. Ils traversent la même rue. Or, dans cette rue, Parmenter aperçoit deux hommes bruns, de taille moyenne, les mains dans les poches. L'un porte une casquette, l'autre un chapeau de feutre. Parmenter, qui marche en tête, passe devant eux. Il fait trois pas. Quand Berardelli arrive à la hauteur des deux inconnus, ceux-ci retirent leurs mains de leurs poches. L'homme à la casquette empoigne Berardelli par une épaule et brandit un revolver. Berardelli tente de se saisir de son agresseur mais celui-ci tire sur lui. Trois fois. Parmenter se retourne, il voit Berardelli glisser à terre. Il n'a pas le temps de réagir : l'homme à la casquette tire sur lui, en pleine poitrine. Parmenter fait quelques pas vacillants. Une nouvelle balle l'atteint dans le dos, il s'abat.

L'homme au chapeau de feutre soulève d'une main la caisse qui gît près de Berardelli et ramasse la seconde près de Parmenter. L'homme à la casquette tire de nouveau. C'est comme un signal. Une voiture arrive à toute allure. Les deux hommes s'y engouffrent. Voyant Berardelli se relever sur les genoux, un occupant de la voiture saute à terre, pistolet automatique en main, tire sur lui à bout portant et saute de nouveau dans la voiture. Celle-ci file à toute vitesse vers un passage à niveau. Le gardien vient précisément de baisser la barrière. La voiture stoppe. L'un des hommes agite un revolver dans la direction du gardien et hurle : *Vite, vite, relevez la barrière !* On entend déjà le bruit du train. Le gardien obéit. La voiture passe. L'un des passagers tirera encore sur un passant qui aura son pardessus troué. La voiture disparaît dans la direction de Brockton.

Telle fut l'attaque de South Braintree, le 15 avril 1920. Elle allait être la pierre angulaire de l'affaire Sacco-Vanzetti. Ce qu'il faut bien comprendre, c'est que cet attentat a été perpétré en plein après-midi, devant une multitude de témoins. Là, des ouvriers italiens travaillaient. Là, plusieurs passants circulaient. Aux fenêtres des usines, des ouvriers, des employés ont pu observer la voiture à l'arrêt et fixer dans leur mémoire l'image de ses passagers. Au bruit des coups de feu, ils se sont précipités, ils ont vu toute la scène.

Berardelli est mort presque sur le coup. Parmenter a été conduit à l'hôpital. Il pourra dire qu'il n'a pas reconnu ses agresseurs. On l'opérera mais il mourra le lendemain, à 5 heures du matin.

L'enquête a commencé sur-le-champ. On interroge plus de cinquante témoins. Certains dépeignent une voiture noire, d'autres une voiture verte, pour les uns elle est brillante, pour d'autres couverte de boue. Des témoins jurent qu'il y avait deux voitures. On dépeint des bandits tantôt bruns, tantôt pâles, vêtus de bleu, ou de marron, ou de gris. On leur voit un chapeau, ou une casquette, ou rien du tout. Certains ont entendu huit coups de feu, d'autres trente. On procédera par élimination pour arriver à une description qui doit se rapprocher de la vérité : il s'agit d'une voiture de tourisme. Cinq hommes ont participé à l'attentat, dont le conducteur de la voiture, pâle et blond. Les deux agresseurs du début étaient petits et rasés.

On a soigneusement recueilli les balles retrouvées sur les lieux de l'attentat et sur les corps des victimes. Celles qui avaient donné la mort ont été marquées.

On a montré aux témoins des photographies de repris de justice. Trois d'entre eux, dont le réparateur de machines Jimmy Bostock et une certaine Mary Splaine, affirment avoir reconnu l'un des agresseurs. Il s'agirait d'un nommé Palmisano. Mary Splaine est catégorique : c'est très exactement l'homme qu'elle a vu dans la voiture agiter un revolver. Voilà une piste intéressante. Malheureusement, on s'aperçoit que Palmisano, pour le moment, se trouve confortablement hébergé à la prison de Buffalo. Il faut chercher ailleurs.

Le surlendemain de l'attentat, 17 avril, on retrouve la voiture, une Buick, dans un fourré à quelque trois cents mètres d'une grande route. La police n'a pas de mal à reconnaître la voiture volée en novembre à Needham. Intéressant. On peut désormais se demander si l'attentat manqué de Bridgewater et le hold-up réussi de South Braintree n'ont pas été perpétrés par la même bande. A côté de la Buick, on a découvert les traces de pneus d'une seconde voiture. Très certainement, les bandits ont changé de véhicule.

Se remémorant les deux affaires, le chef de police Stewart se souvient tout à coup d'un Italien rencontré en 1918 lorsque les pouvoirs publics avaient décidé de déporter un grand nombre d'anarchistes. Son nom ? Coacci. Il habitait avec sa famille à Bridgewater chez un autre Italien nommé Boda, anarchiste convaincu. La maison, naguère en bien mauvais état, avait été récemment réparée. Stewart repense à cet indicateur qui l'avait si précisément informé. Il avait parlé d'anarchistes et d'une maison délabrée. Ne s'agirait-il pas de cette maison-là, de ces anarchistes-là ? La Buick de l'attentat n'a-t-elle pas été retrouvée non loin de l'habitation de Coacci ? Stewart découvre que Coacci a travaillé à South Braintree, justement à l'usine de chaussures Slater and Morrill et qu'il a quitté son emploi aux premiers jours d'avril 1920.

Il n'y a pas de temps à perdre. Stewart court chez Boda. Personnage curieux, ce Boda, petit homme rond, « affable et bavard[1] ». Nous sommes au temps de la prohibition et, presque ouvertement, il achète et vend de l'alcool. Stewart ne trouvera pas Coacci chez lui. Il s'est embarqué et vogue vers l'Italie. Sa famille a déménagé. Stewart doit se contenter d'un entretien avec Boda qui admet que Coacci avait des fréquentations suspectes et, possédait un revolver, comme lui-même d'ailleurs. Est-il propriétaire d'une voiture ? Oui mais elle se trouve en réparation au garage Johnson. Le lendemain, Stewart veut de nouveau interroger Boda. Mais Boda a disparu.

Stewart se rend au garage Johnson, y voit la voiture de Boda. Il donne instruction au garagiste de le prévenir si Boda revient. Il faudra le retenir jusqu'à l'arrivée de la police.

---

1. *L'affaire Sacco-Vanzetti*, par François Brigneau, dans *le Roman vrai du demi-siècle* de Gilbert Guilleminault (1960).

Or Boda revient. Le 5 mai, à 9 heures du soir, il se présente chez Johnson pour reprendre sa voiture. Ce qu'il faut à Johnson, c'est gagner quelques minutes, le temps pour sa femme d'aller téléphoner à la police dans une maison voisine. Quand celle-ci se glisse hors de chez elle, elle aperçoit Boda devant elle, pris dans le faisceau du phare d'une moto. Sur cette moto — avec side-car — est assis un homme en veston à carreaux. A dix mètres de là, deux autres parlent entre eux une langue étrangère. L'un, petit, râblé, très brun, le visage dur, marqué, avec un menton carré et puissant, porte un chapeau et un pardessus. L'autre est grand avec des yeux vifs, enfoncés sous des sourcils épais. Une grosse moustache brune tombe de part et d'autre de sa bouche et il est coiffé d'un chapeau de feutre.

A Boda, Mme Johnson annonce que son mari est souffrant et qu'il est en train de se lever. Puis elle disparaît dans la nuit. Les autres attendent et Johnson n'arrive toujours pas. Visiblement, Boda se méfie. Il s'entretient en italien avec ses compagnons. Mme Johnson qui, sa mission accomplie, regagne son domicile, entend le mot *téléphone*. Boda saute dans le side-car. La moto file vers Brockton. Johnson est parvenu à noter son numéro : 871. Quant aux deux hommes, c'est à pied qu'ils prennent la même direction que la moto.

Stewart, alerté par le coup de téléphone de Mme Johnson, arrive en toute hâte au garage. Trop tard. Johnson lui explique tout : Boda enfui sur le side-car, les deux autres partis dans la nuit. Pour Stewart, la conclusion est vite tirée : en ce qui concerne Boda, c'est cuit. Mais les deux hommes à pied ? Dans la direction qu'ils ont prise, il n'y a qu'une ressource pour eux, le tramway qui passe non loin de là. Si les deux hommes y sont montés, s'ils roulent vers Brockton, ils sont toujours dans ce tramway. Dans l'instant, Stewart téléphone à la police de Brockton d'intercepter les deux hommes. Un sergent et un agent se précipitent juste à temps pour voir déboucher la voiture du tramway. Les policiers sautent en marche et découvrent, assis à l'intérieur, les deux hommes annoncés. Ils les interrogent. D'où venez-vous ?

— De Bridgewater.

On les arrête. On les fouille. On trouve un revolver dans la poche arrière de l'homme à la moustache. L'homme rasé a glissé dans sa ceinture un colt automatique de calibre 32. Les deux armes sont chargées. Dans les poches des deux hommes, on trouvera également plusieurs balles. Interrogé, l'homme rasé déclare s'appeler Nicola Sacco. Et l'homme à la moustache Bartolomeo Vanzetti.

C'est fait. Les deux hommes sont pris dans la nasse. Ils n'en sortiront plus.

Vanzetti a trente-deux ans. Fils d'un ouvrier, il est né dans le Piémont. Dès sa petite enfance, il a entendu parler de l'anarchie, alors parée d'attraits aux yeux de tant d'Italiens. Il a été élevé dans son culte. A seize ans, il est apprenti boulanger à Gênes. Il lit des livres sur l'anarchie, il fréquente des anarchistes. Il assiste à des conférences libertaires. Du coup, il perd son emploi. On connaît ses opinions, on les redoute. Pas de travail pour un anarchiste. Il s'embarque alors pour l'Amérique, pays de la liberté. Là, il exercera tous les métiers : docker, garçon de bureau, garçon de café, vendeur de journaux, bûcheron, camelot, ouvrier d'usine. Le plus souvent, c'est la misère. Au fond de son cœur brûle toujours la foi anarchiste. Une foi de militant.

Sacco, lui, a vingt-neuf ans. Il est né dans les Pouilles et, comme Vanzetti, la misère l'a conduit en Amérique. Il a appris un métier, est devenu cordonnier. Il a épousé la très jolie Rosina. Lui aussi est anarchiste. Pourtant sa vie privée apparaît fort différente de celle de Vanzetti, bohème par définition. Sacco est un ouvrier professionnel qualifié. Dans son métier, la chaussure, il a toujours du travail. Il gagne bien sa vie, veille à être bien lavé, rasé de frais, bien habillé : ce qui détonne parmi les anarchistes, mais les frères savent qu'ils peuvent toujours compter sur Nicola Sacco. S'il met de l'argent de côté, il en aura toujours pour eux.

En 1917, Sacco rencontre Vanzetti. Naissance d'une amitié. C'est le moment de la conscription. Ces anarchistes ne veulent pas faire la guerre, ils s'enfuient au Mexique. Quand on leur explique qu'en qualité d'étrangers ils ne seront pas appelés, ils reviennent. En octobre 1917, Sacco s'engage chez Rice and Hutchins, une usine de South Braintree. De ce détail il faudra se souvenir. Il y travaille quelque temps, puis se fait engager ailleurs. Il est père d'un enfant, sa femme en attend un autre. Ils habitent un petit bungalow.

Vanzetti a suivi un autre chemin. Après tant d'années, il ne peut plus supporter l'usine et sa discipline quotidienne. Il s'est fait marchand de poisson ambulant. Chaque semaine, il va acheter du poisson à Boston et le vend à Plymouth, surtout dans le quartier italien. Ce qui ne l'empêche pas, avec Sacco, de continuer à militer pour l'anarchie. Les deux Italiens organisent des meetings, distribuent des tracts, vendent des journaux. A cette époque, il y faut un certain courage.

Le 2 juin 1919, une bombe a explosé devant la maison de l'avocat général Palmer, à Washington. La façade a été entièrement détruite. L'avocat général, qui allait se mettre au lit, s'est retrouvé en chemise, en plein air, au milieu des détritus. Les vitres des maisons voisines ont volé en éclats, y compris celles du sous-secrétaire d'État à la Marine, Franklin D. Roosevelt.

En explosant, la bombe a tué celui qui la portait. Son cadavre a été horriblement déchiqueté, des débris ont volé dans tout le quartier, dont une jambe chez les Roosevelt. Une cinquantaine de tracts, titrés *Paroles claires* et répandus par terre, appelaient à la guerre des classes : « Ces institutions tyranniques s'effondreront dans le sang. Nous les détruirons pour en délivrer le monde. Vive la révolution sociale ! A bas la tyrannie ! » C'était signé « Les combattants anarchistes ». Cette même nuit, des bombes ont éclaté dans huit villes des États-Unis, l'une devant la maison du juge Nott à New York, tuant un veilleur de nuit. Ces attentats marquent le début de la grande vague anarchiste. Jusqu'ici, ces anarchistes ne représentaient qu'une infime minorité. S'ils sont passés à l'action, c'est qu'ils se savent désormais soutenus par une opinion beaucoup plus large.

En 1919, les États-Unis traversent une terrible crise. Les soldats mobilisés viennent d'être rendus à la vie civile. Ils n'ont reçu qu'une prime dérisoire. Beaucoup ne retrouvent plus leur emploi. On compte trois millions de chômeurs. Les prix se sont élevés vertigineusement, cependant que les salaires piétinent. De grandes grèves ont éclaté : celles de l'acier, des chemins de fer, des charbonnages, du textile, du téléphone, des acteurs et même de la police de Boston. On regarde de l'autre côté du monde, où la révolution bolchevique vient de triompher. A travers tous les États-Unis s'affirme l'existence d'un puissant mouvement syndicaliste et d'opposition de gauche. Au moment précis où naît le parti communiste américain, se forme aussi l'American Legion, qui groupe les anciens combattants. Dès le 1er mai, des heurts se produisent. Un meeting socialiste à New York est investi par les anciens combattants. Le journal socialiste *Call* est mis à sac par des soldats américains. On assassine, à Cleveland, le porteur d'un drapeau rouge. A Boston se livre la plus grande bataille de rue que l'on ait jamais vue. Immédiate, la réponse des autorités : on arrête Luigi Galleani, le leader anarchiste et on le déporte le 2 juin. Ce soir-là des bombes éclatent dans huit villes.

L'avocat général Palmer va ordonner une gigantesque répression. Dans la nuit du 7 novembre, une armée de policiers s'attaque aux centres communistes, travaillistes, syndicalistes, anarchistes. Plusieurs milliers de personnes sont jetées en prison. Le 2 janvier 1920, on recommence. Des milliers d'étrangers sont arrêtés, quatre cent quarante-six déportés. A Boston, cinq cents étrangers, enchaînés, défilent dans les rues vers la prison. Cette répression brutale sera condamnée par l'opinion libérale américaine, en particulier par douze juristes de grand renom. On arrête notamment un imprimeur nommé Andrea Salsedo, soupçonné d'avoir imprimé le tract trouvé devant chez Palmer. Quelques jours plus tard, le cadavre de Salsedo, tombé d'une fenêtre de la police, s'écrase sur le sol. L'opinion générale fut qu'il avait été défenestré par les policiers. Il semble en réalité qu'il se soit donné la mort.

Dans le milieu anarchiste, violente est l'émotion ! Surtout parmi les Italiens. La plupart des anarchistes italiens d'Amérique sont des non-violents. Justement parce qu'ils le sont, ils tremblent. Ils ont peur des arrestations, ils se cachent. Ils se débarrassent de la littérature anarchiste.

Comme bien d'autres, Sacco semble n'avoir pu supporter ce climat passionnel. Peut-être tremble-t-il pour sa femme, pour son fils — il l'a appelé Dante — et pour l'enfant que porte Rosina. Il décide de repartir pour l'Italie avec sa famille. Il demande son passeport au consulat italien de Boston. En attendant son départ, il continue à assister à des réunions où se rassemblent, effrayés, d'autres anarchistes italiens. Un soir, il y retrouve Vanzetti et un certain Orciani. On s'inquiète des perquisitions. Il est dangereux de posséder chez soi des tracts ou des livres anarchistes. Le mieux ne serait-il pas de les collecter chez tous ceux que l'on connaît ? On en chargerait une voiture et l'on irait jeter tout ce matériel dans la campagne. Ni Sacco ni Vanzetti ne possède de voiture. Alors on pense à la voiture de Boda. Pourquoi ne pas la lui emprunter ?

Le mercredi 5 mai, Vanzetti vient chercher Sacco chez lui. Il trouve Rosina en train de rassembler les bagages pour l'Italie.

Dans le placard de la cuisine, Vanzetti aperçoit quelques balles de revolver qui traînent. Il les met dans sa poche en pensant qu'il pourrait les vendre pour la cause. Vers 4 heures et demie, Orciani arrive sur sa moto avec Boda dans le side-car. Boda donne rendez-vous à Sacco et à Vanzetti devant le garage Johnson où il les rejoint à 9 heures du soir. On connaît la suite. Boda ne trouve pas rassurant le départ de Mme Johnson, il est sûr qu'elle est partie téléphoner à la police. Sans attendre, ils s'en vont. Boda et Orciani en side-car, Sacco et Vanzetti à pied, puis en tramway. On les arrête.

Stewart le leur a dit : ils sont suspects. Rien de plus. La police ne détient aucune preuve qui les rattache directement à l'affaire de South Braintree ni à celle de Bridgewater. Pour remonter jusqu'à eux, Stewart n'a suivi que le fil le plus ténu que l'on puisse imaginer. Un informateur lui a parlé d'anarchistes et d'une maison délabrée. Quand on a retrouvé la Buick, il a pensé à Coacci. Coacci l'a conduit à Boda. Boda à Sacco et à Vanzetti.

Stewart serait fort en peine de prouver que Coacci a été mêlé aux attentats. Pas davantage Boda. Et bien moins encore Sacco et Vanzetti. Simplement, on les a vus dans l'obscurité devant le garage Johnson. En compagnie de Boda. C'est tout.

L'ennui, c'est qu'on les a trouvés armés tous les deux. On l'a affirmé souvent : s'ils n'avaient pas été porteurs d'armes ce soir-là, il n'aurait pas existé d'affaire Sacco-Vanzetti.

Ils vont passer la nuit en prison. Une première nuit qui sera suivie par des centaines et des centaines d'autres.

Le lendemain, jeudi 6 mai, le procureur du district pour les comtés de Norfolk et de Plymouth, Frederick Katzmann, accompagné d'un sténographe et d'un interprète, se présente au poste de police de Brockton. Il approche de la cinquantaine, c'est un homme « lourd, ambitieux, toujours habillé avec la dernière élégance[1] ». Katzmann procède à l'interrogatoire de Sacco et de Vanzetti. Sacco déclare n'avoir jamais rencontré Boda. Il énumère les fabriques de chaussures dans lesquelles il a travaillé, mais il ne parle pas de South Braintree. Son revolver, il dit l'avoir acheté deux ans auparavant. Vanzetti déclare qu'il a acquis son arme quatre ou cinq ans plus tôt. On demande à Sacco ce qu'il a fait le

1. Francis Russell, *L'affaire Sacco-Vanzetti* (Robert Laffont, 1964).

15 avril. Il répond qu'il a travaillé comme à l'ordinaire à son usine. Or Katzmann sait déjà que c'est faux. L'usine a déclaré que, le 15 avril, Sacco avait été absent de son travail. Vanzetti déclare ne pas se souvenir de ce qu'il a fait le 15 avril. Quand Katzmann quitte le poste de police, il est convaincu que Sacco est impliqué dans l'attentat de South Braintree. Pour Vanzetti, il hésite. On inculpe les deux hommes de port d'arme prohibé. Une excellente manière de les garder sous clé.

L'après-midi, on amène au poste de Brockton plusieurs douzaines de témoins. Ils viennent de South Braintree et de Bridgewater. On leur présente Sacco et Vanzetti. Un certain nombre ne reconnaissent ni l'un ni l'autre. Seul, parmi les gens de South Braintree, le garde-barrière Levangie reconnaît en Vanzetti le conducteur de la voiture en fuite. Une femme croit avoir vu Sacco dans la voiture mais elle n'est pas en mesure de l'affirmer positivement. Deux autres femmes examinent les suspects. Elles déclarent qu'elles n'ont jamais vu Vanzetti, mais que Sacco pourrait être l'homme qu'elles ont vu penché à la portière de la voiture, en train de tirer. L'une de ces femmes s'appelle Mary Splaine, celle qui, sur photos, a déjà formellement reconnu Palmesano — lequel était à la prison de Buffalo.

Quant à l'attentat de Bridgewater, le constable Bowles, qui avait déclaré que l'agresseur armé portait une moustache courte et avait estimé qu'il s'agissait d'un Polonais, reconnaît du premier coup Vanzetti, Italien à l'épaisse moustache tombante. Alfred Cox, le chef caissier qui se trouvait dans le camion, ne reconnaît pas Vanzetti.

Il est hors de doute que la police a commis ce jour-là une très grosse faute. On s'est borné à montrer aux témoins Sacco et Vanzetti. Seuls. La règle, dans une telle situation, c'est de mêler les suspects à d'autres et de demander aux témoins de désigner ceux qu'ils reconnaissent éventuellement au milieu d'un groupe. En n'exhibant que les suspects, on a couru le risque que des témoins impressionnables aillent d'eux-mêmes au-devant de la déposition souhaitée.

D'après le registre des véhicules à moteur, la moto — dont Johnson avait relevé le numéro — appartenait à Ricardo Orciani, mouleur dans une fonderie de Norwood. Dans la nuit du 6 mai, on l'a appréhendé et emmené à Brockton. Il portait le veston à carreaux de la veille au soir. Ruth et Simon Johnson l'ont identifié aussitôt : c'était bien le conducteur de la motocyclette. Là, maintenant, au poste de Brockton, on le montre lui aussi aux témoins. Trois personnes de South Braintree le reconnaissent comme étant l'un des tireurs. Un témoin de Bridgewater, Frank Harding, le reconnaît comme l'un des bandits du 24 décembre. Ces témoins ont tort. Orciani pourra prouver que le jour des deux attentats, il n'avait pas quitté son travail. Il sera libéré. Alors, la valeur de ces témoignages ?

Et Boda ? Il se cache toujours. Il parviendra à s'enfuir en Italie. Jamais on ne pourra recueillir son témoignage sur l'affaire. D'ailleurs, Stewart ne s'occupe plus de Boda. La déclaration de Harding, qui a reconnu Vanzetti, a suffi à le convaincre. Le 11 mai, il dépose une plainte devant le tribunal de police de Brockton, accusant Vanzetti « porteur d'une arme dangereuse, d'avoir attaqué Alfred-E. Cox avec l'intention de le voler ».

Le 22 juin 1920, le juge Thayer vient prendre place à son siège du tribunal de Plymouth. Webster Thayer a soixante-trois ans. Il est petit et doté d'une voix coléreuse, d'un nez court et busqué toujours chaussé d'un pince-nez, de rares cheveux gris, d'une lèvre mince surmontée d'une moustache. Ce fils de boucher s'est hissé dans la carrière à la force du poignet. Un beau mariage a facilité les choses. Au sein de la société bourgeoise qui l'a admis, il professe bien haut ses opinions républicaines. Résultat d'une longue lignée de Yankees, il ne ressent que mépris pour les étrangers.

C'est sous son regard soupçonneux que sont prêts à s'affronter le procureur Katzmann, les avocats de Vanzetti Vahey et Graham ainsi que les militants anarchistes engagés par la colonie italienne du Massachusetts. Dans le box des accusés, on a amené Vanzetti, menottes aux mains. Pour l'audience, on lui a enlevé ses menottes.

C'en est fait. La machine est lancée. Le long défilé des témoins a commencé, chacun allant prendre place sur le siège réservé, chacun interrogé successivement par le procureur et les avocats. Harding comparaît, toujours sûr de lui. Il a décrit primitivement la voiture de l'attentat comme étant une Hudson. Il déclare à présent que c'est une Buick. Dans sa première déclaration, il avait donné une description du bandit armé qui ne ressemblait en rien à Vanzetti. Maintenant, il le reconnaît parfaitement. Cox qui, dans le poste de police de Brockton, n'avait pas voulu reconnaître Vanzetti, déclare aujourd'hui être certain que c'est lui. Mme Brooks affirme qu'elle est sûre que Vanzetti conduisait la voiture, elle l'a vu de ses yeux. Or Vanzetti ne sait pas conduire. Un petit vendeur de journaux déclare que Vanzetti est l'homme à la carabine. Il a reconnu à sa manière de courir qu'il était étranger. L'avocat Vahey lui demande si les Italiens ou les Russes courent différemment des Suédois ou des Norvégiens. Le petit vendeur reste coi.

A Bridgewater, on a trouvé sur le sol une douille. L'expert de l'État, le capitaine Proctor, vient déclarer que le diamètre de cette douille est identique à celui des balles trouvées dans les poches de Vanzetti. L'avocat Vahey objecte que la douille trouvée dans le ruisseau peut y avoir été jetée par n'importe quel chasseur. Il s'agit d'un diamètre extrêmement courant. De sa voix sèche, le juge Thayer intervient : il considère que c'est au contraire une preuve dont le jury aura à tenir compte.

Paraissent alors les témoins de la défense. Ils sont là, effarés, intimidés. Presque tous sont italiens. Certains baragouinent l'anglais, d'autres ne le parlent pas du tout. Des gens humbles, habitués à être traités de haut par les Yankees. Pourtant, ils osent s'exprimer et ce qui ressort de leurs déclarations est singulièrement impressionnant. La logeuse de Vanzetti à Plymouth témoigne que l'accusé a passé toute la journée du 23 décembre à préparer des anguilles pour la journée du lendemain. Il en avait reçu un gros tonneau. C'est en effet une tradition italienne : on mange des anguilles, le 24 au soir, pour le réveillon de Noël. Précis, le repère. Vanzetti n'a vendu des anguilles que le 24 décembre et ces gens-là n'en ont pas acheté un autre jour. Ils sont donc sûrs de ce qu'ils disent. Une bonne dizaine de personnes témoignent, avec une quantité de détails évocateurs, avoir acheté des anguilles à Vanzetti dans la journée du 24. Il ne peut donc pas s'être trouvé à Bridgewater ce jour-là, mais le procureur Katzmann attaque. Inquisiteur, il demande aux témoins ce qu'ils ont fait la veille du nouvel an. La plupart ne le savent plus. Tout se passe par l'intermédiaire d'interprètes. Cela dure longtemps, les accusés s'embrouillent. Voilà le jury mal disposé.

Le témoin principal est un enfant : Beltrando Brini. Il a aidé, toute la matinée du 24, Vanzetti à livrer ses anguilles. Il évoque en détail ses faits et gestes et décrit avec une grande précision le trajet à travers la ville. Cette fois, le jury se montre impressionné mais Katzmann intervient : l'enfant a-t-il répété sa déposition avec ses parents ? Beltrando répond affirmativement. On ne le croit plus. Le coiffeur de Vanzetti déclare ne lui avoir jamais rasé la moustache depuis cinq ans. Deux membres de la police de Plymouth confirment qu'ils lui ont toujours connu la même moustache. Il n'a donc aucun rapport avec l'homme à la moustache rasée primitivement décrit comme ayant été vu à Bridgewater.

Quand on compare les témoignages de tous ces Italiens, quand on jauge le son de vérité qu'ils rendent incontestablement, on se sent convaincu. La simple équité devrait faire reconnaître que l'alibi de Vanzetti est total, absolu. Mais ce sont des Italiens. Le verdict que rapportera le juge Thayer conclura à la culpabilité de Vanzetti. Il est condamné à une peine de douze à quinze ans de prison. Ce n'est qu'un début.

Horrifiés, les amis anarchistes de Vanzetti. Ils se concertent. La section de New York intervient. Il faut changer d'avocats avant le procès de l'attentat de South Braintree, autrement on court au désastre. On va donc engager un défenseur du nom de Fred Moore.

Dans le procès Sacco-Vanzetti, voilà une date essentielle. Parce que Fred Moore va sciemment donner à l'affaire sa dimension nationale, puis internationale. Il ameutera la conscience mondiale. Il fera en sorte que le procès de ces deux inconnus, de ces anarchistes misérables, bouleversera des millions d'hommes et de femmes. Il rendra Sacco et Vanzetti célèbres, éternellement. Peut-être aussi aidera-t-il à les faire passer de vie à trépas.

Moore est l'avocat des travailleurs révolutionnaires. Chaque fois que des syndicalistes ou des militants sont traduits devant des tribunaux américains, Moore est là. En sa présence, rien n'est plus indifférent. Il soulève les passions, il draine derrière lui les enthousiasmes, il manipule les jurys comme de la glaise — et il gagne souvent ses procès. Il fallait le voir arrivant au palais de justice, entouré d'une cour de jeunes femmes admiratrices, ses longs cheveux jaillissant en couronne de son immense chapeau de cow-boy. Il était chaussé de sandales et paraissait bien ce qu'il était : un avocat bohème. Pour le procès Sacco et Vanzetti, Moore va se faire assister par les frères McAnarney, Thomas et Jeremiah, plus familièrement appelés Tom et Jerry.

Le second procès commencera le 31 mai 1921. Il se poursuivra, jusqu'au 14 juillet, dans la salle de justice de Needham. Le juge est toujours Thayer. Le procureur : Katzmann. Cette fois, Sacco et Vanzetti sont côte à côte dans le box des accusés.

Dès le début, Moore braque contre lui le juge Thayer en récusant un nombre incroyable de jurés. Il contredit le juge à tout instant. De leur côté, les anarchistes d'Amérique ont agi. De nombreux articles ont paru dans la presse. On a tenu des meetings. On a dénoncé une erreur judiciaire à propos de la condamnation de Vanzetti dans l'affaire de Bridgewater. Des ligues de droit civique se sont émues. Des intellectuels ont pris parti, des associations de dames se sont enflammées. Le résultat ? Dès le jour de la première audience, le palais de justice est encerclé par une troupe en armes et par de la cavalerie. Dans les rues avoisinantes, des militaires à motocyclette passent et repassent. A l'intérieur du palais, de considérables forces de police gardent toutes les issues et patrouillent dans les couloirs et les escaliers. Sacco et Vanzetti ne se sont pas revus depuis huit mois. Amenés à l'audience, ils se sont embrassés.

Appelée de nouveau comme témoin, Mary Splaine va faire sensation. Elle raconte qu'après avoir entendu la fusillade, elle s'est précipitée, juste à temps pour voir passer la voiture. De ses yeux, elle a vu le bandit, nu-tête :

— Il avait une chemise — du moins ce que j'ai pensé être une chemise — grise, plutôt grisâtre, et sa figure était ce qu'on appelle bien découpée... un peu étroite, juste un tout petit peu étroite. Il avait le front haut. Les cheveux étaient rebroussés en arrière et ils mesuraient entre cinq et six centimètres et demi de longueur, et il avait des sourcils très noirs. Mais le teint était blanc, d'un blanc particulier qui paraissait verdâtre.

Ce qu'elle avait bien remarqué, c'était la main gauche du bandit, posée sur le siège avant :

— Une main de bonne taille qui dénotait de la force.

La défense aura beau jeu de montrer que Mary Splaine, étant donné l'allure de la voiture, n'a pu la voir que trois secondes, et à vingt mètres de distance. Elle a donc eu le temps de discerner la couleur exacte des cheveux du bandit, la couleur de sa peau et la forme de sa main !

Un éminent psychiatre américain démontrera fort bien le mécanisme qui a présidé au témoignage de Mary Splaine. Elle a dépeint non pas l'agresseur de South Braintree, mais le Sacco qu'elle a vu au poste de police. Les deux images se sont mêlées dans sa mémoire.

Les témoins se succèdent. Le garde-barrière vient dire que Vanzetti conduisait la voiture. Rappelons qu'il ne savait pas conduire. Lola Andrews a parlé à l'un des bandits avant l'attentat. Elle a déclaré avant le procès qu'il lui était impossible d'identifier les deux hommes. Devant les photographies de Sacco et Vanzetti, elle a affirmé en janvier : ce ne sont pas eux. Au tribunal, elle reconnaît catégoriquement Sacco.

C'est alors que Moore révèle et prouve que Stewart, en février, a mené Lola à la prison de Dedham. Par une fissure dans la cloison, on lui a montré Sacco. Par voie de conséquence, maintenant, au tribunal, elle dépeint un homme qu'on lui a déjà montré comme un coupable. Cette même Lola racontera un peu plus tard qu'un inconnu était venu chez elle mystérieusement pour lui parler du crime. Elle lui avait ouvert. Et là, dans l'entrée, il l'avait violée. Visiblement, Lola est capable de raconter n'importe quoi. Coup de théâtre : Moore fait venir à la barre la vieille Julia Campbell. Elle a bon pied, bon œil. Elle était dans la rue avec Lola. Elle confirme que Lola a parlé à un bandit, mais elle est formelle : ce n'était ni Sacco ni Vanzetti. Elle laisse entendre que Lola n'a pas toute sa tête. Elle désarçonne le procureur en l'appelant mon cher. Et quand il veut l'embrouiller dans les dates, elle s'écrie :

— La barbe !

Le témoignage de Lola sera retenu comme étant accablant pour Sacco.

On se souvient que Sacco avait affirmé d'abord qu'il avait travaillé le 15 avril. Maintenant, il explique qu'il s'était, ce jour-là, rendu au consulat italien de Boston pour y porter une photographie destinée à son passeport. Il s'était attardé dans la ville où il avait retrouvé des amis italiens. L'employé du consulat, rentré depuis en Italie, a envoyé son témoignage. Il confirme le récit de Sacco. On a retrouvé tous les amis qui ont vu Sacco ce jour-là, qui ont déjeuné et bu avec lui. Tous, ils viennent au tribunal, ils confirment l'alibi. Ils donnent des détails. A l'un des témoins, Katzmann lance :

— Comment savez-vous que c'est le 15 avril ?

— Parce que j'ai vu mon médecin ce jour-là.

On convoque le médecin. Son livre de rendez-vous confirme.

D'autres témoins viennent jurer que le 15 avril, comme tous les jours, Vanzetti a vendu son poisson.

Impressionnants, encore, tous ces témoignages. Ils devraient contrebalancer les témoignages de l'accusation, souvent pleins de contradictions. Ce n'est pas le cas. Les jurés ne supportent ni les Italiens ni les anarchistes. On a publié le témoignage d'un membre du jury, un certain Dever. Il est révélateur :

— J'avais l'impression que tous ces macaroni se soutenaient entre eux.

On en est venu aux experts. Sur les 4 balles qui ont atteint Berardelli, sur les 2 balles qui ont blessé mortellement Parmenter, 5 ont été tirées avec un pistolet de calibre 32. Or le revolver de Sacco est un colt calibre 32. Le capitaine Proctor vient déposer. Il affirme que les cinq premières balles ont été tirées par un automatique Savage. Et la balle qui a causé la mort de Berardelli, peut-elle avoir été tirée par le colt de Sacco ?

— A mon avis, c'est compatible avec le fait qu'elle aurait été tirée par ce pistolet.

Réponse en vérité très ambiguë. La défense devrait demander à Proctor de préciser sa pensée. Elle ne le fait pas. La vérité est qu'elle n'a pas osé. Et si Proctor répondait qu'il en est sûr ? Or, après le procès, Proctor répétera à plusieurs personnes que cette « compatibilité » était loin de représenter à ses yeux une certitude. Un second expert de l'accusation déclare qu'il « incline à croire que les balles ont été tirées par le colt de Sacco ». Mais un troisième expert, mandaté par la défense celui-là, affirme que les balles ont été tirées par un bayard étranger et non par un colt. Un second expert de la défense proclame : les balles n'ont pas été tirées par le pistolet de Sacco.

Nous pourrions donc renvoyer dos à dos les experts avec une présomption en faveur de l'innocence de Sacco. Si du moins Proctor avait pu exposer totalement sa pensée. Il ne l'a pas fait.

Six semaines. Les audiences durent six semaines. Il faut songer aux jurés qui passent ce temps dans des conditions d'un singulier inconfort. Ce sont d'honnêtes gens. Mais comment ne seraient-ils pas dépendants de leur éducation, du climat social, de leurs réactions instinctives ? Le juge Thayer conduit le procès comme celui de coupables. Au vrai, il a condamné Sacco et Vanzetti dès le premier jour. Entre les audiences, il lâche des confidences, s'adressant même à des journalistes :

— Vous avez vu ce que j'ai fait à ces bâtards d'anarchistes ?

Pendant tout le procès, on évite soigneusement de parler des opinions des accusés. Thayer y tient. Il ne veut pas transformer le tribunal en forum. Les avocats ont conseillé à Sacco et à Vanzetti de ne se livrer à aucune déclaration imprudente. Cependant, lors d'une audience, Sacco bondit. Il sait bien, lui, où est le vrai sens du procès : s'il n'était pas anarchiste, on ne le persécuterait pas ainsi, il en a la conviction. Et il éclate. Il explique son enfance, sa pauvreté, son désir de justice. Au début, certains jurés sourient. Le vocabulaire de Sacco est très pauvre, il trouve mal ses mots. Bientôt, plus personne ne s'amuse. Sacco dit qu'il voudrait que les hommes vivent comme des hommes, que leur nature leur donne à tous ce qu'elle a de meilleur, parce que tous les hommes sont semblables. Il condamne la guerre :

— On fait la guerre pour les affaires, pour qu'on gagne des millions de dollars. Quel droit avons-nous de nous tuer les uns les autres ? J'ai travaillé pour un Irlandais, j'ai travaillé pour un Allemand, j'ai travaillé avec des Français et avec des gens de beaucoup d'autres peuples. J'aime ces gens-là comme j'aime ma femme et ceux de ma famille. Pourquoi est-ce que j'irais tuer ces hommes ? Qu'est-ce qu'ils m'ont fait ?... Je voudrais qu'on détruise tous ces canons. Voilà pourquoi je lutte avec les gouvernements socialistes, et pourquoi, dans mon idée, j'aime les socialistes. Et c'est pourquoi j'aime les gens qui veulent de l'instruction, et qu'on vive aussi bien qu'on peut. C'est tout.

Il faut voir à l'audience Sacco gesticulant, les jurés penchés en avant, les yeux ronds, les avocats pétrifiés, le sténographe hors de lui, Katzmann et Thayer agitant la tête avec colère. Sacco est retombé sur son siège. Il a fini. Un grand silence s'étend sur la salle d'audience.

Pour reprendre le dessus, Katzmann rappelle les mensonges de Sacco sur Boda, etc. Sacco répond qu'il a menti parce qu'il avait peur. Il avait peur parce que la police avait tué l'anarchiste Salsedo.

Le verdict sera rendu le 14 juillet 1921. Il était prévisible. Les deux accusés sont déclarés coupables. Dès qu'il a entendu le mot « coupables » Sacco a hurlé :

— *Sono innocenti !*

Rosina s'est jetée dans ses bras en sanglotant. Vanzetti se tait. Sacco crie encore :

— N'oubliez pas ! Ils tuent deux hommes innocents !

Il est hors de doute que cette décision soulève un profond malaise. Certes, des témoins ont reconnu Sacco et Vanzetti. Mais comment oublier leurs contradictions et leurs erreurs ? Comment ne pas souligner une fois de plus la faiblesse du témoignage humain ? Comme une immense vague, l'émotion se lève en Amérique. Elle déferle à travers le monde. Partout, des comités se forment. C'est un formidable combat qui commence. Un combat d'opinion, un combat judiciaire. Pendant les années 1920-1923, la défense ne cesse de déposer des motions supplémentaires. On trouve de nouveaux témoins, de nouvelles présomptions d'innocence mais tout cela se plaide devant Thayer. Thayer repousse toutes les motions. Coup de théâtre : un condamné, un certain Madeiros, s'accuse. Il avoue qu'il faisait partie du gang qui avait commis les crimes de South Braintree. Et il jure : ni Sacco ni Vanzetti ne s'y trouvaient.

D'appel en appel, de motion en motion, les années passent. La mort est suspendue sur les têtes de Sacco et de Vanzetti. Tel est le système judiciaire américain. On veut que toutes les garanties bénéficient aux accusés. On en arrive à d'interminables agonies. C'est le cas ici. La défense retrouve un gang Morelli qui pourrait bien avoir fait le coup. On n'approfondit pas l'affaire. Les avocats déposent une nouvelle motion sur l'affaire Madeiros. Thayer la rejette. Nous sommes à la fin de 1926. En 1927, la défense fait appel devant la Cour suprême du refus de Thayer. Le 5 avril 1927, la Cour suprême de justice confirme le jugement de Thayer.

Dès lors, la machine judiciaire s'emballe. Le 9 avril, Sacco et Vanzetti sont condamnés. Définitivement. Le 3 août, le gouverneur Fuller refuse d'accorder la grâce. Les journaux paraissent avec d'énormes titres : « L'exécution aura lieu le 11 », « Luigia Vanzetti, la sœur de Bartolomeo, quitte l'Italie pour Boston », « Sacco continue la grève de la faim ». Partout, les foules descendent dans la rue. Des orateurs appellent à l'émeute. On se bat à Boston. On se bat à New York. On se bat à Londres. On se bat à Berlin. Le 7 août, les syndicats français annoncent : « Grève de vingt-quatre heures le lundi 8 août. » Dix mille hommes défilent dans Wall Street devant les banques qui ont fermé leurs portes. Et l'on manifeste à Copenhague, à Oslo, Moscou, Johannesburg, Santa-Fé de Bogota, Montevideo, Mexico. Une bombe éclate à Broadway dans une station de métro : 3 blessés graves, 38 personnes à l'hôpital. Une autre bombe à Buenos Aires, où l'on brûle des tramways. Des émeutes à Paris, Lyon, Bordeaux, Lille, Roubaix, Tourcoing, Brest, Saint-Nazaire... Des milliers de télégrammes, venus de tous les coins du monde, s'accumulent sur le bureau du gouverneur Fuller.

Le 8 août, 10 000 manifestants tentent de prendre d'assaut la prison de Charlestown. Ils sont repoussés par les *marines*. Un dernier appel au juge Thayer est déposé. Le 9 août, Einstein et Hansen envoient des télégrammes pour demander la grâce. On lance d'autres bombes à Chicago, Londres, Buenos Aires. Le père de Sacco adresse un télégramme à Mussolini qui répond : « Je fais tout mon possible, en tenant compte des règles internationales, pour sauver de l'exécution Sacco et Vanzetti. »

Le 10 août, le pape Pie XI fait connaître son opinion : « Quelle que soit la situation juridique des deux condamnés, l'attente dans laquelle ils sont depuis sept années aurait suffi à leur mériter la grâce. »

A Charlestown, la prison est maintenant défendue par deux mille hommes. L'exécution est fixée à minuit. A 22 h 31, le gouverneur Fuller accorde un sursis aux deux condamnés.

A la prison, Sacco et Vanzetti ont quitté l'antichambre de la mort. Ils regagnent leurs cellules. La défense fait appel devant la Cour suprême du Massachusetts. Le 19 août, la Cour suprême rejette l'appel. Le 20, Sacco et Vanzetti retrouvent l'antichambre de la mort.

Partout dans le monde, des millions d'hommes et de femmes attendent. Le 23 août, à 0 h 1, Celestino Madeiros quitte sa cellule. Il entre dans la chambre d'exécution. On l'assied sur la chaise électrique. On l'attache, on envoie le courant. Il est mort.

A 0 h 9, c'est Sacco qui entre dans la chambre d'exécution. A son tour, il s'assied sur la chaise. En italien, il dit :

— Vive l'anarchie !

Et en anglais :

— Adieu, ma femme... Bonsoir, messieurs.

Il murmure :

— Maman...

Le bourreau appuie sur la manette. L'effrayante décharge. Il est mort.

A 0 h 22, Bartolomeo Vanzetti apparaît à son tour. D'une voix forte il dit :

— Je désire vous dire que je suis innocent. Je n'ai jamais commis de crimes ; quelques péchés, jamais de crimes.

La troisième décharge. Elle dure vingt secondes. Il est mort.

Le lendemain, dans *l'Action française*, Charles Maurras écrira : « Le sort qui a été fait à Sacco et à Vanzetti est révoltant. Il ne s'agit pas de savoir si les condamnés sont coupables ou innocents et ceux qui prétendent que "tout les fait présumer innocents" s'avancent beaucoup. Ce qui est certain, c'est que depuis sept ans, ils étaient sous la menace d'une mort imminente et l'on ne conçoit pas que, dans un pays civilisé, on inflige pareille torture à des créatures humaines. Le procédé américain tient de la pure sauvagerie. » *L'Humanité* publie une édition spéciale et appelle les prolétaires à descendre dans la rue. Presque toute la nuit, on se battra. Ceux qui frappent, ceux qui reçoivent des coups rendent hommage à ces deux Italiens obscurs mués tout à coup en martyrs.

Le fondement de notre droit est que le doute doit toujours profiter à l'accusé. Disons que dans l'affaire Sacco et Vanzetti, le doute — au moins — existe. Le certain, c'est qu'on a fait mourir ces deux hommes sans posséder de preuves absolues de leur culpabilité. Mais aujourd'hui ?

Aujourd'hui, il faut se reporter à une admirable enquête, modèle de science et d'objectivité effectuée par l'écrivain américain Francis Russell. Patiemment, Russell a repris toutes les phases de l'instruction et du procès. Il a scruté chaque déposition, qu'elle fût favorable ou défavorable. Il a interrogé les témoins survivants. Il a examiné chaque pièce d'archives. Ses conclusions ? Russell se déclare certain de l'innocence totale de Vanzetti. En revanche, il exprime des doutes raisonnés sur le cas de Sacco. Il cite les propos du leader anarchiste Carlo Tresca qui, peu avant sa mort, avoua :

— Sacco était coupable, mais Vanzetti ne l'était pas.

Surtout, il fait état de la contre-expertise effectuée, le 11 octobre 1961, par Jack Weller et le colonel Frank Jury. En 1961, on disposait de méthodes nouvelles qui permettaient de parvenir à des résultats beaucoup plus précis que ceux obtenus par les experts du procès. Weller et Jury ont été formels : la douille de la balle mortelle *était sans aucun doute sortie du pistolet de Sacco.*

Ceux qui se sont battus pour défendre Sacco et Vanzetti n'accepteront pas sans amertume une telle affirmation. Cette amertume, Francis Russell l'a partagée. Il confie dans son livre avoir commencé son enquête avec la certitude que les deux Italiens étaient innocents. Au long de son travail, cette conviction s'est modifiée.

D'un seul coup, l'intérêt se porte sur l'un des deux condamnés : Vanzetti. Rappelons que, sur la chaise électrique, il est le seul à avoir affirmé son innocence. Sacco a préféré proclamer sa foi en l'anarchie. Nous savons aussi que la défense a envisagé de dissocier les cas de Sacco et de Vanzetti. Si l'on reconnaissait la culpabilité de Sacco, on sauvait Vanzetti. Catégoriquement, Vanzetti s'est refusé à cette discrimination. Parce qu'il était l'ami de Sacco. Parce que sa solidarité avec lui était absolue. Indiscutable, la noblesse de son attitude.

Et Sacco ? Il n'était pas de la même trempe que Vanzetti. Alors que ce dernier répudiait toute violence, Sacco s'y livrait volontiers. Quand il parla dans l'enceinte du tribunal, il n'était pas moins sincère. Comme le dit Francis Russell, « il est possible que Sacco se soit tenu pour innocent, au sens où il croyait servir une cause supérieure à lui-même ». Sacco était un fanatique. Rien n'aurait pu entamer sa foi ni sa volonté. Il aurait pu sauver Vanzetti en s'avouant seul coupable. Il ne l'a pas fait.

XI

Tout Ankh Amon : découverte d'un trésor

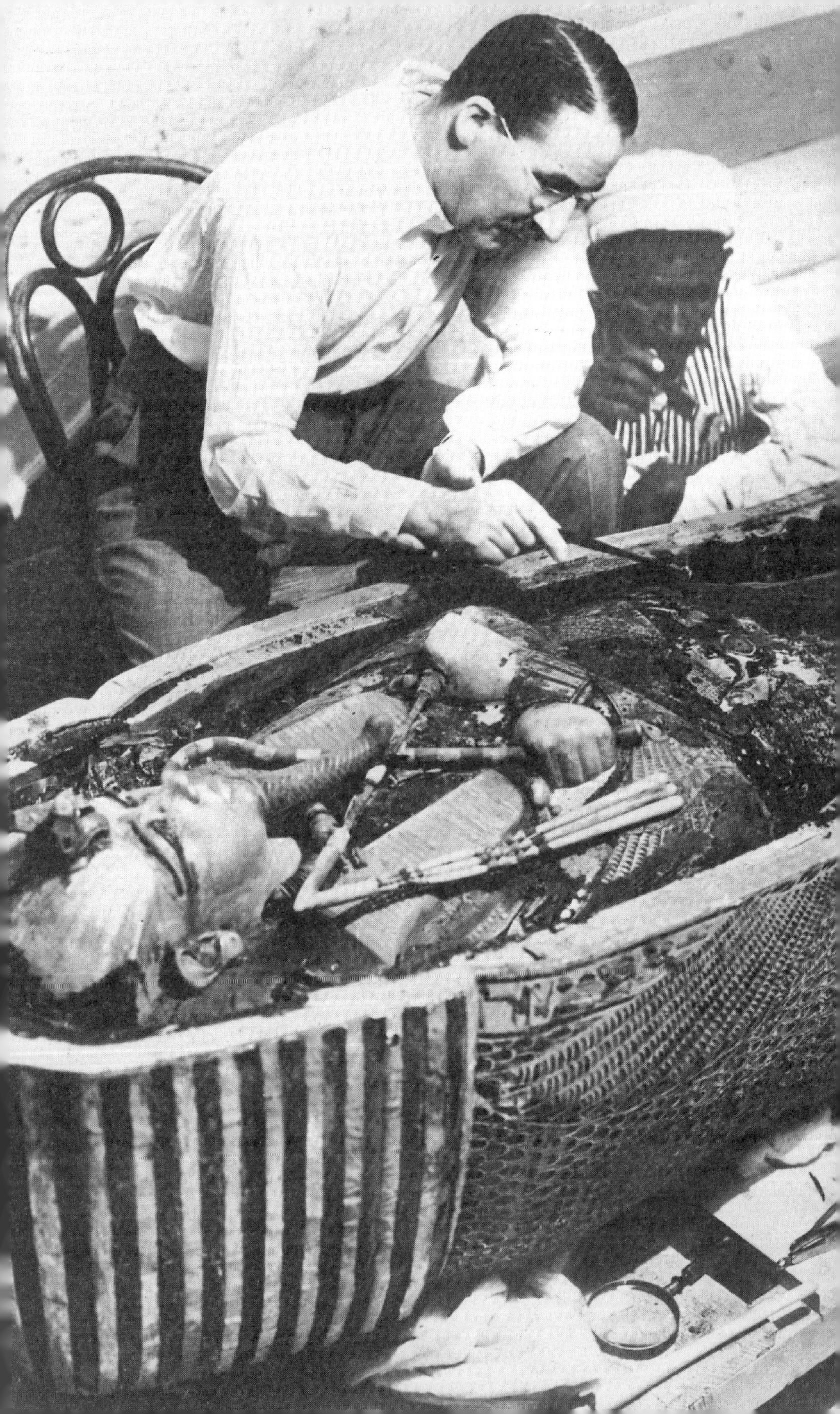

26 novembre 1922

Le 26 novembre 1922, au fond d'un couloir que des fellahs viennent à peine de déblayer, trois hommes et une jeune fille, au comble de l'émotion, contemplent une porte fermée par plusieurs sceaux. Pour ces archéologues rompus à la connaissance de l'Egypte ancienne, aucun doute ne peut exister : ce sont ceux d'un pharaon de la XVIIIe dynastie. Il a régné vers 1354 avant Jésus-Christ.

Son nom ? Tout Ankh Amon.

Bientôt l'annonce de la plus prodigieuse découverte archéologique du XXe siècle va courir le monde. On apprendra que lord Carnarvon, un mécène britannique, et Howard Carter, un archéologue, ont, dans la vallée des Rois, exhumé un trésor dont il n'existe aucun exemple. Certes, jusque-là, on a retrouvé un grand nombre de sépultures de pharaons : presque toutes, elles avaient été pillées et vidées de leur contenu.

La tombe de Tout Ankh Amon, elle, est intacte.

A la mi-mars 1923, lord Carnarvon fut piqué par un moustique. Très vite, la fièvre monta. Ses médecins lui conseillèrent de gagner Le Caire où assurément il serait mieux soigné. L'état du mécène s'aggravait de jour en jour. Par télégraphe, on fit appeler son fils,

Et, enfin, Howard Carter contemple, dans son sarcophage en or massif, la momie de Tout Ankh Amon. (L'Illustration/Sygma.)

officier dans l'armée des Indes. Quand lord Porchester arriva au Caire, on lui annonça que son père était perdu. En toute lucidité, celui-ci avait dit :

— C'est fini. J'ai entendu l'appel et je me prépare.

On révéla aussi à lord Porchester que, lors de l'entrée dans la tombe, un fellah avait prédit :

— Ces hommes vont découvrir de l'or mais aussi la mort.

Lord Carnarvon rendit l'âme le 5 avril, à 1 h 55 du matin.

A ce moment précis, les lumières de l'hôtel s'éteignirent. On eut beau s'acharner sur les fusibles, sur le compteur, rien n'y fit. Le lendemain, on apprenait que la panne n'avait pas affecté seulement l'hôtel Continental mais toutes les lumières du Caire. Une enquête approfondie ne permit pas de découvrir d'explication technique à cette défaillance.

Lord Carnarvon possédait un chien qui lui était très attaché. L'animal était resté en Angleterre. A l'heure même où mourait son maître, le chien se mit à hurler. Un instant plus tard, il tombait foudroyé.

Les deux événements ont été rapportés par lord Porchester — devenu sixième comte de Carnarvon — à Mme Christiane Desroches-Noblecourt, l'une des plus éminentes égyptologues de notre temps. Celle-ci les donne comme authentiques [1].

Ce n'était qu'un début. Le conservateur en chef du département des Antiquités égyptiennes au musée du Louvre, Georges Bénédite, ayant à son tour visité la tombe de Tout Ankh Amon, allait succomber peu après. Arthur C. Mace, conservateur adjoint du département des Antiquités égyptiennes du Metropolitan Museum of Art de New York, le suivit rapidement dans la tombe. Six mois après la mort de lord Carnarvon, on annonça celle de son frère, le colonel Aubrey Herbert. Puis celle de l'infirmière qui l'avait soigné. Puis celle du secrétaire de Howard Carter, fils unique de lord Westbury. De décès en décès, on en vint à une liste de vingt-sept morts mystérieuses.

Conan Doyle — père à jamais admiré de Sherlock Holmes — parla le premier de *la malédiction du pharaon*. La formule devait faire fortune.

1. Christiane Desroches-Noblecourt : *Tout Ankh Amon. Vie et mort d'un pharaon* (1965).

La première fois que je me suis rendu en Égypte, j'ai ressenti ce même choc qu'ont éprouvé des millions de visiteurs. Le Nil, d'abord, le Nil en majesté où glissent des felouques de pêcheurs toutes semblables à celles dont le vent gonflait la voile au temps de Ramsès II. Les fellahs passent courbés sous leur fardeau, le muezzin appelle à la prière, les enfants à demi nus jouent dans l'eau glauque. La toile de fond n'est autre qu'un temple vieux de trois mille ans.

Lorsque nous quittons le Nil pour nous enfoncer vers la vallée des Rois, ce qui nous frappe d'abord, c'est la totale modification du paysage.

En face de Louxor, de l'autre rive du Nil jusqu'au débouché de la vallée des Rois, on compte environ huit kilomètres et demi. A mesure que l'on progresse, on oublie le vert cru des champs et le vert sombre des palmeraies : cette plaine incroyablement fertile qui s'étend vers l'ouest. Il n'y a plus ici que sable et roc, aridité et solitude. Nous sommes dans cette vallée où, depuis Thoutmôsis Ier, tant de pharaons puissants ont cherché l'oubli.

Imaginez une faille sinueuse, étroite, écrasée de soleil, le lit asséché d'un ancien affluent du Nil. Au fond, une muraille de rochers. Devant, une pente plus douce, pierres et éboulis. Pas la moindre trace de végétation, un aspect quasi lunaire, 35 à 40 °C en février. A mesure que l'on s'avance, on découvre des portes comme taillées dans la montagne. Ce sont des tombes. Parfois, dix générations les séparent mais, d'un siècle à l'autre, l'idée qui les a fait naître ne s'est nullement modifiée. Un Égyptien qui mourait souhaitait être accompagné dans l'autre monde par les objets familiers qui l'avaient aidé à vivre dans celui-ci. S'il était pauvre et inconnu, une jarre modeste, quelques grains de blé suffisaient. S'il s'agissait d'un grand du royaume, sa tombe croissait en proportion de son rang. Pour un pharaon, c'est une sorte de palais en réduction que l'on édifiait.

Les premiers rois d'Égypte avaient voulu protéger leur sépulture en la recouvrant de pyramides. Erreur : c'était la désigner aux voleurs qui accoururent en foule. Les tombeaux édifiés près des temples n'eurent pas un sort meilleur. C'est alors que Thoutmôsis Ier chercha un site désert, si ingrat que nul ne songerait à le visiter. Ainsi fut creusé dans le roc un tombeau sans nulle ostentation apparente. Les successeurs de Thoutmôsis Ier l'imitèrent.

Pour les tombes de tous ces morts illustres, une règle d'or : surtout, rien à l'extérieur qui attirât l'attention. En revanche, une fois la porte franchie, que de merveilles ! Là, dans plusieurs chambres, on rassemblait ce qui existait de plus rare, de plus riche, de plus éclatant. Les peintres les plus talentueux ornaient les murs de fresques admirables. Des sculpteurs renommés fondaient dans l'or l'effigie du disparu ou taillaient des statues de bois à son image. On usait des matériaux les plus précieux parmi lesquels l'or surabondait aussi bien que des joyaux de toute provenance.

L'essentiel, pour tous ces Égyptiens, était que l'on ne vînt pas violer leur sépulture. Ni qu'on leur ôtât les objets nécessaires à leur voyage pour l'éternité. Si les petits ne couraient guère de risque à cet égard, il n'en était naturellement pas de même des pharaons. Nul n'ignorait l'existence des trésors que l'on enfermait avec leur dépouille. On savait que rien n'arrêterait les voleurs. Alors, on multipliait les précautions. On choisissait un lieu prétendument inaccessible. On dissimulait l'entrée de la tombe. On creusait des couloirs dissuasifs qui ne conduisaient nulle part. Las ! nous avons la preuve, par de nombreux récits retrouvés — papyrus, tablettes, inscriptions — que, presque toujours, la tombe était violée peu de temps après qu'elle eut été refermée. Il suffisait de quelques années, voire de quelques mois, même de quelques jours ! La subtilité, l'ingéniosité des voleurs dépassaient toute imagination. Quelque précaution que l'on prît, ils en venaient à bout. Ce qui les intéressait au premier chef, on s'en doute, c'était l'or. Pour s'en saisir, ils brisaient les meubles précieux, détruisaient l'enveloppe des sarcophages, anéantissant des œuvres d'art dont la beauté ne suscitait chez eux que la plus parfaite indifférence.

Ainsi en fut-il pendant des siècles et pendant des millénaires. Des dynasties naquirent et s'éteignirent. Trois cent cinquante pharaons se succédèrent. L'Égypte devint grecque, romaine, arabe. Sans souci de la chronologie ni de l'histoire, les voleurs continuaient leur pillage. Chercher les tombes — et les découvrir — demeurait une industrie traditionnelle autant que rémunératrice. Quelques tombes avaient échappé aux voleurs de jadis. On se contentait de ce qu'avaient négligé les premiers pillards. Ce qui, en définitive, procurait un profit encore non négligeable.

Après la redécouverte de l'Égypte par l'expédition de Bonaparte et les géniales découvertes de Champollion, naquit une véritable égyptomanie. Tous les musées d'Europe ou d'Amérique recherchèrent des objets égyptiens. Des centaines de collectionneurs à travers le monde les convoitèrent aussi. Les pillards redoublèrent d'activité. Pour un peu on les eût reconnus d'utilité publique. Les khédives ne voyaient apparemment nul inconvénient à ce que ces trésors quittassent leur pays. Méhémet Ali, dans sa bienveillance, n'avait-il pas fait cadeau au roi Louis-Philippe de l'un des deux obélisques de Louxor, rompant ainsi sans le moindre scrupule la symétrie de l'entrée du plus célèbre temple du monde ? Comment Méhémet Ali aurait-il puni les pillards alors qu'il n'éprouvait aucun remords à dévaliser lui-même son pays ?

Vint heureusement le temps où les archéologues prirent la relève des voleurs. Ils commencèrent à accourir, bataillons toujours plus serrés, au cours du XIXe siècle. A la fin des années 1880, cette irruption se mua en invasion. Ils venaient d'Angleterre et de France — ces deux pays précédant les autres de plusieurs longueurs — mais aussi d'Italie, d'Allemagne, d'Amérique. On en voyait de riches et même de très riches — ceux-ci ne se ruinèrent pas parce qu'ils n'étaient pas ruinables — mais de pauvres aussi, dont le seul voyage avait fait fondre toutes les économies. Ceux-là, pour satisfaire leur passion de fouiller, acceptaient de vivoter en exerçant de petits métiers.

L'archéologie est une passion. On peut l'assimiler à la fièvre que fait naître le jeu chez certains. L'archéologue découvrira quelquefois des trésors d'une valeur immense, mais — à part quelques exceptions connues — ce n'est pas la valeur marchande de ces objets qui le fascinera. Il ressentira, dans la seule découverte, une ivresse qui le payera de tout.

Ces archéologues étaient loin d'être tous des professionnels. Disons même que, parmi eux, l'amateurisme dominait. Il faut retenir ce terme. Même à notre époque, ce sont des amateurs qui se révèlent souvent à l'origine de découvertes archéologiques capitales. Dans le mot amateur, il y a le verbe aimer.

Lorsqu'il arriva au Caire, Howard Carter débordait d'enthousiasme. Il n'avait que vingt ans. Il eût été bien incapable d'exhiber le moindre diplôme en archéologie. Il grillait seulement d'envie de chercher dans la terre égyptienne quelque vestige neuf qui permît d'ajouter un chapitre nouveau à la plus longue civilisation que le monde eût connue.

On reçut avec quelque condescendance ce personnage falot. Il en débarquait tant, armés comme lui de leurs seules illusions !

Or ce même Howard Carter allait découvrir un jour le tombeau de Tout Ankh Amon.

Le père de Howard peignait à l'aquarelle des portraits d'animaux qu'il vendait à des hobereaux fiers de leurs chevaux ou de leurs vaches. C'est dire que Samuel John Carter n'avait pas fait fortune. Impossible d'envoyer son fils dans une école payante. Samuel s'était contenté de faire de Howard un aquarelliste comme lui. Ce qui l'attendait, c'était la même vie que son père, obscure et sans imprévu.

Tout changea le jour où un égyptologue d'un certain renom, Percy Newberry, assistant du grand Flinders Petrie, confia à l'une de ses amies, lady Amherst of Hackney, qu'il cherchait un aide pour recopier au British Museum des relevés d'hiéroglyphes. Lady Amherst songea au jeune Howard Carter, alors âgé de dix-sept ans et qui habitait à Didlington, un village voisin. Elle le convoqua, lui demanda si la proposition de Newberry l'intéressait. Carter accepta avec bonheur. Tout valait mieux que de reproduire des chevaux et des vaches sa vie durant.

Engagé pour trois mois, Carter découvrit de la sorte l'égyptologie — et donna parfaite satisfaction à ses employeurs. En octobre 1891, quand Percy Newberry se prépara à partir pour l'Égypte, il déclara au comité de l'*Egypt Exploration Fund* que le mieux serait d'emmener le jeune Carter sur le terrain. Au lieu de lui faire copier à Londres des relevés pris sur place, il serait plus économique qu'il les fît directement d'après les monuments. Le comité marqua sa réticence : il faudrait inscrire un nouveau poste au budget. Lord Amherst leva l'obstacle en déclarant qu'il paierait lui-même le salaire de Carter si celui-ci pouvait disposer d'un peu de temps pour se livrer à quelques fouilles : lord Amherst était collectionneur.

C'est ainsi que Carter non seulement se rendit pour la première fois en Égypte, mais — chance extraordinaire — devint l'assistant de sir William Flinders Petrie. De 1891 à 1898, Howard Carter put donc travailler sous la direction de Petrie, ainsi que sous celle d'un archéologue helvétique, Édouard Naville. Sa besogne ? Établir à l'aquarelle des relevés des peintures, des inscriptions et des bas-reliefs du temple funéraire de Deir el-Bahari, édifié pour la plus illustre souveraine de l'Égypte antique, Hatshepsout.

A un témoin peu perspicace, Howard Carter apparaissait comme le plus effacé des collaborateurs de Flinders Petrie. Paralysé par la timidité, il n'ouvrait la bouche que si on l'en priait à plusieurs reprises. Rien ne l'enchantait davantage que de passer inaperçu. Un simple tâcheron ? Quelle erreur ! Bientôt, les hiéroglyphes n'eurent plus de secret pour lui, non plus que la langue des pharaons. Il avait tout appris des méthodes de fouille et des analyses historiques qui devaient en découler. Sa première grande découverte allait être celle du grand temple de Tell el-Amarna, la capitale construite par le pharaon Akhenaton. Enchanté, Petrie lui demanda de tracer — s'il le pouvait — un plan d'ensemble de la ville d'Amarna. Carter bondit sur l'occasion, parcourut chaque jour de trente à cinquante kilomètres à travers la plaine. En quelques semaines, le plan de l'ancienne capitale était tracé [1].

Plus les années passaient et mieux l'on jugeait Carter. Neuf ans après son arrivée en Égypte, il allait être nommé par Gaston Maspéro inspecteur des Antiquités pour la Haute-Égypte et la Nubie. Son quartier général serait désormais à Louxor, cité construite sur le site de l'ancienne Thèbes.

Le saut était immense, la promotion éclatante. L'autodidacte se voyait tout à coup reconnu comme archéologue officiel. Cela ne dura pas. Étant intervenu en tant qu'inspecteur pour mettre fin à une obscure bagarre au cours de laquelle un voyageur français avait été molesté, Carter se vit exiger des excuses par Maspéro. Il refusa tout net, manifestant déjà ce caractère ombrageux dont le monde entier parlera un jour. A regret, Maspéro dut le relever de ses fonctions.

Tristes années que celles qui suivirent. Pendant quatre ans, Carter dut, pour survivre, vendre des aquarelles aux touristes, voire se faire guide. Son seul plaisir était de traverser le Nil et d'aller visiter cette vallée des Rois qui, comme tant d'autres, le fascinait. Certes, il y conduisait les touristes, mais souvent s'y rendait — seul — à dos d'âne. Là, il ressentait jusqu'à l'angoisse « le silence minéral de ce paysage grandiose [2] ».

1. Philipp Vandenberg : *Tout Ankh Amon* (1979).
2. Thomas Hoving : *Tout Ankh Amon* (1979).

C'était bien le domaine de la mort. A part le trottinement de sa monture, nul bruit hors « le jappement d'un chacal ou le cri profond du hibou du désert ». Carter dira que tout était « immobile, immuable, comme figé pour l'éternité » et que, lors de tels pèlerinages, il se sentait « participer de la plénitude et de la sérénité » de la déesse Isis. Il connaissait dans le moindre détail les tombes déjà explorées. D'ailleurs, quand il était inspecteur des Antiquités, il en avait découvert deux en compagnie du mécène américain Theodore Davis. Il y retournait toujours avec une émotion identique, rêvait sur les fresques qu'elles contenaient, éprouvait la même volupté à en déchiffrer les inscriptions et les symboles — et le même regret à se dire que jamais on n'avait retrouvé l'une de ces tombes intactes. Les pharaons s'étaient fait enterrer dans la vallée des Rois pendant cinq siècles. Cinq siècles ! « Dans toute l'histoire du monde, écrira Carter, il n'est certainement pas un autre coin de terre qui ait à raconter un demi-millénaire plus riche en événements pittoresques. »

Carter connaissait trop bien les textes qui, avec un luxe incroyable de détails, dépeignaient les objets dont on entourait les pharaons morts pour que ses regrets ne s'en trouvassent sans cesse avivés. En apparence, toutes les tombes de la vallée des Rois avaient été retrouvées et pillées. L'audace des voleurs s'était accrue de siècle en siècle. A ce point que, sous la XXe dynastie, on avait dû renoncer à surveiller les tombes.

Existait-il quelque apparence que l'une d'elles eût échappé à la vigilance des pillards et — plus tard — des archéologues ? C'était bien improbable.

Carter n'en continuait pas moins de rêver.

De temps à autre, Maspéro demandait des nouvelles de Carter. Il s'attristait de le savoir toujours pauvre et surtout, en ce qui concernait l'archéologie, inutilisé. Un jour il le fit venir dans son bureau. Là se trouvait un homme distingué, vêtu d'une redingote de bon faiseur, mais d'une maigreur inquiétante. La fatigue ployait sa taille qui avait dû être, dans son jeune temps, haute et belle. Il s'appuyait sur une canne. Sur le visage, on retrouvait la même maigreur, les os presque apparents. Ce qui frappait le plus, c'était la conquérante et flamboyante moustache, du même roux que les cheveux. Maspéro se précipita pour faire les présentations. A l'instant, Howard Carter sut qu'il avait affaire à George Edward

Stanhope Molyneux Herbert, ci-devant vicomte de Porchester, cinquième comte de Carnarvon.

Ce qu'il ne sut pas, en revanche, c'est que cette présentation venait de sceller son destin.

Carnarvon appartenait à l'une des plus notables familles d'Angleterre. Son père avait été ministre de Disraeli. Après deux années d'études à Cambridge, le jeune vicomte avait mené la vie d'un riche héritier, voyageant pendant sept ans à travers le monde. Comme beaucoup de ses pareils, il usait envers autrui d'une politesse exquise. Bref, le modèle achevé d'un gentleman de bonne compagnie, mais parfaitement frivole.

A l'âge de vingt-neuf ans, il s'était marié. Lady Carnarvon lui avait donné deux enfants, un fils et une fille. Dès que l'automobile fit son apparition, il en acquit une. Il trouvait cela d'une suprême élégance. Un grave accident vint trop vite le détromper. Il en sortit la cage thoracique enfoncée, les jambes cruellement brûlées, les maxillaires fracturés et les bras démis. Il resta aveugle pendant un laps de temps qui plongea son entourage dans l'angoisse.

Sa convalescence s'éternisant dans les brouillards anglais, son médecin lui conseilla d'aller se refaire une santé en Égypte. Il s'embarqua en 1903. Lui aussi venait de choisir son destin.

A peine arrivé, il se prit de passion pour les sites et monuments égyptiens. Il voulut tout savoir de cette civilisation disparue mais fascinante. Après trois ans de curiosité un peu désordonnée, il résolut de passer lui-même à l'action. En 1906, le service des Antiquités lui accorda un permis de fouilles à l'ouest de Louxor, non loin de la vallée des Rois. Il se mit aussitôt au travail, engagea une équipe et pendant des semaines creusa un peu au hasard. Son mérite ? S'être rendu compte qu'il n'arriverait à rien sans l'aide d'un spécialiste.

Il retourna au Caire, s'adressa à Maspéro. Qui le directeur du service des Antiquités pouvait-il lui recommander ? Maspéro n'hésita pas. Il avait sous la main l'homme qui conviendrait mieux que personne à lord Carnarvon. Il s'agissait d'un ancien assistant de Flinders Petrie — quelle recommandation ! — et il avait été inspecteur du service des Antiquités. A la suite de circonstances malheureuses inutiles à rappeler, cet archéologue de qualité se trouvait libre. Il s'appelait Howard Carter.

Pour lord Carnarvon, un avis de Maspéro était un ordre. Depuis le grand Mariette, il était de tradition que les Français eussent en

Égypte la haute main sur tout ce qui concernait les antiquités. Dans l'accord franco-britannique de 1904, qui attribuait le Maroc à la France et l'Égypte à l'Angleterre, il était dûment stipulé : « Le poste de directeur général des Antiquités d'Égypte continuera, comme par le passé, d'être confié à un savant français. »

Bien qu'il parût davantage, lord Carnarvon était âgé de quarante et un ans. Carter avait trente-trois ans. L'un jouissait d'une imposante fortune, l'autre était quasiment famélique. Ce qui les unissait : la passion de la recherche. Ce qui les opposait : la dépendance où ils allaient se trouver l'un de l'autre. Carter aurait voulu fouiller seul, mais il avait besoin de l'argent de Carnarvon. Le noble lord aurait voulu s'attribuer seul le mérite des découvertes, mais il savait qu'il ne pouvait se passer de la science de Carter. Ainsi allait s'engager une collaboration de seize années, en apparence sans nuages, mais tissée en réalité d'autant de haine que d'amour.

Le contrat que les deux hommes allaient signer accordait à Carter une livre anglaise par jour, soit 25 francs de l'époque.

Maspéro avait attribué à Carnarvon et à Carter une aire de fouilles située à Deir el-Bahari, au nord-ouest du secteur où jusque-là Carnarvon avait travaillé. Dès l'abord, la collaboration se révéla fructueuse. Carnarvon put écrire dans son journal : « Au bout de dix jours de travail à Deir el-Bahari, nous avons rencontré un tombeau intact qui donnait une impression de modernisme inhabituelle. Différents cercueils se dressaient dans la crypte. Le premier qui attira notre attention était blanc et couvert de jolies peintures ; un drap mortuaire le recouvrait et un bouquet de fleurs avait été déposé à ses pieds. Pendant deux mille cinq cents ans, personne n'avait touché ces cercueils ; pendant deux mille cinq cents ans, ils avaient été oubliés. Nous ne tardâmes pas à comprendre la raison pour laquelle les voleurs n'avaient pas encore rendu visite à cette sépulture ; elle ne contenait aucun mobilier funéraire. Les propriétaires de ces cercueils étaient manifestement de pauvres gens ; ils avaient, eux ou leur famille, dépensé tout l'argent qu'ils pouvaient consacrer à l'inhumation à payer les cercueils dans lesquels ils étaient enterrés. »

Lord Carnarvon était lucide : il ne se méprenait pas sur la valeur de sa découverte.

Trois semaines plus tard, on découvrit un tombeau d'un intérêt plus évident : celui d'un certain Teta-Ky, fils de roi. Trois jours après, on entra dans une tombe de la XVIIe dynastie. Peu d'objets, mais deux planches de bois enduites de plâtre et couvertes d'un texte dont l'égyptologue Griffith devait dire qu'il était « d'une importance considérable pour l'Histoire ». C'était toute la vie du pharaon Kamose qui, vers l'an 1650 av. J.-C., libéra l'Égypte de la domination des Hyksos. Carter se montra enchanté mais lord Carnarvon beaucoup moins. Il cherchait surtout des objets plus prestigieux à exposer dans son château de Highclere. La preuve était faite néanmoins de la compétence de Carter. Désormais, Carnarvon lui accorda une confiance presque absolue.

Or la véritable obsession de Carter était la tombe de Tout Ankh Amon.

Tout Ankh Amon ?

Un pharaon de cette XVIIIe dynastie qui régna de 1552 à 1306 av. J.-C. C'est à celle-ci qu'appartinrent certains des plus grands souverains de l'Égypte, tels que la reine Hatshepsout, Aménophis III ou encore Aménophis IV dit Akhenaton.

On a attribué plusieurs origines à Tout Ankh Amon. Il semble qu'il faille se rallier aux conclusions de Christiane Desroches-Noblecourt : Tout Ankh Amon devait être le fils d'Aménophis III et de l'épouse nubienne de celui-ci, Tiyi. On découvre une réelle ressemblance entre le masque funéraire de Tout Ankh Amon et la tête de la reine Tiyi — d'évidente race noire — telle que la montre sa statue en ébène conservée à Berlin.

Il a grandi à la cour d'Amarna et il est devenu roi à l'âge de neuf ans. Il a épousé la troisième fille d'Akhenaton — sa nièce. Quand il règne, il est encore enfant. Marié mais enfant. Ce que l'on attend de ce très jeune roi, c'est qu'il remette de l'ordre en Égypte et la rende au culte du dieu Amon.

La cour de Tout Ankh Amon l'a conseillé. Il a résolu de relever les ruines et de remodeler les monuments afin que les dieux rendent leur amour et leur protection à l'Égypte. Il annonce qu'il façonnera une statue d'Amon en or, ornée de pierres rares, plus grande et plus belle que toutes celles que l'on a créées jusque-là. Ainsi Amon sera-t-il satisfait.

Et tout autant le clergé de Thèbes.

Car Thèbes, grâce à Tout Ankh Amon, va redevenir la capitale politique et religieuse de l'Égypte. Est-ce un grand règne qui attend Tout Ankh Amon ? Il a dix-huit ans. Tout à coup la maladie fond sur lui. Il meurt.

Ainsi a-t-il traversé la vie, le successeur d'Akhenaton, d'un bref coup d'ailes. Son règne trop court, n'est-il pas normal qu'il ait provoqué si peu d'inscriptions, qu'il ait laissé si peu de vestiges ? Tout Ankh Amon restait l'un des moins importants — et des plus inconnus — parmi les pharaons de l'ancienne Égypte.

Or le destin allait faire de lui le plus illustre des anciens rois de la vallée du Nil. Celui dont des millions d'hommes et de femmes répéteront le nom à travers le monde. Cela uniquement parce que Howard Carter aura découvert sa tombe.

Il y avait très longtemps que Carter pensait à Tout Ankh Amon. Il avait dressé une liste des découvertes effectuées entre 1875 et 1898 et constaté que l'on n'avait trouvé ni le tombeau ni la momie de Tout Ankh Amon. Aucun texte ne faisait mention de l'emplacement de la tombe. Aucun ne parlait d'un éventuel pillage ni du transfert de la momie, comme cela s'était souvent pratiqué au temps des surabondants viols de sépultures. Carter en avait déduit que le tombeau de Tout Ankh Amon existait toujours. Si l'on gardait une chance de trouver intacte une tombe de roi, c'était bien celle-là.

Mais où ?

Tous les pharaons de cette époque avaient été inhumés dans la vallée des Rois. Ce qui conduisait à penser que Tout Ankh Amon devait s'y trouver aussi. Cependant, l'Américain Theodore Davis était toujours détenteur de la concession de la vallée. Il y avait découvert les tombes de Thoutmôsis IV, d'Hatshepsout, de Siptah, de Iouiya, et de Touiyou, — arrière-grand-père et arrière-grand-mère de l'épouse de Tout Ankh Amon —, la tombe d'Horemheb, le caveau destiné à recevoir la momie d'Akhenaton après son transfert de Tell el-Amarna, et enfin la tombe d'Amenhotep. En 1914, Davis affirmait qu'à son avis, « la vallée n'avait plus rien à livrer ». En juin, il abandonna officiellement sa concession. Sur les instances de Carnarvon et de Carter, Gaston Maspéro la leur attribua mais il était lui-même d'avis qu'on ne trouverait plus rien dans la vallée. Il le déclara avec beaucoup de franchise aux deux Anglais.

Carter et Carnarvon demeuraient persuadés qu'à certains endroits de la vallée, recouverts par les rejets des fouilles précédentes, on pourrait encore procéder à des examens fructueux.

Récit de Howard Carter : « Nous savions qu'un travail titanesque nous attendait, qu'il faudrait remuer des milliers de tonnes de terre et de gravats avant de découvrir quelque chose. Mais nous étions prêts à tenter l'aventure. Nous avions même un but précis : trouver la tombe de Tout Ankh Amon [1]. »

Était-ce là une simple vue de l'esprit ? Nullement. Davis avait découvert dans la vallée, sous une pierre, une tasse de faïence au nom de Tout Ankh Amon. Dans un petit caveau, on avait dégagé une boîte en bois à l'effigie de Tout Ankh Amon et de sa femme. De grosses jarres en terre, exhumées d'une cache creusée à flanc de rocher, recelaient des sceaux d'argile, certains au nom de Tout Ankh Amon, ainsi que des fragments de châles. Sur l'un de ceux-ci, on pouvait lire, inscrite sur l'étoffe, la dernière date connue du règne de Tout Ankh Amon.

A ces trois éléments, Howard en ajoutait un quatrième — à ses yeux le plus important peut-être — : la découverte par Davis de la cachette d'Akhenaton. Il croyait pouvoir en déduire que Tout Ankh Amon avait procédé lui-même au transfert de la momie de son prédécesseur.

Récit de Carter : « Nous étions donc profondément convaincus que la tombe de Tout Ankh Amon restait encore à découvrir, et qu'elle devait se situer non loin du centre de la vallée. Des fouilles systématiques et exhaustives furent entreprises à l'endroit où semblaient se présenter des chances raisonnables de succès, et nous étions sur le point d'achever notre plan de campagne pour la saison 1914-1915 lorsque la guerre éclata, suspendant tous nos projets. »

Les guerres sont les ennemies des archéologues. Cependant, à la fin de 1917, Carnarvon et son associé purent se remettre au travail. La conviction de Carter ne faiblissait pas. Il faudrait fouiller sur le triangle de terre délimité par les tombeaux de Ramsès II, Meremptah et Ramsès VI. Toutes ses recherches, ses calculs, ses déductions l'amenaient à penser que là — et là seulement — devait se trouver la tombe de Tout Ankh Amon.

---

1. Howard Carter : *La fabuleuse découverte de la tombe de Tout Ankh Amon* (1978).

Ce site couvrait à peu près un hectare. Il était recouvert par une véritable montagne de déblais provenant des précédentes fouilles. Souvenons-nous qu'en ce temps il n'existait pas de bulldozers en Égypte, ni d'ailleurs aucun engin mécanique. Ce travail de titan était effectué entièrement à la main, par des hommes et de jeunes garçons, à l'aide de pelles et de pioches, cependant que d'autres emportaient les gravats dans de simples paniers.

Ce fut la première saison de fouilles. Carter parvint jusqu'à l'entrée du tombeau de Ramsès VI. Surprise : on distinguait là toute une série de huttes d'ouvriers, datant naturellement de l'ancienne Égypte. En général, ces huttes indiquaient la proximité d'une tombe.

Récit de Carter : « Notre premier mouvement fut de poursuivre les travaux dans cette direction. Mais nous aurions alors coupé tous les accès à la tombe de Ramsès située au-dessus, et c'était l'une des plus célèbres de toute la vallée. Nous décidâmes d'attendre une occasion plus propice. »

La seconde saison de fouilles commença en octobre 1918. On continua à déblayer la totalité du triangle repéré par Carter. Il y fallut six mois. On découvrit treize vases d'albâtre portant les noms de Ramsès II et de Meremptah. Un bon signe mais rien de plus.

On en vint à une troisième, une quatrième, une cinquième saison de fouilles. Ceci de 1919 à 1922. Aucune trace de la tombe de Tout Ankh Amon. Fallait-il renoncer ? Tout cela avait coûté cher, très cher. Après la Grande Guerre, la livre sterling avait beaucoup perdu de sa valeur. Carnarvon commençait à renâcler. Il songeait à l'armée de serviteurs que nécessitait l'entretien de sa propriété de Highclere et ses 14 000 hectares. Eux aussi coûtaient de plus en plus cher.

Carter, lui, jurait que « tant qu'il resterait une seule parcelle de terrain non exploré, cela valait la peine de persévérer ». Pourquoi ne pas poursuivre les recherches sous les cabanes des ouvriers, au pied de la tombe de Ramsès VI ? Tout cela était bel et bon, mais lord Carnarvon se déclarait à bout de souffle. De plus, il n'allait pas bien. A quarante-sept ans, il avait l'air d'un vieillard. Il se taisait durant des jours entiers. L'épuisement physique s'accompagnait d'une profonde dépression. D'autre part, il s'entendait mal avec le successeur de Gaston Maspéro, Pierre Lacau — un Français comme de raison. Maspéro, pour encourager l'archéologie, s'était montré d'un libéralisme qui ressemblait quelque peu à du laxisme : les objets de fouilles étaient en général partagés par moitié, l'une allant au gouvernement égyptien, l'autre revenant au découvreur. Lacau — remarquable savant, mais plus soucieux que Maspéro des intérêts du pays qui lui avait fait confiance — affirmait sa volonté que le service des Antiquités choisît désormais par priorité ce qui devait revenir à l'Égypte. Dans certains cas, c'est *le tout* que ce service se préparait à revendiquer. Cette nouvelle fut accueillie avec amertume par Carnarvon. Il annonça à Carter, l'été de 1922, qu'il renonçait à sa concession et abandonnait définitivement les fouilles en Égypte.

Pour Carter, c'était une catastrophe. On peut imaginer la stupéfaction de Carnarvon quand il entendit son associé lui déclarer froidement qu'il continuerait les recherches à ses frais. Cela signifiait que Carter, en une seule saison de fouilles, engloutirait la totalité des économies qu'il avait pu amasser pendant des années de travail acharné. Carnarvon fut ému au-delà de toute expression. Spontanément, il promit à Carter d'assurer pendant toute une année encore le financement des fouilles.

Il s'agissait de la saison de la dernière chance.

Le 1er novembre 1922, l'équipe de Carter était sur place. La cible, c'était cette surface recouverte de cabanes d'ouvriers qui s'étendait devant la tombe de Ramsès VI. On se mit à les dégager. Le soir du 3 novembre, plusieurs avaient déjà été enlevées. Il ne restait plus qu'à attaquer le sol sur lequel elles avaient été bâties.

Récit de Carter : « Le lendemain matin, 4 novembre, lorsque j'arrivai sur le chantier, un silence inhabituel me fit comprendre que quelque chose venait de se passer. On m'annonça aussitôt que sous la première hutte qu'on avait attaquée, on venait de mettre au jour une marche taillée dans le roc. C'était trop beau pour être vrai. Pourtant, nous étions bel et bien devant l'entrée d'un escalier creusé dans la pierre à quelque quatre mètres en contrebas de la tombe de Ramsès VI... »

Une tombe ! Mais était-ce *la* tombe ? On continua à travailler, avec une fièvre qui peu à peu gagnait tous les ouvriers. Dans l'après-midi du 5 novembre, on put dégager les arêtes supérieures de l'escalier. Il s'enfonçait dans le roc pour former un couloir de 3 mètres de haut sur 1,80 m de large : « A présent, nous progressions plus rapidement et, au crépuscule, alors que nous atteignions la douzième marche, nous aperçûmes la partie supérieure d'une porte scellée, bloquée par des pierres plâtrées. » Aucun doute maintenant : c'était l'entrée d'un tombeau.

Carter distinguait, sur la porte de la tombe, les sceaux distinctifs d'une nécropole royale. Son émotion était à son paroxysme. Cette porte et ces sceaux ne signifiaient pas obligatoirement que la tombe était restée intacte. Souvent, dans le lointain passé, après qu'on leur eut signalé une tombe pillée, les autorités la faisaient refermer, ceci pour assurer à la momie profanée un semblant de quiétude retrouvée. Alors Carter aperçut, au-dessus de la porte, un linteau de bois. En toute hâte, il perça un trou sous celui-ci, de dimension suffisante pour y introduire une torche électrique. « Le couloir qui se prolongeait au-delà était totalement rempli de gravats, du sol au plafond — preuve supplémentaire du soin avec lequel on avait essayé de protéger la tombe ». Il allait écrire : « Minutes rares dans la vie d'un fouilleur ! Seul avec mes ouvriers, je me trouvais peut-être, après des années de labeur relativement improductif, au seuil d'une importante découverte. Ce couloir pouvait, littéralement, mener à tout. Et je dus faire un immense effort pour me retenir d'abattre la porte sur-le-champ. »

La nuit commençait à tomber. Il ne put distinguer, au bas de la porte, sous la terre encore accumulée, la trace d'un sceau qui, s'il l'avait vue, aurait levé presque tous ses doutes : ce sceau était celui de Tout Ankh Amon.

Malgré le désir violent qu'il en ressentait, Carter s'interdit d'ouvrir cette porte, ni le lendemain ni les jours suivants. On était probablement à la veille d'une découverte considérable. Carter jugeait peu convenable de ne pas y associer lord Carnarvon alors en Angleterre.

Le lendemain matin, 6 novembre, il lui câbla : « Merveilleuse découverte dans la vallée. Tombe superbe avec sceaux intacts. Attends votre arrivée pour ouvrir. Félicitations. » Aussitôt le message reçu, lord Carnarvon répondit qu'il serait à Alexandrie le 20 novembre. Sa fille, lady Evelyn Herbert, l'accompagnerait.

Carter profita de ce délai pour demander à l'archéologue britannique Callender, qui travaillait sur un autre site égyptien, de bien vouloir le rejoindre. Il avait besoin de recourir à toutes les compétences. Callender accepta. En se branchant sur l'installation de la tombe de Ramsès VI, il prépara un appareillage électrique qui pourrait être mis en place dès l'ouverture du tombeau. C'est alors que se passa un incident souvent déformé par les on-dit et que nous connaissons exactement aujourd'hui grâce à une lettre de Herbert Winlock à Edward Robinson, directeur du *Metropolitan Museum of Art*. Nous qui recherchons, quant à la « malédiction », le vrai et le faux, nous ne manquerons pas de lire cette lettre avec un particulier intérêt :

« Quand Carter revint seul en octobre dernier, il acheta au Caire un canari dans une cage dorée afin d'égayer ce qu'il s'imaginait devoir être une maison solitaire et vide. Il venait d'arriver chez lui avec son domestique Abdul Ali portant le canari. Les gardiens et les contremaîtres étaient venus le saluer et s'apprêtaient à se retirer mais quand ils virent l'oiseau, ils remarquèrent : "C'est un oiseau d'or qui va nous porter chance. Nous trouverons cette année, s'il plaît à Dieu, un tombeau plein d'or." Une semaine plus tard, ils avaient fait la plus fabuleuse découverte de tous les temps, et l'hypogée fut d'abord appelé "le tombeau de l'oiseau d'or" par les indigènes. Le canari avait presque une auréole autour de sa cage.

« Dès qu'il eut découvert le tombeau, Carter fit venir Callender d'Erment. Lord Callender arriva peu après et Carter alla le chercher au Caire. Callender logeait seul chez Carter, et l'oiseau avait été tout spécialement confié à ses soins. Or voilà qu'un après-midi il entendit dans la pièce voisine un battement d'ailes affolé accompagné de pépiements aigus. Il accourut juste à temps pour voir dans la cage un cobra en train d'avaler le canari, auréole comprise.

« On avait déjà signalé auparavant la présence de cobras dans les parages, et les indigènes savaient que des cobras se dressaient sur la tête des anciens rois. La conclusion s'imposait d'elle-même. Le serpent du roi avait frappé la mascotte qui avait livré le secret du tombeau. L'affaire comportait une suite prévisible (du moins à leurs yeux, car j'avoue qu'elle m'apparut présenter quelques lacunes) : quelqu'un devait mourir avant la fin de l'hiver. Cela ne laissait pas d'être impressionnant. Cependant Carter ne semble pas avoir attaché autant d'importance à ce mauvais présage que son vieux contremaître. »

Ce que nous pouvons retenir de cet épisode, c'est qu'avant même que l'on ouvrît la tombe, le climat était créé.

Le 23 novembre, lord Carnarvon et sa fille — que Carter est allé accueillir au Caire — arrivent à Louxor par le train. Sur une photographie, lord Carnarvon affiche un air heureux mais il semble marqué par la fatigue. En revanche, que de beauté et de fraîcheur chez la jeune Evelyn ! Elle a vingt ans, elle rayonne de bonheur et porte entre ses bras un bouquet de fleurs.

Juchés sur des ânes, ils vont se rendre à la vallée des Rois. Toute la journée, sous la direction de Callender, les ouvriers ont déblayé les premières couches de gravats. L'après-midi du 24, voilà dégagées les seize marches de l'escalier. Pour la première fois, les archéologues peuvent considérer la partie inférieure de la porte. Distinctement, ils déchiffrent plusieurs sceaux de Tout Ankh Amon ! Cette fois, plus possible de douter. La joie se lit sur tous les visages.

25 novembre. On voit paraître l'inspecteur en chef du service des Antiquités, Rex Engelbach. Pierre Lacau a exigé qu'il soit prévenu. Vers le milieu de la matinée, les ouvriers brisent le plâtre et ôtent les pierres qui obstruent l'entrée. On imagine avec quelle curiosité fébrile les archéologues regardent à l'intérieur. Ils aperçoivent alors le début d'un couloir en pente, « de la même largeur que l'escalier d'entrée et d'une hauteur de deux mètres environ ». Comme Carter l'avait déjà constaté par le trou pratiqué sous le linteau, une masse de terre et de pierres bouche complètement le couloir. Carter donne aussitôt l'ordre de la dégager. Les ouvriers remontent de pleins paniers de tessons de poteries, de jarres en albâtre brisées ou entières, de vases peints, des objets de toute sorte et notamment des outres qui avaient dû servir à contenir l'eau nécessaire au plâtrage de la porte. Tous en tombent d'accord : voilà la preuve que la tombe a déjà été ouverte.

Va-t-on se trouver une fois de plus dans une tombe vidée de ses trésors ?

La nuit tombe. On a presque déblayé le couloir. Rien n'indique l'existence d'une seconde porte ou d'une chambre funéraire.

26 novembre, « Le plus beau jour de ma vie », écrira Carter. On continue à déblayer. Au milieu de l'après-midi, à dix mètres de la première porte, se découvre une seconde porte, presque semblable à la première. Des sceaux : ceux de Tout Ankh Amon. Des marques très claires démontrent une fois encore que cette porte a déjà été forcée. Carnarvon, Carter et Callender se convainquent peu à peu qu'il ne s'agit pas réellement d'une tombe mais d'une cachette où, après le pillage, on a pu porter une momie et des objets sauvegardés.

Voici entièrement dégagée la seconde porte. Callender tend à Carter une barre de fer. Howard tremble un peu — il le confiera — lorsqu'il pratique, dans le coin supérieur gauche, une petite ouverture. Il allume une bougie, approche la flamme de l'ouverture. Il veut savoir si un gaz dangereux n'emplit pas la salle. La flamme résiste vaillamment à cette épreuve. Carter, en se servant de la barre de fer, agrandit le trou. Il va pouvoir plonger son regard à l'intérieur.

« D'abord, je ne vis rien ; l'air chaud qui s'échappait de la chambre faisait clignoter la flamme de la bougie. Puis à mesure que mes yeux s'accoutumaient à l'obscurité, des formes se dessinèrent lentement : d'étranges animaux, des statues et partout le scintillement de l'or. Pendant quelques secondes — qui durent sembler une éternité à mes compagnons — je restai muet de stupeur. Et lorsque lord Carnarvon demanda enfin : "Vous voyez quelque chose ? ", je ne pus que répondre : "Oui, des merveilles !" Alors j'élargis encore l'ouverture pour que nous puissions voir tous les deux. »

Par le trou, Carter introduit alors une torche électrique. Spectacle bouleversant ! Ce qui apparaît devant eux, c'est une salle entière remplie d'objets tantôt familiers aux archéologues, tantôt inconnus, empilés les uns sur les autres en quantité invraisemblable. « D'abord, juste en face de nous (nous avions enregistré leur présence dès le début sans vraiment y croire), se trouvaient trois grands lits funéraires dorés... Puis, sur la droite, deux statues attirèrent notre attention. Deux statues du roi, en bois, grandeur nature, se faisant face telles des sentinelles, habillées d'un pagne et de sandales d'or, armées d'une massue et d'une longue canne, portant au front le cobra sacré... »

Et des centaines de coffres peints, de vases d'albâtre, de lits, de chaises admirablement sculptées. Et des cannes de toute taille. Et des boîtes. Et un trône en or. Et une profusion de chars démontés où l'or et les joyaux étincellent. Derrière, et semblant les regarder, une autre statue du roi.

Un trésor sans égal en vérité. Mais aucun sarcophage. Nulle momie. Les trois archéologues voient renforcée leur conviction : il s'agit bien d'une cachette. La plus riche des cachettes, certes, mais rien d'autre.

C'est alors — alors seulement — qu'ils discernent entre les deux sentinelles noires, *une autre porte scellée.*

Dans l'instant, ils ont compris. La pièce qu'ils ont sous les yeux n'est qu'une antichambre. Au-delà de la porte scellée, on trouvera assurément une autre chambre. Plusieurs peut-être. Maintenant, ils n'en doutent plus : dans l'une de ces chambres, ils découvriront le pharaon.

Récit de Carter : « Nous en avions assez vu pour l'instant. Après avoir rebouché le trou, nous refermâmes la grille de bois qu'on avait placée sur la première porte, laissâmes notre équipe d'ouvriers pour surveiller la tombe et nous rentrâmes chez nous à dos d'âne, silencieux et comme assommés. »

Carter dira encore que Carnarvon, lady Evelyn, Callender et lui ont discuté une partie de la nuit. Que trouverait-on derrière la seconde porte scellée ? « Aucun de nous n'a beaucoup dormi cette nuit-là. »

Des centaines d'écrivains et de journalistes ont glosé sur ce chapitre, l'un des plus célèbres de l'histoire de l'archéologie. Il a fallu attendre longtemps pour savoir que ce récit ne reflétait qu'en partie la vérité. Une longue enquête d'un chercheur américain du *Metropolitan Museum*, Thomas Hoving, le témoignage de l'un des membres de l'équipe qui fouilla la tombe de Tout Ankh Amon, des documents inédits conservés au *Metropolitan Museum of Art* permettent de présenter aujourd'hui une version totalement différente de ce que l'on a cru pendant des décennies.

Après avoir considéré avec émerveillement les richesses contenues dans l'antichambre, les archéologues n'ont nullement quitté les lieux. Dans le brouillon d'un article jamais publié, lord Carnarvon révèle que — probablement à sa demande — Carter a pratiqué dans la porte intérieure une ouverture suffisante pour que, tous les quatre, ils aient pu se glisser « avec quelque difficulté » dans l'antichambre. Evelyn était la plus mince, la plus petite. Elle est entrée la première. Les autres l'ont suivie.

Ce n'est donc pas *de loin* qu'ils ont pu considérer les objets accumulés là, mais de si près qu'ils ont été jusqu'à en prendre en main plusieurs. Après quoi, ils se sont approchés de la cloison opposée, dans laquelle se dessinait la place d'une porte. Pas plus que pour la première entrée, Carter ne semble avoir hésité. Il s'est mis à desceller les moellons, dégageant une ouverture par laquelle il a introduit le faisceau de sa lampe électrique : aucun trésor, pas le moindre objet d'or mais un passage qui, trois mètres plus loin, s'achève par un mur nu. Comment ne pas en avoir aussitôt le cœur net ? Carter et Callender se mettent fiévreusement à dégager une ouverture dans le bas du mur. En rampant, Carter se glisse dans la pièce voisine. Il se redresse, promène le faisceau de sa lampe autour de lui. Fantastique ! Au milieu d'une pièce somptueusement décorée d'or et de faïence bleue, ce qu'il découvre là, devant lui, c'est une immense chapelle en bois doré admirablement ornée : 3,30 m de large, 5 m de long, pour une hauteur de 2,73 m.

Carter vient de pénétrer dans la chambre funéraire du pharaon !

Lord Carnarvon va le suivre. Et sa fille Evelyn. Pour Callender, impossible : il est trop gros. Peu d'espace entre les flancs extérieurs de la chapelle dorée et les murs de pierre : seulement 75 centimètres.

Vont-ils ouvrir l'une des portes de la chapelle qui remplit presque entièrement la chambre funéraire, laquelle mesure elle-même 4 m sur 6,40 m ? Déjà, à plusieurs reprises, ils ont enfreint la loi égyptienne. Celle-ci est formelle : une telle exploration doit obligatoirement être entreprise sous le contrôle d'un fonctionnaire du service des Antiquités. Quelques heures plus tôt, Engelbach a quitté le terrain de fouilles. Alors, ils hésitent.

Sans doute aussi ont-ils ressenti cette sorte de révérence sacrée, ce sentiment composé de crainte, de respect, presque de gêne, dont Carter a parlé lui-même, et que l'on éprouve « lorsqu'on pénètre dans une chambre fermée par des mains pieuses des siècles auparavant. Un instant le temps s'abolit. Trois mille, quatre mille ans peut-être depuis qu'un pied a foulé pour la dernière fois ce sol... L'air que l'on respire, le même depuis des millénaires, on le partage avec ceux qui déposèrent la momie dans sa sépulture. Et chacun de ces petits détails vivants accroît votre sentiment de vous comporter en intrus ».

Et puis ils n'y tiennent plus. Il faut, il faut absolument qu'ils *sachent*. Ils vont tirer les verrous de la porte de la première chapelle et ouvrir cette porte. Sous le plus léger des linceuls de lin — incroyablement conservé — ils vont découvrir une autre chapelle.

En réalité — ils ne l'apprendront que plus tard — il y a là quatre chapelles en bois doré, emboîtées les unes dans les autres.

La première, celle qu'ils contemplent, est composée de bois doré et incrusté de pâte de verre bleu lapis-lazuli.

Ce dont s'aperçoivent les visiteurs, c'est que les portes de la seconde chapelle n'ont pas été touchées depuis les obsèques. En effet, « les cordelettes reliant deux anneaux de bronze sur les bords jointifs de deux battants et scellés avec de la terre sigillaire, gardaient leur ligature intacte [1] ».

Cette fois, impossible de rompre cette protection millénaire. Lors de l'ouverture officielle, d'autres spécialistes ne manqueraient pas de s'apercevoir de l'effraction — et constateraient vite sa fraîcheur !

Une autre chambre va s'offrir à eux, à l'angle nord-est de la pièce funéraire. Elle est petite : 4 m de long sur 3,50 m de large. Aucun décor. Ce qui ne l'empêche pas de contenir les plus précieux des objets voués au culte funéraire. Entre autres, un coffre monumental dont on constatera plus tard qu'il a abrité les viscères du pharaon, déposés dans des vases canopes.

Voici encore un grand coffre en bois doré, surmonté par une statue, peinte en noir, du jeune chien Anubis. Derrière, une magnifique tête de vache en bois doré, image de la déesse Hathor. Un coffre d'albâtre reposant sur un traîneau. D'autres coffres. Une flottille de bateaux, véritable musée de la marine du temps. Des boîtes pleines de bijoux. Et tant de choses encore !

Impossible malgré tout de s'attarder. A regret, les visiteurs — les premiers depuis trois mille ans — s'éloignent, traversent de nouveau la chambre funéraire, se retrouvent dans l'antichambre où les attend Callender. Émerveillés, transportés d'admiration, ils vont lui confier ce qu'ils viennent de voir. Tous les quatre, ils remettent en place les moellons, effaçant tant bien que mal les traces de leur passage. Pour éliminer tout risque, Carter va, devant le mur, tirer une brassée de roseaux ainsi qu'une grande corbeille d'osier trouvée près d'une sentinelle royale.

Ils rebouchent le trou de la première porte. Il ne leur reste plus, dans la nuit, qu'à s'en retourner chez eux. Les ânes les attendent. Quels rêves ne vont-ils pas emporter !

Le lendemain 27 novembre, en l'absence d'Engelbach, Carter a fait appeler l'inspecteur local du service des Antiquités, Ibrahim

1. Christiane Desroches-Noblecourt : *op. cit.*

Efendi. Aucune trace de l'exploration de la nuit précédente. Seul l'archéologue Alfred Lucas constatera, peu de jours après, que l'ouverture de la chambre funéraire « n'avait pas l'air d'être un travail ancien ». Sur quoi, Carter « reconnut que ça ne l'était pas et que c'était lui qui l'avait fait [1] ».

Désormais, le tombeau de Tout Ankh Amon ne connaîtra plus de visites clandestines. Après le 27 novembre, un membre du service des Antiquités sera présent chaque jour.

L'ouverture officielle du tombeau aura lieu le 29 novembre. En quelques heures, la nouvelle de la découverte s'est propagée à travers le monde. Les journalistes vont accourir de la terre entière — pour apprendre que l'exclusivité des informations a été accordée au *Times* de Londres. Incroyable erreur, due à l'ignorance de Carnarvon et qui aura pour effet de braquer contre son équipe toute la presse mondiale — et surtout la presse égyptienne. D'où de graves conséquences pour la suite des opérations. D'où bientôt une campagne sous le signe du nationalisme : des étrangers peuvent-ils se permettre d'interdire à des Égyptiens l'accès de la tombe d'un roi égyptien ? Est-il tolérable que des journaux égyptiens, pour recueillir des informations, soient obligés de s'adresser à un quotidien britannique ?

Rarement aura-t-on vu l'existence de deux hommes aussi profondément modifiée en aussi peu de temps. Plus de paix pour Carnarvon et Carter ! Des milliers de lettres et de télégrammes leur parviennent jusque dans la vallée des Rois. Des parents ignorés, des amis oubliés, des inconnus implorent l'autorisation de visiter la tombe. Les ambassadeurs en poste au Caire leur adressent des voyageurs de haut rang. Les ministres égyptiens entendent que l'on ne refuse pas l'accès de la tombe à telle ou telle de leurs relations. Dès 6 heures du matin, la vallée grouille de curieux avides de contempler, ne serait-ce qu'un instant, les archéologues au travail ou espérant voir un objet sortir de la tombe.

Pendant ce temps, le travail de dégagement se poursuit. Chaque objet est d'abord photographié. On a fait venir des États-Unis l'un des meilleurs photographes-archéologues de l'époque, Harry Burton, du *Metropolitan Museum*. Chaque pièce doit subir un traitement particulier assurant sa conservation. Tout cela doit

1. *Annales du service des Antiquités de l'Égypte*, 1947. Curieusement les articles d'Alfred Lucas ont échappé à tous les auteurs jusqu'à ce que Thomas Hoving les exhume en 1978.

s'accomplir avec d'infinies précautions. Pour remettre en état une robe royale et éviter qu'elle ne tombât en poussière, il faut deux mois. Remonter les chars se révèle un casse-tête incroyable.

Toute inscription est soigneusement relevée et déchiffrée. Dans la tombe de Séti II où l'on a installé un laboratoire, des techniciens procèdent à des analyses. Les pièces les plus fragiles sont consolidées et soigneusement emballées.

Parmi les collaborateurs que Carter avait engagés, il faut citer A.C. Mace, neveu de Flinders Petrie, les dessinateurs Hauser et Hall, sir Alan Gardiner, le professeur Henry Breasted. La conservation des objets était assurée par Alfred Lucas, directeur du département de chimie au Musée national du Caire.

L'extraordinaire de la situation, c'est que Carter et Carnarvon, lorsqu'ils ont introduit officiellement les visiteurs dans la tombe, se sont vus forcés de jouer une singulière comédie. Ils devaient avoir l'air de découvrir, en même temps que les autres, ce qu'ils avaient déjà vu clandestinement ! Avant d'arriver au tombeau, Breasted, péremptoire, déclara qu'on ne trouverait pas de momie. L'entassement des objets démontrait qu'il y avait là une cache, nullement un hypogée. Carter répondit qu'il n'était pas de cet avis. Qu'aurait-il pu dire de plus ?

A chaque visite, renaissait la même stupeur, le même enthousiasme. Breasted dira que, pour lui, ce fut une vision absolument « incroyable », un moment unique, merveilleux. Le souffle coupé, il put seulement, incapable de proférer une seule parole, serrer la main de Carter. Il « se laissait aller au plaisir de regarder, sans système ni raison, la profusion d'objets augustes ».

Chaque jour, un ou plusieurs objets étaient transportés dans la tombe de Séti II. C'était le moment guetté par les touristes. Des *oh !* , des *ah !* fusaient. Les photographes professionnels et amateurs se ruaient. Carter devait dire que l'on avait « fait usage dans la vallée, durant ce premier hiver, de plus de pellicules que depuis l'invention de la photographie ».

Moment exaltant que celui où un ouvrier surgit de la tombe portant sur un plateau le buste grandeur nature du pharaon. Soudain, dans la foule, ce fut le silence. Il semblait que Tout Ankh Amon lui-même apparaissait, dans sa jeunesse et sa beauté, paré des couleurs mêmes de la vie.

Et le trône d'or ! Et toutes les reliques évoquant l'épouse du pharaon, comme aussi les liens si tendres qui l'unissaient à son mari !

On acheva de vider l'antichambre. Lord Carnarvon annonça que, le 17 février, on procéderait à l'ouverture de la porte qui permettrait de découvrir cette pièce mystérieuse que l'on devinait au-delà.

On se serait cru au théâtre. Une assistance choisie — ou plutôt triée, ô combien ! — transpirait dans l'antichambre : princes, lords, ambassadeurs, ministres, archéologues. Devant eux, le mur. Ce fut Carter lui-même qui frappa le premier coup qui devait permettre de pratiquer une ouverture. Il continua précautionneusement. Dix minutes après, l'ouverture paraissait assez grande pour qu'il y fît passer sa lampe électrique. Un silence. Et puis, d'une voix étranglée :

— Je vois un mur de faïence bleu et or !

Décidément, Carter était un grand comédien.

Il agrandit l'ouverture. Les invités se bousculèrent pour voir. C'est alors seulement qu'ils comprirent qu'ils se trouvaient dans la chambre funéraire de Tout Ankh Amon. L'un après l'autre, chacun s'y glissa. Aucun n'oublierait ce moment unique.

A quelques jours de là, la reine Elisabeth de Belgique se rendit au tombeau en compagnie de son fils. Elle se déclara « confondue par la beauté de ces trésors ».

Le 26 février, à 5 heures et demie du matin, Carnarvon et Carter fermèrent officiellement le tombeau. Il était hors de question que l'on poursuivît les travaux au cours de la saison d'été où la température monte parfois au-delà de 50 °C. On bloqua l'entrée par une porte métallique. Des gardes furent placés en permanence devant elle. Quatre contremaîtres engagés par Carnarvon furent choisis pour « garder les gardes ». Pour plus de sûreté, on avait comblé l'escalier d'entrée.

Lord Carnarvon dut se rendre en Angleterre où il fut reçu comme un héros national. Le roi George V l'accueillit solennellement à Buckingham Palace. A son retour en Égypte, il fut évident pour tous qu'il se portait mal..

Entre Carter et son mécène, les rapports s'étaient tendus visiblement. On les entendit plusieurs fois échanger des propos aigres-doux. Carnarvon vint rendre un jour une visite à Carter, dans sa maison de Louxor. Le ton monta. Soudain, on vit sortir Carter, courroucé, qui intimait l'ordre à Carnarvon de ne plus jamais remettre les pieds chez lui.

Que s'était-il passé ? En fait, Evelyn, la fille du noble lord, s'était peu à peu éprise de Carter, et Carnarvon jugeait scandaleuse une telle situation. Nullement parce que sa fille chérie avait vingt ans et Carter quarante-neuf, nullement parce que l'idylle — bien innocente — s'était déroulée à son insu. Simplement parce qu'il était hors de question qu'un personnage de petite extraction, comme Carter, pût lever les yeux sur la fille du cinquième comte de Carnarvon. Or Carter n'avait nullement encouragé Evelyn ni répondu à cette passion puérile, mais au contraire tenté de faire entendre raison à la jeune fille.

Après s'être trouvés si longtemps ensemble à la peine et être parvenus ensemble à la gloire, les deux hommes étaient brouillés !

Deux jours après, Carnarvon, décidément trop malheureux, adressait à Carter une touchante lettre d'excuses : « J'ai vu Eve et elle m'a tout raconté. Je suis sûr que j'ai fait bien des sottises et j'en suis vraiment désolé. Je suppose que les soucis et le tracas m'ont affecté, mais il est une chose que je tiens à vous dire et que je vous prie de ne jamais oublier : quels que soient vos sentiments pour moi, présents ou à venir, mon affection pour vous ne se démentira jamais. »

Au début de mars, Carnarvon et Evelyn partirent pour Le Caire. Dans la vallée, un moustique avait piqué Carnarvon et la piqûre s'était envenimée. Les ganglions de son cou s'étaient dangereusement enflés. Les médecins s'avouaient inquiets. Evelyn ne put se retenir d'écrire à Carter, ne dissimulant pas sa propre angoisse.

Carnarvon lutta pendant trois semaines. Il s'affaiblissait de jour en jour. Il mourut le 5 avril 1923.

— J'ai entendu l'appel. Je me prépare.

Trois ans pour vider le tombeau de son inestimable trésor. Trois ans pour inventorier, identifier, restaurer les richesses sans égales de Tout Ankh Amon. Trois ans marqués aussi par un conflit ouvert avec les autorités égyptiennes. Carter s'était montré maladroit, peu diplomate, parfois insupportable. Résultat : pendant quelque temps le tombeau lui fut interdit. Et puis tout rentra dans l'ordre. Un autre que Carter aurait-il pu ouvrir le sarcophage du pharaon, contempler le premier *sa* momie ? L'instant de cette ultime confrontation était arrivé.

Le 10 octobre 1925, à 6 h 30, on dégage le tombeau fermé pendant la saison d'été. On traverse l'antichambre vidée de ses meubles, la chambre funéraire débarrassée de tout autre objet — hors le sarcophage.

Carter et ses collaborateurs font face au grand cercueil doré, long de 2,20 m. Le cercueil de Tout Ankh Amon.

On installe un treuil. On attache des cordes aux poignées d'argent fixées sur les parois. Avec d'incroyables précautions, une lenteur voulue, on commence à soulever le cercueil. A l'intérieur du premier, on découvre un second cercueil. Il est long de deux mètres et couvert d'or avec des incrustations de verre opaque imitant le jaspe rouge, le lapis-lazuli, la turquoise.

Le lendemain, on parvient à ouvrir et soulever ce second cercueil. A l'intérieur de celui-ci, on en découvre un troisième. Toujours avec les mêmes infinies précautions, on parvient à le soulever et à le porter dans l'antichambre. « C'est là, dira Carter, que l'importance et la beauté de notre découverte nous apparurent réellement, quand cette pièce unique et merveilleuse, ce cercueil d'un mètre quatre-vingt-cinq de long, masse fabuleuse d'or sculpté, de deux centimètres et demi à trois centimètres et demi d'épaisseur, resplendit devant nous. »

Pour ouvrir ce troisième cercueil, il faut de longues heures. On avance millimètre par millimètre. Enfin, par ses poignées d'or, on soulève le couvercle.

La momie ! Elle est là, « nette et soignée ». Sur son visage un admirable masque d'or évoque les traits du pharaon, couvrant la tête et les épaules. Une paix immense, mêlée de tristesse, plane sur cette image d'un tout jeune homme saisi par la mort. La momie elle-même se révèle en assez mauvais état. Les bandelettes ont été carbonisées par l'action des acides employés pour la conservation.

N'importe, ce sont là les restes mortels de ce pharaon tant convoité, tant recherché, enfin découvert. Tout Ankh Amon a livré ses derniers secrets.

La malédiction ?

La mort de lord Carnarvon avait donné son élan à une conviction trop vite muée en certitude. Déjà des journalistes révélaient que l'on avait trouvé dans le tombeau cette inscription : « Ceux qui pénètrent dans ce tombeau sacré seront bientôt touchés par les ailes de la mort. » Impressionnant.

En fait, il n'a existé *aucune inscription* de ce genre dans la tombe du pharaon. Tout ce que l'on pouvait apercevoir, c'est une phrase apposée devant l'autel de cet Anubis qui gardait l'entrée de la chambre du trésor : « C'est moi qui empêche le sable d'envahir la chambre secrète. Je veille sur le défunt. » Fort bien, mais un journaliste, reproduisant ce beau texte, crut bon d'y ajouter : « Je tuerai tous ceux qui franchissent le seuil de l'enceinte sacrée du roi divin, qui vit éternellement. » Et voilà !

Soit, Carnarvon est mort peu de temps après la découverte de la tombe. Mais sa santé se dégradait depuis si longtemps ! Il était déjà malade quand il avait découvert l'Égypte. Quand, à la fin de 1922, il a regagné Louxor, la chute prématurée de ses dents, le fait qu'elles se brisaient l'une après l'autre indiquaient un état d'infection que la piqûre d'un moustique est venue parachever. Ce qui l'a emporté en définitive — les médecins sont formels — c'est un érysipèle accompagné d'une pneumonie.

La panne de lumière au Caire, la mort de son chien ? Est-il interdit d'admettre de simples coïncidences ?

S'il y avait eu malédiction, pourquoi se serait-elle appliquée au frère de lord Carnarvon — qui n'avait jamais vu la tombe de Tout Ankh Amon —, à son infirmière et à son secrétaire — qui ne l'avaient pas davantage visitée ? Et pourquoi pas à lady Evelyn qui, elle, avait été la première, avec Carter et Carnarvon, à voir et toucher la chapelle funéraire du pharaon ? Étrange malédiction qui s'exerçait à l'égard d'étrangers parfaitement innocents du viol de la sépulture !

Il est exact que Georges Bénédite fut frappé d'une congestion après avoir visité la tombe, mais lui non plus n'avait pas participé à l'ouverture, il n'avait pas violé le tombeau. Mace non plus n'assistait ni à la découverte ni à l'ouverture. Si la simple visite de la dernière demeure de Tout Ankh Amon devait entraîner le trépas, on devrait aujourd'hui dénombrer quelques centaines de milliers de morts.

Carter aurait dû être frappé le premier. Il a vécu de longues années encore. Son décès n'est intervenu qu'en 1939. De même, se sont éteints bien plus tard : Alfred Lucas, du service des Antiquités égyptiennes qui « soigna » si admirablement les objets retrouvés dans la tombe ; Burton, le photographe, qui ne quitta pas le tombeau pendant de longs mois ; Engelbach, l'inspecteur en chef des Antiquités de la Haute-Égypte ; Gustave Lefebvre qui, au musée du Caire, exposa et entretint le trésor durant des années : il est mort en 1957. Et Callender, et Hall, et Hauser. Et Lacau. Et sir Alan Gardiner. Et Bruyère — qui, à Chatou, habitait à quelques centaines de mètres de chez moi et, à plus de quatre-vingt-dix ans, avait bon pied bon œil.

Rassurons-nous : il n'existe pas, il n'a jamais existé de malédiction de Tout Ankh Amon. Les gros titres dont nous abreuve périodiquement la presse n'ont qu'un mérite : ils font vendre. Lorsque, sous un de ces titres, nous lisons que l'ami d'un touriste entré dans la chambre funéraire a été renversé au Caire par un taxi et que c'est là — indiscutablement — l'effet de la malédiction du pharaon, nous sommes fixés.

Quand on nous parle d'un virus contenu dans la momie, nous devons savoir que cette momie a été analysée et qu'elle n'en contenait aucun. Quand on nous parle d'histoplasmose, mycose mortelle décelée dans la fiente des chauves-souris, nous devons nous demander d'abord comment cette maladie aurait pu frapper des hommes et des femmes n'ayant jamais pénétré dans la tombe. Nous devons savoir qu'il n'existait pas la moindre chauve-souris dans la tombe de Tout Ankh Amon, hermétiquement close depuis des millénaires.

Plus que d'une prétendue malédiction, préoccupons-nous plutôt de la dépouille de Tout Ankh Amon. J'avoue que, visitant le musée du Caire et découvrant la salle où, en rangs serrés, les pharaons sont exposés dans des vitrines à la curiosité de visiteurs non motivés, dont les plaisanteries stupides sont plus habituelles que le respect dû aux morts — à tous les morts —, j'ai ressenti un malaise qui s'est répété chaque fois que je me suis rendu de nouveau dans cette salle [1].

Ces hommes tenaient essentiellement à ce qu'une paix éternelle entourât leurs tombeaux. Les voilà, après des millénaires, exposés à une curiosité goguenarde, du moins à l'indifférence.

---

1. Depuis quelques années, on a aménagé en une sorte de chapelle la salle où sont exposées les momies. La lumière est tamisée et des inscriptions sollicitent le recueillement. Il faut saluer cet effort louable même si le résultat n'apparaît que relatif.

Je me rappelais l'indignation de l'écrivain anglais Haggard, lequel conseillait au gouvernement égyptien de « photographier, mesurer, examiner ou modeler en cire les restes des pharaons ». Après quoi, on les déposerait — tous — dans une chambre de la Grande Pyramide dont on scellerait l'ouverture avec du béton, afin que nul n'offensât plus le souvenir de ces souverains disparus.

Une consolation : la momie de Tout Ankh Amon a été laissée en place. Mais — soyons lucides — c'est probablement parce qu'elle était en mauvais état.

XII

Tragédie au pôle

DOMENICA DEL CORRIERE

Anno 63 - N. 3 - L. 40 — Settimanale del CORRIERE DELLA SERA — 15 gennaio 1961

25 mai 1928

La « tente rouge ». Elle se dressait, quasi dérisoire, au milieu du désert de glace. Aussi loin que l'on pouvait porter le regard, ce n'était que blancheur infinie, chaos de blocs gelés. Surtout que l'on n'imagine point une étendue totalement solide. Le pack, semé de flaques, était fissuré par d'innombrables crevasses au fond desquelles, dans l'eau glacée, naissaient, glissaient, s'entrechoquaient des icebergs de toute taille.

Dans cette immensité, la petite tente — 2,50 m de long et autant de large — avait été dressée sur une plaque gelée d'une cinquantaine de mètres carrés. Alentour, des débris épars salissaient la glace. Près d'une paroi, quelques caisses en mauvais état semblaient chercher protection.

Rouge, la tente ?

Au vrai, les parois de teinte gris-bleuté avaient été semées de zébrures et de taches rouges par les neuf hommes qui vivaient dans cet abri prévu pour quatre personnes. Sans cela l'avion tant espéré qui, un jour peut-être, les découvrirait, n'aurait rien pu distinguer dans la monotonie glaciaire.

Neuf hommes, oui. Neuf hommes qui survivaient, attendaient et chaque jour glissaient un peu plus vers le désespoir. Naufragés du ciel, ils avaient connu un privilège unique : à bord du dirigeable

*La chute de l'*Italia *telle que l'a vue un journal populaire italien.* (D.R.)

Italia, construit et piloté par le général Umberto Nobile, ils avaient survolé le pôle Nord. Au retour, l'*Italia* s'était écrasé là, dans les glaces. Des débris de la cabine on avait tiré de quoi ne pas mourir : la tente, d'abord, trésor inestimable, un poste émetteur de radio, des aliments pour quelques semaines.

La catastrophe de l'*Italia* représente en soi une tragédie. Ce qui va suivre sera pire. Des hommes vont périr : ex-passagers de l'*Italia* et d'autres qui donneront leur vie pour les secourir.

Le chef de l'expédition, le général Umberto Nobile, sera sauvé. Le moment viendra où il regrettera de n'être pas mort sur la banquise. Ce que l'on va jeter en pâture à des millions d'hommes et de femmes, ce sera son honneur. Le monde comme tribunal : voilà ce qui attendra Umberto Nobile.

Paradoxalement, le naufrage de l'*Italia* sera presque oublié. Ce qui surgira au premier plan de l'actualité sera *l'affaire* Nobile.

Pour son malheur.

« Je suis né en 1885, en plein hiver, à Lavro, riante petite ville qui se dresse autour d'un vieux château princier sur les collines vertes de l'Irpinia, dans le voisinage du Vésuve. »

Ainsi Umberto Nobile commence-t-il le récit de sa propre existence. Il ajoute que, lors de sa naissance, un incendie a éclaté dans la maison de ses parents. Sa mère et lui ont dû être transportés dans la rue pour échapper aux flammes. « Il neigeait et une gitane, qui passait alors, prédit à ma mère que son enfant, tout au long de sa vie, serait en butte au feu et à la neige — deux éléments qui ont exercé sur moi une grande fascination[1]. »

L'âge venu du choix d'un métier, ce fils de fonctionnaire, très tôt attiré par les mathématiques, a choisi l'aéronautique. C'était en 1910, il avait vingt-cinq ans. Ils n'étaient, à travers le monde, que quelques centaines à pressentir que les vols aériens deviendraient la réalité d'un avenir conquérant.

Pendant la Grande Guerre, Nobile s'est spécialisé dans la construction de dirigeables. Très vite, son autorité s'est affirmée. On a reconnu ses vues originales, mélange équilibré de pragmatisme et d'audace technique. Les longs fuseaux de toile et de gaz construits par lui ont multiplié les succès. Après la guerre, il a

1. Umberto Nobile : *Le pôle, aventure de ma vie*. Préface de Jean Malaurie, traduit par Gabrielle Cabrini (1974).

pris la direction des Constructions aéronautiques, une entreprise employant plus de 1 200 personnes, si vite appréciée que des personnalités appartenant au parti fasciste ont songé à l'acquérir. Umberto Nobile s'y est refusé. Farouchement. Parmi ceux qui ne lui ont pas pardonné son refus, on découvre un certain général Arturo Crucco dont l'espoir était de contrôler toute l'aéronautique et qui, sur des questions théoriques, s'était déjà heurté à Nobile. Nous le retrouverons, prompt à perdre celui qui avait été son élève et dont la gloire obscurcissait sa propre renommée.

Regardons-le, Umberto Nobile, à cette époque de sa vie. Il est petit, mince, avec des cheveux très bruns, des yeux noirs enfoncés dans les orbites. Ce qui se lit sur son visage, c'est un air de gravité, une expression d'énergie et de fierté. Impossible de s'y méprendre : voilà un homme qui sait ce qu'il veut. Il le prouve. Cependant que Mussolini s'est emparé définitivement du pouvoir et malgré les pressions qui n'ont cessé de s'exercer sur lui, Nobile a construit un nouveau dirigeable, le *N-1*, dont on a pu dire que c'était « peut-être le meilleur qu'on eût jamais construit[1] ».

Aux yeux des spécialistes, le *N-1* représente une incontestable réussite de l'industrie italienne. Nobile l'a conçu malgré les gens en place et à l'encontre des principes soutenus par eux. Un général d'aviation de vingt-huit ans, Italo Balbo, est devenu tout-puissant. Il ne manque ni d'audace ni d'esprit d'entreprise et s'il va porter l'aviation italienne à un degré enviable d'expansion et de technicité, il ignore tout des dirigeables. Il estime qu'il s'agit là d'engins dépassés et que tout effort en leur faveur s'accomplira fatalement au détriment de ses chers avions. Il mènera donc désormais le branle contre Nobile. Le général Crucco, toujours prompt à discréditer ce dernier, trouvera en Balbo une oreille attentive. Dès lors, des échos perfides évoqueront les opinions « socialistes » de Nobile, en tout cas « antifascistes ». Dans l'un des journaux du parti, Italo Balbo fera écrire que le *N-1* est « une monumentale bévue d'ingénieur » et que ce dirigeable est « incapable de traverser même la chaîne des Apennins ». Or c'est ce même *N-1* qui volera jusqu'au pôle !

Par chance, le mouvement fasciste italien ne constitue pas une bastille sans faille, comme l'obtiendra Hitler de son parti nazi. Des rivalités de personnes s'y exercent en permanence et des courants

1. Wilbur Cross : *Nobile au pôle*, traduit par Serge Ouvaroff (1963).

d'opinions contradictoires s'y affrontent. Attaqué par les uns, Nobile sera défendu par d'autres, tel le général Guidoni, responsable des constructions aéronautiques de l'armée. Ainsi, contre vents et marées, parviendra-t-il à sortir son *N-1*.

Ce *N-1* qui va attirer l'attention du plus illustre des explorateurs polaires vivants, Roald Amundsen.

La conquête des pôles restera le grand rêve de la première moitié de notre siècle. Dès avant 1900, l'Américain Robert Peary avouait : « L'idée fixe d'atteindre le pôle était devenue une part tellement importante de mon existence que je ne pouvais plus me considérer que comme un instrument à le gagner. »

Des hommes épuisèrent leur vie — et parfois la perdirent — à vouloir atteindre ce point idéal autour duquel, depuis des milliards d'années, notre globe tourne inlassablement. Comment ne pas évoquer les noms de Nansen, de Peary ?

C'est ce dernier qui, accompagné de Henson, est enfin, le 6 avril 1909, parvenu au pôle Nord et y a planté le drapeau américain, cependant que les Esquimaux de l'escorte se désolaient : ils ne voyaient pas le Grand Clou autour duquel, croyaient-ils, tournait la Terre ! La victoire de Peary ne marquait rien de moins que la 578ᵉ expédition polaire depuis 1800.

Un extraordinaire exploit, bien sûr, mais rien de plus qu'un exploit. Les observations rapportées par Peary restaient minces. On se mit à imaginer une installation au pôle, l'implantation d'une mission qui pourrait à loisir chercher les réponses aux multiples questions que continuait à poser à la science la calotte polaire. Peary ne pouvait pas même répondre à la plus lancinante d'entre elles : s'agissait-il d'un continent — comme le pôle Sud — ou d'un océan gelé ?

Comment cette mission parviendrait-elle au pôle ? L'accès par voie de glace — Peary l'avait montré — nécessitait des efforts surhumains et l'on ne pourrait qu'exceptionnellement triompher de telles difficultés.

Certains se mirent à penser à la voie des airs. Ils n'étaient pas les premiers. Un Suédois, Salomon-Auguste Andrée, avait tenté de gagner le pôle en utilisant un ballon libre. Ceci dès 1897. Il s'abattit dans les glaces. En 1930 seulement, on retrouva près du

Spitzberg les carnets de bord et les plaques photographiques d'Andrée. L'une d'elles, une fois développée, livra une image bouleversante : elle montrait le ballon couché sur la banquise, au soir du 14 juillet 1897. Près de la nacelle, les deux compagnons d'Andrée photographiés par l'aéronaute. La mort les attendait tous les trois [1].

En 1914, le Russe Nagarski, sur hydravion Farman, survola une partie de l'Océan glacial arctique. D'autres expéditions furent lancées après la Première Guerre mondiale. Elles démontrèrent que l'océan pris par les glaces ne recelait aucune île.

Ici intervient Roald Amundsen. Ce Norvégien, fils d'un modeste armateur, nourrira jusqu'à son dernier jour deux desseins en forme d'obsession : conquérir l'un des deux pôles et si possible les deux. Le 14 décembre 1910, battant l'Anglais Scott d'un mois, il plante le drapeau norvégien au pôle Sud. Après quoi, il décide de s'attaquer à l'Arctique. Il hiverne trois années de suite et malheureusement échoue dans son propos de parvenir au pôle Nord en laissant son navire, le *Mand*, dériver par le passage du Nord-Est. Il ne se décourage pas. Ces sortes d'hommes ne renoncent jamais. En 1925, il s'envole à bord d'un hydravion Dornier. Une panne l'oblige à se poser à 234 kilomètres du pôle. Huit jours d'efforts, la panne est réparée, Amundsen repart et regagne le Spitzberg. D'ailleurs, il a évolué. Il s'est convaincu que l'avion ne permet qu'un survol très bref, parfaitement impropre aux observations scientifiques. Il en serait bien autrement *avec un dirigeable.*

Nous y voici.

En ce temps, la réputation de Nobile est si grande que, si l'on pense dirigeable, on en vient aussitôt à lui. Amundsen télégraphie donc à Umberto Nobile qu'il souhaite le rencontrer d'urgence. Notre homme a été entre-temps intégré, avec le grade de lieutenant-colonel, dans le corps des ingénieurs militaires de l'air. Il n'hésite pas et rejoint Oslo. Là — nous sommes le 25 juillet 1924 — le petit homme brun écoute avec une attention passionnée le Norvégien à la peau tannée comme celle d'un Esquimau. Celui que ses compatriotes appellent l'Aigle blanc est alors âgé de cinquante-deux ans. Il paraît beaucoup plus mais déborde de force contenue et de volonté dominatrice.

1. Frank Debenham : *L'homme à la découverte de la terre*, traduit par Marie-Pierre Dalbène (1964).

Pourquoi un dirigeable ? Parce qu'un tel aéronef peut *s'arrêter* au-dessus du site que l'on veut étudier. Manœuvre que l'avion n'autorise naturellement pas. Amundsen voit plus loin encore : il veut démontrer que la route du pôle doit permettre une liaison directe avec le continent américain. Il prévoit, s'étant envolé de la baie du Roi au Spitzberg, de gagner le pôle et, au-delà, de se diriger vers l'Alaska.

Nobile n'a pas besoin de carte. Déjà, il *voit* le périple annoncé. Et s'enthousiasme. Sans méconnaître les difficultés qu'un tel projet comporte ni les périls qu'il suppose. Il accepte.

Il faudra près de deux années pour aboutir. Après bien des hésitations, le gouvernement italien finit par consentir à céder le *N-1* à l'Aéro-Club norvégien. Le 10 avril 1926, le dirigeable, rebaptisé *Norge*, quitte Rome sous le commandement de Nobile. On retrouve Amundsen à la baie du Roi ainsi que l'Américain Ellsworth qui finance l'entreprise.

Le 11 mai 1926, à 8 h 50 G.M.T., Nobile donne l'ordre : « Lâchez tout ! » Pour gagner le pôle, il y a 1 280 kilomètres à parcourir. Nobile notera sur son carnet de bord : « 12 mai 1926, 1 h 30 G.M.T. PLANTÉ AU PÔLE LE DRAPEAU ITALIEN. »

Ensemble, d'une altitude de 200 mètres, Amundsen, Ellsworth et Nobile ont fait descendre solennellement sur le pack leurs pavillons respectifs : le norvégien, l'américain, l'italien. « Le rite accompli, écrira Nobile, le cœur plein de joie et de fierté, je donnai l'ordre d'accélérer la marche, tandis que le dirigeable mettait le cap sur les côtes de l'Alaska. »

Pour la première fois, des hommes viennent de survoler le pôle[1].

La gloire. Quelques heures après l'arrivée du *Norge* en Alaska, rejointe après de graves difficultés, mais rejointe, le nom de Nobile est sur toutes les lèvres, sa photographie à la « une » des journaux des cinq continents. Au point que cette célébrité soudaine porte ombrage à Amundsen qui répète que l'organisateur, l'explorateur, le découvreur, c'est lui — et que Nobile n'a été que le pilote d'une

1. Les Américains Byrd et Bennett ont affirmé avoir survolé le pôle en avion deux jours plus tôt. La vitesse de leur appareil, comparée à la distance parcourue dans le temps donné, rendait fort invraisemblable cet « exploit ». Depuis, le pilote de Byrd a avoué que l'appareil n'avait pas atteint le pôle. Une fuite d'huile les avait contraints à faire demi-tour.

expédition mise sur pied par lui seul, Amundsen. Une tournée triomphale de l'Italien à travers les U.S.A. portera à son comble l'exaspération de l'Aigle blanc. Dans le récit qu'il publiera, les critiques à l'égard de Nobile se voudront si nombreuses, si démesurées que nous ressentons quelque malaise à voir un si grand homme se laisser aller à tant de mesquinerie.

Paradoxalement cette gloire, qui rejaillit pourtant sur l'Italie, ne sera pas davantage du goût du gouvernement italien. Un homme comme Italo Balbo, par exemple, supporte mal ce démenti infligé avec tant d'éclat. Les fascistes ne veulent pas oublier que le constructeur du *Norge* est un libéral, qu'il passe même pour « socialiste », qu'on le sait à tout le moins fort réticent à l'égard des dictatures. Le comble est que, pour satisfaire l'opinion, il faut fêter publiquement cet homme que l'on n'aime pas. Mussolini lui ouvre les bras. On le décore de l'ordre de la Maison de Savoie, on le fait même général. On n'en pense pas moins. Au premier incident, à la première fausse manœuvre, on se promet bien de faire payer cher à Umberto Nobile son triomphe intempestif.

Et Nobile ? Le Japon l'invite à construire des dirigeables pour sa marine. Il accepte, heureux de s'évader pour un temps du climat délétère qui se lève en Italie fasciste. A Tokyo, c'est le même rêve qui le poursuit. Il ressemble à tous ces hommes qui, d'un premier contact avec l'Arctique ou l'Antarctique, ont éprouvé un tel choc qu'ils ne songeront plus qu'à le ressentir de nouveau. Nobile se range désormais parmi ces passionnés du pôle qui, à peine rentrés d'une expédition, n'ont de cesse d'en mettre une autre sur pied.

Retourner au pôle ? Nobile y est résolu. Son premier vol a démontré que le pôle peut constituer *une route*. Cependant on ne s'est pas arrêté, on n'a procédé à aucune de ces observations qu'attendent impatiemment les scientifiques. Il reste à explorer les vastes régions inconnues de la calotte glaciaire, atterrir au pôle, y laisser plusieurs jours s'il le faut des hommes qui, munis de tous les instruments nécessaires, se livreront à d'inestimables repérages.

Les attaques d'Amundsen ont-elles porté ? C'est possible, car cette fois Nobile entend paraître comme seul chef d'une expédition qu'il veut, en fervent patriote qu'il est, exclusivement italienne.

Dès son retour en Italie, il se livre corps et âme à son grand projet. Il met au point le dirigeable qu'il baptise l'*Italia*. Il sélectionne son équipage. Il s'adresse à quatre des mécaniciens qui l'avaient accompagné sur le *Norge*. Sont-ils prêts, sous ses ordres, à courir des risques encore plus grands ? D'enthousiasme, ils acceptent. Ils se nomment Arduino, Caratti, Pomella, Alessandrini. En cas de défaillance de l'un d'entre eux, il lui faut un remplaçant. C'est Calisto Ciocca qu'il choisit ; il a accompagné le *Norge* jusqu'à la baie du Roi et travaille depuis des années dans son usine. Pour chef mécanicien, Nobile s'adresse à une force de la nature, un athlète au langage dru et à l'humeur impétueuse : Natale Cecioni.

Comme navigateurs, il veut des officiers de marine confirmés. Il s'adresse au ministère de la Marine qui lui recommande deux capitaines de corvette, Adalberto Mariano — trente ans, grand et large d'épaules — et Filippo Zappi, un peu plus jeune, plus mince, plus fin.

Pour diriger l'équipe qu'il compte déposer au pôle, on lui propose Alfredo Viglieri, lui aussi capitaine de corvette. Aussitôt les deux hommes sympathisent. De tout l'équipage de l'*Italia*, Viglieri sera incontestablement le plus solide et le plus grand : 1,85 m. Il a vingt-huit ans. Felice Trojani, trente et un ans, ingénieur mécanicien, fera le quart aux commandes de profondeur et assistera Nobile pour un certain nombre de questions techniques. Cet homme calme et frêle travaille lui aussi avec le *padrone* depuis douze ans.

Question primordiale : la radio. Nobile emportera les meilleurs postes émetteurs et récepteurs du moment. Comme spécialistes, il engage deux techniciens éprouvés : Giuseppe Biagi et Ettore Pedretti, le premier aussi brun que le second est blond.

Reste l'équipe scientifique. On sait l'importance que lui accorde le général. Il avait apprécié sur le *Norge* la compétence du Suédois Finn Malmgren, météorologue de haut niveau, trente-trois ans, professeur à l'Université d'Uppsala. Malmgren accepte d'embarquer sur l'*Italia*.

Nul doute que les recherches en matière d'électricité et de radioactivité vont prendre une place de premier plan. Pour les mener à bien, Nobile s'adresse à un Tchécoslovaque de vingt-neuf ans, directeur de l'Institut de radiotélégraphie de Prague, le professeur Francis Behounek, rencontré à la baie du Roi lors de la croisière du *Norge*. Seul inconvénient : Behounek est gras et gros, un véritable corps de plantigrade. Il se révèle rien moins que sportif. Le général passe là-dessus : ce qui prime, c'est l'indiscutable compétence du Tchèque. Un physicien italien, Aldo Pontremoli, trente et un ans, professeur à l'Université de Milan, complétera l'équipe scientifique.

Des centaines de journalistes ont souhaité embarquer sur l'*Italia*. Mais l'exiguïté de l'habitat et l'impérieuse question du poids ont obligé Nobile à n'admettre à bord que deux représentants de la presse, Francesco Tomaseli et Ugo Lago. Encore devront-ils stationner à la baie du Roi et prendre place alternativement à bord du dirigeable, à mesure des successives explorations de la banquise qu'il tentera.

Tout cela aboutit à une équipe de dix-huit hommes. Le maximum de ce que l'*Italia* pouvait emporter. La moyenne d'âge : trente-trois ans. Avec ses quarante-trois ans, Nobile reste de loin le plus âgé.

Pardon. Il y a aussi une passagère à bord : Titina, la petite chienne du général, un animal sans le moindre pedigree, frétillant bâtard noir et blanc. Titina, à travers d'extraordinaires aventures, se révélera aussi gaie, aussi vive qu'intelligente. Précieuse en un mot.

L'*Italia* va pouvoir quitter Milan, son port d'attache. Direction : le pôle.

Au vrai, l'*Italia* ressemble comme une sœur au *Norge* dont elle ne constitue qu'une version relativement améliorée. Un semi-rigide, toujours, long d'un peu plus de 100 mètres, et demandant à 14 000 mètres cubes d'hydrogène sa force ascensionnelle.

A l'extérieur du long cigare de toile, trois moteurs Mayerback de 250 CV chacun peuvent, au maximum de leur rendement et par temps favorable, propulser l'aéronef à environ 120 kilomètres à l'heure. Deux de ces moteurs sont placés à l'avant, à bâbord et à tribord, dans des sortes de nacelles où peut prendre place un seul mécanicien. La troisième nacelle est suspendue à l'arrière de l'habitacle central. On y accède par de légères échelles descendant de la carène. Il faut bien prendre conscience que l'énorme enveloppe du dirigeable n'est pas entièrement remplie de gaz. Les ballonnets gonflés d'hydrogène ne remplissent que le haut de la cavité intérieure. En dessous, on découvre un énorme espace libre. De part et d'autre de la poutre maîtresse — elle se présente en fait comme un gigantesque triangle de métal — on a disposé des logements rudimentaires où les hommes peuvent prendre leurs hamacs. Ailleurs s'accumulent l'eau potable, les provisions, les instruments scientifiques, les réserves de carburant, etc.

Dans ce même espace, on découvre l'équipement qui doit permettre une exploration rationnelle de la banquise. Des traîneaux d'abord, des canots en caoutchouc, des bottes spéciales, des sacs de couchage, des gants, des casques. Un radeau de grande dimension permettant la navigation sur les chenaux qui sillonnent le pack. Une tente, aussi, consistant en deux « peaux » de soie séparées par une couche d'air servant d'isolant. Montée autour d'un piquet central de 2,40 m, un « manche » permet d'y accéder, « sorte de double porte, dont on pouvait clore hermétiquement le volet intérieur[1] ». Si un tel type de tente est devenu aujourd'hui, dans les pays froids, d'un usage courant, cette conception était, en 1928, réellement révolutionnaire.

Même recherche de la perfection en ce qui concerne la tenue des membres de l'équipage. Chacun a reçu un *parka* en peau de renne et un costume en laine d'agneau recouvert d'un tissu imperméable à l'air et à l'eau. Ces trois pièces — pantalon, veston, capuchon — pèsent environ quatre kilos, ce qui ne facilite pas les déplacements. Le tout se révélera parfaitement étanche.

L'*Italia* emporte une grande croix de chêne. C'est le pape Pie XI qui l'a lui-même remise à Nobile. Très compétent en fait de problèmes polaires, il lui a recommandé de prendre garde au givrage et lui a demandé de jeter la croix au-dessus du pôle, ajoutant que « comme toutes les croix, elle sera lourde à porter ».

On est paré. Nobile le croit et il a raison : rarement expédition scientifique a réuni de tels atouts, rarement tant de soins éclairés ont présidé à sa préparation. Nobile a sollicité — et obtenu — les conseils des meilleurs spécialistes contemporains de l'Arctique : le fameux Nansen, d'abord, le capitaine Sverdrup, les professeurs Hoel d'Oslo et De Geer de Stockholm.

Malgré cela, Nobile calcule qu'il n'a guère que 50 % de chances de revenir. Cette lucidité, il l'a communiquée à son équipe et répète sans cesse :

— Cinquante pour cent de chances.

Personne ne s'est dérobé. Seul, Mussolini a dit à celui qu'il avait fait général :

— Ne tentez pas une seconde fois le destin.

---

1. Garry Hogg : *L'expédition Nobile*, traduit par Geneviève Hurel (1970).

Il est 1 h 15 du matin, le 15 avril 1928, quand l'*Italia* s'élève du terrain à peine éclairé de Milan et, dans la nuit, met le cap sur le Spitzberg.

La première étape n'est pas une partie de plaisir. Au milieu des tempêtes et des orages, fendant d'accablantes nappes de brouillard, survolant la vallée du Pô, Trieste, la Hongrie, la Tchécoslovaquie, on parvient à gagner Stolp, sur les bords de la Baltique. L'appareil a souffert à un tel point — enveloppe abîmée, gouvernails faussés, une hélice hors d'usage — qu'il faut dix jours pour tout remettre en état.

On repart le 3 mai, à 3 h 26. Nouvelles circonstances atmosphériques effroyables. Ayant survolé Stockholm, on fait escale à Vadso, où une rafale de vent endommage l'enveloppe. On reprend l'air dans la tempête. Bientôt la visibilité devient nulle : la neige fouette enveloppe et cabines. Le 6 mai, à 11 h 30, on rejoint — enfin — la baie du Roi. Un mauvais présage, cet épuisant périple ?

Dans la baie est ancrée la *Cittá di Milano,* le navire affecté au ravitaillement et au soutien de l'*Italia*. Un vieux rafiot commandé par un certain Romagna qui se révélera l'incapacité et la pusillanimité faites homme. Nobile attend de voir le marin à l'œuvre.

Ultimes préparatifs. Le point noir, c'est la météo, toujours. Les perspectives sont rien moins qu'encourageantes. Doit-on remettre l'expédition à l'automne, après la période des brumes ? Il faudrait alors se passer de Malmgren. Et Nobile ne le veut pas. On partira.

Le programme que s'est fixé le général doit comprendre trois vols : le premier dans la région de la Terre du Nord, le deuxième et le troisième au pôle et dans la région environnante. Ce programme, il va le suivre de point en point.

Jean Malaurie, directeur français du Centre d'études arctiques, m'a confié :

— C'était une expédition tout à fait différente de la première : ce n'était pas une expédition publicitaire, c'était une expédition scientifique. Et Nobile s'est révélé comme un visionnaire. Il y a du Léonard de Vinci dans Nobile. Il a compris que ces espaces immenses, qui étaient pratiquement ignorés, méritaient une exploration extrêmement attentive. C'est l'objet même de l'*Italia* qui, dans la terre du Nord-Est, c'est-à-dire en territoire soviétique, a procédé à l'exploration de régions complètement inconnues, qu'il a cartographiées pour la première fois. Il faut retenir tout d'abord l'idée qui est celle de Nobile de procéder à une exploration scientifique internationale. L'*Italia* était un navire international. Sans aucun doute, si cette exploration avait pu être menée à bien, nous aurions gagné cinquante ans dans la vie scientifique. Si l'on sait que certaines grandes batailles de la Seconde Guerre mondiale ont été décidées par une analyse attentive de la météorologie — je pense, en particulier, à la bataille des Ardennes, au passage du croiseur *Bismarck* par le Pas-de-Calais —, il faut se souvenir que toutes ces opérations n'ont été possibles que parce que le haut état-major allemand disposait de tout un réseau de météorologues dispersés au Groenland, au Spitzberg, dans des stations secrètes et permettant une certaine analyse des courants venus du pôle. Or l'exploration de Nobile avait permis de beaucoup mieux comprendre l'évolution synoptique des grandes masses de l'air. Je le répète : sans aucun doute, il aurait changé le cours des choses si les moyens lui en avaient été donnés.

Le premier vol dure seulement huit heures. Aux environs du cap Nord, le temps devient si détestable qu'il faut rebrousser chemin. Le second vol, lui, se poursuit pendant trois jours sans interruption. L'*Italia* survole les îles septentrionales de l'archipel François-Joseph et les régions de la Terre du Nord. Le dirigeable va explorer 50 000 kilomètres de zones sur lesquelles, dira avec un juste orgueil Nobile, « l'œil humain ne s'était encore jamais posé ». L'*Italia* accumule des observations géographiques de premier ordre.

Quelques jours de repos à la baie du Roi.

Et puis, le 23 mai, à 4 h 28, l'*Italia* reprend l'air. Cette fois, c'est le pôle que l'on veut atteindre, le pôle où Nobile veut déposer sur la glace l'équipe des savants qui procéderont aux mesures océanographiques et magnétiques prévues. Seize hommes à bord, dont le journaliste Lago qui ne reviendra pas.

D'abord, du brouillard. Ceci jusqu'à la côte septentrionale du Groenland. Au-delà du cap Bridgman, tout à coup la brume opaque se déchire : le soleil ! *Récit de Nobile* : « Avec le ciel bleu, le soleil qui brillait, égayant de ses rayons l'intérieur de la cabine de pilotage, et un fort vent arrière, la marche vers le pôle fut rapide et se déroula dans la plus joyeuse excitation. »

Exceptionnelle, la visibilité : on peut voir dans toutes les directions jusqu'à cent kilomètres devant soi. Bref, toutes les chances.

Peut-être pas.

Ce vent arrière, justement, préoccupe Nobile. Pour revenir, il va falloir l'affronter. Ce sera une rude affaire que de regagner la baie du Roi en luttant contre une force aussi redoutable. Le vent reste l'ennemi le plus affirmé du dirigeable. Alors pourquoi, le pôle franchi, ne pas continuer sur cette lancée ? Pourquoi ne pas aller atterrir au Canada, à l'embouchure du Mackenzie ? Nobile s'ouvre de cette perspective à Malmgren qui l'en dissuade :

— Ce vent ne va pas durer longtemps. Quand nous serons sur la voie du retour, après quelques heures il tombera et nous aurons du vent de nord-ouest.

22 heures. Soudain, le temps change. Devant l'*Italia*, une barrière de nuages sombres s'élève jusqu'à 1 000 mètres. Le dirigeable, pour ne pas perdre le soleil — nécessaire pour localiser le pôle à l'aide du sextant — prend de l'altitude.

24 mai, 0 h 20, un cri :

— Nous y sommes !

Nobile donne l'ordre de descendre. On glisse dans la nappe de brume, on s'immobilise à une centaine de mètres du pack. Le pôle ! Le voilà donc, « ce point mystérieux, légendaire presque, cette zone blanche des mappemondes sur laquelle rêvèrent tant d'explorateurs et de marins depuis trois cents ans. C'est donc ça, le pôle Nord, cette dalle blanche et silencieuse de glaces en dérive posée sur l'océan [1]... ».

Le drapeau italien glisse jusqu'à la glace. La grande croix de chêne de Pie XI, retenue par un long ruban tricolore, le rejoint en tournoyant. A l'intérieur de l'habitacle, un membre de l'équipage met en marche un petit gramophone, cadeau d'une admiratrice de Milan. On entend *Le campane di San Giusto*, une romance populaire italienne. Quelle émotion ! Le radio Biagi expédie un message à l'adresse du Saint-Père, un autre au roi, un troisième à Mussolini. Les yeux humides, le capitaine de corvette Zappi hurle :

— *Viva Nobile !*

1. Robert de La Croix : *Les disparus du pôle.*

Malmgren étreint le général, imité par le professeur Behounek. On sert un punch aux œufs. Après quoi Malmgren, rêveur, lance à Nobile :

— Peu d'hommes au monde peuvent dire comme nous qu'ils ont été deux fois au pôle Nord.

Peu d'hommes. Exactement six Italiens et un Suédois.

Le largage d'une équipe sur la glace ?

D'instant en instant, le brouillard s'épaissit. Les rafales de vent secouent le long fuseau. A bord de l'habitacle, tout frémit, tout s'agite. L'atterrissage ? Dans de telles conditions, une folie. Ce sera pour une autre fois. S'il y a une autre fois.

A 2 h 20, Nobile donne l'ordre de mettre cap au sud.

Le vent. Il semble à tous qu'il a redoublé. Le dirigeable lutte de toute la puissance de ses moteurs. En vain. Quoi qu'on fasse, on dérive vers l'est. Le soleil ? Pour tous ces hommes, il ne s'agit plus que d'un souvenir. On navigue au sein d'un brouillard de plus en plus épais, comme en pleine nuit.

Et cela dure vingt-quatre heures. Une évidence : Nobile ne sait plus où il se trouve. Bien oubliées à bord, cette joie, cette fierté qui avaient marqué l'arrivée au pôle. Les hommes se taisent, accomplissent mécaniquement les tâches de plus en plus difficiles qui leur sont confiées. Ou bien, dans leur hamac, ils tentent de dormir, cependant que la tempête siffle au dehors et que l'aéronef tressaute, vacille, minuscule jouet dans la tourmente.

Le but de Nobile : sortir au plus vite de cette zone de tempêtes. Il accélère, fait augmenter le régime des moteurs. Même à pleine vitesse, impossible de dépasser 62 kilomètres à l'heure. Les rafales deviennent si violentes, atteignant souvent 50 kilomètres à l'heure, que parfois le dirigeable vire — involontaire soubresaut — de 30°.

Le plus grave peut-être, c'est cette glace qui se forme partout à l'extérieur. Le 24, dans l'après-midi, on constate qu'elle ne cesse de s'épaissir, alourdissant dangereusement l'appareil. Le phénomène s'aggrave encore dans la soirée. Où va-t-on ? Biagi, le radio, va détacher de l'antenne de la radio un cylindre de glace d'un diamètre de 4 à 5 centimètres. Il le pend ironiquement dans un coin de la cabine comme pour rappeler, en l'absence de tout chauffage, qu'il y fait aussi froid qu'au-dehors.

Au matin du 25 mai, il y a trente heures que l'on a quitté le pôle. Depuis longtemps, on devrait apercevoir les côtes septentrionales du Spitzberg. Or on ne voit rien. Rien.

Nobile n'a pas dormi une minute. Il n'y pense même pas. Il partage son temps entre le tableau de bord, les mesures de vitesse et la cabine radio.

9 h 25. Trojani, qui se trouve au gouvernail de profondeur, hurle :

— Gouvernail coincé !

Branle-bas. Les officiers de marine accourent, Viglieri parvient à libérer la roue du gouvernail. On reprend de l'altitude — jusqu'à 900 mètres — et du coup on retrouve le soleil. Il est nécessaire, pour contrôler la dérive, de rester en vue des glaces. Nobile se résigne à redescendre. De nouveau, au-delà des vitres de l'habitacle, ce sacré brouillard... Et la glace.

Il semble que tout va mieux. Le gouvernail ne pose plus de problème. La vitesse reste régulière et même elle augmente. Il est 10 h 25. Un cri :

— Nous sommes lourds !

C'est vrai. De plus en plus l'*Italia* s'incline vers l'arrière. Il descend. Il n'arrête pas de descendre. La banquise se rapproche — à une allure terrifiante. De sa voix coupante, le général lance :

— Accélérez les deux moteurs ! Mettez en marche le troisième !

Cette manœuvre est logique. Elle doit comporter pour effet de faire remonter l'aéronef. Il remonte. Du moins Nobile le croit. Il se trompe. L'*Italia* descend, au contraire. Et même sa chute s'accélère. Il n'y a plus rien à faire. Plus rien. En un éclair, le général se dit que tout ce qu'il peut tenter c'est de diriger l'*Italia* vers un champ de neige. Il n'y a aucune neige à l'horizon. Seulement la glace, ses blocs menaçants, ses arêtes tranchantes, ses aspérités terrifiantes. Alors, pour éviter, à l'atterrissage, l'explosion et l'incendie, Nobile ordonne de couper les moteurs.

On dirait qu'elle s'élance à l'assaut du dirigeable, la glace. Voilà. C'est fini. Adieu, la vie. Un fracas formidable. Et la nuit.

« Lorsque je rouvris les yeux, je me trouvais sur une masse de glace au milieu d'un pack qui ressemblait à l'enfer. Je levai la tête. L'aéronef, la poupe en bas, s'envolait, porté par le vent. Il était horriblement éventré dans la partie qui correspondait à la cabine de commandement. On voyait pendre des lambeaux de tissu, des câbles, des morceaux de l'armature. Je remarquai que l'enveloppe était fortement froissée. La cabine avait perdu le plancher et la paroi de gauche. Sur le flanc de l'aéronef mutilé se détachaient les lettres noires *Italia*. Mes yeux, fascinés, s'y fixèrent longtemps, jusqu'à ce que le dirigeable se fût perdu dans le brouillard. Alors seulement je sentis mes blessures. La jambe et le bras droits étaient brisés, douloureusement. J'étais blessé au visage et au sommet du crâne. J'éprouvais à la poitrine, par suite de la violence du choc, des douleurs aiguës et lancinantes. Tout à coup, j'entendis une voix, celle de Mariano, qui demandait à quelqu'un : "Où est le général ? " Je regardai alors autour de moi. Je n'avais jamais vu un pack aussi effrayant : des blocs de glace bouleversés s'étendaient jusqu'à l'horizon. A ma droite, à deux mètres de distance, était assis Malmgren. Plus loin, Cecioni, qui se plaignait à haute voix. Les autres étaient debout : Mariano, Behounek, Trojani, Viglieri, Biagi. Ils paraissaient indemnes. Seul Trojani portait quelques taches de sang au visage. »

Il fallait citer intégralement ce passage du récit d'Umberto Nobile. Tout commentaire affaiblirait l'expression de ces souvenirs tracés avec une précision quasi photographique. Jusqu'à son dernier jour, Nobile non seulement a revu, mais revécu sans cesse cet épisode d'une tragédie qui cependant, pour lui — il ne le saura que trop tôt —, ne faisait que commencer.

Autour de lui, les hommes de l'*Italia* ont éprouvé diversement le choc. Certains — ceux qu'il a vus debout — sont indemnes. Trois hommes ont été blessés : lui-même ; Cecioni atteint aux deux jambes ; et Zappi — oublié dans son énumération — et qu'il va découvrir étendu non loin de lui, blessé au visage et se plaignant d'une douleur dans la poitrine :

— Croyez-vous que j'aie une côte cassée, général ?

Tous ces hommes ont considéré avec la même stupéfaction mêlée d'horreur le bond prodigieux accompli par l'*Italia* après qu'il se fut débarrassé de sa cabine et de son lest humain. Cecioni, entre autres, a clairement distingué la silhouette du professeur Aldo Pontremoli et celle du journaliste Ugo Lago. Au moment de l'accident, ils marchaient sur la coursive intérieure et visiblement s'apprêtaient à descendre dans la cabine. Horrifiés, ils se tiennent accrochés au bord de l'orifice où aurait dû se trouver l'échelle.

Dessous, il n'y a plus que le vide. Cecioni a pu voir aussi Alessandrini suspendu, d'une main, à une poutrelle tordue. Muet, épouvanté, il regardait ses camarades abandonnés dans les glaces — et qui l'abandonnaient. En revanche, l'ingénieur Ettore Arduino s'agitait fébrilement. Il jetait par-dessus bord, pêle-mêle, tout ce qui se trouvait à sa portée : provisions, équipement, bidons d'essence. Sans Arduino et sans le matériel dû à son incroyable présence d'esprit, jamais les naufragés de la banquise n'auraient survécu.

Le dirigeable, emportant six hommes vers l'inconnu, s'est perdu dans le brouillard.

Combien d'hommes sur le pack ?

On découvrira sur un bloc de glace le cadavre recroquevillé du second-maître mécanicien Pomella. Dix membres de l'équipage ont donc été projetés dans le vide. Il en reste neuf.

Sans compter la petite chienne Titina qui, ravie de retrouver ce qu'elle prend pour le plancher des vaches, court dans tous les sens en aboyant joyeusement avant de venir lécher avec bonheur le visage de son maître.

Neuf hommes que Nobile croit promis à la mort. D'ailleurs il se sent lui-même si faible qu'il fait ses adieux à ses camarades. A ce moment précis, un hurlement de joie :

— La radio de campagne est intacte !

C'est Biagi, le spécialiste radio, qui vient de se manifester. Il s'agit de la radio de secours que Nobile avait tenu à emporter à bord en prévision d'une descente sur la glace.

Une radio en état de marche ? Cela change tout. L'espoir renaît. D'autant plus que, parmi les débris épars sur la glace, on trouve la tente que l'on dresse, un sac de couchage où l'on glissera les deux blessés, du *pemmican*, aliment déshydraté à base de poisson et de légumes, du chocolat — 70 kilos en tout — et même un revolver avec cent cartouches : toujours la prévoyance du général.

Déjà, l'émetteur cliquette sous le doigt expert de Biagi :

« S.O.S. *Italia*... S.O.S. *Italia*... »

Nul doute, on va les entendre. Là-bas, dans la baie du Roi, la *Città di Milano* doit être à l'écoute vingt-quatre heures sur vingt-quatre. Biagi cesse d'émettre, branche le récepteur. Aucune réponse. Il reprend ses S.O.S., écoute de nouveau. Cela dure des heures ! Enfin un message ! Ce n'est pas une réponse. Il vient pourtant de la *Città di Milano :*

« Depuis 10 heures ce matin nous n'avons pas capté vos émissions. Nous faisons la veille sur 900 mètres et sur ondes courtes. Nous vous croyons sur la côte nord du Spitzberg, entre le 15e et le 20e méridien[1]. Comptez sur nous. Nous organisons les secours. »

Désormais, toutes les deux heures, Biagi va entendre le même message qui prend de plus en plus la forme d'une simple routine. Lui, en revanche, continue à émettre frénétiquement. Ne parvenant pas à comprendre pourquoi il n'est pas entendu, Biagi ira jusqu'à démonter entièrement son poste. Et à le remonter.

En vain.

Le comble est que, lui reçoit parfaitement des stations fort éloignées. Jusqu'à l'émetteur de Saint-Paul, à Rome, qui se situe dans la même bande que celle qui lui a été attribuée, celle sur laquelle devrait l'écouter la *Città di Milano.*

C'est à devenir fou !

Peu à peu, dans la tente et autour de la tente, la vie s'est tant bien que mal organisée. On a retrouvé sur le pack des boules de verre contenant ce liquide rouge à l'aide duquel on contrôlait l'altitude du dirigeable. On s'en est servi pour teinter et zébrer de rouge les parois de la tente.

Ainsi est-elle devenue la *tente rouge.*

Toute leur vie, Nobile et ceux de ses compagnons qui survivront se souviendront de ce jour polaire, de ces nuits qui ne l'étaient que parce qu'on en décidait ainsi. « Neuf hommes amoncelés les uns sur les autres, écrira le général. Dehors, le vent soufflait. On entendait la toile de la tente claquer avec un bruit sinistre... La tente, prévue pour quatre personnes, était trop petite pour nous. Cecioni et moi en occupions déjà un tiers afin de pouvoir maintenir étendues et immobiles nos jambes fracturées. Dans l'espace restant devaient trouver place sept personnes et, en plus, les accumulateurs de la radio que j'y avais fait transporter pour les préserver du froid excessif. L'unique avantage d'être si nombreux dans un espace si étroit était d'avoir un peu plus chaud. »

Le matin venu, les plus valides tentent de pêcher dans les crevasses qui s'ouvrent alentour. Ils ne prendront rien. Jamais.

---

1. La *Città di Milano* les localisait donc fort loin de leur position réelle.

En revanche, grâce au revolver — un colt — Malmgren tue un ours ! Voilà deux cents kilos de viande qui viennent à point. Le délai s'allonge d'une possible survie. Si au moins on les entendait... Biagi émet toujours. Personne ne lui répond. A l'exception, toutes les deux heures, du lancinant message de la *Città di Milano :* « Comptez sur nous. Nous organisons les secours. »

Quant aux autres stations européennes, elles parlent de l'*Italia.* On dirait même qu'elles ne parlent que de cela. Toutes, elles répètent : « Bien que l'écoute soit organisée de façon systématique, on n'a pu capter aucun message de l'*Italia.* »

De façon systématique, vraiment ? La vérité est que la radio de la *Città di Milano* ne se branche nullement sur la longueur d'ondes que doit utiliser l'*Italia.* Le commandant du bateau, Romagna, a décidé *qu'il n'y avait plus d'espoir.* Donc, à quoi bon ? D'autre part, les marins de la *Città* s'ennuient. Ils éprouvent l'urgent besoin de communiquer avec leur famille. Dans une seule journée, une centaine de messages — et davantage — encombrent les ondes. De plus, les journalistes accourus à la baie du Roi se servent de l'émetteur du bord pour transmettre leurs articles. Ils n'ont rien à dire ? Tous les rédacteurs en chef du monde savent que c'est lorsqu'un journaliste ne sait rien qu'il rédige ses plus longs articles.

Les deux officiers radio de la *Città* transmettent ainsi nuit et jour. Toutes les deux heures, ils expédient leur message de routine : « Comptez sur nous. Nous organisons les secours. » Ils ne prennent pas la peine de se porter eux-mêmes à l'écoute !

Sur le pack, autour de la tente rouge, les jours passent. Et l'espoir s'amenuise. Et il meurt.

Malgré les objurgations de Nobile — « Je vous en supplie, restons groupés ! » —, trois des survivants de l'*Italia* vont décider de se mettre en marche vers le sud : le Suédois Malmgren, les officiers de marine Zappi et Mariano.

Ils savent qu'ils n'ont que très peu de chances de gagner une terre quelconque. Tant pis. Tout vaut mieux que cette mortelle attente.

Chargés de tous les vivres qu'ils peuvent emporter, ils partent.

« S.O.S. *Italia*... S.O.S. *Italia*... »

Les messages de Biagi s'envolent toujours sur les ondes.

Il a décidé d'émettre tant que ses batteries donneraient signe de vie.

Il sait que le jour approche où elles se tairont. Alors personne au monde ne pourra plus les repérer.

« S.O.S. *Italia*... S.O.S. *Italia*... »

Rien.

Biagi a commencé à émettre le 25 mai. Depuis, combien de temps ? Un jour, rayonnant, il a couru vers la tente :

— Victoire !

Tous ont bondi :

— On nous a entendus ?

— Non. L'Italie a battu l'Espagne par 7 à 1.

Nul n'a songé à sourire. Les têtes se sont baissées.

Le 6 juin, Biagi, comme chaque jour, s'est mis à l'écoute du poste italien à ondes courtes de Saint-Paul. Une exclamation :

— Cette fois, on nous a entendus !

Fiévreusement, il résume l'information inespérée que vient de diffuser Saint-Paul. Le 4 juin, le gouvernement soviétique a communiqué à l'ambassadeur d'Italie à Moscou le texte capté la veille par un certain Schmidt qui, perdu près d'Arkhangelsk, se distrait comme il peut en écoutant les ondes courtes sur un poste de sa fabrication.

L'ambassadeur italien a aussitôt transmis le texte capté à Rome où, d'emblée, on l'a d'abord rangé au nombre des messages — ils pullulaient — prétendument captés par des mauvais plaisants. Puis on l'a étudié de plus près. Cela ressemblait à un cryptogramme :

« *Italia. Nobile. Franz Joseph. S.O.S. S.O.S.*
Terra tengo. E h H. »

Qu'est-ce que cela veut dire ? Jamais Biagi n'a transmis cela. Soudain il comprend. Il a donné sa position : *circa* (près de) *Foyn*. L'amateur russe a compris *Francesco*. On va donc fatalement les chercher près de la Terre François-Joseph, bien loin du point où ils se trouvent. Pour Nobile, c'est une catastrophe. Il faut que Biagi émette plus que jamais. Il faut qu'il rectifie.

Mais va-t-on l'entendre ? Oui ! Le message russe a eu le mérite de retenir l'attention de la *Città di Milano*. Tout à coup, Romagna éprouve des doutes. Et s'il s'était trompé ? Et si ceux de l'*Italia* étaient vivants ? Ouvrons donc nos oreilles.

Pour la première fois, le 8 juin, la *Città di Milano*, enfin vigilante, capte le message de la tente rouge. Et répond. Immense, le soulagement de Nobile et de ses compagnons. Ils se réjouissent trop vite. Romagna est plein de suspicion : et si c'était encore un mauvais plaisant ? Il exige que Biagi fasse connaître son numéro matricule. Ce à quoi le radio de la banquise consent volontiers. Romagna fait soigneusement vérifier. Le numéro est le bon. Romagna daigne communiquer avec les survivants de l'*Italia*.

Cette incroyable cécité a déjà comporté une conséquence qui aurait pu se révéler dramatique. Dès l'annonce du message capté par le sans-filiste — ainsi s'exprimait-on à l'époque — l'aviateur Lutzon Holm est arrivé au Spitzberg. Devant les doutes si obstinément exprimés par Romagna, Holm s'est fâché : préfère-t-on attendre que, là-bas sur la banquise, ils meurent tous, l'un après l'autre ? L'aviateur s'est envolé vers la terre du Nord-Est. Pendant plusieurs jours, on n'aura plus de ses nouvelles.

S'il s'était tué, la faute en eût été à Romagna. On le retrouvera. Ce qui n'atténue pas la responsabilité de Romagna.

Les reproches les plus amers qu'adressera Nobile à Romagna auront trait à Mariano, Zappi et Malmgren. Si la *Città di Milano* avait plus tôt entendu les messages de Biagi, les trois hommes n'auraient pas quitté la tente rouge. Et ils n'auraient pas vécu l'un des épisodes les plus affreux de la tragédie du Pôle. Et Malmgren ne serait pas mort.

Dès le 27 mai, faisant taire ses ressentiments, Amundsen avait fait connaître qu'il était prêt à prendre la direction des recherches.

Pour lui, une seule possibilité de réussite : utiliser, pour repérer les survivants, un hydravion. Quand la position de Nobile lui est communiquée, il confirme que l'hydravion s'impose. L'équipage de l'*Italia* se trouve en grand péril : la dérive ne cesse de l'entraîner. En outre, avec l'été qui vient, la banquise se réchauffe. La glace sur laquelle se trouvent les naufragés peut très bien basculer et les engloutir.

Un hydravion, c'est évident. Mais quel hydravion ? Certes, au Spitzberg, on dispose de quelques avions, celui de Lutzon Holm, retrouvé, celui de Riiser Larsen, celui de l'Italien Maddalena. Déjà ils ont multiplié les vols de reconnaissance. Sans résultat. C'est que, dans l'éblouissement de la banquise — cette lumière qui a rendu temporairement aveugle l'un des survivants de l'*Italia* — découvrir le minuscule point que figure la tente rouge représente un exploit presque impossible.

Plusieurs fois, les survivants les verront passer, ces avions. Sans pouvoir attirer leur attention. Enfin, l'un d'eux les survolera, les apercevra, leur larguera des vivres. D'autres les imiteront. Les hommes de l'*Italia* ne sont plus seuls au monde.

Amundsen triomphe. Il avait raison de vouloir un hydravion. Seul un hydravion pourra atterrir sur l'un des nombreux plans d'eau qui parsèment le pack et d'un seul coup d'aile enlever les survivants. Car il l'a enfin, Amundsen, son hydravion. C'est un appareil français, un Latham qui précisément allait s'attaquer au record du monde en ligne droite avant de tenter la traversée de l'Atlantique. Il arrive, piloté par Guilbaud qu'assistent le navigateur Cuverville, le mécanicien Valette, le radio Brazy. Il se pose dans le fjord de Bergen. Amundsen s'y embarque pour faire escale à l'aube du lendemain, 17 juin, à Tromsoë. Quand, à 4 heures du matin, l'appareil reprend l'air, une foule compacte, agglutinée sur les quais du port, acclame l'explorateur des pôles :

— Amundsen ! Amundsen ! Amundsen !

A 5 heures, les guetteurs du phare d'Ekhingen signalent qu'ils ont vu passer le Latham.

Dès lors, l'hydravion reste en contact par radio avec l'Institut géophysique. Ceci jusqu'à 18 h 45, heure à laquelle l'Institut quitte l'écoute pour transmettre des renseignements météorologiques.

20 heures. L'Institut reprend l'écoute du Latham. Aucun signal. L'Institut insiste, s'inquiète, appelle sans relâche le Latham.

Pour toute réponse, le silence.

Nul ne reverra vivants les aviateurs français. Nul ne reverra le grand Amundsen, l'Aigle blanc de Norvège.

Les Russes entrent dans la danse. A la recherche des survivants de l'*Italia*, ils ont lancé un de leurs brise-glace, le *Krassine*. Le 21 juin, il a charbonné à Bergen et, le 24, a appareillé. A son bord, il porte un avion.

Le professeur Samoïlovitch, spécialiste polaire et chef de l'expédition, s'affirme optimiste. Non seulement il entend porter secours à Nobile et aux siens mais, si faire se peut, retrouver Amundsen.

Porter secours à Nobile ? Trop tard. Toutes les radios du monde l'annoncent : Nobile vient d'être sauvé. *Sauvé seul.*

Que s'est-il passé ?

Depuis que des avions survolent la tente rouge, la perspective de l'atterrissage de l'un d'eux s'est affirmée de jour en jour. Nobile a donc fait aménager sur la glace une piste balisée. Selon ses ordres, Biagi a expédié le message que voici : « A environ 130 mètres dans le sud-ouest de notre tente, il existe sur la banquise une zone praticable pour des avions munis de skis. Les parachutes rouges seront disposés côté au vent et en forme de T. Ce terrain mesure 300 mètres de long sur 225 de large. Le sol est parfaitement plat mais je vous suggère d'opérer avant que les conditions atmosphériques, actuellement parfaites, ne changent. »

Est-ce ce message qui a décidé le lieutenant suédois Lundborg ? Ou plutôt le goût du risque ? Las de servir dans un pays dont la neutralité s'était depuis un siècle muée en dogme, Lundborg s'était engagé pendant la Grande Guerre dans l'armée allemande et y avait gagné la croix de fer. Après l'armistice, la paix lui pesant, il avait rejoint les rangs des Finlandais pour se battre contre les Russes. La Rose blanche avait récompensé ses faits d'arme. Après quoi, il avait réintégré sans joie l'aviation suédoise.

Pour sauver Nobile et les siens, le pilote Lundborg va faire choix d'un petit Fokker monté sur skis. Le 23 juin, à 22 heures, accompagné par son camarade Schyberg, lieutenant pilote, ayant soigneusement repéré la position des survivants, il décolle de Murchison vers le nord-est. Une heure plus tard — une heure seulement — le Fokker survole la tente rouge et repère la « piste » — combien exiguë — signalée par Nobile. Lundborg dira qu'« une cour d'usine lui aurait semblé préférable ». N'importe, il tente l'atterrissage, les skis écrasent la glace, l'appareil rebondit. Épouvantés, les hommes de l'*Italia* le voient cahoter, parvenir en bout de piste où sûrement il va s'écraser. A l'extrême limite, il stoppe. Il est 23 heures.

Lundborg laisse Schyberg aux commandes car il faut maintenir le moteur en marche. Il saute sur la glace. Hirsutes et épuisés, noirs de crasse, riant et pleurant à la fois, Viglieri et Biagi courent au-devant de lui. Avec une politesse de grand style, Lundborg coupe court aux effusions et les interroge :

— Le général peut-il marcher ?

De la tête, ébahis, les deux Italiens font non. Voilà qui n'embarrasse pas le Suédois. Il annonce qu'il ira donc chercher le général.

Viglieri et Biagi esquissent une protestation. Nobile a soigneusement établi l'ordre des évacuations. Il a accordé une priorité à

Cecioni, blessé. Behounek qui, peu entraîné, a beaucoup souffert, doit suivre. Le troisième sera Trojani qui, depuis quelque temps, souffre de violentes douleurs intestinales. Viglieri, en bonne santé, suivra, puis Biagi. En tant que radio, celui-ci restera le plus longtemps possible au campement. Après quoi — seulement — viendra le tour de Nobile. « Telle est son irrévocable décision. »

C'est là ce que Viglieri et Biagi tentent d'expliquer au Suédois. D'ailleurs, ajoutent-ils, Trojani est déjà en train d'installer le premier partant, Cecioni, sur un traîneau pour le conduire à l'avion.

Un geste de Lundborg qui signifie : sans importance. A grands pas, il se dirige vers la tente rouge. Pour l'accueillir, Nobile, s'appuyant sur une manière de béquille, s'est tant bien que mal dressé. Le Suédois marque un temps d'arrêt. Pour la première fois, il paraît frappé. Il dira que ce qui l'a le plus impressionné c'est la barbe de Nobile, cette barbe qui littéralement dévorait ce visage si fin. Il retrouve vite sa présence d'esprit, dit qu'il est venu chercher le général. Il les emmènera tous cette nuit même, Nobile doit partir le premier.

— Impossible, lance le général.

Il montre Cecioni que l'on achève d'équiper pour le vol. C'est lui qui doit partir, ainsi en a-t-il décidé. Mais Lundborg secoue la tête :

— Non, mon général. J'ai des ordres.

Des ordres ? Quels ordres ? Est-ce Romagna, parlant au nom des autorités italiennes, qui les a donnés ? Il l'a formellement nié. Les supérieurs suédois de Lundborg ? A quel titre l'auraient-ils fait ?

Peut-être le pilote se référait-il à des propos malgré tout tenus par Romagna. Deux jours plus tôt le commandant de la *Città di Milano* avait longuement demandé par radio à Nobile des conseils et des instructions pour guider la recherche de l'épave de l'*Italia* et des six hommes que le dirigeable avait emportés. Nobile avait tenté de répondre mais la transmission s'était révélée si défectueuse que nul n'y avait rien compris. D'où le souhait exprimé que Nobile fût rapatrié le plus vite possible pour présider — lui seul pouvant le faire efficacement — aux recherches.

Un souhait — assurément pas des ordres —, mais Lundborg, regardant bien en face Nobile, a dit :

— J'ai des ordres.

Tout le drame — et le malheur — de Nobile sont nés de là.

Pourtant, il s'acharne à protester, à refuser, à imposer son plan d'évacuation. A ce point que le Suédois, agacé et désinvolte, lui signale que l'on n'est pas en train « de répéter un grand opéra ».

C'est Biagi qui va couper court. Décidément, il vaut mieux que le général parte : « Nous aurons l'esprit en repos. » Nobile hésite toujours. Il consulte tour à tour Behounek, Viglieri, Trojani qui se montrent tous du même avis :

Partez, mon général !

Cecioni lui-même, de sa grosse voix bourrue, l'invite à partir :

— Vous ferez secourir nos familles !

C'est dit. Viglieri et Biagi le saisissent chacun sous un bras et le portent jusqu'à l'appareil... où l'a précédé Titina qui perce l'air de ses aboiements triomphants. Aux autres, Lundborg répète qu'il reviendra d'heure en heure et qu'au matin leur évacuation sera achevée.

Le moteur qui vrombit. Les skis qui glissent sur la glace. Un envol impeccable.

Nobile a choisi son destin.

Lundborg avait promis : « Je reviendrai. » Un peu plus tard dans la nuit, il revient en effet... et capote à l'atterrissage. Son avion se retourne. Il est sain et sauf mais, pour le moment, il ne faut plus envisager d'évacuation pour les survivants de l'*Italia* auxquels maintenant Lundborg est venu s'adjoindre. Aucune base du Grand Nord ne dispose d'autres avions montés sur des skis. Il faudra en faire venir d'ailleurs, les équiper, ce qui veut dire construire de toutes pièces le train d'atterrissage. Déjà l'on s'y emploie mais il ne faut pas se leurrer : cela prendra du temps. L'évacuation des hommes de la tente rouge est remise *sine die*.

Après une étape au camp suédois, Nobile a été transporté sur la *Città di Milano*. L'annonce du capotage de Lundborg l'a anéanti. L'accueil de Romagna l'achève.

Tout gonflé de sa propre importance, non seulement le commandant balaye de la main l'admonestation du général quant à l'étrange comportement de la radio de son bord — « Général, si la logique doit servir à quelque chose, nous avions bien le droit de penser que vous étiez dans l'impossibilité de transmettre, et qu'il était donc inutile de vous écouter » — mais il pose une question qui ouvre à Nobile d'angoissantes perspectives :

— Général, il est évident que certains pourront critiquer le fait qu'on vous ait évacué le premier.

Le ton se fait encore plus sentencieux :

— Vous devriez fournir quelques explications à ce sujet.

Nobile bondit, rappelle la phrase de Lundborg sur *les ordres* qu'il a dit avoir reçus. Romagna se fait franchement hostile :

— Jamais nous n'avons donné d'ordres à Lundborg.

Voilà Nobile en position d'accusé. Il s'explique. Longuement, trop longuement. Et quand Romagna, de plus en plus sèchement, lui déclare qu'il serait bon d'adresser sans délai un rapport à Rome, il obtempère. Au lieu de se borner à une simple relation des faits, il se jette dans une interminable apologie de ses propres faits et gestes — très exactement comme s'il se sentait coupable. Ce texte sera présenté bientôt par ses ennemis fascistes comme une pièce lourdement à charge.

Où en est l'ingénieur distingué, le mince et élégant général de naguère ? Quand il s'est vu dans la glace de sa cabine, il a reculé, épouvanté : son visage amaigri, émacié, est devenu noir, incrusté de crasse et de graisse. Sa barbe hirsute, est plus grise que noire. Ses vêtements répandent une odeur fétide.

Tout cela n'est rien à côté de cette évidence : il est sauvé, lui, le chef, et ses compagnons ne le sont pas. Pour le moment, aucun avion ne peut plus atterrir près de la tente rouge. Une équipe de secours partie à pied sur la glace avec le chasseur alpin Sora et son guide Van Dongen a disparu. Un seul espoir : le brise-glace soviétique. Où se trouve donc le *Krassine ?*

Le navire soviétique, brisant les glaces, écrasant le pack, a poursuivi sa marche vers le nord. Le 3 juillet, soudain, il s'est immobilisé : le gouvernail est faussé, une pale de l'hélice tribord est brisée.

Reste l'avion que le *Krassine* porte à son bord. Le 8 juillet, il prend l'air. Il revient sans rien avoir vu. Le 10 juillet, nouvelle tentative. Deux heures plus tard, message du pilote, Tchouknovski : « Nous revenons. » On les attend. Ils ne rentrent pas. Se sont-ils, comme les hommes du Latham, écrasés sur la glace ? Enfin, l'opérateur du *Krassine* saisit quelques mots : « Groupe Malmgren... Charles. » Ainsi, ils sont vivants ! Et, probablement près de l'île Charles-XII, ils ont repéré Malmgren, Zappi et Mariano !

Le message s'arrête là.

Ce n'est que quelques minutes avant minuit que le *Krassine* retrouvera le contact avec son avion. Tchouknovski fait connaître qu'il a bien repéré le groupe Malmgren. Il en fournit la position mais son appareil a capoté près du cap Wrede. Nul n'est blessé à bord. Il peut attendre. Que l'on s'occupe des naufragés !

Le professeur Samoïlovitch n'hésite guère. Malgré ses avaries, le *Krassine* doit reprendre sa navigation en avant. Combien pénible, cette progression ! Souvent, quand la glace se révèle trop dure, il faut reculer, chercher un autre chenal, tâtonner, repartir, stopper devant un nouvel obstacle, faire encore machine arrière, retrouver un nouvel élan.

On approche de l'île Charles-XII. Va-t-on trouver le groupe Malmgren ? De minute en minute retentit la sirène du *Krassine*.

Un cri poussé par un marin :

— Un homme en vue !

Tout l'équipage se rue au bastingage. C'est vrai ! On distingue au loin sur le pack un homme debout qui gesticule, brandit une étoffe.

On s'approche. A côté de l'homme debout, un autre est couché. Le *Krassine* stoppe ses machines. Des officiers sautent sur la glace, s'adressent à l'homme, lui demandent s'il est Malmgren. L'autre se présente :

— Mon nom est Zappi.

Il montre l'homme inanimé :

— Voilà Mariano.

Et Malmgren ? Son visage se fige :

— Il est mort.

On les porte à bord. L'état de Mariano est grave. On le sauvera, mais on devra l'amputer d'un pied. Zappi racontera que Malmgren, hors d'état de continuer à marcher — il avait les deux pieds gelés — a supplié qu'on l'abandonnât. C'est la loi dans le Grand Nord : un homme incapable de poursuivre sa course ne doit pas gêner les autres. Désespérés, Zappi et Mariano avaient obtempéré. Malmgren était donc mort seul au milieu des glaces.

Les vivres avaient manqué. Progressivement, ils s'étaient affaiblis. Mariano avait glissé dans l'inconscience. Lui, Zappi, quand on l'avait découvert, n'avait pris aucune nourriture depuis treize jours.

Cette affirmation, il faut le dire, va rencontrer beaucoup de scepticisme. Les médecins du bord affirmeront que Zappi n'avait dû jeûner que cinq ou six jours au plus. D'autres remarqueront qu'il portait des vêtements ayant appartenu à Malmgren.

Pourquoi Zappi a-t-il menti ?

Est-ce parce qu'*il avait mangé Malmgren* ? Sur le *Krassine* beaucoup s'en sont montrés persuadés. D'autres aussi à travers le monde.

Guidé par la radio de la *Città di Milano*, elle-même en liaison avec la tente rouge, le *Krassine* s'avance de nouveau. Cette fois en toute certitude. Il s'approche de plus en plus des survivants de l'*Italia*.

Le 14 juillet, à 20 h 15, l'équipage du *Krassine* aperçoit enfin les naufragés du ciel qui accourent vers eux avec de grands cris. Ces Soviétiques n'oublieront jamais l'étrange spectacle : la tente rouge, l'antenne de la radio, les caisses éventrées — et surtout l'avion de Lundborg renversé. Lundborg que l'un de ses camarades, réussissant un nouvel atterrissage miraculeux, était venu chercher quelques jours plus tôt.

On récupérera l'équipage de l'avion soviétique. On sauvera Sora et Van Dongen.

De l'épave de l'*Italia* et des six hommes qui s'étaient envolés avec elle, on ne saura rien. Jamais. Du Latham d'Amundsen on ne retrouvera qu'un flotteur.

Le général Umberto Nobile a regagné l'Italie. Sur son retour, le gouvernement a ordonné le silence.

— Malgré les ordres donnés par le régime d'alors, m'a dit Mme Umberto Nobile, malgré les ordres d'ignorer mon mari à son retour en Italie, pendant tout le parcours de la frontière jusqu'à Rome la foule s'est pressée dans toutes les gares, on lui apportait des fleurs, on lui a fait un retour triomphal. Il y avait tant de fleurs dans son wagon qu'il n'y avait plus de place pour les personnes. La foule rompait les barrages de police pour voir Nobile et ses camarades. Et alors, alors seulement, le gouvernement fasciste a donné l'ordre de laisser les gens venir jusqu'à lui. Mussolini lui a même envoyé son chef de cabinet. Une immense foule avait envahi la gare de Rome. Preuve que le peuple d'Italie était si ému par le retour de ceux qui avaient tant souffert sur le pack !

Étonnant décalage. D'un côté la ferveur populaire, de l'autre la réprobation officielle.

Ce que reproche le gouvernement à Nobile, c'est d'avoir failli à la règle qui veut que, sur un navire qui sombre, le capitaine reste le dernier à bord. Nobile, avec véhémence, avec fièvre, puis avec colère, explique, se défend. Ses camarades confirment ses dires : le général voulait réellement partir le dernier. C'est le pilote Lundborg qui lui a fait violence. Nobile a cru sincèrement obéir à des *ordres*. De sa cabine de la *Città di Milano*, il a pu coordonner les recherches. Ce que nul autre que lui n'aurait pu faire. Le gouvernement italien maintient sa position.

Ce n'est là, on l'a compris, qu'un prétexte. Les fascistes sont ravis d'avoir découvert l'argument qui va perdre définitivement ce trublion.

On réunit une commission d'enquête qu'Italo Balbo a composée uniquement d'ennemis de Nobile. S'étonnera-t-on qu'elle ait condamné le général ? Le héros blessé gît moralement à terre. On veut le mettre à la retraite, il jette sa démission au visage de ceux qui l'accusent. Il n'est plus rien. Il est ruiné.

Il acceptera l'offre du gouvernement soviétique de construire des dirigeables en Russie. En pleine purge stalinienne, il parvient à mettre sur pied une importante industrie. Après quoi, ce sont les États-Unis qui l'appellent. Il ne retrouvera l'Italie que pendant la Seconde Guerre mondiale.

L'*affaire Nobile* continue de diviser les esprits. Après la guerre, les archives s'ouvrent, les langues se délient. Tout confirme que ce qui a perdu Nobile, c'est un complot fasciste contre le démocrate qu'il était. Jean Malaurie rappelle que Shackleton, en 1916, lors de la perte de l'*Endurance*, a quitté les vingt-deux naufragés de son expédition pour quérir du secours en parcourant, en 137 jours, 1 200 kilomètres à travers la « terrible mer de Weddell ». Il rappelle que Knud Rasmussen, en 1917, a laissé au cap Agassiz, en Terre d'Inglefield, ses quatre coéquipiers affamés pour aller chercher du secours auprès d'Esquimaux stationnés 200 kilomètres au sud. Il souligne que les résultats scientifiques de l'expédition de 1928 se sont révélés considérables. Faut-il l'oublier ?

Peu à peu, les réticences s'amenuisent, les hostilités s'apaisent. Les années coulent.

Nobile survit, mais il suffit d'un ouvrage qui reprenne l'éternelle accusation, d'un article où l'on critique de nouveau son choix de 1928, pour que la vieille blessure se rouvre. On ne le laissera donc jamais en paix ? Alors, il saisit sa plume, écrit aux journaux, publie des livres, enregistre des émissions de radio, parle à la télévision.

C'est un géant à jamais meurtri qui disparait en 1978, à quatre-vingt-quatorze ans. Il a vu, l'un après l'autre, ses compagnons de la tente rouge glisser dans la mort. Il reste seul.

Lui que l'on a si souvent accusé d'être parti le premier, il demeurera, pour l'ultime expédition, le dernier.

XIII

Le rapt du bébé Lindbergh

1er mars 1932

La nurse fit irruption dans la bibliothèque où, assis à son bureau, travaillait Charles Lindbergh. Elle s'appelait Betty Gow et paraissait très agitée :

— Colonel, dit-elle d'une voix qui tremblait, avez-vous le bébé ?

Lindbergh, surpris, la regarda.

— Non. N'est-il pas dans son berceau ?

— Il n'y est pas.

Dans l'instant, Lindbergh fut debout. Pour sortir de la pièce, il bouscula la nurse, s'engagea dans l'escalier qu'il gravit quatre à quatre. Betty suivit comme elle put.

L'aviateur s'engouffra dans la chambre du bébé. Située au premier étage, à l'angle de la grande maison que les Lindbergh avaient fait construire au milieu des bois, cette pièce spacieuse était dotée de trois fenêtres : une porte-fenêtre au sud, deux fenêtres simples au sud-est. Le petit lit en bois d'érable était protégé par un paravent rose et vert sur lequel se voyaient une école et des animaux. Sous la porte-fenêtre, le coffre où l'on rangeait ce que le petit Charles — âgé de vingt mois — possédait de plus précieux, ses jouets. Sous la fenêtre sud-est, un autre petit coffre. Sur la cheminée, un coq en porcelaine et deux autres oiseaux. Au

Charles et Anne Lindbergh peu après leur mariage. (Coll. particulière.)

milieu de la pièce, une petite table en érable et une chaise d'enfant : tel était le décor, tendre et douillet, voulu par Charles et Anne Lindbergh pour leur premier enfant.

Projetant en avant son long corps filiforme, Lindbergh fut en deux enjambées auprès du berceau. Il était vide.

Chaque soir, en couchant l'enfant, Betty fixait au matelas, avec deux épingles de sûreté, la couverture et les draps. Ainsi était-elle sûre que Charles Jr ne se découvrirait pas. Couverture et draps apparaissaient bien en place. On n'avait pas touché aux épingles. En se penchant, Lindbergh put apercevoir — distinctement — la trace de la tête de son bébé imprimée, en creux sur l'oreiller.

Lindbergh ne parvenait pas à croire que tout cela était réel. Soudain, il s'arracha à sa contemplation, courut à sa chambre — où se trouvait sa femme — ôta de l'armoire une carabine et regagna en courant la nursery, cependant que Anne le suivait en se tordant les mains.

Avait-il cru que le ravisseur serait encore dans la nursery ? Devant le petit lit, il laissa retomber le bras qui brandissait la carabine et, comme pénétré de son impuissance, il se retourna vers sa femme :

— Anne, ils ont volé notre bébé.

Presque à voix basse, elle répondit seulement :

— Oh ! mon Dieu...

Pour toute une génération, il fut le héros absolu. La terre entière non seulement admira Charles Lindbergh mais l'idolâtra. Elle communia avec les cent mille Parisiens accourus au Bourget pour voir atterrir, le 21 mai 1927 à 22 h 22, ce minuscule monoplan, le *Spirit of Saint Louis*, piloté par l'homme qui, pour la première fois, venait de vaincre l'Atlantique. En quelques minutes, le jeune aviateur impécunieux était devenu l'homme le plus célèbre de son temps. Certes, il avait réussi un exploit sans précédent, mais il correspondait merveilleusement à l'image que l'on attendait d'un héros américain, ce trop long garçon, mince, blond, au teint d'enfant, au regard toujours étonné, à la maladresse évidente et à la timidité non feinte.

Tout avait l'air sain chez Charles Lindbergh. Son grand-père, suédois, avait émigré aux États-Unis en 1860. Charles Augustus, son père, avocat, attorney général et, pendant dix ans, député au Congrès, avait épousé Evangéline Land, professeur de sciences à l'École supérieure de Little Falls. Les Land, eux, se montraient fiers de leur origine anglaise. Le grand-père maternel de Charles, dentiste, était d'une prodigieuse habileté manuelle dont son petit-fils devait hériter[1]. C'est d'ailleurs dans la maison de son grand-père Land, à Detroit, que Charles Lindbergh était né le 4 février 1902.

Une enfance cahotée : l'hiver à Washington pendant les sessions du Congrès, l'été dans le Minnesota. De nombreux séjours à Detroit chez le grand-père dentiste, de fréquents déplacements d'un État à l'autre, ceci jusqu'en Californie.

Douze écoles en dix années. C'est beaucoup. Les parents expliquaient les échecs de leur fils par les incessants déplacements auxquels on le contraignait. Sans doute la vérité était-elle que le jeune Lindbergh bâillait aux enseignements trop théoriques et qu'il avait soif de concret. Il se crut destiné à la mécanique, s'inscrivit en 1920 à l'École des ingénieurs de l'université du Wisconsin. Il ne devait y accomplir que trois semestres. Entre-temps, il avait découvert l'aviation.

Il pensait aux avions depuis que, tout enfant, étendu sur le dos dans l'herbe des prairies de Little Falls, il observait pendant des heures les nuages qui couraient dans le ciel. Il se disait alors : « Comme il serait merveilleux d'avoir un aéroplane, des ailes qui permettraient de monter jusqu'à ces nuages, d'en explorer les grottes et les failles, des ailes comme ce faucon qui tourne au-dessus de moi[2]. » Le petit Lindbergh en était sûr : s'il disposait d'un avion, il chevaucherait le vent.

Un été — peut-être celui de 1912 — il jouait dans sa chambre au premier étage, quand il entendit un bruit de moteur. Ce n'était pas celui d'une automobile. Sortant par la fenêtre, il grimpa sur le toit. Il aperçut dans le ciel un singulier appareil avec hélice à l'arrière : « A moins de 200 mètres, volant plus bas que les cimes des arbres, c'était un biplan, fragile et compliqué, où le pilote était assis à l'avant, entre les mâts et les haubans. » Quelque temps plus tard — ses parents vivaient alors séparés — sa mère l'emmena à Fort Mayer, en Virginie, pour assister à un meeting aérien. Toute sa vie, il reverrait ces biplans, primitifs et poétiques, avec leurs

1. Pierre Belperron : *Lindbergh* (1938).
2. Charles Lindbergh : *The Spirit of Saint Louis*. Traduit en français sous le titre : *33 heures pour Paris* (1954).

pilotes à la casquette retournée vissée sur la tête. Ce jour-là, il décida qu'il serait aviateur[1].

N'ayant pas achevé le deuxième semestre de sa seconde année universitaire, Charles fit savoir à son père et à sa mère qu'il allait quitter l'école dans un seul but : apprendre à voler.

Réaction du père :

— C'est trop dangereux et tu es mon seul fils.

Réaction de la mère :

— Très bien. Si tu désires vraiment voler, c'est ce que tu vas faire.

C'était à la fin de mars 1922. Lindbergh enfourcha sa moto — son seul bien. Il en était d'autant plus fier qu'elle tombait sans cesse en panne et qu'il l'avait démontée et remontée cent fois. Il gagna Lincoln, dans le Nebraska, où il s'enrôla comme élève à la Nebraska Aircraft Corporation. Il venait juste d'avoir vingt ans.

On n'en était plus à l'aube de l'aviation mais celle-ci n'avait pas quitté son petit matin. La guerre, dans ce domaine comme dans d'autres, avait permis de considérables progrès techniques, mais l'aviation n'était pas entrée dans les mœurs. La première ligne régulière avec passagers — Amsterdam-Londres — n'avait été fondée qu'en 1919. En 1920, on avait vu naître les lignes françaises Paris-Bruxelles et Paris-Londres. Elles utilisaient ce que l'édition de l'époque du Larousse Universel appelait « de puissants appareils aménagés en vue du tourisme ». Un dessin de la même édition montrait, pour l'édification de ses lecteurs, l'*Intérieur d'un aéroplane géant. La cabine des voyageurs*. On apercevait, de part et d'autre d'un étroit couloir central, six sièges en osier ressemblant à des fauteuils de jardin. La même planche offrait à notre admiration l'aérobus Blériot (1920), un biplan quadrimoteur. Orgueilleuse évolution : l'aérobus était muni d'un lavabo dont on nous proposait aussi l'image.

Aux États-Unis, il n'existait que douze cents avions civils, d'ailleurs presque tous d'anciens appareils militaires. En fait de lignes régulières, les seules que l'on comptait se révélaient de caractère purement local.

Le 9 avril 1922, Lindbergh allait recevoir le baptême de l'air à bord d'un Lincoln Standard Turnabout, biplan pouvant porter,

1. Walter S. Ross : *Charles Lindbergh, le dernier héros*. Traduit par R. Jouan (1968).

outre le pilote placé à l'arrière, deux passagers à l'avant. Il se souviendra : « J'ai encore dans les narines l'odeur de vernis qu'on sentait alors dans les ateliers comme l'odeur d'éther dans les couloirs d'un hôpital. Je revois clairement les fuselages aux couleurs brillantes, alignés sur le sol, et ressens la même admiration pour le si faible volume du moteur Hispano-Suiza. » Il n'oubliera pas davantage le moment où l'appareil s'était élevé dans les airs : « Je perds conscience de ma liaison avec le passé. Je ne vis plus que pour l'instant présent dans cet espace étrange, éternel, merveilleusement beau, parsemé de dangers. »

Entraînement : en cinq semaines, huit heures de vol seulement, décollage et atterrissage en double commande. Il allait en coûter 650 dollars à l'aspirant pilote. Quand il voulut voler seul, l'entraîneur lui demanda 500 dollars, expliquant qu'il lui fallait se couvrir « contre une destruction éventuelle de l'appareil ». Lindbergh ne possédait pas les 500 dollars. Il préféra s'engager comme aide bénévole d'un pilote du nom d'Erold Bahl qui entreprenait dans le pays une tournée d'exhibitions et de baptêmes de l'air. Le jeune Lindbergh devait s'occuper de l'appareil, mettre le moteur au point et, à l'étape, se muer en bateleur pour recruter des candidats aux vols d'initiation. Qui plus est, pendant les démonstrations, il marchait sur les ailes — ceci sans protection ni parachute. Au retour, Lindbergh n'avait toujours pas volé seul !

Nouvelle tournée d'exhibitions et d'acrobaties — en compagnie d'un certain Lynch. Désormais Lindbergh ajoutait à ses marches en plein vol des sauts en parachute. Lynch non plus — prudent autant que Bahl — ne le laissait pas voler seul. En avril 1923, Charles convainquit son père de lui signer une garantie pour qu'il pût contracter un emprunt à la banque. La somme — ajoutée aux quelques économies qu'il s'était faites — allait lui permettre d'acheter un vieil appareil d'occasion, un Jenny. C'était à Souther Field, en Georgie. Il allait — ô joie — pouvoir voler sans accompagnateur ! Aussi incroyable que cela puisse nous apparaître aujourd'hui, nul interdit ne limitait les vols. Aucune nécessité de posséder un permis, de passer un examen, de démontrer sa compétence : volait celui qui avait les moyens de voler, c'est tout. Lindbergh s'installa aux commandes, mit le contact, tira sur le manche... et faillit capoter au décollage. Un jeune pilote nommé

Handerson se proposa pour le conseiller : il connaissait mieux, dit-il, le Jenny que lui. Lindbergh écouta avec attention, mit de nouveau le contact, tira sur le manche... et cette fois décolla. Merveille des merveilles ! Il était en l'air, et seul. Il se sentit le maître du monde.

Il reprit, cette fois à son compte, les tournées de baptêmes de l'air qu'il avait pratiquées avec d'autres. Le Jenny était un très petit appareil, d'une fragilité sans égale et d'un défaut de puissance très remarquable. Quand un candidat au baptême de l'air se présentait, Lindbergh jaugeait aussitôt son poids. Si l'homme était trop corpulent, il vidangeait la moitié du réservoir d'essence.

Était-ce l'avenir de Charles Lindbergh ? Quand il en entretenait son père, il convenait lui-même que persister serait une erreur. Pas un instant, il n'envisagea pourtant de quitter l'aviation. Il préféra s'engager dans l'aviation militaire. On pouvait ne signer que pour un an. L'avantage était que l'on bénéficiait gratis de l'enseignement d'excellents moniteurs, ceci sur des appareils de premier ordre.

Lindbergh posa sa candidature, passa l'examen d'entrée, n'obtint que 72 points — 2 seulement de plus que la note éliminatoire. Il partit pour Kelly Field où il devait, pendant six mois, s'entraîner sur des De Havilland. Au cours d'une simulation de combat en vol, il accrocha un autre appareil. Lui-même et l'autre pilote purent *in extremis* sauter en parachute. Neuf jours plus tard, à l'examen de sortie, Lindbergh fut classé premier. C'était en mars 1925. Désormais, il était sous-lieutenant d'aviation de réserve.

Peu à peu, aux U.S.A., s'installaient des lignes aéropostales. On lui offrit de devenir le chef pilote de l'une d'elles, sur le trajet Saint Louis-Chicago, 460 kilomètres. Il accepta. Chaque jour, chaque nuit, tout était à inventer. On volait sans météo, les terrains n'étaient pas éclairés. Pour convaincre la clientèle d'utiliser ce nouveau moyen d'acheminement du courrier, il fallait coûte que coûte partir chaque jour, quelles que fussent les conditions atmosphériques. En France, les hommes de Didier Daurat — à commencer par Mermoz — ont connu ces conditions de vol, exaltantes mais périlleuses. Au cours d'un vol, l'appareil que pilotait Lindbergh se mit à tomber tout à coup comme une pierre. Impossible de le redresser. Il essaya jusqu'à 100 mètres du sol et — seulement à ce moment — sauta en parachute.

Au cours des vols de nuit sous la lune, Charles Lindbergh rêvait : « Pourquoi retourner à cette terre ? Pourquoi revenir aux problèmes humains, m'enfermer entre des murs de brique, alors que tout l'univers de cristal est à moi ? » Il imaginait, à bord d'un avion, pouvoir relier Saint Louis à New York d'un seul coup d'aile. Bien sûr, le vieux coucou qu'il pilotait en serait parfaitement incapable. Il lui faudrait un appareil doté de moteurs puissants, donc d'un rayon d'action beaucoup plus considérable. Était-ce un rêve d'ailleurs ? Il savait qu'un tel aéroplane existait : c'était le Wright-Bellanca. Wright était le nom des deux premiers aviateurs qui, aux U.S.A., s'étaient élevés de terre à bord d'un « plus lourd que l'air ». Les pionniers des premiers jours s'étaient souvent mués en constructeurs. En France, c'était le cas de Blériot, de Farman, de Voisin. Aux U.S.A., celui des frères Wright.

La nuit s'avançait. Dans le cockpit avant dormaient les sacs de courrier. Le moteur tournait rond. Lindbergh pensait toujours au Wright-Bellanca. Si l'on faisait abstraction de tout passager, si l'on allégeait l'appareil au maximum, si on remplissait d'essence le moindre de ses recoins, jusqu'où irait-on ? Le rêve de Lindbergh s'affirmait : « A en juger par les comptes rendus que j'ai eus, c'est le meilleur appareil que l'on ait construit jusqu'ici. Il pourrait battre le record mondial de durée, celui des parcours transcontinentaux et améliorer tous les records de distance, de vitesse et de charge. Peut-être même — ma pensée s'enflamme à cette idée — serait-il en mesure d'accomplir le vol New York-Paris sans escale. »

New York-Paris sans escale !

La traversée de l'Atlantique, d'autres y pensaient depuis longtemps. Le quotidien britannique *Daily Mail*, après avoir naguère offert un prix de 25 000 francs au vainqueur de la Manche, en avait instauré un autre, de 50 000 dollars, destiné au premier aviateur qui franchirait l'Atlantique. En juin 1919, Alcok et Brown, deux Britanniques, en parvenant à voler de Terre-Neuve jusqu'en Irlande, l'avaient empoché.

Nul cependant n'avait encore gagné les 25 000 dollars du prix fondé par le propriétaire d'un hôtel à New York. Ce Raymond Orteig, d'origine française, avait bien précisé qu'il faudrait voler sans escale de New York jusqu'à la côte française, soit 5 335 kilomètres.

C'était le temps où les records tombaient quasi quotidiennement. En septembre 1926, le Français Challe avait dépassé 5 000 kilomètres sans escale. En octobre, Costes et Rignot avaient volé sur 5 400 kilomètres. Aux États-Unis, on n'en était pas encore là. Le record, qui datait de 1923, restait de 4 025 kilomètres. Lindbergh se sentait sûr, sur un appareil tel que le Bellanca, de pouvoir voler jusqu'en France.

Si du moins un autre n'y arrivait pas avant lui ! En septembre 1926, le pilote français Fonck — as de la Grande Guerre — s'élança sur la piste de Roosevelt Field, avec un équipage de trois hommes. L'appareil trop lourd — l'essence ! — ne parvint pas à décoller et prit feu en bout de piste. Le mécanicien et le radio périrent dans l'incendie, cependant que Fonck et son copilote Curtiss s'en tiraient miraculeusement.

Ce qui frappait Lindbergh, c'est que Fonck n'avait pas accordé la priorité au poids de l'appareil. Pourquoi quatre personnes à bord ? Pourquoi deux émetteurs de radio ? Pourquoi une nourriture surabondante dont les journaux s'étaient empressés de livrer la composition ? Lindbergh se disait que, s'il partait, il le ferait seul et n'emporterait rien que d'indispensable.

Car il n'en était plus aux projets. Il *voulait* partir. La question lancinante était : où trouver l'argent ? Un tel raid coûterait cher, très cher. Il fallait non seulement acquérir l'avion, mais l'équiper, le transformer. Qui pourrait l'aider ? Il pensa à la ville de Saint Louis où, depuis l'aéropostale, on le connaissait. Il s'adressa à des capitalistes, leur démontra que l'aviation se trouvait à un tournant, qu'il fallait en assurer la promotion, que rien ne pourrait y parvenir aussi bien qu'un vol transatlantique. Il ne reçut pas un mauvais accueil, mais les éventuels bailleurs de fonds se demandaient s'il ne valait pas mieux choisir un trimoteur — le Wright-Bellanca étant un monomoteur. Les gens de Saint Louis pensaient à la sécurité. Lindbergh répondit que, de toute façon, si l'un des trois moteurs tombait en panne au milieu de l'Atlantique, les deux autres ne pourraient pas ramener l'avion à son point de départ. D'ailleurs un trimoteur coûtait 30 000 dollars. Les tractations durèrent longtemps. La firme Bellanca, consultée, voulait bien vendre l'avion mais ne faisait pas confiance à Lindbergh : il faudrait choisir un autre équipage ! Furieux, Lindbergh rompit les pourparlers avec ces insolents et s'adressa à un autre constructeur, la compagnie Ryan. Cette fois, il s'entendit à merveille avec le chef ingénieur, un certain Donald Hall. Au même moment, les gens de Saint Louis se décidaient et lui remettaient un chèque de 15 000 dollars. Donald Hall se mit aussitôt à construire l'appareil selon les instructions de Lindbergh.

Il fallait faire vite, car les compétiteurs se multipliaient. On préparait un nouvel avion pour Fonck. On achevait de construire un gros bimoteur pour Byrd. En France, deux as de la Grande Guerre, Nungesser et Coli, se disposaient à tenter le raid dans l'autre sens. Subventionné par l'American Legion, le pilote Davis annonçait que bientôt il serait prêt à partir. Quand Lindbergh posa sa candidature au Prix Orteig, il s'aperçut qu'il ne pourrait concourir que soixante jours plus tard, les autres concurrents s'étant inscrits avant lui. Il se sentit profondément découragé. Sûrement, d'ici là, un autre pilote aurait franchi l'Atlantique.

N'importe. Son père n'avait cessé de lui répéter qu'un bon Américain ne désespérait jamais et qu'une fois sa décision prise, s'il était prouvé que celle-ci était juste, un homme digne de ce nom ne devait plus dévier de sa route. Lindbergh pressa d'autant plus Donald Hall et ses ouvriers. Il ne quittait guère l'atelier. Ce qui s'édifiait, c'était un appareil construit sur mesure pour Lindbergh. Tout était pris en compte : sa taille, son poids. Le poids était littéralement sa hantise. Il sentait qu'il n'arriverait au but que s'il emportait une réserve de carburant pouvant lui permettre non seulement de couvrir la distance New York-Paris, mais de faire face à des intempéries ou des incidents imprévus. Comme il l'avait exigé, on avait écarté tout accessoire jugé inutile par le jeune pilote : radio, compas, indicateur de niveau d'essence, équipement pour vol de nuit. Il renonça même au parachute, estimant que son poids serait plus efficacement compensé par quelques litres supplémentaires d'essence. De l'essence, Lindbergh exigeait qu'on en mît partout. Il déclara qu'il n'avait pas besoin de voir devant lui, qu'il lui suffisait de passer la tête par la vitre latérale. Alors, devant son siège de pilote, Donald Hall plaça un nouveau réservoir à essence. Quand on lui parla de nourriture, Lindbergh demanda que l'on calculât simplement ce que pèseraient cinq sandwichs et un litre d'eau.

Il avait longuement repéré son chemin : suivre les routes commerciales se révélerait plus sûr. En cas d'accident, il pourrait être repêché par l'un des nombreux navires qui parcouraient sans cesse ces itinéraires. Il ne s'arrêta pas à cette solution. Il volerait en droite ligne, par le chemin le plus court. Celui-ci passait par la Nouvelle-Angleterre, la Nouvelle-Écosse, Terre-Neuve. Après quoi, c'était le grand saut au-dessus de l'Océan. Il retrouverait la terre en survolant l'Irlande et de là — si Dieu était avec lui —, il foncerait sur Paris.

Le 28 avril 1927, l'avion de Lindbergh était prêt. En signe de gratitude pour ses bailleurs de fonds, il l'appela *Spirit of Saint Louis*. Les essais se révélèrent concluants : c'était un bon appareil. Logiquement, il pouvait tout en attendre. Le 10 mai 1927, à 15 h 55, Lindbergh quitta San Diego pour New York. Pour la première fois de sa vie, il allait voler une nuit entière. Quel test pour l'appareil ! Il atterrit à Saint Louis quelques minutes après 6 heures du matin. Un vol de quatorze heures et vingt-cinq minutes. Il repartit, le 12, et atterrit sept heures plus tard à Long Island, près de New York.

Les compétiteurs ? Aux essais, le trimoteur de Byrd s'était écrasé. Davis et son copilote Wooster s'étaient tués à bord de leur appareil *American Legion*. Comme prévu, le 8 mai, les Français Nungesser et Coli avaient pris l'air, au Bourget, à bord de l'*Oiseau blanc*. On ne devait jamais les revoir.

En fait, Lindbergh restait seul sur la ligne de départ. L'infortune et la mort avaient devant lui éclairci tous les rangs. Ce qui, d'évidence, empêchait désormais de calculer le pourcentage de réussite...

On commençait à parler beaucoup de ce petit Lindbergh. Rares étaient ceux qui avaient d'emblée cru en lui. Prendrait-il seulement le départ ? Or il était là, prêt à s'envoler. Presque d'un jour à l'autre, il passa de l'anonymat à la notoriété. Des journalistes accoururent en foule. Il fallut protéger le hangar qui abritait le *Spirit of Saint Louis*. Lui-même, paralysé par la timidité, quasi terrorisé par l'affluence, répondait par monosyllabes aux questions dont on l'agressait. Le dimanche qui suivit son arrivée à Long Island, trente mille personnes envahirent l'aérodrome.

Le père de Lindbergh était mort. Sa mère tint à faire le voyage pour embrasser son fils. Les photographes supplièrent la chère dame et Charles de poser ensemble devant eux. Lindbergh s'y refusa catégoriquement. Il s'enferma dans un hangar avec sa mère.

Ils parlèrent pendant quelques heures. Après quoi, elle s'en fut. Comme elle montait dans la voiture qui l'avait amenée, Charles s'approcha. Elle ne l'embrassa pas, se contenta d'une tape dans le dos :

— Au revoir et bonne chance, Charles, dit-elle.

— Au revoir, maman, répondit-il.

Lindbergh devait dire : « La façon dont les journalistes ont agi lors de la venue de ma mère m'a enlevé toute espèce de considération pour eux. Peu leur importait de la blesser dans ses sentiments ou de lui faire craindre pour ma vie pourvu qu'ils eussent leurs photos et leurs articles. Savait-elle que son fils allait entreprendre un vol extrêmement dangereux ? Savait-elle que des aviateurs beaucoup plus âgés et expérimentés s'étaient déjà tués dans la même tentative ? »

Les circonstances climatiques étaient exécrables. Pour partir, Lindbergh attendait la première éclaircie. Cela dura des jours et des jours. Le 19 mai, il se mit en route pour aller dîner au Club des journalistes de New York : impossible de se dérober à leur invitation. Il conduisait lui-même sa voiture où avaient pris place quelques amis, dont le président de la compagnie Ryan. On voyait à peine devant soi, tant la brume était épaisse. Pourtant, quelqu'un eut l'idée de téléphoner à la météo. Surprise : le temps devenait meilleur sur l'Atlantique.

Plus question de dîner au Club des journalistes. A toute allure, Lindbergh repartit pour Long Island.

L'amélioration du temps se confirmait. Lindbergh déclara qu'il partirait le lendemain matin. En attendant, il lui fallait dormir. Il s'enferma dans sa chambre d'hôtel, cependant que les journalistes envahissaient le bar, le salon et les couloirs. Ils parlaient si fort, ils faisaient tant de bruit qu'il lui fut impossible de fermer l'œil. A 2 h 45, il se résigna, se leva, s'habilla. Il savait dès le début qu'il devrait rester éveillé pendant plus de trente heures. Il comprenait maintenant qu'il lui faudrait ajouter à cette veille si dure la nuit blanche qu'il devait aux représentants de la presse.

Quand il arrive sur le terrain, le temps est redevenu mauvais. Tant pis. Le sort en est jeté. Il partira à l'aube. On remplit les réservoirs. Lindbergh monte dans la carlingue, referme la porte. On lance l'hélice — l'hélice unique. Le moteur ne donne pas le rendement prévu. Lindbergh coupe les gaz. Vérification. Second essai. De nouveau, un régime peu satisfaisant. Autour de l'appareil, tous regardent Lindbergh. Le vent s'est mis à souffler. Il va falloir l'affronter au décollage avec un poids énorme, une surcharge d'essence, prévue certes, mais que Lindbergh n'a pas encore testée.

Il pèse le pour et le contre. Et soudain, écrira-t-il, « la conviction monte en moi que les roues quitteront le sol, que les ailes franchiront les fils télégraphiques victorieusement, que le moment est bien venu d'entreprendre le vol ».

Il lève la main. Sur la piste, tous ont compris. On retire les cales. Les roues de l'appareil s'enfoncent dans la glaise trempée. Il faut que les aides se mettent à huit pour le pousser. Le *Spirit of Saint Louis* roule avec une lenteur qui désespère tous les témoins. Il semble que son poids doive à jamais l'attacher à la terre, puis il prend de la vitesse. On voit les roues se soulever, puis de nouveau il touche le sol. Il roule de plus en plus vite, accomplit deux ou trois bonds, retombe et — enfin — décolle.

Tous, à terre, hurlent :

— Ça y est !

Lindbergh a si bien raconté sa traversée de l'Atlantique que vouloir après lui l'évoquer en détail n'aboutirait qu'à le paraphraser.

Il suffit de se souvenir des orages qu'il a essuyés sur la Nouvelle-Écosse, du grand tour qu'il a accompli au-dessus de Saint-Jean de Terre-Neuve pour être sûr que son passage serait aperçu. Après quoi, sans appel, il a mis le cap à l'est. Il y a alors onze heures trente-trois minutes qu'il a quitté Roosevelt Field.

A 20 h 15, la nuit est venue. La nuit et aussi le brouillard. Impossible de plus rien distinguer. Le froid a envahi la carlingue. Aussitôt Lindbergh a pensé au givrage. Le givre qui s'accumule sur les ailes et sur le fuselage, c'est l'impossibilité tout à coup de manœuvrer. Le poids entraîne — irrésistiblement — l'avion vers le bas. Ce dont s'aperçoit Lindbergh, c'est que le nuage qu'il tente de traverser n'est pas seulement composé de brouillard mais de cristaux gelés. Que faire ? Continuer.

Le moteur tourne rond. Trop rond peut-être, car le bruit monotone conduit le pilote peu à peu à la somnolence. Heureusement, il y a le froid extérieur. Lindbergh s'interdit de fermer les vitres. Il faut, il faut absolument qu'il reste éveillé.

Il regarde sa montre. Il y a dix-sept heures qu'il vole. Il n'a pas dormi depuis quarante-huit heures ! Quoi qu'il fasse, ses paupières se ferment. Il tente de les tenir ouvertes entre ses doigts ; les paupières se révèlent les plus fortes.

Dix-huit heures de vol. Dans son journal de bord, il note qu'il a accompli la moitié du parcours. Les cinq heures qui suivent, il lutte toujours. Contre le brouillard, contre le sommeil.

Et voici le jour. Va-t-il s'éveiller ? Non. Il se souviendra qu'il a volé à demi inconscient pendant des heures. Il lui faut encore tenir dix heures au moins. Comment garder les yeux ouverts, une fois pour toutes ? Il passe la tête par la glace ouverte, se laisse fouetter par le vent glacé, boit littéralement l'oxygène. Le miracle s'accomplit : il n'a plus du tout sommeil. Il se sent aussi vaillant qu'au départ. Il constate que le vent souffle maintenant de l'arrière. Ce qui — incontestablement — soutient son vol.

Des heures encore. Qu'est-ce donc que ces petits points noirs devant lui ? Des mouettes, bien sûr. Des mouettes, cela veut dire la terre proche. Bientôt, ce qu'il aperçoit sur la mer, ce sont des bateaux de pêcheurs. Ils lui confirment qu'il approche d'une terre. La voilà, cette terre : c'est l'Irlande ! Il reconnaît la côte, constate que, sur sa route, il n'a commis qu'une erreur de cinq kilomètres. On lui aurait parlé de quatre-vingts qu'il n'aurait pas été surpris. Cinq kilomètres ! « Avant d'accomplir ce vol, j'aurais dit que c'était de la chance. Mais ce mot me paraît maintenant trop banal ; il ne peut être utilisé que par ceux qui n'ont jamais vu le rideau tiré ou ne se sont jamais trouvés loin de la vie. »

Sans doute n'est-il qu'à quatre heures de Paris. Il accélère, vole maintenant à 177 kilomètres à l'heure.

Et voilà la côte française ! Normalement, il doit atterrir au Bourget une heure plus tard. Le lecteur le croira-t-il ? A cet instant précis, il a pensé qu'il n'avait pas de visa et que cela poserait peut-être un problème à l'atterrissage ! Aussitôt, il éprouve une pensée de tendresse et d'amour pour son avion : « On dirait une créature vivante glissant agréablement, heureusement, comme si le succès lui importait autant qu'à moi... Ce vol au-dessus de l'Océan, c'est *nous* qui l'avons fait, non pas moi ou lui. »

La nuit est tombée. Il voit au loin Paris rutiler de toutes ses lumières. Il distingue clairement la tour Eiffel illuminée : la fameuse publicité Citroën. Il se donne le plaisir de voler tout droit vers elle, de la contourner. Ce n'est qu'après qu'il met le cap sur le Bourget. Sur la route qui conduit à l'aérodrome, il discerne un énorme embouteillage, une interminable file d'automobiles, pare-chocs contre pare-chocs, qui toutes semblent se diriger vers l'aérodrome. Le croira-t-on encore ? Pas une seconde, il n'en vient à penser que ce sont là les voitures de gens venus pour lui. Voici la piste, le hangar. Il atterrit.

Cent mille personnes. Cent mille qui avaient gagné le Bourget dès que l'on avait appris que le *Spirit of Saint Louis* avait été vu au-dessus de l'Irlande. A peine les roues de l'appareil touchèrent-elles le sol que cette foule rompit tous les barrages, se rua. Les gens hurlaient, pleuraient. Dès que Lindbergh eut entrouvert la porte de l'avion, il fut happé, enlevé. Il ne comprenait toujours pas. Il posa cette question bien digne de lui :

— Y a-t-il ici quelqu'un qui parle anglais ?

Il se sentait emporté comme sur la crête d'une immense vague. On lui arracha son casque de cuir. D'autres touchaient ses vêtements, comme ils eussent fait de ceux d'un dieu. Ce furent deux aviateurs français, Détroyat et Delage, qui le sauvèrent. Ils placèrent son casque sur la tête d'un grand Américain qui se trouvait là. Dès lors, on prit celui-ci pour Lindbergh et on le porta en triomphe. Cependant les deux aviateurs français hissaient le vainqueur de l'Atlantique dans une petite Renault qu'ils conduisirent vers un hangar dont on ferma précipitamment la porte.

Pendant ce temps, la foule déchiquetait le *Spirit of Saint Louis* pour en arracher des reliques.

Un peu plus tard, Lindbergh retrouvait l'ambassadeur des États-Unis, bloqué à l'autre bout de l'aérodrome. Aussitôt celui-ci l'emmena à l'ambassade, avenue d'Iéna. Il lui fallut encore raconter son odyssée à l'envoyé spécial du *New York Times* — qui s'était assuré l'exclusivité du récit — et qui, bon prince, consentit ensuite à ce que Lindbergh s'entretînt avec la foule des journalistes accourus entre-temps.

Ils lui demandèrent s'il n'était pas trop fatigué. Alors seulement, il se rendit compte qu'il n'avait pas dormi depuis soixante-trois heures. Il était 4 heures du matin. Il gagna sa chambre, se jeta sur son lit et s'endormit instantanément.

Pendant la nuit, l'extraordinaire nouvelle courait les fils du téléphone, ceux du télégraphe, les câbles transatlantiques, les ondes de la radio. Le monde vibrait à l'unisson de la victoire de Charles Lindbergh.

Le lendemain, Lindbergh reçut la Légion d'honneur des mains du président de la République Gaston Doumergue. Dès lors, il fut pris comme en un tourbillon. Visite à la mère de Nungesser, réception à l'Aéroclub, déjeuner avec Blériot, rencontres avec les maréchaux Foch et Joffre, visites aux Invalides, à la Chambre des députés, à l'Hôtel de Ville, au Sénat, aux ministères de la Guerre, de la Marine, des Affaires étrangères... L'emploi du temps d'un chef d'État en visite officielle. Discours, discours, discours. Aux interminables harangues, aux dithyrambes trop attendus, Lindbergh répondait avec cette simplicité qui allait en quelques heures lui valoir une immense popularité. Il y ajoutait son sourire franc et timide à la fois. Il semblait tout autant gêné par sa haute taille que par sa gloire soudaine. Devant un tel déferlement, est-ce de l'ivresse qu'il manifestait ? Non. De l'étonnement, toujours. Et rien n'était plus sincère que cet étonnement-là. Du coup, ce héros de vingt-cinq ans, on ne l'en aimait que davantage.

Le conte de fées allait se poursuivre à Bruxelles, à Londres. Le président des États-Unis envoya le croiseur *Memphis* le chercher. Impossible de décrire l'accueil qu'allait lui réserver son pays. Quatre cent mille personnes écoutèrent Coolidge saluer à Washington le triomphateur. A New York, Lindbergh défila en voiture ouverte devant plusieurs millions d'hommes, de femmes et d'enfants.

On lui avait envoyé plus de deux millions de lettres, plusieurs centaines de milliers de télégrammes. Outre toutes les décorations rapportées d'Europe, il reçut celle de l'aviation américaine. Il apprit qu'on l'avait nommé colonel.

Comment aurait-il pu refuser une tournée triomphale à travers les quarante-huit États ? Il se rendit — en avion, bien sûr — dans soixante-quinze villes. Pour bien montrer qu'il n'était rien désormais de plus régulier et de plus sûr que l'avion, chaque fois il annonçait son arrivée à des heures peu crédibles, comme 11 h 17 ou 15 h 42. Il était toujours exact.

Un mois de repos. Le 13 décembre 1927, il repart pour un vol sans escale, New York-Mexico. Là, de nouveau, le destin l'attendait.

Un grand dîner à l'ambassade des États-Unis à Mexico. Un de plus. A ce genre de cérémonial, Lindbergh commence à être accoutumé. Il sait que la tradition, chez les gens bien nés, est de parler pendant le premier service à sa voisine de droite, pendant le second à sa voisine de gauche, pendant le troisième à la voisine de droite, et ainsi de suite. L'ambassadeur Dwight W. Morrow — ex-sénateur, personnage influent, l'un des chefs du parti républicain — a placé son hôte d'honneur entre ses deux filles. L'aînée est à sa droite, la cadette à sa gauche. L'aînée est si brillante, si gaie, si spirituelle que Lindbergh laisse passer trois services sans songer à se retourner vers la cadette. Au comble de la confusion, il tâche alors de faire oublier un si fâcheux comportement en engageant *ex abrupto* la conversation. A la jeune fille — elle s'appelle Anne et elle enrage — il ne trouve rien d'autre à dire que ces mots :

— Est-ce que vous volez ?

— Non, répond la petite. Et vous ?

Lindbergh devait confier plus tard que c'est à cause de cette réponse qu'il décida d'épouser Anne Morrow. Quand on annonça leur mariage, ils avaient respectivement vingt-six et vingt-deux ans. On sut qu'ils étaient fort amoureux l'un de l'autre et il n'y eut que les jaloux pour ne pas frissonner d'aise. Les mêmes jaloux ne se gênèrent pas pour signaler que le père de la mariée jouissait d'une fortune considérable. Les autres répliquèrent que cela ne gâtait rien et que Lindbergh, nommé conseiller technique de deux puissantes compagnies aéronautiques américaines, n'avait de toute façon besoin de quiconque pour vivre à l'abri du besoin.

D'Anne Lindbergh, la princesse Bibesco a dit joliment : « Elle est entrée en religion avec lui[1]. » Il sembla en effet qu'en se mariant avec Lindbergh, Anne Morrow avait épousé aussi cette aviation sans laquelle la vie de Charles n'aurait comporté aucun sens. Elle fut désormais de tous ses voyages, de toutes ses recherches. Elle travailla avec lui. Ils étaient deux, ils ne furent plus qu'un. Quand elle se mit à écrire, ce fut d'abord pour parler de son mari. Elle avait appris à piloter mais, quand son mari était aux commandes, elle refusait de prendre sa place. Elle ne s'y décidait que lorsqu'il avait besoin lui-même de s'occuper de quelque détail ou de prendre des photographies. Avec cela, ne manquant pas d'esprit. Quand Lindbergh atterrit au Kamtchatka, les Russes demandèrent à Anne quelle était sa profession. Elle répondit :

1. Princesse Bibesco : *Images d'Epinal* (1937).

— Heu... mariée !

C'était au cours d'un périple devenu fameux qui les avait d'abord conduits en Alaska, au Kamtchatka, au Japon, en Chine enfin. Après quoi, ils s'étaient hâtés vers l'Amérique. Anne venait d'apprendre la mort de son père. Elle voulait le pleurer dans les bras de sa mère. En même temps, elle désirait passionnément retrouver son petit garçon, Charles Jr, né un an après leur mariage, et qu'elle avait confié à ses parents avant le grand voyage.

Anne s'émerveilla de le voir trotter et tenter de prononcer quelques mots. Elle jugea qu'il était le plus bel enfant de la terre. Elle ne réagissait pas différemment de toutes les autres mères. Le certain, c'est que Charles était vraiment un beau petit garçon.

Au cours de ses vols postaux survolant le New Jersey, Lindbergh avait aperçu naguère un site qui l'avait enchanté. Lui et Anne souhaitaient posséder une demeure bien à eux. Ils achetèrent un terrain dans une région, les Sourland Mountains, où ne vivaient guère que des bûcherons. Au lieu-dit East Amwell, près du bourg de Hopewell, ils firent construire une vaste maison, plus confortable que belle. Les fonctions de Lindbergh le retenaient à New York pendant la semaine. Ils habitaient chez la mère d'Anne, Mrs. Dwight Morrow, dans sa propriété d'Englewood. A chaque fin de semaine, ils retrouvaient avec bonheur « leur » maison.

Bien sûr, le petit Charles était chaque fois du voyage. Au dernier week-end de février 1932, le bébé était enrhumé. En plein accord avec Charles, Anne décida de rester un ou deux jours de plus à Hopewell.

La nurse, Betty Gow, avait été engagée quelques mois après la naissance de Charles Jr. Elle avait vingt-sept ans. En général, les Lindbergh ne l'emmenaient pas à Hopewell pendant le week-end car Anne préférait s'occuper elle-même du bébé. Pourtant, ce matin-là, mardi 1er mars 1932, Anne avait appelé la nurse chez sa mère et l'avait priée de les rejoindre à Hopewell. Betty n'avait pas eu de mal à se faire conduire en voiture par l'un des domestiques : la mère d'Anne n'en employait pas moins de vingt-neuf.

A Hopewell, Betty avait été accueillie par le maître d'hôtel et la femme de chambre, un couple d'origine écossaise, les Whatley. Ce soir-là, Betty se chargea du dîner de Charles Jr. Il ne se fit aucunement prier pour absorber les céréales dont, à l'époque, on croyait bon de gaver les petits enfants.

Anne rejoignit Betty et elles déshabillèrent le bébé pour lui passer ses vêtements de nuit. Le médecin avait prescrit un laxatif, considéré comme adjuvant au traitement du rhume. Betty glissa dans la bouche de l'enfant une cuillerée de ce médicament. Charles Jr manifesta son opposition en la recrachant aussitôt sur son pyjama. Il fallut le changer. Betty en profita pour proposer à Anne de lui confectionner une petite chemise de flanelle qui le tiendrait au chaud, ce qui serait excellent pour son rhume. Encore une panacée de l'époque, la flanelle. Betty déclara qu'elle n'en avait que pour quelques minutes.

Anne joua avec l'enfant cependant que, prestement, Betty découpait la forme de la chemise dans un jupon de flanelle qu'avait porté Charles Jr quand il était bébé. Betty frotta la poitrine de l'enfant avec de la pommade Vicks. Anne l'aida à le rhabiller. Par-dessus la chemise de flanelle, Charles Jr portait une chemise de laine sans manche, des couches sous une culotte de caoutchouc. Et, au-dessus, un pyjama de laine propre. Charles Jr avait tendance à sucer son pouce. Betty lui avait préparé un doigtier pour chaque main, qu'elle lui ajusta avec soin. De quoi laisser rêveuses les mères d'aujourd'hui qui entendent leur pédiatre affirmer qu'il est *indispensable* que leur bébé suce son pouce.

Betty coucha Charles Jr dans son berceau, fixa par deux épingles de sûreté les couvertures et les draps au matelas. Avec Anne, elle ferma les deux fenêtres après avoir verrouillé tous les volets, sauf ceux de la fenêtre sud-est qui fermaient mal. Pour donner de l'air, les deux femmes laissèrent la porte-fenêtre entrouverte. A 19 h 30 Anne quitta la chambre. Betty ne le fit qu'après que le bébé se fut endormi. Elle regarda l'heure. Il était 20 heures très précises.

Une demi-heure plus tard, Lindbergh, au volant de sa Franklin beige, arriva de New York. Olivier Whatley servit le repas du soir. Charles et Anne passèrent au salon. Ils bavardaient, assis devant la cheminée où brûlait un feu vigoureux quand, un peu après 21 heures, Lindbergh tressaillit :

— Qu'est-ce que c'est ? demanda-t-il brusquement.

Devant l'étonnement d'Anne, il répondit qu'il avait entendu un bruit de bois brisé. Une branche cassée ? Non, pas une branche.

Dehors, le vent soufflait en tempête. On entendait bien d'autres craquements, crissements, sifflements. Anne dit que, pour sa part, elle n'avait pas remarqué ce bruit de bois brisé. Ils recommencèrent à parler. Dans son panier, le fox-terrier dormait à crocs fermés. Il n'avait pas réagi. Un peu plus tard, ils gagnèrent leur chambre à coucher, située au premier étage au-dessus du salon. Par la salle de bains on pouvait accéder à la chambre de Charles Jr. Les Lindbergh déclarèrent plus tard qu'ils avaient parlé pendant vingt minutes. Après cet entretien, Lindbergh éprouva le besoin de prendre un bain. Puis il se rhabilla pour redescendre travailler dans la bibliothèque. Anne s'apprêta pour la nuit.

Les Whatley et Betty s'attardaient dans le salon des domestiques. Quelqu'un demanda la nurse au téléphone. Puis Betty proposa à Elsie Whatley de lui montrer une robe neuve qu'elle venait d'acheter. Les deux femmes montèrent dans la chambre de la nurse. A 22 heures, Betty, regardant sa montre, constata qu'il était l'heure d'aller rendre visite au bébé. Chaque soir, à cette heure-là, elle changeait l'enfant une dernière fois. Elle quitta Elsie pour se diriger vers la chambre de Charles.

Un coup de sonnette avertit Elsie que Mrs. Lindbergh la réclamait. Anne ne se sentait pas bien. Elle avait contracté le rhume de son petit garçon. Quand Elsie parut, Mrs. Lindbergh la pria de lui apporter une citronnade chaude. S'éloignant pour la préparer, Elsie rencontra Betty dans le couloir qui l'interrogea : Mrs. Lindbergh était-elle dans sa chambre ? Peut-être voudrait-elle voir le bébé ?

Cependant qu'Elsie descendait à la cuisine, Betty entrait dans la chambre du petit Charles. Sans allumer — la lumière du couloir suffisait — elle alla d'abord fermer la porte-fenêtre. La pièce était froide, elle alluma un radiateur électrique et s'approcha du berceau. Il lui sembla d'abord dans la pénombre que le bébé était là. Ce qui la frappa presque aussitôt après, ce fut le silence. Aucun bruit de souffle ni de respiration. Elle se pencha, tâta le lit. Le bébé n'y était pas.

Elle se dit que sans doute Anne l'avait pris. Elle alla frapper à la porte de la chambre des Lindbergh. Sortant de la salle de bains, Anne parut. Betty lui demanda :

— Mrs. Lindbergh, avez-vous le bébé ?

— Non, pourquoi ? Je ne l'ai pas.

Très vite, Betty demanda où était le colonel :

— En bas, dans la bibliothèque.

Betty y courut :

— Colonel, avez-vous le bébé ?

— Non. N'est-il pas dans son berceau ?

— Il n'y est pas.

L'*affaire* Lindbergh commençait.

Le regard clair de Lindbergh luit de colère et de désespoir. Il semble que son long corps soit crispé, tendu tout entier. Éperdument, il cherche. Sous la fenêtre sud-est, sur le radiateur du chauffage central, il aperçoit une enveloppe. Il s'avance pour la prendre quand il songe aux empreintes :

— Ne touchez à rien surtout ! ordonne-t-il d'une voix impérative que les deux femmes ne lui connaissent pas.

Son regard s'est porté vers la fenêtre dont les volets ne ferment pas. Il les voit entrouverts. Et, sur le rebord de la fenêtre, on distingue très clairement des traces de terre rougeâtre, lesquelles s'avancent presque jusqu'au milieu de la pièce. Lindbergh, Anne et Betty ont reconnu la terre du jardin.

Appelés par Betty — « le bébé n'est plus là ! » — Elsie et Oliver Whatley paraissent ahuris, au désespoir. Sur l'ordre de Lindbergh, c'est Oliver qui va téléphoner à la police locale. Puis Lindbergh descend au rez-de-chaussée appeler la police de l'État du New Jersey, ainsi que, à New York, son ami et conseiller, le colonel Henry C. Breckinridge.

Betty et Elsie ont entrepris de visiter la maison, pièce par pièce, recoin après recoin, armoire après armoire. Et si le bébé s'était lui-même caché ? Dans ces sortes d'affaires, on essaie de se raccrocher à tout espoir. Même à un espoir impossible. Lindbergh est sorti, son fusil à la main. Il cherche dans le jardin, dans les prés avoisinants, cependant qu'Oliver l'éclaire à l'aide des phares d'une voiture sortie précipitamment du garage.

Rien. Ni bébé ni ravisseur.

Une auto s'arrête devant la maison. En surgissent Harry Wolfe, chef de la police de Hopewell, et le gardien de la paix Charles E. Williamson. L'enquête va commencer. En quelques minutes, chacun a dit tout ce qu'il savait. Anne, la voix brisée, parle du rhume de son petit garçon. Pourvu qu'ils l'aient enveloppé d'une couverture !

Non loin de la maison, les deux policiers vont découvrir une échelle composée de trois parties emboîtables, sûrement destinées à en faciliter le transport. Deux des parties tiennent encore entre elles mais le dernier échelon de la partie inférieure, ainsi que l'un des montants, sont brisés. Lindbergh se souvient : le bruit de bois cassé. Que ne s'est-il alors précipité ! Comment aurait-il pu prévoir une telle horreur ? Le bruit qu'il a perçu a correspondu au moment où le ravisseur, chargé de l'enfant, descendait le long de l'échelle. Sous le poids, le barreau a dû se briser net. Le ravisseur est-il tombé avec le malheureux bébé ? Sous la fenêtre, on va repérer deux orifices creusés dans la terre glaise : d'évidence, les traces laissées par les montants de l'échelle. Tout autour, des empreintes confuses qui peuvent être celles d'un piétinement aussi bien que d'une chute. Un peu plus loin sur le sol, un ciseau. A quoi a-t-il pu servir ?

Voici toute une file de voitures. En descendent plusieurs membres de la police du New Jersey. Voici maintenant l'automobile du colonel Breckinridge. Tout ce monde monte dans la nursery, mais nul ne touche à l'enveloppe. Il faut attendre le brigadier Kelly, spécialiste en empreintes digitales. A plus de minuit, il surgit, armé de son matériel. Il se saisit de l'enveloppe, l'examine longuement : aucune empreinte. Alors seulement Lindbergh a le droit d'ouvrir l'enveloppe. Il lit :

Cher Monsieur,

Préparez 50 000 dollars ; 25 000 en billets de 20 dollars, 15 000 en billets de 10 dollars, et 10 000 en billets de 5 dollars. Dans deux à quatre jours, nous vous indiquerons où déposer l'argent. Nous vous recommandons de ne rien rendre public ni d'alerter la police. L'enfant sera bien soigné.

Vous reconnaîtrez la lettre à la signature et aux trois trous.

La signature ? Elle consiste en deux cercles, s'interceptant l'un l'autre. Les cercles sont tracés en bleu. L'ovale réservé par leur intersection est peint en rouge. Sur le double cercle, horizontalement, trois trous carrés percent le papier.

Le ravisseur — ou les ravisseurs — ont bien spécifié de ne pas prévenir la police, mais Lindbergh n'a lu la lettre qu'une fois la police chez lui. Véhément, il supplie les policiers de ne rien révéler à quiconque. Comment eux-mêmes obtiendraient-ils le silence ? Nous sommes en Amérique.

Le lendemain matin, le rapt du petit Lindbergh est à la une des plus grands journaux des États-Unis.

L'enquête ?

D'abord, on a étudié la lettre. Outre de nombreuses fautes d'orthographe, on y remarque au moins un germanisme : le mot « bien » est écrit « gut » et non pas « good ». De plus, la construction des phrases relève plus de l'allemand que de l'anglais.

C'est tout ce que, pour le moment, on peut déduire quant au scripteur de la lettre. Rien de plus, hélas !

Les soupçons de la police vont d'abord se porter sur la nurse, Betty Gow. N'était-elle pas seule à savoir que Anne Lindbergh et le bébé resteraient ce soir-là à Hopewell ? Ne pouvait-elle pas, mieux que personne, désigner à des ravisseurs l'emplacement de la nursery et l'heure la plus propice à un rapt ? De plus, elle avait reçu un coup de téléphone dans la soirée.

Très vite, la police va apprendre qu'un ancien chauffeur de Lindbergh, Henry Johnson, surnommé le Rouge à cause de sa chevelure écarlate, semble s'intéresser de très près à la jolie Betty. La nurse confirme que c'est lui qui a appelé dans la soirée : parce qu'ils avaient rendez-vous, jure-t-elle, et que John voulait se décommander. Dans la voiture de Johnson, la police va trouver une carafe de lait. Une piste ? Mais le Rouge va prouver qu'il boit très souvent du lait. D'ailleurs, les Lindbergh sont formels : ils répondent de leur personnel.

Il n'y a donc plus qu'à attendre que le ravisseur se manifeste de nouveau. Attendre.

Dans la matinée du 3 mars, les journaux insèrent un appel de Mrs. Anne Morrow Lindbergh précisant quel est le régime de son fils. Le même jour, Charles et Anne publient un second appel : « Nous demandons aux ravisseurs de choisir un délégué dans notre entourage. Celui-ci les rencontrera à l'heure et à l'endroit qui leur conviendront. Si cette proposition est acceptée, nous promettons de ne rien divulguer des accords qui pourraient être conclus entre leur délégué et le nôtre et nous engageons, par la suite, à ne rien entreprendre contre les personnes qui nous restitueront l'enfant. »

Le lendemain, une lettre parvient aux parents. Elle porte la même signature ésotérique que la première. Elle a été postée à Brooklyn, le 2, à 21 heures. Et voici ce que peuvent lire Charles et Anne Lindbergh :

Cher Monsieur,

Nous vous avions demandé de ne pas prévenir la police. Vous devez maintenant supporter les conséquences. Nous sommes obligés de garder l'enfant jusqu'à ce que tout soit calme. Nous ne pouvons pour le moment vous fixer aucun rendez-vous. Ce serait courir un trop grand risque. Ne vous inquiétez pas pour le bébé. Il est en bonnes mains. Il suivra le régime prescrit.

Nous voulons vous le rendre en bonne santé. La rançon était de 50 000 dollars, mais comme il nous faudra prendre quelqu'un pour s'occuper de lui et le garder plus longtemps que prévu, elle sera de 70 000 dollars : 20 000 en billets de 50 dollars, 25 000 en billets de 20 dollars, 15 000 en billets de 10 dollars, et 10 000 en billets de 5 dollars. N'y mettez aucune marque et ne les prenez pas de la même série. Nous vous indiquerons plus tard où déposer l'argent. Mais nous n'indiquerons rien tant que la police et les journaux s'occuperont de l'affaire. Nous préparons cet enlèvement depuis longtemps. Nous sommes donc prêts à tout.

Encore des fautes d'orthographe. Encore des germanismes. Est-on plus avancé ? Assurément non. Le *nous* employé par le ravisseur semble indiquer, pense la police, que l'on est en présence d'un gang. Ce qui justifie une tentative de contact avec le milieu, pour laquelle seront trop facilement acceptées les offres de trois gangsters en renom.

Ici va intervenir un drôle de bonhomme, généreux et brouillon, professeur à la retraite, le docteur John Francis Condon. Il habite le Bronx avec sa femme. Il a soixante-douze ans. Le rapt du bébé Lindbergh l'a bouleversé au même titre que des millions d'autres Américains. Il n'est pas riche, le docteur Condon. Geste parfaitement déraisonnable mais totalement sympathique, il fait insérer dans le *Bronx Home News*, son journal, une lettre par laquelle il annonce qu'il est prêt à ajouter 1 000 dollars à la rançon, cependant qu'il s'offre comme intermédiaire.

Quel scandale dans le quartier du Bronx ! Le pauvre docteur pourrait vaciller sous les sarcasmes mais il tient bon. Avec son teint vermeil et ses cheveux blancs, il semble que rien ne puisse l'atteindre. Il a raison. Le prouve la lettre qu'il reçoit le 9 mars au soir :

Monsieur,

Si vous désirez être l'intermédiaire dans l'affaire Lindbergh, suivez attentivement nos instructions. Ci-joint un mot à remettre à M. Lindbergh lui-même. Il explique tout. N'en parlez à personne. Si la presse et la police sont mises au courant, nous interromprons les négociations.

Dès que M. Lindbergh vous aura donné l'argent, faites insérer ces trois mots dans le New York American :

ARGENT EST PRÊT

Ensuite, attendez instructions. Vos 1 000 dollars ne nous intéressent pas. Gardez-les. Soyez chez vous tous les soirs entre 18 heures et minuit. Vous aurez de nos nouvelles.

Une enveloppe à l'adresse du colonel Lindbergh est jointe à la première. Condon se précipite pour téléphoner. On lui passe Lindbergh. Depuis la nuit de l'enlèvement, celui-ci est submergé de messages, de conseils, de menaces, de tentatives d'extorsion d'argent par de faux ravisseurs. Très las, il demande malgré tout au docteur d'ouvrir l'enveloppe qui lui est destinée, et de la lui lire. Ce que fait le vieux professeur :

Monsieur,

M. Condon est accepté comme intermédiaire. Vous pouvez lui remettre les 70 000 dollars. Faites un paquet de telles dimensions (« il y a un dessin » précise le docteur).

Huit heures après que vous aurez remis l'argent, nous vous donnerons l'adresse de l'enfant.

De plus en plus réservé, Lindbergh lui demande si c'est tout. D'évidence, il croit à une nouvelle supercherie.

Le docteur Condon dit qu'il y a une signature :

— Colonel, j'ignore si ceci est important, mais cela représente deux cercles sécants. Est-ce important ?

Et voilà, au bout du fil, que la voix s'anime, devient incisive :

— Je viens immédiatement vous voir. Où êtes-vous ?

— Dans le Bronx, répond le vieil homme. Mais ne vous dérangez pas. Vous avez assez à faire. Je viendrai chez vous, à Hopewell[1].

Le docteur va quitter le Bronx à minuit. A 2 heures du matin, il sonne chez Lindbergh qui le reçoit aussitôt, en présence de son ami Breckinridge. Conciliabule. Confrontation des lettres : les

1. George Waller : *op. cit.*

deux dernières sont bien de la main du premier scripteur. La décision est prise aussitôt : il faut que Condon réponde le plus vite possible. Bien entendu, il recevra l'argent.

Condon repart le lendemain matin, muni de trois jouets de Charles Jr. : un lion, un chameau et un éléphant. Cet éléphant que le petit garçon appelait un *élépant*. Il est si sûr de se trouver bientôt en présence du bébé qu'il pense, en lui présentant les jouets, pouvoir s'assurer de son identité. Il emporte aussi les épingles de sûreté qui attachaient les couvertures et les draps du bébé. Il demandera aux ravisseurs où ils les ont vus pour la dernière fois.

L'après-midi même, le message paraît dans le *New York American* : « J'accepte. Argent est prêt. » Condon a signé Jafsie, contraction phonétique de ses initiales. Il pense que, pour communiquer avec les ravisseurs, un tel pseudonyme sera plus pratique. Nul autre qu'eux et lui ne le connaîtra.

Le 11 mars, peu après midi, le téléphone sonne chez les Condon. Mme Condon décroche. Un homme demande à parler au docteur. Voix sourde, fort accent germanique. Mme Condon répond que son mari est absent. L'homme déclare qu'il rappellera vers 19 heures.

A partir de 18 heures, Condon et le colonel Breckinridge attendent près du téléphone. Après 19 heures, le téléphone, de nouveau. En hâte, Condon décroche. La même voix sourde à l'accent germanique. L'homme confirme qu'il faudra qu'il soit chez lui chaque soir entre 18 heures et minuit. Le docteur recevra bientôt un autre message.

Le lendemain, à 20 h 30, Condon se trouve bien sûr à son domicile. Pas de téléphone mais un coup de sonnette brutal à la porte. Le docteur court ouvrir. C'est un chauffeur de taxi — qui lui remet une lettre. Fébrile, le docteur déchire l'enveloppe. La même écriture ! Il lit :

Monsieur Condon,

Nous avons confiance en vous, mais nous ne viendrons pas chez vous. C'est trop dangereux. Peut-être êtes-vous surveillé par la police.

Suivez nos instructions. Rendez-vous en voiture à la dernière station de métro de Jerome Avenue. A une trentaine de mètres, sur votre gauche, vous verrez sous une grande voûte une vieille baraque abandonnée. Au milieu de la voûte, sous une pierre, vous trouverez un message. Ce message vous dira où nous trouver. Soyez à l'endroit indiqué trois quarts d'heure plus tard. Apportez l'argent.

Condon n'a pas l'argent. Mais il n'hésite pas : il ira au rendez-vous. Son vieil ami, Al Reich, qui se trouve là, lui offre de l'accompagner en voiture. Il accepte. Au lieu dit, il trouve le message qui l'invite à se rendre près de la porte du cimetière voisin.

Catégorique, Condon refuse que l'ami Al Reich l'accompagne plus loin. Le voilà seul près du portail du cimetière. Il est 21 h 30. Et soudain, dans la nuit froide, le docteur aperçoit un bras qui, à l'intérieur des grilles, agite un mouchoir. Condon s'approche, pénètre dans l'enceinte du parc mortuaire. L'homme est là, le visage dissimulé par un linge blanc. Sous le chapeau de feutre au bord rabattu, c'est à peine si le docteur distingue les yeux. L'homme parle. La même voix, le même accent.

— Vous avez l'argent ?

— Non. Il me faut voir le colis d'abord.

Un bruit de pas, venant de l'intérieur du cimetière. L'homme sursaute. Il s'élance vers le portail, saute de l'autre côté, crie :

— Vous aviez prévenu les flics !

Condon crie que c'est faux, qu'il a tenu parole. Pour toute réponse, l'autre s'enfuit !

Condon court derrière lui. Il s'époumone :

— Revenez ! Revenez ! N'ayez pas peur !

Il est solide, le vieux docteur. Il court sur les talons de l'autre qu'il finit par rejoindre dans un bosquet. Il lui agrippe le poignet :

— Pourquoi vous enfuir ainsi !

Silence de l'autre. Silence contraint, mécontent. Quand Condon l'invite à s'asseoir sur un banc, il y consent, mais de mauvais gré. Il parle de nouveau. Comme s'il s'adressait à lui-même :

— Dangereux... Ça peut me coûter vingt ans...

Un silence. Puis :

— Ça peut me coûter la chaise électrique. Est-ce que j'y passerais si l'enfant était mort ?

Condon sursaute, plante son regard dans celui de l'homme. Veut-il dire que l'enfant est mort ?

— Mais non. Il est vivant. Et en parfaite santé en plus. Les parents n'ont pas besoin de se faire du souci.

Un silence.

— Et vous non plus.

Condon se rassure. Il sort de sa poche les épingles de sûreté. Il lui demande s'il les a vues quelque part.

— Oui, dans le berceau du bébé. Elles attachaient les couvertures au matelas.

Quel aveu ! Pressé de questions, l'homme — qui dit se prénommer John — confiera être scandinave et n'être que le porte-parole d'un homme très important « qui avait autrefois travaillé pour le gouvernement ». Condon demande s'il peut le rencontrer. Réponse :

— C'est impossible.

Condon le supplie d'abandonner l'affaire. L'autre lui répond qu'il n'y faut pas penser, qu'ils préparent le coup depuis un an. Condon lui demande où est l'enfant :

— Sur un bateau. Deux femmes s'occupent de lui.

Mais comment pourra-t-il, lui, Condon, reconnaître le bateau ?

— A ses voiles blanches.

« John » confie qu'ils sont six, que le chef touchera 20 000 dollars, et les cinq autres 10 000 chacun.

Il ajoute qu'il enverra bientôt le pyjama du bébé, preuve qu'il représente bien les ravisseurs. Sur une question précise du docteur, il répond vivement que Betty Gow et son ami n'ont « rien à voir avec l'enlèvement ».

Ils se séparent après s'être serré la main. Il est 22 h 45.

Le 16 mars, le facteur dépose chez le docteur Condon un petit colis qu'il ouvre aussitôt. C'est le pyjama de Charles Jr. Les parents le reconnaîtront sans hésiter. Une nouvelle lettre, épinglée au pyjama, réclame les 70 000 dollars. Quand Condon les aura reçus de Lindbergh, qu'il le fasse savoir par une nouvelle annonce du *New York American* : « J'accepte. Argent est prêt. »

La lettre s'achève ainsi : « Voici notre programme : huit heures après que nous aurons touché l'argent, nous vous ferons savoir où trouver le bébé. En cas de guet-apens, vous serez seuls responsables de ce qui arrivera. » Il n'y a plus d'autre solution : il faut réunir l'argent. Lindbergh met en vente un gros paquet d'actions. Naturellement, il vend mal. Peu lui importe ! Sa banque a rassemblé 50 000 dollars, répartis en coupures de différentes valeurs, telles que les ravisseurs les avaient exigées. Pour le reste, il faudra procéder à une nouvelle vente, ce qui n'est pas facile.

Nouveau message du docteur Condon :

« Faites-moi savoir comment vous faire parvenir lettre importante. Urgent. Jafsie. »

Une réponse incompréhensible. Le scripteur se plaint que l'affaire n'avance pas. Il se demande si Condon a bien envoyé le pyjama au colonel Lindbergh. Les jours suivants, Condon va insérer plusieurs messages dans le *New York American*. Plus de réponse.

Deux autres personnages étaient sur les rangs, un homme d'Église, le révérend Harold Dobson Peacock, et un armateur, John Curtis. Ils affirmaient être en rapport avec les ravisseurs, par l'intermédiaire d'un homme appartenant à la pègre, un certain Sam. Le révérend donnait de tels détails que Lindbergh se mettait à douter. Du côté du docteur Condon, c'était le silence. Et si Condon avait tout inventé pour empocher les 50 000 dollars ?

Lindbergh reçut longuement le révérend Harold Dobson Peacock et l'armateur Curtis.

Le samedi 26 mars, l'opiniâtre docteur Condon insère un nouveau message :

« L'argent est prêt. Fournissez-nous code simple utilisable dans journal. Jafsie. »

Réponse — enfin — le mardi suivant, mais elle ne résout rien. Les ravisseurs annoncent que, si l'affaire n'est pas conclue le 8 avril, ils demanderont 100 000 dollars. Ils s'étonnent que Lindbergh suive tant de fausses pistes : « Il sait que nous sommes les seuls vrais ravisseurs, notre signature est toujours la même depuis le premier message. »

Après une dernière invite de Condon parue dans le journal, une lettre encore, signée des mêmes cercles colorés. Condon est invité à préparer l'argent pour le samedi soir. La banque Morgan fait déposer deux paquets chez Condon. Le premier contient 50 000 dollars, dont 35 000 en dollars-or. Le second renferme 450 dollars en billets-or, ceux-ci très facilement identifiables.

Le samedi 2 avril, encore une annonce dans le *New York American* : « Oui. Tout est prêt. Jafsie. » Condon a rangé les billets dans une boîte qu'il a fait confectionner tout exprès.

Le soir, en compagnie du docteur Condon, Lindbergh et Al Reich attendent. On sonne. C'est un homme « jeune, mince, basané », un chauffeur de taxi. Il tend une enveloppe à Mme Condon et s'enfuit pour s'engouffrer dans le taxi qui démarre en trombe. C'est Lindbergh qui ouvre l'enveloppe et lit ces lignes :

Cher Monsieur,

Rendez-vous en voiture au numéro 3225 de East Tremont Avenue.

C'est une pépinière.

En dessous, Bergen Greenhauses, fleuriste.

Il y a une table devant la porte. Sous la table, vous trouverez une lettre recouverte d'une pierre. Lisez et suivez instructions.

Ne contactez personne en cours de route. Si vous employez un émetteur radio, nous vous avertissons que nous avons l'équipement nécessaire pour vous intercepter. Apportez l'argent en un seul colis.

Soyez au rendez-vous dans trois quarts d'heure.

Toujours la même signature : le cercle entrelacé.

Al Reich prête sa Ford. Lindbergh conduit. A l'endroit indiqué, ils trouvent le message. On leur commande de gagner un chemin de terre le long du cimetière de Saint-Raymond. Ils y vont. Pour ne pas effrayer le ravisseur, Condon exige que Lindbergh reste dans la voiture. Il ira seul. Il passe et repasse devant le portail du cimetière. Pas âme qui vive. Il crie à l'adresse de Lindbergh :

— Je crois qu'il n'y a personne. Nous ferions mieux de rentrer.

Alors une voix l'appelle venant du cimetière :

— Ho, docteur !

Condon s'arrête, scrute l'obscurité.

— Ho, docteur, par ici !

L'homme a parlé si fort que Lindbergh, toujours assis dans la voiture, a parfaitement entendu. Le timbre, l'accent, la façon d'articuler de l'homme se gravent instantanément dans sa mémoire.

Condon entre dans le cimetière. Accroupi derrière une tombe, l'homme l'attend. Le même.

Le docteur annonce qu'il ne va pas lui remettre les 70 000 dollars, mais seulement 50 000. Après avoir discuté, l'homme finit par consentir. Il prend l'argent, dans la belle boîte qu'a fait confectionner Condon. En échange, l'homme remet au docteur une enveloppe dont il affirme qu'elle contient les indications qui permettront de retrouver l'enfant. Seulement, il ne faudra pas l'ouvrir avant 6 heures du matin. L'homme prend congé. Il serre la main de Condon :

— Vous avez agi à la perfection.

Naturellement, Lindbergh ouvre la lettre séance tenante. Il y trouve la note que voici :

« L'enfant est sur le bateau *Nelly*, un petit bateau de vingt-huit pieds, avec deux personnes qui sont innocentes. Vous le trouverez entre Horseneck Beach et Gay Head, près d'Elizabeth Island. »

Enfin !

Lindbergh court à l'endroit indiqué. Pas le moindre bateau qui porte le nom de *Nelly*. Le colonel survolera pendant de longs jours la mer en avion. Il explorera tous les parages à bord de garde-côtes. Toujours pas de bateau *Nelly*. Pas de Charles Jr.

Entre-temps, John Curtis, l'armateur, l'ami du révérend, est intervenu, plus sûr de lui que jamais. Il a révélé être en contact avec un Scandinave, surnommé Dynamite. C'est à bord de la goélette de celui-ci que se trouve l'enfant. Il en a la preuve irréfutable. Curtis affirme être également en rapport avec l'homme rencontré par Condon. Un certain John. Dynamite et John réclament un supplément de rançon.

Lindbergh, convaincu, va en compagnie de Curtis affréter un bateau, le *Cachalot*, pour rencontrer les ravisseurs au cap May. Sûrement, cette fois on touche au but.

C'est sur le pont du *Cachalot* que l'on va apporter un message à Lindbergh : on vient de retrouver son petit garçon. Mort.

Au matin du 12 mai 1932, un chauffeur de camion a aperçu dans un petit bois, à un kilomètre et demi de la maison des Lindbergh, enfoui sous un tas de terre et de feuilles mortes, quelque chose, dira-t-il, qui ressemblait à un « squelette d'animal ». Il s'est baissé et s'est aperçu qu'un petit pied sortait du tas. Le pied d'un enfant.

Le cadavre, transporté à la morgue, est à n'en pas douter celui de Charles Jr. Les vêtements qui l'entourent — chemise de flanelle, chemise de laine — ne laissent malheureusement aucun doute sur son identité. Betty Gow va le reconnaître sans hésiter. L'autopsie prouvera que « l'enfant est mort à la suite d'une fracture du crâne due probablement à des coups volontairement portés ». Le décès remonte à plus de deux mois.

A la morgue, Charles Lindbergh, muré dans son chagrin, se penche sur le petit cadavre, il compte les dents, il cherche — et trouve — deux orteils qui se chevauchent, légère anomalie de naissance.

Le procureur Marshall l'interroge :

— Colonel Lindbergh, êtes-vous convaincu que ce corps est celui de votre enfant ?

— J'en suis convaincu.

Deux hypothèses : ou bien le ravisseur a frappé violemment le crâne de l'enfant dans son berceau, ceci pour éviter des cris ou des pleurs — c'est l'éventualité la plus probable et elle correspond aux constatations d'autopsie — ou bien, descendant l'échelle, quand le barreau s'est brisé, il a perdu l'équilibre et a lâché le léger fardeau qui, en tombant, s'est brisé le crâne.

Ainsi, le John du docteur Condon — qui est à coup sûr le ravisseur, ou l'un des ravisseurs — n'a fait qu'ajouter à son crime la plus odieuse des comédies. Laquelle a réussi, puisqu'il a fini par empocher 50 000 dollars.

Curtis ? Le révérend Peacock ? Une brève enquête prouvera que jamais ils n'ont été en rapport avec les ravisseurs. Qu'ils ont tout inventé. Pourquoi ? Pour se rendre intéressants !

Dix-huit mois passent. Aucune trace du ou des criminels. L'enquête s'est un instant portée sur le personnel de Mrs. Dwight Morrow. On a longuement interrogé Violett Sharp, l'une des femmes de chambre de celle-ci. Sans raison grave, semble-t-il. Simplement parce qu'elle n'a pas justifié d'un emploi du temps précis. Elle n'a pu dire avec qui elle était sortie la nuit du rapt. Au moment où la police va acquérir la preuve qu'elle n'est pour rien dans l'affaire, la jeune fille court dans sa chambre et s'empoisonne au cyanure. Quand on la rejoint, elle est morte.

Aucune logique dans cet acte. On ne peut rien reprocher à Violett Sharp. Elle a eu peur de la police. Rien de plus. Mais elle est morte.

En juin 1933, Lindbergh fait don de sa maison d'Hopewell à l'État du New Jersey. Il demande que l'on y ouvre un asile destiné aux enfants déshérités, « sans distinction de race ni de croyance ».

Le criminel court toujours.

Le dernier espoir qui subsiste de le retrouver, ce sont les billets de la rançon. Bien entendu, les numéros de chaque billet ont été soigneusement relevés. De temps en temps, on signale que l'un d'eux est en circulation. Le ravisseur est prudent. Il ne change jamais beaucoup d'argent à la fois. Toujours dans des lieux éloignés les uns des autres.

Il faut se souvenir qu'un nombre relativement important des billets de banque versés par Lindbergh sont des dollars-or. Parmi les mesures que le nouveau président, Franklin D. Roosevelt, vient de prendre pour tenter de faire sortir son pays de la dépression qui l'accable, figure l'abandon de l'étalon-or. On annonce que les porteurs de dollars-or doivent sans délai les porter à la banque. Sans cela les billets risquent d'être bientôt périmés.

La police — décidément tenace, et il faut l'en louer — se dit que si l'on rejoint un jour le ravisseur de Charles Jr, ce sera grâce à ces dollars-or. Elle demande à tous les pompistes, quand on leur remettra en paiement des dollars-or, de noter sur le billet le numéro de la voiture.

En septembre 1934, dans une liasse, le caissier d'une banque trouve un billet sur lequel on a noté au crayon ce numéro : 4U-13-41.

On retrouve la voiture et l'on remonte ainsi jusqu'au propriétaire. Il s'appelle Richard Bruno Hauptmann. Un charpentier. Il est allemand — oui — et parle avec un fort accent. Il habite dans le Bronx, au 1279 East 22e Street. On envahit son domicile, on fouille sa maison, son garage. Sur la planche supérieure d'une armoire, on découvre une boîte contenant 13 000 dollars. Tous les billets appartiennent à la rançon versée par Charles Lindbergh.

Richard Hauptmann est né en Allemagne en 1890. Des études sommaires, un caractère plus que difficile. Bon soldat pendant la guerre 14-18. Rendu à la vie civile, il tourne mal. Trois condamnations, dont la dernière à quatre ans de prison pour vol.

Libéré, il s'embarque pour New York, vit plutôt bien que mal de son métier de charpentier. C'est sa seule qualité, il excelle à travailler le bois. Il se marie avec une compatriote. Jusqu'en 1932, il traverse une existence sans histoire. Un beau jour, il quitte son emploi. Curieusement, son train de vie se modifie. Ses dépenses augmentent. Quand les policiers l'interrogeront, il dira qu'il s'est mis à jouer à la Bourse et qu'il a beaucoup gagné. La vérification de ses comptes montrera qu'il a en effet joué à la Bourse, mais surtout perdu.

Entre-temps — et après le rapt de Charles Jr — sa femme lui a donné un bébé, un petit Wolfram qu'il idolâtre.

Pour expliquer la présence des billets, Hauptmann dira qu'il s'agissait d'un dépôt à lui confié par son ami Isidor Fisch, un compatriote.

Dans ce cas, pourquoi Hauptmann a-t-il mis une partie des billets en circulation ? Il répond : son ami est mort et il pensait pouvoir se donner un peu de bon temps avec l'argent que Fisch lui avait confié.

On va retrouver la trace d'Isidor Fisch, un ancien ouvrier fourreur qui, tuberculeux au dernier degré, avait quitté New York pour s'en aller mourir en Allemagne. L'enquête confirme que Fisch a bien été l'ami de Richard Hauptmann mais que, pour payer son billet de retour, il avait dû contracter un emprunt. Auprès de qui ? De Richard Hauptmann ! Fisch aurait donc confié une fortune à son ami en lui empruntant en même temps quelques dollars qu'il promettait par reçu de rembourser ?

Les investigations se poursuivent, plus acharnées que jamais. L'échelle trouvée sur les lieux du rapt a été soumise à un expert en bois, Arthur Koehler, directeur du laboratoire forestier fédéral. On ne peut se défendre d'admirer une enquête comme celle que conduisit ce M. Koehler. Il fallait trouver, parmi les quarante mille marchands des États-Unis, celui qui avait vendu le bois de cette échelle. On y parvient. Koehler démontre que l'échelle a été fabriquée avec des planches provenant de la National Lumber Cy. Une entreprise où Hauptmann avait précédemment travaillé !

Autre présomption écrasante : on va trouver, dans la boîte à outils de Hauptmann et dans le plancher de son garage, deux clous exactement semblables à l'un de ceux qui avaient servi à confectionner l'échelle. Un détail supplémentaire : après le rapt, un ciseau avait été trouvé dans le jardin des Lindbergh. Dans la boîte à outils d'Hauptmann, il ne manque qu'un outil. Un ciseau.

Ce n'est pas tout. Dans un placard à vêtements de la chambre du petit Wolfram, le bébé Hauptmann, on met la main sur une planche amovible. Sur la face interne de cette planche, on trouve, noté au crayon, le numéro de téléphone du docteur Condon.

Le procès s'ouvrit sous la neige le 2 janvier 1935, à Flemington dans le New Jersey. On s'était battu pour entrer dans la salle d'audience. Tous les journaux des États-Unis — et pas seulement ceux des États-Unis — avaient dépêché leurs meilleurs rédacteurs. Il y avait quatre ans moins deux mois que Charles Jr avait été enlevé — et assassiné.

Les temps forts du procès : l'entrée de Richard Hauptmann, athlétique, le visage dur, ses cheveux châtains gominés à la mode, vêtu sobrement d'un complet gris de bonne coupe, chemise et cravate bleues. Le regard qu'il porte sur le père du bébé assassiné — et qu'il détourne aussitôt. La volonté évidente de Charles Lindbergh de ne pas regarder celui qu'il tient pour le meurtrier de son fils.

L'effort que l'on demande à Anne Lindbergh, si jeune dans son tailleur de soie noire, le visage si pâle sous le béret sombre, quand on lui présente les vêtements de l'enfant découvert par le camionneur — la chemise de flanelle, la chemise de laine, le doigtier, ainsi que le pyjama envoyé par le ravisseur.

— Oui, ce sont bien ses vêtements.

Le procureur. — Les cheveux de votre enfant étaient-ils bouclés ?

Le silence de la salle, Anne qui ferme les yeux, qui crispe les mains sur le bois du fauteuil. Son murmure pour répondre :

— Oui, ils étaient bouclés.

Le témoignage du docteur Condon, racontant ses entrevues avec « John » et s'écriant tout à coup, le regard vrillé sur l'accusé :

— John est Bru-no Ri-chard Haupt-mann !

L'exhibition par l'accusation d'un carnet rouge appartenant à Hauptmann où certains mots étaient orthographiés très exactement comme ceux des lettres écrites par le ravisseur : *boat*, par exemple, écrit *boad*. Le mot *singnature* à la place de *signature*. Dans la première lettre, le ravisseur avait écrit :

Indication for all letters are SINGNATURE and three holes [1].

La même orthographe se retrouvait dans le carnet rouge.

Autre temps fort : l'audition d'un expert financier produisant le résultat de ses analyses quant aux biens possédés par Hauptmann et prouvant d'abord que les spéculations boursières de l'accusé avaient abouti à une perte totale de 9 132,29 dollars. Prouvant

1. « Vous reconnaîtrez les lettres à la signature et aux trois trous. »

ensuite que, le 2 avril 1932, les Hauptmann possédaient 4941,40 dollars. Or, après le 2 avril 1932, ils ont dépensé 15 530,63 dollars. Si l'on déduit ces sorties d'argent de la somme possédée par Hauptmann lors de son arrestation — 14 600 dollars en pièces d'or, 16 942,75 dollars à son compte boursier, 9073,25 dollars à son compte en banque, 3 750 dollars en obligations — on obtient 49 950,44 dollars. La rançon versée par Lindbergh n'était-elle pas de 50 000 dollars ?

Un autre expert, graphologue celui-là : l'écriture des lettres à Lindbergh est, sans que nul puisse en douter, de la main d'Hauptmann. D'ailleurs, point n'est besoin d'être expert. Les agrandissements présentés au jury parlent d'eux-mêmes.

La défense — le célèbre avocat Edward Reilly la conduit — va tenter de prouver que les coupables doivent être recherchés dans l'entourage des Lindbergh. Violett Sharp aurait pu être l'indicatrice du coup — pourquoi s'est-elle empoisonnée si vite ? A moins qu'on ne l'ait empoisonnée ? L'avocat rappelle que, peu de temps après le rapt, Oliver Whatley a été transporté à l'hôpital où il est mort. N'est-elle pas bien rapide, cette mort ? Et Betty Gow qu'aimait tant le fox-terrier des Lindbergh : n'est-il pas étonnant que l'animal n'ait pas aboyé ? Ne serait-ce pas parce que l'enfant a été emporté non par l'échelle, mais par l'escalier ? Par une personne que Charles Jr connaissait particulièrement ?

Là, Lindbergh bondit :

— Je ne peux pas ne pas dire au tribunal que j'ai pour miss Betty Gow une telle estime, et ma femme aussi, que si elle le désire, nous la reprendrons dès aujourd'hui pour élever notre second fils.

Alors Reilly tente de jeter la suspicion sur le docteur Condon mais Lindbergh a écrit au vieux professeur une lettre rendue publique le remerciant en termes chaleureux des efforts qu'il avait accomplis avec tant de générosité et de courage.

La défense a-t-elle jeté un doute parmi les jurés et dans l'opinion ? Pas le moindre. Tout accable Hauptmann. Tout.

La seule question qui demeurera troublante sera celle-ci : comment Hauptmann a-t-il su que le bébé serait ce soir-là à Hopewell ? Comment a-t-il eu si bien connaissance des lieux et des horaires de la maison ? N'aurait-il pas malgré tout disposé d'un informateur — ou d'une informatrice — chez les Lindbergh ?

A moins qu'il ne se soit tout simplement renseigné dans la région. Les gens ne se cachaient pas d'être fiers de la présence de cette « vedette » sans égale qui s'appelait Lindbergh. Dans les bars du village, on parlait beaucoup de lui — et des siens. Des témoins ont affirmé avoir vu Hauptmann dans la région longtemps avant le rapt.

Le 13 février, les jurés se retirent pour délibérer. Il leur faudra onze heures pour parvenir à une décision. Verdict affirmatif sur tous les points.

Selon la terrifiante procédure américaine — née de la volonté de garantir à l'accusé tous les recours possibles, mais qui aboutit en fait à jouer avec sa vie — la défense déposera six pourvois successifs. Qui seront tous rejetés. La Cour des Pardons refuse de commuer la peine. Le gouverneur de l'État, sous la pression de la communauté germanique — il est lui-même d'origine allemande — va, la veille de l'exécution, fixée au 16 janvier 1936, accorder un sursis de trente jours. Quand il expire, le gouverneur accorde un nouveau sursis ! On annonce l'exécution pour le 30 mars. Ce jour-là, à quarante minutes de l'électrocution, encore un délai de grâce !

Ce sera le dernier. Le 3 avril 1936, Hauptmann s'assied sur la chaise électrique. Quelques instants plus tôt, il avait juré à son avocat qu'il était innocent.

Les années ont passé. Les Lindbergh ont eu d'autres enfants : cinq. Tous beaux, intelligents, fuyant cette banalité que haïssaient Charles et Anne, leurs parents.

Après le procès Hauptmann, la vie en Amérique leur est devenue insupportable. Harcelés par les journalistes et les importuns, recevant des lettres de menace, les Lindbergh, craignant pour leurs autres enfants, se sont expatriés. Ils ont vécu en Angleterre, puis dans une petite île française, au large des côtes de Bretagne. Là, Lindbergh s'est associé avec l'illustre Alexis Carrel — souvenez-vous : *l'Homme cet inconnu* — pour se livrer à des expériences de biologie, notamment sur la culture des organes. De nouveau, on parlait de Lindbergh : ce cœur qu'il faisait vivre, alors que le corps qui l'avait porté était en terre depuis longtemps, passionna l'opinion.

Un peu plus tard, Lindbergh devait encore se manifester. A plusieurs reprises, il s'était rendu en Allemagne. Celle de Hitler. Il avait été reçu avec une telle chaleur, un enthousiasme qui paraissait si vrai qu'il en avait été touché — profondément.

Dans son journal, il notait, à la date du 16 mars 1936 : « Je ne peux m'empêcher d'aimer les Allemands. Ils ressemblent à ceux de chez nous. Nous devrions collaborer avec eux et non croiser l'épée. Si nous nous battons, nos pays n'arriveront qu'à perdre leurs meilleurs hommes. Nous n'y gagnerons rien. Nous savons trop nous battre les uns les autres, bien que, pour le moment ils soient mieux équipés que nous. Cela ne doit pas arriver[1]. »

Quand, orgueilleusement, les Allemands lui montrent les derniers prototypes de leur aviation rénovée, il s'émerveille. Il y avait toujours eu beaucoup de naïveté chez Lindbergh. On le choya. Il visita les usines Heinkel, Junkers, Messerschmitt, Dornier, Zeppelin, vola sur des appareils mis à sa disposition, constata qu'ils étaient les meilleurs du monde — ce qui était vrai — et que des milliers d'exemplaires sortaient des chaînes. A la même époque, la France ne produisait que quarante-cinq appareils par mois, déjà surclassés par les modèles allemands : « encore plus bas, écrit Lindbergh, que je ne le soupçonnais en ce qui concerne son armée de l'air ». Du coup, Lindbergh n'eut plus que sarcasmes et mépris pour la France « décadente », qu'il juge, dans son journal, un pays « corrompu et démoralisé ». Il veut bien accorder quelque estime à la Grande-Bretagne, mais la juge incapable de faire face à une guerre avec l'Allemagne : elle « peut encore être un *nid de frelons*, mais certainement pas la *tanière du lion* ».

Plus il va et plus il l'admire, cette Allemagne en plein effort, décidément la « puissance aérienne dominante du continent ». Lors d'un nouveau voyage, il accepte des mains de Goering, « sur instruction du Führer », l'une des plus hautes décorations allemandes : la croix du Mérite de l'Aigle allemand. C'était le 18 octobre 1938, peu de jours après Munich, peu de jours avant la Nuit de Cristal qui marqua, en Allemagne, le début de la grande chasse aux Juifs. Le 28 octobre, il note : « Les Allemands sont un grand peuple et je pense que leur bien-être est inséparable de celui de l'Europe. L'avenir de l'Europe dépend de la force de ce pays-là. » Hitler ? « Cet homme qu'on maudit presque partout, sauf dans son pays, tient maintenant dans sa main l'avenir de l'Europe. »

1. Charles A. Lindbergh : *Journal du temps de guerre* (1973).

Il nous fait mal, le journal de Lindbergh. Ce laudateur de la virilité allemande ne semble pas conscient de ce que celle-ci recouvre. Lindbergh dit clairement que les puissances occidentales devraient s'allier à l'Allemagne de Hitler contre le véritable ennemi : le bolchevisme.

Quand la guerre éclatera, il ne modifiera pas son point de vue. Lui qui hait la foule et refusait toutes les interviews, va se muer en homme public. La Pologne écrasée, la France vaincue, la Grande-Bretagne seule dans son île et n'opposant que sa fragilité au colosse hitlérien : de tout cela Lindbergh n'a cure. Il adjure ses concitoyens de rester neutres. Il s'oppose violemment à Roosevelt, l'accuse de vouloir jeter les États-Unis dans une guerre sans motif. Il parle à la radio, plus écouté que Roosevelt lui-même. Il anime un comité isolationniste qui ne cesse de marquer des points. Au cours de meetings, il réunit des foules immenses.

En novembre 1940, il affirme à Joseph Kennedy — le père du futur président — que l'Angleterre a d'ores et déjà perdu la guerre et que « la meilleure chose qu'elle ait à faire est de négocier la paix dans un avenir très proche ». Aider cette Grande-Bretagne ? Ce serait « se lancer dans une aventure désastreuse pour notre pays et peut-être pour toute notre civilisation ». Hitler entre en Russie et Lindbergh commente : « Je ne pense pas que les Américains aient une idée exacte de ce que signifie vraiment l'"effondrement de l'Europe", et c'est ce qui se produira si l'Allemagne ne gagne pas la guerre ou s'il n'y a pas de paix négociée... » Il s'en veut plus sûr que jamais : « Une Europe dominée par la Russie sera pire que celle que domine l'Allemagne. »

Les succès spectaculaires remportés par Lindbergh permettent de penser que jamais les États-Unis ne seraient entrés en guerre si, un jour, à Pearl Harbour, les Japonais n'avaient eu l'idée d'attaquer par surprise.

Reconnaissons que, dès lors, Lindbergh participera à l'effort de guerre, et largement. Bien qu'ayant démissionné — pendant sa campagne isolationniste — de son grade de colonel, il comptera parmi les organisateurs de la victoire et — quoique redevenu civil et ayant dépassé la limite d'âge — pilotera souvent lui-même durant la guerre du Pacifique, risquant allégrement la mort comme une jeune recrue. Mais il ne supporte pas la guerre en tant que telle. Il ne se sent pas un « vrai combattant » : « Je n'aime pas cette façon de bombarder et de mitrailler des objectifs inconnus.

On presse un bouton et la mort commence à descendre... Le comportement de nos soldats me choque profondément. Ils n'ont aucun respect pour la mort et le courage de l'ennemi... » Il décrit les mâchoires japonaises fracturées à coups de pied « pour récupérer un peu d'or », les cadavres nippons « recouverts par toute une charge d'ordures ». Il commente : « Je n'ai jamais eu plus honte de mon peuple. »

Quand, en 1945, il visite l'Allemagne occupée, découvre les camps et les crématoires, tout ce qu'il trouve à noter, c'est ceci : « Ce que l'Allemand a fait aux Juifs en Europe, nous le faisons aux Japonais dans le Pacifique. »

La vérité est que le pilote du *Spirit of Saint Louis*, le vainqueur de l'Atlantique qu'adora le monde — *Lindy* — est devenu, après la mort de son petit garçon, un autre homme.

Il n'est que de considérer ses photos, de remarquer combien, au fil des années, se durcit son visage. L'âge ? Lindbergh est jeune, très jeune encore au moment où ses traits se marquent si profondément.

S'il se mue d'idéaliste en misanthrope, s'il choisit d'admirer à contre-courant, s'il se voue au rôle ingrat — et si souvent stérile — de Cassandre, n'est-ce pas parce qu'il a traversé une épreuve jamais surmontée ? Certes, sa carrière a continué à se déployer harmonieusement, en apparence du moins. Il est devenu père d'autres enfants et il les a aimés. Il n'a jamais pu oublier.

Même si nous ne pouvons approuver ce Lindbergh-là, nous devons nous souvenir du petit garçon de vingt mois, blond et bouclé, qui courait joyeusement dans la grande maison de Hopewell et qui a disparu un soir dans la nuit.

Quand en 1974 Charles Lindbergh est mort d'un cancer de la lymphe, il s'était pourtant remis à croire à la vie. Il défendait les oiseaux, les animaux d'Afrique, en appelait à la vigilance de l'humanité occupée à détruire — lentement mais sûrement — le monde qu'elle habitait. Après avoir nié l'existence d'un au-delà, il était revenu à la foi. C'est dans une église que, selon sa volonté, l'on porta son corps.

Cette foi, ne l'avait-il pas retrouvée dans l'espoir de rejoindre l'ombre légère, celle du petit garçon qui commençait à parler et qui, pour désigner son jouet favori, disait *élépant* au lieu d'éléphant ?

Table

I.	Le cuirassé « Potemkine »	11
II.	Le grand pari de Louis Blériot	39
III.	L'honneur de Madame Caillaux	61
IV.	Sarajevo ou la fatalité	83
V.	Ils ont tué Jaurès	103
VI.	Le regard de Guynemer	135
VII.	Les Pâques sanglantes de Dublin	159
VIII.	Vincent Moulia, condamné pour l'exemple	185
IX.	Les aveux de Landru	219
X.	Sacco et Vanzetti	253
XI.	Tout Ankh Amon : découverte d'un trésor	277
XII.	Tragédie au pôle	309
XIII.	Le rapt du bébé Lindbergh	341

Cet ouvrage a été composé
par Nord Compo, Villeneuve-d'Ascq, Nord
et imprimé en juin 2000
dans les ateliers de Normandie Roto Impression s.a.
61250 Lonrai

N° d'édition : 1193 – N° d'impression : 001574
Dépôt légal : mars 1996
Imprimé en France